上海大學（1922—1927）研究文选
（1980—2020）

胡申生 编

上海大学出版社
·上海·

图书在版编目(CIP)数据

上海大学(1922—1927)研究文选：1980—2020/胡申生编.—上海：上海大学出版社，2021.3
("红色学府　百年传承"丛书)
ISBN 978-7-5671-3957-2

Ⅰ.①上…　Ⅱ.①胡…　Ⅲ.①上海大学－校史－研究　Ⅳ.①G649.285.1

中国版本图书馆CIP数据核字(2021)第031756号

责任编辑　傅玉芳
封面设计　柯国富
技术编辑　金　鑫　钱宇坤

上海大学(1922—1927)研究文选
(1980—2020)

胡申生　编

上海大学出版社出版发行
(上海市上大路99号　邮政编码200444)
(http://www.shupress.cn　发行热线021-66135112)
出版人　戴骏豪

*

南京展望文化发展有限公司排版
上海颛辉印刷厂有限公司印刷　各地新华书店经销
开本710 mm×1000 mm　1/16　印张31.75　字数472千
2021年3月第1版　2021年3月第1次印刷

ISBN 978-7-5671-3957-2/G·3273　定价　78.00元

版权所有　侵权必究
如发现本书有印装质量问题请与印刷厂质量科联系
联系电话：021-57602918

"红色学府　百年传承"丛书编委会

主　　　任	成旦红　刘昌胜
常务副主任	段　勇
副　主　任	龚思怡　欧阳华　吴明红　聂　清
	汪小帆　苟燕楠　罗宏杰　忻　平
委　　　员	（按姓氏笔画为序）

王远弟　刘长林　刘绍学　许华虎
孙伟平　李　坚　李明斌　吴仲钢
何小青　沈　艺　张元隆　张文宏
张　洁　张勇安　陈志宏　竺　剑
金　波　胡大伟　胡申生　秦凯丰
徐有威　徐国明　陶飞亚　曹为民
曾文彪　褚贵忠　潘守永　戴骏豪

总序：传承红色基因，办好一流大学

成旦红　刘昌胜

1922年10月23日，在风雨如晦的年代，一所由中国共产党与国民党合作创办的高等学府"上海大学"横空出世。而就在前一年，中国共产党宣告成立，揭开了中国历史的新篇章。如今我们回顾历史，上海大学留下的史迹与中国共产党的发展紧密相连。

《诗经·小雅》有诗云："鹤鸣于九皋，声闻于野。"20世纪20年代的上海大学，发轫于闸北弄堂，迁播于租界僻巷，校舍简陋湫隘，办学经费拮据，又屡遭反动势力迫害，但在中国共产党和国民党左派以及进步人士的共同努力下，屡仆屡起，不屈不挠，使上海大学声誉日隆，红色学府名声不胫而走，吸引四方热血青年奔赴求学。在艰难办学的五年时间里，为中国革命和建设培养出一大批杰出人才，在当时就赢得"文有上大、武有黄埔"之美誉。在波澜壮阔的五年时间里，老上海大学取得的成就值得我们永远记取，老上海大学的办学传统和办学精神值得我们永远继承和发扬光大。

1994年11月，学校党委常委会决定"上海大学成立日期确定为1922年5月27日"。1997年5月，钱伟长老校长在为上大学生作关于"自强不息"校训的报告时指出，"我们学校的历史上，1922年到1927年期间里有过一个上海大学，这是我们党最早建立的一个大学。"他又以李硕勋、何挺颖两位烈士为例讲道："没有他们的牺牲，没有那么多革命志士的奉献，我们上海大学提不出那么响亮的名字，这是我们上海大学的光荣。"

1983年合并组建原上海大学和1994年合并组建新上海大学之时，得到了老上海大学校友及其后代的热烈支持和响应，他们纷纷题词、致信，

祝贺母校"复建""重光";党中央、国务院及上海市委、市政府也殷切希望新上海大学继承和发扬老上海大学的光荣革命传统,时任中共中央总书记的江泽民同志为新上海大学题写了校名,老上海大学校友、后任国家主席的杨尚昆同志题词"继承和发扬上海大学的光荣传统,为祖国的建设培养人才"。

新上海大学自合并组建以来,一直将这所红色学府的"红色基因"视作我们的办学优势之一,将收集、研究老上海大学的历史资料,学习、传承老上海大学的光荣传统作为自己的使命和责任。2014年,学校组织专家编撰出版了《20世纪20年代的上海大学》,这是迄今为止搜集老上海大学资料最为丰富、翔实的一部文献;同年在校园里建立的纪念老上海大学历史的"溯园",如今已成为上海市爱国主义教育基地。

为了更全面地收集老上海大学的档案资料,更深入地研究老上海大学的历史,更有效地继承和发扬老上海大学的光荣传统,我们推出了这套"红色学府 百年传承"丛书,既是为2021年中国共产党100周年光辉诞辰献上一份贺礼,也是对2022年老上海大学诞生100周年的最好纪念,并希望以此揭开新上海大学"双一流"建设的新篇章。

是为简序。

前言：上海大学（1922—1927）研究40年

胡申生

20世纪20年代的上海大学（以下称"老上海大学"），存世虽然只有五年不到的时间，但它却给后世留下了巨大的宝贵遗产。新中国成立以后，对老上海大学的研究和资料搜集没有中断过，在20世纪80年代之前，已有对老上海大学的研究和资料搜集的成果，如1958年的《学术月刊》第5期，发表了顾家熙题为《五卅运动中的"热血日报"和"上大五卅特刊"》的学术论文，研究和分析了中国共产党第一份日报《热血日报》和由老上海大学编辑出版的《上大五卅特刊》在五卅运动中的作用。在史料搜集方面，则有1962年3月上海历史研究所为了《五卅运动史料》的编撰，派出研究人员对当时还健在的老上海大学学生进行采访，从而留下了一批珍贵的口述史料。这些资料至今对于老上海大学的研究还起着一定的作用。

对老上海大学真正在学术意义上开展整体性的研究，始于20世纪80年代。金立人在《上海师范学院学报》1980年第2期上发表的《中国教育史上的一颗明珠——上海大学的功绩、性质和特点》和黄美真、张云、石源华在上海《党史资料丛刊》1980年第2辑上发表的《上海大学——一所新颖的革命学校》这两篇文章，可谓从1980年开始至今40年来对老上海大学研究的发轫之作。回顾这40年来关于老上海大学的研究，有如下特点：

第一，从时间上看，整个研究态势呈"马鞍形"，即两头高、中间低。所谓两头高，指研究成果主要集中在1980—1989年和2010—2020年这两个时间段，所谓中间低，则指1990—2009年这段时间。本书收录的58

篇文章中,发表于1980—1989年的,总计13篇,占总数的22.4%;发表于1990—2009年的,总计9篇,占总数的15.5%;发表于2010—2020年的,总计36篇,占总数的62.1%。从这个基本数字我们可以看到,在20世纪80年代,关于老上海大学的研究,掀起过第一个高潮,这也反映了改革开放初期,在学术研究方面有了更深和更广泛的关注。其中对老上海大学研究具有重要贡献的由黄美真、石源华、张云编的《上海大学史料》(复旦大学出版社1984年版)和王家贵、蔡锡瑶编著的《上海大学(一九二二—一九二七)》(上海社会科学院出版社1986年版)也问世于这一时期,这两本书对当时以及后来的研究都具有筚路蓝缕的开创性作用。从2010年起,关于老上海大学的研究,有了井喷式的发展,无论是研究成果的数量还是质量,都与以前不可同日而语。这一方面是因为我们越来越重视红色基因的传承,老上海大学作为一所红色学府、革命大学,理应受到党史、革命史研究者的更大关注;另一方面我们必须看到,1994年新组建的上海大学,从一开始就以传承老上海大学的红色传统为己任,2014年,为了庆祝新上海大学组建20周年,学校专门组织队伍,花大力气编撰出版了《20世纪20年代的上海大学》(上海大学出版社2014年版)上下两卷,总计180万字,这是迄今为止对上海大学史料搜集最完整的一部文献,除收录了《上海大学史料》《上海大学(一九二二—一九二七)》原有的史料文献以外,还补充了大量新发现和新搜集的史料,其中包括上海大学先后两次派人赴台北国民党中央委员会文化传播委员会党史馆等档案部门查找到的珍贵史料,这对于研究老上海大学无论在深度还是广度方面都提供了大量新的第一手资料,对于研究成果水平的提升起到重要作用。仅这部大型文献出版以后,学者通过引用其中的材料所发表的文章,编进本书的就有10多篇。

第二,从研究成果发表的刊物来看,比较广泛,主要集中在大学学报、党史研究刊物和各省市哲学社会科学杂志。这里需要重点说明的,一是在地域分布方面,除上海以外,北京、山西、陕西、甘肃、辽宁、云南、黑龙江、湖北、浙江、安徽等地都有刊物发表研究论文,可见,对老上海大学的研究,是个全国性的课题;二是老上海大学诞生在上海,上海在研究方面理应承担更多的责任,入选本书的文章,发表在上海报刊上的有35篇之多,占总数的60%以上;三是今天的上海大学,在办学过程中,一直重视对老上海大学办学精神的传承和弘扬,因此在对老上海大学的研究方面,用力甚多,在本书中,发表在由上海大学主办的校报、期刊上的文章,有12篇,占总数的比例为20.69%。以上第二点和第三点显示了上海和新上海大学对老上海大学红色历史的重视程度。

第三,从研究的队伍来看,出现了年轻化的可喜现象。在对老上海大学研究的队伍中,有大学的教师和研究生,有党史研究者,有革命纪念馆的工作者。在年龄结构上,有老一代的党史、革命史的研究者,也有作为研究主导力量的中年研究者。其中特别要提出的是,研究队伍正在走向年轻化。在这支研究队伍中,有多名研究者是当时在校读书的研究生,他们将对老上海大学的研究作为自己的硕士论文,这充分说明老上海大学研究队伍后继有人。如上海大学2010届的谢瑾,其论文题目为《上海大学:革命与教育的变奏——以〈民国日报〉为中心的探究》;华东师范大学2012届的王小莉,其论文题目为《革命时代中的上海大学(1922—1927)》;华中师范大学2014届的杨婧宇,其论文题目为《革命年代的政治文化:上海大学社会学系研究(1922—1927)》。这些研究生不仅将对老上海大学的研究作为自己毕业论文的选题,有的还在读研期间就在专业学术刊物上发表了研究文章,如入选本书的《上海大学与第一次国共合作》一文,就是华中师范大学的杨婧宇在研究生读书期间发表于《华中师范大学研究生学报》的;上海大学历史系的硕士研究生刘强,在其导师刘长林的指导下,整个求学期间致力于老上海大学资料的搜集和研究,不但将对老上海大学的研究作为硕士毕业论文题目,而且还和他的导师刘长林联名发表了多篇质量上乘的文章,其中收在本书的论文就有3篇之多。

第四,从研究的范围和重点来看,最为集中的是对具体人物的研究和分析。在入选本书的58篇文章中,以人物研究为重点的有21篇,占总数的36%左右。而在关于人物的研究中,又以关于瞿秋白的研究为最多,有6篇。除对瞿秋白的研究以外,还有对邓中夏、于右任、邵力子、茅盾(沈雁冰)等教师的研究,以及对博古(秦邦宪)、马凌山等学生的研究。其中引人注目的是刘长林、刘强联合署名发表的《论陈独秀在上海大学

创建中的作用》,该文以翔实的资料和透彻的分析,论述了陈独秀在上海大学创建中的作用,无论从观点还是史料的运用上,都给读者以启发。老上海大学是在第一次国共合作酝酿和正式开始后建立和发展起来的,研究老上海大学离不开第一次国共合作这个大背景。可喜的是,在研究中,有直接分析第一次国共合作与老上海大学创建的,如杨婧宇的《上海大学与第一次国共合作》,王伟的《第一次国共合作与上海大学的创建》,刘长林、刘强的《论国民党与上海大学的关系》和马建萍的《国共合作时期的上海大学》。值得注意的是,在40年间关于老上海大学的研究中,直面触及国共合作与上海大学关系、国民党与上海大学关系的这四篇文章都是发表在2013年及以后。这说明,随着对老上海大学研究的深入,研究者的视野也越来越宽。

第五,从研究的质量来看,研究更趋于客观。老上海大学是一所红色学府,这是毋庸置疑的,但是对它的研究,还是要尊重当时的历史大背景,运用马克思主义的历史唯物论和辩证唯物论来客观地认识和分析老上海大学诞生的原因和发展历程,坚持用史料来分析、来下结论。在我们今天所看到的文献中,有许多是老上海大学的亲历者留下的回忆录和口述史,其中有的是老上海大学的教师、职员,有的是老上海大学的学生,这些史料都极其珍贵,是我们了解和研究老上海大学的第一手参考资料。但由于年代久远和受到一定历史条件和时代背景的限制和影响,在关于老上海大学的时间、人物和具体事件的回顾及评价方面,都还存在着一些具体问题,这就需要研究者对这些资料进行更全面深入的分析研究,在详尽占有史料的前提下,客观地来描述和下结论,避免概念化、凝固化。比如对中国共产党和国民党,在老上海大学的建立和发展过程中究竟应该怎样来正确阐述和评价,这是关于老上海大学研究方面的一个重要问题。在这方面,黄美真、张云、石源华的《上海大学——一所新颖的革命学校》和刘长林、刘强的《论国民党与上海大学的关系》两篇文章都作了很好的研究,提出了自己的见解,很能够给我们以启发。

本书对于1980—2020年期间发表的关于上海大学研究文章的搜集和编选,由于受到编选者各方面的局限,肯定有疏漏和不当之处,欢迎广大研究者提出批评和指正。对于中国红色文化、红色基因的研究,现在是我们学术研究、思想教育的一个重要方面。对于20世纪20年代的上海大学的研究,还要更加深入地进行下去,本书的编选和出版,既是对以往研究状况的一个阶段性小结,也是为今后的研究提供必要的参考。

对于收入本书文章的作者,我们除了表示深切的感谢之外,出版社也会按照有关规定支付相应的稿酬。但由于所收文章的时间跨度较长,我们不一定能联系到所有的作者,谨望作者本人看到此书后能主动联系出版社,以尽快完成向作者支付稿酬等事宜。

2021年1月30日

凡 例

一、本书收录1980—2020年间研究上海大学(1922—1927)的文章58篇。

二、为便于读者查阅,本书所收文章按原发表时间的先后顺序编排,并在篇首以脚注的形式注明原载杂志、报纸或图书的名称及发表日期。

三、由于编入本书的文章选自不同的杂志、报纸或图书,这些文章发表时的注释与参考文献格式各有不同,本书对原文的注释作了统一处理,即采用脚注的形式并注明"原文注";因受篇幅所限,原文的参考文献本书则从略不收。

四、对于编入本书的文章,除必要的文字订讹以外,其余一仍其旧。

五、由本书编者增加的注释,一律以脚注的形式注明。

目 录

中国教育史上的一颗明珠
  ——上海大学的功绩、性质和特点 金立人 / 1

上海大学
  ——一所新颖的革命学校 黄美真 张 云 石源华 / 10

上海大学史略 黄美真 张 云 石源华 / 23

二十年代初期的上海大学社会学系 王家贵 蔡锡瑶 / 37

关于一九二三年至一九二七年上海大学党组织的发展情况 黄志荣 / 43

瞿秋白与上海大学
  ——兼论瞿秋白的教育思想 王凌云 / 47

瞿秋白与社会学 吴晓迪 / 53

时代的产物
  ——上海大学 唐培吉 王 伟 / 57

二十年代的上海大学 王 伟 史嘉秀 / 70

邵力子办学思想的特色 朱顺佐 / 76

五卅运动中的上大学生 莫 容 / 84

二十年代初创时期的上海大学 盛祖绳 / 86

邓中夏与二十年代初的上海大学
　　——纪念邓中夏同志逝世五十五周年　孙　杰 / 96

于右任与上海大学　赵守仁　陈艳军 / 101

在帝国主义虎穴中奋斗的先锋队
　　——记上海大学的光辉历史　任武雄 / 109

上海大学与《共产党宣言》　邓伟志 / 118

南方新文化的中心
　　——谈20年代的上海大学　邓伟志 / 120

瞿秋白是中国社会学的奠基人　叶南客　韩海浪 / 124

瞿秋白与上海大学　王关兴 / 134

茅盾与上海大学　程杏培 / 146

于右任执掌上海大学　张元隆 / 150

上海大学与五卅运动　张才德 / 154

上海大学：红色学府的教育风范　谢　瑾 / 166

上海大学：20世纪20年代的"红色学府"　徐世强 / 183

建党时期上海的革命干部学校　姚金果　张玉菡 / 191

陈独秀与上海大学　蒋二明 / 194

中共早期领导人与上海大学　张元隆 / 199

养成建国人才：上海大学教育宗旨缘由分析　罗　敏 / 212

从瞿秋白上海大学课程设计看其新文化建设思想　罗　敏 / 218

20世纪20年代上海大学精神的传承与弘扬　胡申生 / 227

20世纪20年代上海大学美术教育浅析　张玉荃 / 231

瞿秋白与上海大学　邵　雍 / 239

邵力子创办20年代上海大学的实践及理念　罗　敏 / 251

上海大学与第一次国共合作　杨婧宇 / 259

上海大学与中国共产党人的教育观　韩晶 / 269

上海大学与吉安地区党组织的创建和发展　叶福林 / 275

第一次国共合作与上海大学的创建　王伟 / 281

《上大五卅特刊》对五卅运动的总结与反思　谢忠强 / 285

《20世纪20年代的上海大学》史料集的学术意义　余子道 / 297

20世纪20年代上海大学创办期刊研究　刘长林　金诗铧 / 302

上海大学与五卅运动　王长流　徐云根 / 315

中国共产党领导上海大学经验探析　张玉菡 / 324

中国共产党在上海大学（1922—1927）的思想宣传及其启示
　　杨卫民 / 331

论陈独秀在上海大学创建中的作用　刘长林　刘强 / 336

论国民党与上海大学的关系　刘长林　刘强 / 349

国共合作时期的上海大学　马建萍 / 368

非基运动与民国上海大学师生群　杨雄威 / 376

博古与上海大学
　　——在上海大学校史展暨溯园落成仪式上的发言　秦新华 / 391

政治社会化语境中的宣讲与运动
　　——以20世纪20年代的上海大学为中心　丰箫　丰雪 / 400

邵力子、于右任对上海大学"赤化"的辩白　刘长林　刘强 / 408

马凌山烈士在沪史迹考　陈小赤　邵华 / 423

上海大学的三副面孔
　　——后五四时期知识分子的办学分歧与代际更迭　崔璨 / 430

《从上海大学（1922—1927）走出来的英雄烈士》自序　胡申生 / 440

教育家于右任是真正的无产者　邓伟志　/ 444

中国共产党初创时期的上海大学　黄　宏　方华玲　/ 446

毛泽东与20世纪20年代的上海大学　胡申生　/ 457

孙中山与20世纪20年代的上海大学　胡申生　/ 461

中国共产党早期发展与上海大学　胡申生　/ 467

中国教育史上的一颗明珠
——上海大学的功绩、性质和特点[①]

金立人

1927年"四一二"反革命政变后20天,蒋介石反动派就派出全副武装的军队,搜查、房掠上海大学。这年5月2日,上海大学终于被封闭了。上海大学在短短四五年里,曾被搜查过三次,封闭过两次。第一次封闭是在五卅运动之际,那一次是由租界当局出动了大批巡捕和英国海军陆战队来执行的。封闭的结果,上海大学名声远扬,学校规模也发展了。"四一二"反革命政变之后,上海的教育局还没有建立,蒋介石反动派就迫不及待地步帝国主义后尘,来完成帝国主义未竟的反革命事业。为什么在五卅反帝运动、北伐等重大斗争之后,帝国主义和反动派那样急急忙忙地打击上海大学呢?照他们的说法,因为"上海大学是赤色大本营"。他们害怕上海大学的存在,望而生畏,闻之胆裂。这正说明上海大学在革命过程中作出了卓越的贡献。反革命暴力把上海大学封闭,企图扑灭马克思主义的传播,但是上海大学的革命精神是永存的,她的功绩是不可磨灭的。她像一颗明珠,在我国的革命史、教育史上放射出绚丽的光彩。马克思列宁主义的光辉终于普照着祖国大地。

一

学校应该是学习真理的处所,要使青年学习真理、认识真理,为真理而奋斗。赤色标帜真理的话,赤色就是美的。当殖民者统治下的学校充

[①] 原载《上海师范学院学报(社会科学版)》1980年第2期。

斥了欺骗、虚伪、愚弄青年的时候，一所学习和探求真理的学校出现在上海。帝国主义、反动派惊呼"赤色大本营"，处心积虑地要扼杀她，道理就在于此。下面就看一看上海大学师生为真理奋斗，为革命作出贡献的实际情况。

欧阳继修在《一年来学生运动之概况》中记述了1924年10月上海大学学生为真理献身的事迹。"一九二四年'双十节'，上海市民在天后宫开国民大会。上海大学学生黄仁君等为上大同学鼓掌赞成打倒一切帝国主义和一切军阀之演说被殴，挺身上台质问，适时恰为本总会代表郭寿华君登台演说：'我们应当推翻一切帝国主义与一切军阀……'，话犹未了，又被台上主席阻拦不准再行发言。当时黄君义愤填膺向前质问，而后台之刺花流氓蜂拥而出，便将黄郭二君从七尺高台抛掷而下；彼辈犹以为未足，复拳足交加势如雨下，一时怆痛之声，惨不忍闻！郭君身受重伤，黄君竟因脑浆震烈而身死。当时场中之学生受伤者，亦在二十人左右"。那个时期，正是帝国主义加紧侵略、奴役中国人民；军阀混战，各自依附外国侵略势力，压迫、欺侮老百姓的时候，要救中国，就要打倒一切帝国主义侵华势力，打倒一切军阀。这是真理。"上大"的同学认识了这个真理，为真理奋不顾身，黄仁同学为此献出了年轻的生命。

1924年12月，租界的工部局警务处仇恨上海大学而进行搜查，他们的搜查报告中写了这样一段话：从学校的书籍、杂志"明显地说明了该校约三百个学生的大部分是共产主义信徒"。还写道：在搜查时间内，学生们"谈到了在自己国家内屈服于外国压迫下之可耻，以及做奴隶之可悲。他们并以十分蔑视之口吻谈论着刑事处的华籍职员，指责他们为外国人的奴隶和工具"。工部局警务处的报告，恰好又反映了上大学生忧国忧民，蔑视帝国主义及其走卒的革命气概。

在伟大的五卅反帝运动中，上海大学的功绩十分显著。五卅运动是中国共产党领导的空前规模的反帝运动，而上海大学则是这场运动的重要阵地。五卅运动是离不开上海大学的。五卅运动前，不少上大同学在上海的工人运动、学生运动方面做出了成绩，为五卅反帝运动作了准备。工运方面，上大师生在工人中进行长期的宣传教育，有的直接从事工运的组织工作，如沪西等工友俱乐部的刘华、杨之华同志都是上大学生。当顾正红烈士被日本资本家杀害时,租界当局封锁消息,5月24日上大学生去参加追悼会,沿途讲演,揭露工人被杀的事实真相,散发传单,因之,四位学生被英租界巡捕逮捕。

学运方面,五卅的两千多学生上街头演讲是由上海学联的名义号召发动的。可是上海学联在1925年前一段时间已经沉寂下来。又是上海大学的学生和大夏大学、文治大学、法大等校同学共同努力,在这年年初改组了上海学联,才使学联重新焕发青春,担当起五卅运动中的先锋作用。

五卅当天,上大的学生是十分英勇的。上大学生之所以表现得那样勇敢、坚强,因为事先学校领导、教师做了深入的发动工作。教师把工人被无辜杀害,帝国主义压迫中国人民的情景向学生作了动员。学生义愤填膺,抱着誓死斗争,为死者报仇,为中国人民雪耻的决心,去唤起全市人民的觉醒。他们组织了敢死队(指到南京路去的讲演队)、通讯联络队和救护队、讲演队,在全市的学生中起了骨干作用。在演讲或者与英巡捕面对面斗争时,都是站在最前列。何秉彝同学英勇牺牲,在中弹以后高呼"打倒帝国主义"的口号。那天上大有十三人受伤,一百多人曾被关进牢房。五卅运动过程中,学校被租界和万国商团解散、占领,师生仍然坚持斗争,在向工人和社会各界宣传、捐款支援罢工工人等方面都不遗余力。

上海大学的教职员除了在校内发挥积极作用外,在推动全市教师投入反帝爱国运动,以及指导学生斗争方面都作出了贡献。最早召集上海各校教职员联合会的是上海大学;接着又以上海大学教师为主体,发起成立上海的教职员救国同志会,在政治、教育等方面提出了一系列积极主张,并就五卅事件、帝国主义侵略中国的历史、民众的力量和政治、法律、外交等十四个专题,向教师、学生、工人、市民作系统的讲演,给群众以思想武装,提高了广大人民的政治觉悟。五卅运动中的上海大学,对全市的反帝斗争起着巨大的推动作用。

经过斗争实践的锻炼,上海大学学生中发展了许多共产党员和共青团员,培养了一批又一批的革命干部。在北伐战争中,他们组织起来,投身到推翻军阀统治的浴血战斗中去。"四一二"反革命事变后,学校是被封闭了,但是曾经在上海大学学习过的战士们,踏着先烈的血迹,高举革

命的大旗,继续为中国人民的解放事业,为反对帝国主义和反动派而英勇奋斗。概括地说,在上海大学这个革命熔炉里,锻炼出一大批为真理而战斗的革命战士,出现了许多可歌可泣、动心骇魄的英勇事迹,为革命事业作出了卓越的贡献。

二

上海大学培养了大批优秀的人才,结出了丰硕的果实,在中国革命史上占有光辉的一页。那么上海大学是什么性质的学校呢?是中国共产党一手创办的吗?是党校、是干部学校吗?不是。查考一下历史,1922年7月,即上大成立的前三个月,全国的共产党员,包括旅欧旅日支部,总共才一百九十五人。军阀、殖民者视共产党为洪水猛兽。在那样的条件下,由我党一手创办的公开的党校、干部学校是不可能的。上海大学是培养出大批干部的学校,但不是我党创办,也不是党校、干部学校,而是一所从旧学校改造过来的新型大学,是党的领导人、无产阶级革命家又是杰出的马克思主义教育家瞿秋白、邓中夏等同志呕心沥血的结果。

上海大学成立于1922年10月。她的前身是东南高等专科师范学校。这所学校办理不善,校政腐败,发生了学潮。学生们起来驱逐了原来的校长,公推国民党的于右任为校长。东南高师这个校名容易同南京的东南大学相混淆,故而改名上海大学。这是一个转变,但这种转变是有限的。上海大学的真正转变是从1923年4月开始的。当时,校长于右任和李大钊同志曾经是震旦大学的同学,他向李大钊请教办好上海大学的意见。李大钊推荐了邓中夏同志到上海大学,担任总务长。不久,瞿秋白同志也来到上大,先后担任社会学系主任和教务长。那时正当国共合作的时候,邓中夏、瞿秋白到上海大学以后,就着手进行整顿、改革工作。1923年8月,一整套改革方案逐步付诸实施。上海大学就产生了质的飞跃,在十里洋场的旧上海,独放异彩。

上海大学经过整顿、改革,面目焕然一新,但其性质仍是一所公开的大学。上大与一般大学相似的有四点:(一)学生来源,主要是登报招生,自愿报名,经过入学考试而吸收录取。经过一段时间,固然有许多进步青年闻名而来，但是学生中还是各种政治倾向的都有。（二）系科设置，设有社会学系和文学系、英文系、美术系，还有一个中学部。这些系科和一般文科大学并无多大差别。（三）设置校董会，校董资格规定五点：全国国民所敬仰的，教育界有声誉的，资助学校经费、校舍的，对学校发展事项有劳绩的，以及同宋教仁有密切关系的。他们请孙中山先生为名誉校董，蔡子民、李石曾、章太炎、马宝山、张静江、马君武等二十余人为校董。这和其他大学也没有很大差别。（四）聘请教授的原则是"延聘有名人物充当教授"，因此，左派、右派都请来任教，不是清一色的。

从一所办理不善的旧学校改造成为新学校，又是限制于一般大学的条件下进行改革，要在短期内作出极为出色的成绩，这比之自己创办的党校、干校要艰巨得多。旧学校就有旧势力，原来的英文系主任和中学部主任就是代表。但是，上海大学终于在很短时间内完成了整顿改革工作，在培养革命的优秀人才方面作出重大贡献，这就是瞿秋白、邓中夏同志的功绩。

瞿秋白同志1920年10月到苏联去，1923年1月回国。他不仅考察了苏联的政治、经济，热情歌颂了十月革命，歌颂了列宁和苏维埃政权，并且研究了世界各国社会学发展的历史、中国学习"西方文明"的历史。回国以后，在从事党的工作的同时，他把培养革命干部，培养社会科学和文学方面的人才作为自己的一项重大任务。他提出："远东四五千年的古文化国，现在反而落后，学问艺术无不要求急速的进步，方能加入国际学术界的文化生活。"他阐述了中国学"西方文明"的过程，"首先是军事技术交通技术，进而至自然科学数理科学，再进而至社会科学"；"由浮泛的表面的军事技术三改进，而不得不求此技术之根源于自然科学数理科学；由模仿的急功近利的政治制度之改变，而不得不求此制度之原理于社会科学"。他从社会学的历史谈到社会学的教育，指出，"1897年欧洲国际社会学者第三次大会时，社会学方才脱离所谓'有机体派'，而约略得离生物学而独立"，直至"欧战后数年间，俄德学者，承大陆派学术之'系统性'，精密研究之结果，方使社会学成一系统"。因之，现在可以在这个基础上发展。在当时的环境下，从论社会学发展的历史来为传播马克思主义理论开辟道路；同时，从文学革命的要求出发，有了系统的文学艺术教

育的设想。瞿秋白同志以远大的理想,渊博的学识,为上海大学确定了指导思想,绘制了教育改革、系科设置的蓝图。

邓中夏同志在学生时代就开始从事教育工作。1920年4月,当他还在北京大学文学系学习时,就组织了"北京大学平民教育讲演团"来到长辛店机车车辆厂从事职工教育工作。1921年1月,他提倡平民教育,创办了"劳动补习学校"。他领导工人运动,也领导过学生运动,有着卓越的组织才能,对职工教育又有丰富的经验。1923年4月,从南京来到上海。到上大以后,经过调查研究,着手改革学校体制,进行一系列组织工作,运用和发展了职工教育的经验,采用了新的教育原则和方法。

由于瞿秋白、邓中夏同志的努力,在复杂的环境中,使上海大学成为一个革命的熔炉。

三

上海大学经过整顿、改革,有如下几个特点:

(一)明确的目的性:认识社会,改造社会。

1923年以前的几十年,我国的教育目的、方针是十分陈腐、混乱的。半封建半殖民地的社会决定了半封建半殖民地的教育目的。清末提出过"端正趋向,造就通才"、"明人伦、重躬行"为教育宗旨。光绪三十二年(1897),提出"忠君、尊孔、尚公、尚武、尚实"。辛亥革命胜利,提的是:"注重道德教育,以实利教育、军国民教育辅之,更以美感教育完成其道德"。袁世凯当大总统,又提出类同清末的教育宗旨:"爱国(即忠君的内容)、崇武、崇实、法孔孟、重自治、戒贪争、戒躁进七项为宗旨"。1919年,教育调查会提出"以养成健全人格,发展共和精神"为教育本义,废止过去的教育宗旨。杜威、孟禄等来华,实用主义教育又风行一时。教育家对教育目的、宗旨众说纷纭,莫衷一是。下面则是各行其是,说不上什么目的宗旨。某些私立学校已经开始为营利而办学。国民党在1929年对过去的教育有一个评价:"自清末以来,无方针无目的之教育所遗留之恶影响,积数十年之造因,正于此时垂民族衰颓民生凋敝之会,并合而为总发露。"

整个教育界的状况如此陈腐,恰在其时,瞿秋白同志在1923年7月提出了"现代中国所当有的上海大学",成为上大整顿、改革的指导思想和行动纲领。他指出:外国资本主义入侵,外国银行集团控制中国经济,出现了许多现代社会最复杂的现象。"中国思想界不期然而然地发生'改造社会'的思潮"。但是简单的头脑,无法改变复杂的对象,要"由空论的社会主义思想进于更有系统的社会科学之研究,以求切确的了解其所要改造之对象,亦即为实际行动所推演求进之结果"。同时,"社会现象的日趋复杂,不得不要求文字上的革命,以应各种科学之需要"。他把整个学校的工作、设施都紧紧围绕着了解社会、改造社会这个目的,提出"切实社会科学的研究及形成新文艺的系统——这两件事便是当有的'上海大学'之责任"。这种高屋建瓴的主张,非一般教职员可比拟,而于右任本来就无计可施而在讨教,因此,文章于8月公开发表,指导着整个工作的进展。

(二)系科、课程设置紧紧围绕办校目的。瞿秋白设计的上海大学有远景规划、有近期规划。远景规划是两院十四系至十六个系。一个是社会科学院,一个是文艺院。内分社会学、经济学、政治学、法律学、哲学、史学等系和中国文学、英文、俄文、德文、法文、绘画、音乐、雕刻等十四个系,以后还拟增加教育和心理学两个系。近期规划,他认为"社会学系、文学系、艺术系三系最重要,所以今年就预备开办(除此以外还有英文俄文两系);以后的计划,凡能力所及,当然要努力创办,然大致当注重于已有的,竭力为质量的改善,而可不必只贪多而不好"。学校的实际也就是照近期规划办的,只是艺术系称美术系,俄文没有成立系而是成立了俄文班。

各系中,对于社会学系的要求"不是偏于社会现象的叙述描写",重点是要放在"能抽象研究一切人类社会现象的公律"。课程设置有社会进化史、思想史、社会运动史、哲学、政治经济学、法学、心理学、生物学、人类学、人种学等等。实际教材有"辩证唯物主义和历史唯物主义"、"通俗资本论"、"科学社会主义"、"私有财产及家族起源"等马克思主义的著作。这些课程,使学生初步接触了马克思列宁主义的学说,对于唯心论、唯物论、社会主义共产主义、资本主义帝国主义,剩余价值、资本积累、阶级斗争、无产阶级专政等理论都有一个大概的了解。学生称为"新的

革命理论",学习情绪高涨。此外,有"特别讲座",专就大家关心的理论和时事形势,请著名人士做报告。这不仅各系学生参加,还有校外人士旁听。

(三)许多共产党员和左派担任教授。邓中夏、瞿秋白到校后,在"聘有名人物当教授"的原则下,一方面是胡适、戴季陶等人来任教、讲演,另一方面,请了许多共产党员和左派人士来任教、讲演。李大钊同志就在1923年9月向上大学生作了题为"社会主义释疑"的报告,指明社会主义的光明前途。瞿秋白担任了改组后的社会学系主任,教授先后有蔡和森、施存统、张太雷、邓中夏、任弼时、恽代英、萧楚女、杨贤江、李达、蒋光赤、萧朴生、安体诚等。中国文学系主任是陈望道,教授有沈雁冰、邵力子、田汉等。中学部主任后来请侯绍裘来担任。诚然,许多同志是兼职的,但是他们一节课、一席谈都是传播着革命思想。

(四)贯彻理论与实践相结合的教育原则,教育方法有重大改革。瞿秋白同志在《现代中国所当有的"上海大学"》中就有"自动教育——现代政治"这一节,规定每星期有一次自由讨论研究的集合,并鼓励学生自己成立研究会。他强调自动教育有四点:① 不是搬着死教科书背;② 所知的科学方法应用到实际生活上去;③ 全校学生共同一堂,锻炼青年的"集合意识";④ 反对"书房里的"少爷生活,而是社会里的公民生活。

实际过程中大大超过了原来的要求。1924年校址迁到公共租界西摩路以后,邓中夏同志推行了平民教育的经验,在上海大学主持了筹备平民教育大会,通过了"上大平民教育组织大纲",成立了有三百多工人入学的平民夜校,由教师和学生组成了执行委员会,组织上大学生讲课,担任夜校教师,接触工人。邓中夏还带领高年级学生到工厂区办工人夜校,从事平民教育,或者帮助工人办俱乐部,组织工会,从事工人运动。一部分学生参加学联的工作,推动学生运动的发展。

许多党员、左派教师的课堂教学是启发式的、讨论式的。这样,学生对填鸭式的教学抱不欢迎态度,在教学民主的气氛下,往往难以存身。

上海大学所以在短短一两年里培养出大批干练的人才,贯彻理论与实践相结合的原则是重要因素。

(五)建立民主选举、集体领导的领导体制。也就在邓中夏同志和瞿秋白同志去后,在1923年8月,全体大会通过决定,上海大学的最高会议是"评议委员会","处理全校一切根本重大事务"。委员会由十个评议员组成,除校长为当然评议员外,其余九人由全体教职员推选。评议员产生以后,互选书记一人。评议员和书记任期都是一年。第一任是叶楚伧、陈德徵、邓安石(即邓中夏)、瞿秋白、洪野、周颂西、冯子恭、陈望道、邵力子。1923年12月,改名为行政委员会,邓中夏、瞿秋白、邵力子仍然是委员。1925年春,由于革命的需要,邓中夏离开上大,不久又到了广州。瞿秋白也暂离上大。这年上大的行政委员中有恽代英、沈雁冰、施存统等。在委员会中党员占三分之一左右。由于校一级领导成员中党员占一定比例,他们又有着宏大的目标为指导,教学实践中以革命思想教育广大学生,党员和左派教师得到大多数学生的爱戴。而一部分企图阻挠改革的右派势力终于陷于孤立,有的不得不离开了领导机构,离开了学校。上大在斗争中确保了党对学校的领导。

上海大学具有这些特点,因此短短的时间内,在半殖民地半封建的旧上海取得了巨大的成就。上大的巨大成就,使她在教育史上占有独特的地位;上大的经验是教育史上宝贵的财富。

上海大学是一颗明珠,在我国的革命史和教育史上闪闪发光。

上海大学

——一所新颖的革命学校[1]

黄美真　张　云　石源华

1922年秋至1927年春,在十里洋场的上海,有一所别具一格的学校——上海大学。这所学校,无论是对当时旧的教育制度的冲击,还是对新的革命斗争的推动,都发生过巨大的作用,在中国革命的史册上,写下了光荣的一页。

(一)

上海大学的前身是私立东南高等专科师范学校。该校以提倡"新文化"相号召,四方青年负笈来学者一百六十人,实际上创办人并非真心办学,而是以金钱为目的,因而学校设备简陋,教学内容腐败,教务废弛,自属事所必至。1922年初秋,学校发生学潮,师生们借五四运动的余波,奋起斗争,驱逐校长,并公推当时名望较高的国民党人于右任,来校任校长。10月23日,东南高师正式改组为上海大学。

"上大"从1922年10月成立,到1927年"四一二"后被国民党反动派封闭停办,前后五年半[2]。根据学校的发展过程,大抵可分为整顿、发展、恢复三个阶段。

整顿阶段自学校创立至1924年春,历时约一年半。这一阶段的特点是学校刚创立,"百端待兴",一切都得从头做起。1923年春季开学,上

---

[1] 原载《党史资料丛刊》1980年第2辑,上海人民出版社1980年版。
[2] 实际应为四年半。

海大学就积极着手整顿校务,并为此聘请了著名的共产党人邓安石(中夏)为总务长(又称校务长),负责主持学校行政工作。当时,校长于右任是挂名的,主要从事国民党的政治活动,并不到校主持工作,邓中夏实际做的是校长的工作。邓中夏到校之后,主要抓了三件事:一是确定教育方针;二是改革学校建制;三是聘请具有真才实学的学术界人士来担任教职。这三件大事,在1923年底基本上是完成了。关于教育方针与学校建制,学校教学规划中说得十分明确:"本校为应社会之需求及事实之便利起见,除仍办中学部外,大学决暂办下述两院:(一)社会科学院;(二)文艺院。"这就是说,办学的宗旨是为了适应"社会之需求",也就是为了社会改造和政治斗争的需要,而不是办成像东南高师那样"经营式之学店"。这一阶段,"上大"基于"锐意革新"的方针,聘请了瞿秋白、陈望道、李汉俊、沈雁冰、蒋光赤等有志于教育、学有专长的"社会名流"来校担任教职,传授知识。同时,学校还举办了特别讲座,邀请章太炎、李大钊等"海内知名之士"来校演讲。一时间人才济济,群贤一堂。

正因为学校领导有方,大部分师生又能同心协力,学科设置在这一阶段基本定型。上海大学刚改组时,只设"文学"与"美术"两科,文学科分"国学"与"英文"两组,美术科则分"图音"与"图工"两组,并设"普通科"。1923年秋季开学时,增设"社会学系",改"国学组"为"中国文学系","英文组"为"英国文学系"(美术科仍旧),附设之"普通班"改为"中学部",并开始招收"社会学系"、"中国文学系"和"英国文学系"新生。总之,这一阶段的"上大"的校务是卓有成效的,一变过去东南高师陈腐的"学店"式的风气,以新的姿态,在学界"崭然露头角矣"。

由于共产党人的努力,而给"上大"注入的新鲜血液,从1924年春开始,就流向社会,奔腾于反帝反封建的革命洪流之中了。上海大学从此进入第二阶段——发展阶段。

第二阶段从1924年春至1925年五卅运动为止,前后也有近一年半的时间,是上海大学的全盛时期。这期间,正值国共两党合作,革命形势迅猛发展之际,"上大"无论在校内教学方面,还是在社会活动方面,也都随着形势的变化而得到很大的发展。

在校内教学方面,"上大"的学科设置在原有的基础上添设了"英数

高等补习班"和"俄文班",1924年春季开学时,学生人数已达四百余人,校舍也从青云路迁至西摩路(今陕西北路)。这时,学校行政方面已由原来的"评议会"①改为"行政委员会"②。"行政委员会"为全校最高议事机关,除校长、学务长及各部系主任为当然委员外,并由教职员中选举四人为委员。校"行政委员会"成立后,把原先在教学和行政上合并在一起的中学部与大学部分开管理,从而加强了对学校校务和教学的领导。

在社会活动方面,上海大学高举鲜明的革命旗帜,走在时代的前列。正如当时报上所指出的那样:"该校人士向以改造社会为职志,对于社会事业尤其勇猛进取的精神。""上大"师生——尤其是社会学系,认真学习马列主义革命理论,积极投身于如火如荼的革命斗争。1924年春,在邓中夏、刘华等的组织下,"上大"举办了平民学校。学生以工人居多,因此,学校纯属义务性质,不仅不收一文学费,连课本、文具都由学校发给。教员都由"上大"学生主动担任,很多学生就是从这里开始他们的社会工作的。通过平民学校,联系了工人群众,发展了共产党组织,组织了工会。在这期间,"上大"师生还积极参加了反对北洋军阀,声援北京、保定的学生运动,欢迎孙中山北上等革命斗争。正是通过这些实际斗争,"上大"成了当时上海革命活动的中心场所。这就不能不触动帝国主义及其走狗的神经,他们惊呼:"最近几个月来,中国布尔什维克之活动有显著复活,颇堪注意。这些过激分子的总机关设在西摩路132号上海大学内,彼等在该校出版排外之报纸——《向导》,贮藏社会主义之书籍以供出售,如《中国青年》《前锋》。该大学之大部分教授均系公开共产党人,彼等正逐渐引导学生走向该政治信仰。"《大陆报》则嫉视地宣称:北京大学和上海大学,是共产党活动的南北二大中心。由于革命思想的熏陶,"上大"学生一批又一批地走上了革命的道路,成了"共产主义的信徒",风云于中国政治斗争的舞台。

---

① 原文注:"评议会"为学校最高会议,成立于1923年8月9日,校长于右任为主席,叶楚伧、陈德徵、邓安石、瞿秋白、陈望道、周颂西、冯子恭、邵力子、洪野等九人为委员。
② 原文注:"行政委员会"于1923年12月25日成立,组织情况为:于右任(校长)为委员长,邓安石(校务长)、何世桢(学务长兼英国文学系主任)、瞿秋白(社会学系主任)、洪野(美术科主任)及叶楚伧、邵力子、曾伯英、韩觉民为委员。

标志着第一次大革命高潮到来的五卅运动，把上海大学推到了它自己发展史上的顶巅。五卅运动从其发动到展开的全过程中，都是与"上大"师生的活动分不开的。在震惊中外的五卅反帝爱国运动中，"可歌可爱的上大学生，确有不可磨灭的助力"，"他们亲见上海各帝国主义者的狰狞面目，正是书本理论与实际工作的试验机会。所以，首先为国捐躯死于南京路的何秉彝，是上大的学生。领导各队到租界上演讲的多数队长，是上大的学生。捕房拘押援助罢工的大部分人员，亦是上大的学生。五卅时代的上大，上大的影响五卅，中国虽大，实为有目共睹的事实"。难怪当时会审公堂的帝国主义辩护士梅兰律师宣称："鼓动此次引起扰乱之学生或学童皆来自过激主义之大学——即西摩路之上海大学。"6月4日，租界帝国主义者出动大批军警，以"过激"为借口，查封了"上大"。此后，"上大"一面通电全国，促成全国人民一致奋斗，一面继续上街演讲，坚持斗争。"愈经阻力，精神愈焕，生命愈永"。

　　恢复阶段从五卅运动结束到1927年"四一二"后学校被国民党反动派封闭，前后两年多时间。

　　五卅运动后，由于帝国主义的压迫，上海大学的校舍从租界西摩路迁移至华界青云路师寿坊，成为一所"弄堂大学"，但国内外慕名来此求学的青年，依然络绎不绝。这阶段，"上大"系科还是"中国文学系"、"英国文学系"和"社会学系"。附中课程作了改革，其高中部取消公民课，增加政治、经济、社会等社会科学课程。学生人数增至六百多人。"为筹百年大计起见"，学校组织校舍委员会，向各界募捐。当时，学校经费极为困难，教职员自动减薪一成至十成，以维持学校。面对着许多困难，"上大"师生并没有灰心丧气，还是那样教得认真，学得活泼，一片热气腾腾。他们发扬了五卅运动的革命精神，继续投入反帝反封建斗争之中。一批师生奔赴广东，参加北伐战争。留校师生，也参加了反对帝国主义文化侵略的非基督教运动等斗争。在上海工人第三次武装起义中，"上大"师生组织了行动委员会，担任前线各项工作，同工人并肩战斗，为解放租界以外的上海，作出了贡献。在这阶段，"上大"仍然是左派占优势，革命力量是坚强的，但此时中国革命形势已由群众运动发展到武装推翻北洋军阀反动统治，同时许多著名的共产党人邓中夏、瞿秋白、蔡和森、恽代英、萧

楚女等已于五卅前后相继离校,学生中一批积极分子如杨之华、郭伯和等,也走上了其他革命岗位。因此,"上大"对社会的影响及其号召力,较之前一阶段就显得略有逊色。

1927年春,上海大学在江湾镇附近建成了自己的校舍,并迁移至新校舍上课,广大师生无不为之雀跃,准备大干一番,为社会造就更多的人才。可是,就在这个时候,蒋介石在上海发动了"四一二"反革命政变,"分共清党",实行白色恐怖。"上大"师生义愤填膺,与广大人民群众一起,反对蒋介石的反革命政变,喊出了"打倒新军阀"的口号。国民党反动派对"上大"这所革命学校,早已视为眼中钉,于是由白崇禧派兵进驻"上大",逮捕共产党人。国民党反动派用武力结束了上海大学,然而这所学校的英名却是永远也抹不掉的。

(二)

如上所述,经历了三个发展阶段的上海大学,以自己的光荣历史见著于世。对于这样一所颇有影响的学校,应该作怎样的评价呢?

我们所接触到的一些资料,大抵有两种看法:一种看法认为,上海大学是国民党办的学校,"该校自始至终都是国民党要人于(右任)先生任校长,与国民党亦有相当的渊源"①。另一种看法则认为,上海大学是共产党办的学校,是共产党"早期培养干部的大本营",实际上等于"党校"②。

这两种看法,前者歪曲历史,夸大国民党的作用,抹煞共产党人的功绩,这当然是不足取的。然而后者,就其准确性而言,我们认为也有讨论的必要。

首先,我们应当肯定,中国共产党对于上海大学的开办,是十分关心的,并给以大力的支持。"上大"刚创办时,正值国共两党酝酿合作,于右

---

① 原文注:持此种看法的,一般是国民党人,解放前出版的书刊,讲到上海大学,以持此说为多。
② 原文注:许多同志关于上海大学的回忆,以及解放后出版的书刊,提法虽略有不同,基本上都是这样看的。

任曾就怎样办好上海大学,征求李大钊的意见。李即推荐邓中夏任总务长,瞿秋白任社会学系主任。不久,陈独秀又推荐陈望道去"上大"任中国文学系主任。陈望道在1961年7月22日回忆这段情况时说:正当他对是否进"上大"任教踌躇不决时,陈独秀亲自写条子给他,说"上大请你组织,你要什么同志请开出来,请你负责"。鼓励并催促他上任。当时,一批著名的共产党政治家、宣传家、教育家、文学家,如邓中夏、瞿秋白、蔡和森、恽代英、萧楚女、张太雷、杨贤江、侯绍裘等,都先后到"上大"任教。许多共产党员、青年团员也先后在这里学习过。1924年春,"上大"成立共产党支部,直属中共上海地委领导,瞿秋白任支部书记。五卅运动后,成立中共江浙区委,"上大"支部改属江浙区委领导。中国共产党在这里培养和造就了一大批共产主义优秀干部,他们之中有为民主革命而牺牲的刘华、何秉彝、郭伯和、秦邦宪等,有为社会主义事业作出了新贡献尔后去世的王稼祥、张琴秋、杨之华等,也有至今还在为我国的四个现代化而战斗不懈的杨尚昆等。这些同志中虽然绝大部分都已去世,但他们彪炳显赫于中华民族的解放事业和社会主义事业,他们卓著的历史功勋,是永垂不朽的。这是上海大学的光荣,也是中国共产党的骄傲。正因为"上大"在其发展过程中,凝结着中国共产党人的心血,因此,说"上大"是共产党办的学校,不为无据。

但我们从目前搜集到的资料分析,认为上海大学应是一所国共两党共同经办、共同领导的,在统一战线旗帜下进行教育与革命的新型学校,更为确切。这种看法,主要有下面三个理由:

首先,从上海大学教职员人事组成的状况来看,国共两党就其数量而言,可以说是势均力敌的。学校成立之初,国民党人于右任担任校长。不久,于右任离开上海,校长一职由邵力子代理,邵是老国民党员,又参加了共产党。1925年,邵力子去广东,由陈望道主持校务。陈当时是与共产党有较深历史关系的左派。学校创立后的一个阶段,尽管国共两党结成联盟,是站在一条战壕里的,但毕竟有所区别。于右任一开始就想把"上大"的活动纳入国民党政治的轨道,然而在国共合作的形势下,同时也为了办好这所学校,他在人事安排上不能不借助共产党的力量。因此,他既要当面征求共产党人李大钊关于办学的意见,又得倾听国民党元老张溥

泉的意见。李大钊从中国革命的需要出发，指出首先应办好大学的社会学系，并介绍邓中夏、瞿秋白来校任职，于右任采纳了李大钊的建议，但同时又聘请了政治态度很右的叶楚伧、何世桢、陈德徵等国民党人，来校担任教务长、英国文学系主任和中学部主任。在教师的安排上，国共两党人士也大抵等量。国共两党在"上大"都有基层组织，共产党有党支部，国民党有区分部。1924年春，以中学部主任陈德徵为代表的右派势力，纠集了一部分人反对共产党，反对共产主义，在共产党人和国民党左派的努力下，把陈德徵赶跑了。其后，校内国民党右派叶楚伧、何世桢等也相继离校，左派力量更强了，但人事上始终不是清一色的。

其次，我们从上海大学所传播的各种理论来看，在"上大"这块阵地上，不仅有马列主义的原理，又有三民主义的信仰；不仅有"在中国实现社会主义"的理想，又有以实行资本主义为职志。两种理论、两种思想，在"上大"是兼容并蓄的。1923年上半年，学校开设了特别讲座，每星期邀请专家学者或社会名流来演讲。4月15日，李大钊在"上大"作了"演化与进步"的讲演，号召学生像马克思一样去创造一种"经济的历史观"，"当沿着这种进步的历史观，快快乐乐地去创造未来的黄金时代"。他告诉大家："黄金时代不是在我们的背后，是在前面迎着我们的。"李大钊同志这里所说的黄金时代，当然是指社会主义。1923年下半年，他又在"上大""社会问题研究会"成立时，作了"社会主义释疑"的讲演，鼓励青年学生改造社会，去打倒"资本主义的制度"，实现"社会主义制度"。到了夏令讲学会举办后，又有瞿秋白同志的"社会科学概论"、邓中夏同志的"中国劳工问题"、恽代英同志的"中国政治经济状况"、萧楚女同志的"中国农民问题"等讲演，从各个不同侧面，介绍马列主义理论，宣传中国共产党的政策。与此同时，国民党人也竭力宣传他们的理论和政策，在夏令讲学会上，国民党人何世桢作过"全民政治"的讲演，戴季陶作过"三民主义"的讲演，汪精卫作过"中国革命史"的讲演，马君武作过"国民生计政策"的讲演。"上大"学生从两党人士宣传的不同理论中吸收营养，有的加入中国共产党，立志献身于中国革命；有的加入中国国民党，与共产主义者分道扬镳了。

那时，国共两党的思想理论斗争也影响到学生，学生中间出现了如

《向导》《先锋》《青白》等许多刊物及黑板报，两种思想的斗争，你来我往，十分尖锐。陈望道在1961年7月22日回忆时说：在这些斗争中，社会学系共产党的力量最强，英国文学系右派力量最强，而中国文学系则两派斗争比较尖锐。尽管如此，"上大"的局面始终由共产党人和国民党左派所左右，所以敌人称之为"过激分子"的"活动基地"，宣传马列主义的"大本营"，这正好从反面说明在"上大"这块阵地上，共产主义的思想和理论是占着优势的地位。因此"四一二"反革命政变时，"上大"在上海学界首当其冲地遭到国民党新军阀查封。

第三，我们从上海大学师生参加的实际活动看，都属于国民革命的范围，即反帝反封建性质的，一般都是在统一战线的旗帜下进行。"上大"从旧的教育制度的羁绊下摆脱出来，就投入到轰轰烈烈的新民主主义革命之中。"上大"师生认为：中国的军阀政府是反动透顶、顽固不化的，"国民当本五四精神，群起自决"，他们坚信："帝国主义与军阀狼狈为奸，相互勾结以为用，国内军阀一日不铲除，国外帝国主义者之根株一日不绝，我四万万同胞将被压迫剥削膏尽血完而枯槁死矣。"因此，他们的斗争锋芒直指帝国主义及其走狗封建军阀。

在反帝反封建的斗争中，上海大学师生作出了重大的牺牲。轰动一时的黄仁事件，是他们献身于国民革命的第一次尝试。1924年10月10日，"上大"一部分学生参加了"双十"国庆纪念活动，因为高呼打倒帝国主义，打倒军阀的口号，遭到反动军警的残酷殴打，黄仁同学因伤重致死。"上大"师生在血的考验面前，并没有被吓倒，并没有屈服，他们深信：黄仁同学之死，"完全是我们在革命未成功以前经过的阶段"，因此，"无论何等牺牲，我们都不怕的。我们自今日以后，更明确更坚决与一切反革命势力作战之观念与意志"！他们大声疾呼，"望我同胞从速联合起来，向帝国主义与军阀下猛烈之总攻击"。"上大"师生遵循着他们自己的铿锵誓言，继续战斗。在波澜壮阔的五卅反帝爱国运动中，他们同工人阶级和各阶层人民站在一起，以"不愿奴隶牛马自居，实应磨砺奋发，急图自救"的精神，与帝国主义展开了英勇的斗争，黄浦江畔响彻他们悲壮的声浪，南京路上洒下他们的斑斑血迹。当时著名的全国学联、上海学联，就是主要由"上大"学生林钧、刘一清、朱义权等主持的。"上大"从成立到五卅

运动这三年里,就有十余人死伤,数百人被捕入狱,为中华民族的解放运动,作出了杰出的贡献。

在一系列反帝反封建的斗争中,"上大"师生始终站在广东革命政府一边,他们衷心拥护孙中山,"一致赞助孙中山先生的彻底革命"。他们坚决支持广东革命政府的主张。1924年底,孙中山北上发表了对于时局的声明,并倡议召开国民会议,"上大"师生闻讯后,立即发表宣言,表示"赞成中山先生之意见",并"号召国人一致拥护,以促成国民会议并解决中国问题,庶国民经济能发展,人民自由得保障,不胜待命之至"。这一切,都基于"上大"师生相信"我革命政府,素以打倒帝国主义为职志"的革命性。五卅运动以后,"上大"许多优秀学生纷纷南下,投奔国民政府,参加国民革命,在北伐战争的艰苦征途上,他们的足迹也是不可磨灭的。

总之,我们从以上的分析中可以看到,上海大学对于社会所作的一切贡献,是共产党人和国民党左派共同努力的结果,而中国共产党人则是"上大"的中流砥柱。这所学校是在统一战线的革命旗帜下发展起来的,它也随着统一战线的破裂而结束。"上大"的历史,可以说是第一次国共合作的一个缩影。

(三)

上海大学既是一所革命的学校,同时又是一所以"养成建国人才,促进文化事业"为其宗旨的高等学府。著名的共产党人瞿秋白曾对"上大"寄予莫大的希望,"希望上大能成为南方的新文化运动中心",并表示要"用些精神,负些责任"。正是在共产党和国民党左派的共同奋斗下,"上大"在改革旧的教育制度方面也取得了丰硕的成果。在这所学校里,教学内容丰富多彩,教育方法生动活泼,在中国现代教育史上,不能不占重要地位。

"上大"不是一所综合性大学,而是一所文科学校。这所学校仅有社会学系、中国文学系、英国文学系及美术科等三个系一个科,其中社会学系影响最大。该系主要课程有社会学原理、社会学通论、社会学史、中外社会变迁史、社会进化论、社会主义史、现代社会、社会问题、劳动问题、妇女问题、社会心理学、经济学及经济史、政治学及政治学史、法律学及法律学史、历史哲学、生活哲学、人类学及人种学、统计学、罗马法、中外近百年史等,还有好多门选修课程,如国际法、宪法、民法通论、刑法通论、商法通论、行政法通论、各国政府组织大纲、政党论、财政学、货币论、银行论、农业财政、商业政策、工业政策及社会政策、两性问题、世界语等。中国文学系、英国文学系以及美术科也都按照各自的专业特点,分必修和选修两类开设课程。"上大"开设的外文主要为英、德、俄、日四种,每个学生都要求掌握两门外文。我们从中可以看出,"上大"开设的课程,内容之丰富,涉及面之广博,实为学生的学业长进奠定了坚实的基础,开辟了美好的前景。

  教得生动,学得活泼,是"上大"教学活动中的一个显著特点。担任"上大"课程的教员,一般都不是糊口度日的"教书匠",而是热心于教育工作的有识之士,尤其是许多共产党人,他们为了培养"建国人才,备为世用",在担任学术译著和繁重的社会活动的同时,更是精心于"上大"教务的改革。"乐得英才而教育之","上大"名震中外,自非无因。"上大"的教员"不像别的大学教授,跑上讲坛,口讲指画了一点钟,便跑了,一切都不管",总是满腔热情地帮助、指导学生,直到理解为止。在课堂上,许多教员不是照书本宣科,而是有重点地启发引导。讲哲学课的萧朴生,"他讲完一个题目,即归纳成几个重点再重复一遍,并问同学们懂不懂,请同学们提问题",他从容不迫地一一解答。瞿秋白同志和蔼可亲,他上课时神态安逸而从容,讲话中没有华丽的词藻和空谈。"同学们水平参差不齐,他为了使大家明白,引证了丰富的中外古今的故事,深入浅出地分析问题,把理论与当前的实际斗争相结合"。因此,许多人都欢喜听他的课。在教师中间,还有轻松愉快的张太雷同志,有循规蹈矩的蔡和森同志。恽代英和萧楚女同志讲话富于鼓动性,对问题的分析一针见血,并且善诙谐,常常引起学生们的哄堂大笑。相反,那些照章宣读、干巴巴讲几个原理的教员,在"上大"是不受欢迎的。

  "上大"的学生,来自全国各地,其中四川、陕西、安徽、广东、湖南等省来的较多。他们中有的怀着求知的渴望,有的为了追求革命的真理,有的则为了反抗封建礼教的束缚,才跋山涉水,千里迢迢地来到上海大学。

他们中的绝大多数虽然也不满意狭窄的校舍,简陋的设备,但他们爱戴自己的老师,喜欢学校的生活,他们绝不是为了来享福,或顶一块大学生招牌的,"预备做建造新中国的工人",才是他们崇高的理想。这里,认真读书,善于思考,蔚然成风。美术科的学生一开学就自觉组织起来,成立画会,仅半年时间,他们就创作出许多有质量的油画、木炭画、水彩画等,自己办起"画展",达到"满屋生辉,清丽悦目"的程度。英文系虽然只有三四十人,但学习空气也很活跃,学生们组织了英文演说会,每星期开办一次,都用流利的英文,"舌枪舌剑,各尽其能"。当时,人们称"上大"为"东南最高之学府",说得可谓名副其实。

读活的书,理论联系实际,是"上大"教学活动中的又一个显著特点。"上大"的学生认为,知识和学问,决不完全在书本上,也不全在教授的口中,他们对于那种"课堂、自修室之外,一步也不走开去;读书之外一句也不响;写笔记翻字典之外,一动也不动"的"偏狭而死的方法",是决不采用的。他们乐意把学到的东西,毫无保留地贡献给社会,切实做到学习不忘革命,为革命而刻苦学习。美术科的同学以艺术为武器,"吾人必须将民众痛苦之声,假艺术以宣泄之",这是因为"革命之手段不一,而假为艺术手段以从事革命,其收效亦大。在目下无产阶级被压迫之时,吾人尤不能不以艺术发泄和安慰被压迫者之痛苦"。社会学系及全校同学都努力学习革命理论,积极参加实际斗争。在他们看来,在"这危急存亡之秋,救国的工作是有时间性的——刻不容缓的"。因此,他们无论在假期里,或在平时,或毕业后走上新的工作岗位,都自觉地到各地的中学或大学去教课,自觉地奔赴工厂、农村,自觉地投笔从戎,向广大青少年和人民群众宣传革命的理论,鼓动反帝反封建的热情。"课堂里是殚精竭虑的讨论,街头巷尾是如火如荼的讲演,舞台上是民族的血泪魂灵的活动,刊物与传单是成堆地从印刷所的机口中吐出来……一条心要唤起民众,组织民众,反抗军阀,打倒帝国主义",这是"上大"学生把自己的聪明才智贡献于民族斗争的生动叙述。

几年里,"上大"学术空气十分活跃,学生学术团体"益形发达"。当然,"上大"的学生学术团体不是纯学术的,而是学术研究和社会活动的紧密的结合。如"社会问题研究会",其宗旨是研究社会现象,讨论社会问题。会员有八十余人,除举办演讲会外,每星期照例开会一次,讨论重要的社会问题。"三民主义研究会",会员达三百余人,其宗旨在于彻底了解三民主义理论,并促进其实现。"湖波文艺研究会",其宗旨在宣传革命文学。"中国孤星社",社员百余人,还有校外人士参加,其宗旨在讨论社会问题,研究改造社会的办法,这个团体还发行《孤星》旬刊。此外,还有"春风文学会"、"艺术会"等等。这些学术团体的组织和发展,对于培养学生分析问题和解决问题的能力,对于提高他们独立工作的水平,无疑具有极大的促进作用。"上大"师生的这些做法,继承和发扬了五四运动民主和科学的革命精神,因而与当时尤其是上海教育界死气沉沉的学风是格格不入的。

  前后短短的六个春秋[①],上海大学不仅培养出许多优秀人才,为中国的新民主主义革命作出了贡献,而且也开拓了一代新的学风,从而为无产阶级的教育事业,提供了丰富的实践经验。在中国共产党党史和现代革命史研究百花盛开的今天,我们对历史上这所新型的革命学校作了初步的探讨,提出了一些不成熟的看法,不当之处,敬请批评指正。

(1980年4月12日)

---

① 原文如此。

上海大学史略[1]

黄美真　张　云　石源华

20年代初期,国共两党在统一战线的旗帜下,共同创办了一所著名的文科学校——上海大学。这所学校自它诞生之日起,就站在反帝反封建斗争的前列,英勇奋斗,在第一次国内革命战争中有很大的影响。这所学校深刻地对旧教育制度进行了冲击,创造性地对新教育制度进行了探索,从而培养出了大批优秀人才,成为现代教育史上一颗光灿夺目的明珠。

一、在激烈的斗争中诞生

上海大学创办于1922年10月,其前身是私立东南高等专科师范学校(以下简称东南高师)。

东南高师是1922年春创办的。当时全国高等师范学校为数不多,加上创办人在报上以实验"男女同校"[2]提倡"新文化"相号召,因此该校的开办对青年学生具有一定的吸引力。四方青年负笈来学者达一百六十人,多寄宿生。学校设在闸北青岛路(后改为青云路),校舍仅有五六排坐西朝东的两层民房,是一所名副其实的"弄堂大学"。该校虽设有国文、英文及美术专修科,但有名无实。各科名义上有许多课程,但"无教师,即或有之,亦多不称职"。设备更为简陋,全校只有几种杂志、两三份报纸和极少的钢琴、石膏模型等教具。

---

[1] 原载《复旦学报(社会科学版)》1981年第2期。
[2] 原文注:"男女同校"是当时改革旧教育的一个方面,不少学校就是在这前后开始招收女生,实行男女同校的。

当时来校求学的学生中，不少曾经过五四运动的洗礼，多数是因为失业失学而来的，具有求知的欲望，政治上也有一定的抱负，如今遇上这样一所"经营式"的"学店"，无不深恶痛绝。那时全国学生运动借着五四运动的余波，依然蓬勃发展，特别是各校为改革校务、撤换校长的斗争，更是连续不断。在这种形势的鼓舞下，学生入学不久，就要求学校改变现状。但校长却带着学生上缴的学膳费，自去日本留学了。在忍无可忍的情况下，学生们即秘密酝酿改组学校。他们成立"十人团"作为领导核心，组织纠察队监视留校的创办人，草拟宣言揭露学校黑幕，并争取到了部分教师的支持。

经过周密的计划，1922年10月中旬，"十人团"以公开伙食账目为名，召开全校大会，决定伙食自办，宣布驱逐校长，改组学校。"同学一百五六十人，均一一签名书押，极端赞成改组。"校长人选，公决从陈独秀、章太炎、于右任三人中延请一位，但他们对陈、章、于均素不相识，仅慕其名而已。经师生多方探询，得知陈独秀行踪不定，章太炎意志消沉，而于右任是老同盟会员，参加过辛亥革命，担任过西北靖国军总司令，此时刚发表过救国须先从教育着手的言论，于是决定请于来任校长。于右任自这年8月因靖国军失败，从陕西到上海后，认为"以兵救国，实仁人志士不得已而为之；以学救人，效虽迟而功则远"，因而"极欲投身教育界"，以实现其"欲建设新民国，当先建设新教育"的主张。因此，在同学的再三恳请下，于右任虽感"改组大学，前途艰巨"，但表示"自当尽力之所能"，"力谋学校发展"，答应出任校长，同时建议将东南高师改名为上海大学。10月23日，召开成立大会，于右任到校讲话，宣布就职。

但是，留校的原创办人因同学监视不严，逃出学校四处活动，先后向警察局"报告"，向淞沪司令部"控告"，向地方法院"起诉"，必欲夺回学校。学生们对此早有准备，校方官司打到什么地方，他们就到那里陈述原委，校方延聘律师出庭，他们也照此办理，针锋相对，一步不让。

1922年底，原校长从日本赶回上海，再次向法院起诉，但开庭数次，都遭到学生义正辞严的驳斥。次年1月6日，彼等于诉讼未终决前，乘学校放寒假，突然率领一批流氓及少数亲信学生，到校滋闹，企图用武力强占学校。同时，又不择手段地向各报分送启事，造谣说要求改组学校的

学生为教员所利用,"扰乱数旬,犹未平息","校中无人负责,已至无形解体","已欢迎旧创办人入校,一切恢复原状"。这种行径不但激起全校学生的公愤,而且也受到社会舆论的谴责。1月下旬,原学校创办人因"诉讼形势不佳",不得不请和平解决,双方撤销讼案,并无可奈何地宣布:原东南高师"所有校具及其他各种物件,均应归改组后之上海大学所有,同人等从此即脱离该校关系",东南高师改组学校的斗争,历时三个多月,终于以学生胜利而告终。

二、锐意改革校务

当东南高师酝酿改组之时,以孙中山为首的国民党因陈炯明的叛变又经历了一次失败,一部分国民党人转而想从教育方面寻找出路,所以当学生请于右任出任校长时,邵力子、柏文蔚、杨杏佛、柳亚子等都从旁促驾。

于右任一开始就想把上海大学的活动,纳入国民党政治的轨道,为国民党在教育方面建立一个阵地。但是,学校开办之初,面临着的是"百端待兴"的困难局面,既缺经费,又缺师资,而于右任本人,无办教育经验,很难打开局面。正在此时,国共酝酿合作的春风给上大带来了希望。其时,于右任对孙中山的联共政策是赞同的,并参加了改组国民党的活动。因此,他对于共产党人表示"吾不能不有厚望于彼等"。正是在革命潮流的裹挟下,于右任请求共产党人参加,共同创办上海大学。同样,共产党人也想通过开办学校,进行马列主义理论的宣传,培养革命干部。这种客观情况,使国共两党合作办学,成为势所必然。

1923年4月,于右任得知李大钊来沪,便邀李一起商量上海大学校务①。李大钊是五四新文化运动的主要倡导者之一,长期从事教育事业,富有办学经验。于右任对李说:"(上大)你来办吧,你内行,我外行。"李大钊因负责北方党务,走不开,就推荐邓中夏(安石)出任总务长(后改称为校务长)。同时,又建议开设社会学系,推荐瞿秋白为系主任。这次商

---

① 原文注:于右任与李大钊是朋友,有私交。

谈,成为国共两党合作办学的开端。

中国共产党对于办好上海大学是十分重视的。据刘锡吾回忆:上大"教职员工的任命,学生的情况,都由党中央讨论"。1923年4月下旬,党首先派邓中夏出任上大总务长,负责主持学校行政工作。邓中夏是中共中央委员,从事过职工教育,领导过工人运动,有丰富的工作经验和很强的办事能力。当时,校长于右任主要从事国民党的政治活动,并不经常到校视事,许多工作尤其是校务方面的工作,均由邓中夏负责处理。7月,党又派瞿秋白到上海大学,准备出任即将开设的社会学系的系主任。瞿秋白是中共早期著名的活动家、理论家,于1920年到俄国考察两年多,熟悉世界各国无产阶级革命的历史,对马列主义理论有较深的造诣,对文学亦有较高的修养。1923年初回国时,其家属希望他"入仕途分担其家庭之负担",北京北洋政府则邀请他到外交部任职,但他都置之度外,毅然决然地到上海就任"薪俸极薄"的上海大学教务,并表示"要用些精神,负些责任",希望"上大能成为南方的新文化运动中心"。他一到学校,就发表了《现代中国所当有的"上海大学"》一文,提出把"切实社会科学的研究及形成新文艺的系统"作为学校的责任,并为学校未来的发展,绘画了一幅极为壮观的蓝图。在此前后,沈雁冰、蔡和森、安体诚、施存统等当时的著名的共产党人,也到上大任教。对于党外人士到上大任教,党也是给予支持的。陈望道回忆当时的情况说:1923年秋,"起先我不愿去上海大学,陈独秀写了一张小纸条给我,要我去工作,说教师全力支持"。大批共产党人的到校任职任教,为上海大学的发展,开辟了光明的前景。

邓中夏、瞿秋白等到校后,围绕着确立办学宗旨、组织教师队伍、改革学校体制这三件大事,着手整顿校务,进行了一系列有意义的改革。

关于办学宗旨,亦即教育方针,在邓中夏参加制定的学校规划中指出:"为应社会之需求。"这个提法,不会为军阀政府找到压迫的口实,又与当时国共合作进行国民革命的政治目标符合,因而能够为国共两党所接受,也易为一般社会人士所接受。同年8月初,瞿秋白进一步明确指出:办学的目的是为了认识社会、改造社会,因此,上大应当具有时代性、革命性,才能担负时代所赋予的使命和革命的责任。

根据这一办学宗旨,改革了上海大学的学科设置。学校改组之初,原

设文学与美术两科。文学科分国学与英文两组,美术科分图音与图工两组,并设普通班。1923年秋季开学时,改国学组为中国文学系,英文组为英国文学系,增加社会学系,美术科照旧,附设之普通班改为中学部,并招收中国文学系、英国文学系和社会学系新生。后来,又添设了英数高等补习班和俄文班。增设社会学系是上大学科设置改革最主要的一环。社会学系与现实社会关系最密切,因此,党特别重视社会学系的开办。除瞿秋白任系主任外,共产党人到上大任教的多半集中在这个系。后来,社会学系成为上大最大的系科,革命力量也最强,它的各项活动,实际代表了上大的革命方向。

上海大学把整顿校务的重点,放在教师队伍的聘请组织上。至1924年春,全校教职员已发展到六七十人,其中教师五十多人,担负了学校的全部教务。这支教师队伍的特点之一,是学有专长。在各系科任教的,有:中国文学系——陈望道(主任)、邵力子、刘大白、田汉、俞平伯、沈雁冰、傅东华等;英国文学系——何世桢(主任)、冯子恭、周颂西等等;社会学系——瞿秋白(主任)、施存统、蔡和森、安体诚、周建人等等;美术科——洪野(主任)、陈抱一、丰子恺等等;中学部——陈德徵(主任)、李未农、张石樵等等[①]。另一特点是开课多。很多教师都是开两门以上的课程,如施存统讲社会思想史、社会问题、社会运动史,俞平伯讲诗歌、戏剧、小说。教师除在本系科开课外,也到其他系科以至中学部上课。第三个特点是从学校到各系科的领导人,除校长于右任外,没有一个不上讲台。如邓中夏讲伦理学、公民学,陈望道讲文学、修辞学、美学,瞿秋白讲社会学、社会哲学,洪野讲西洋画、色彩学、远近学。第四个特点是教育目的明确,上大是一个"穷而又穷"的学校。"教职员的薪水,有的完全尽义任,一文也不拿;有的为维持生活,亦只拿到很少的数量,还比不上一个高等机器匠的工资,有的原在别校拿很高的薪水,却情愿抛弃了来上大吃苦;有的原有别项职务,收入已丰,并且没有余暇,却情愿多吃苦来上大兼课"。上大有这样一支以共产党人为骨干的真才实学的教师队伍,这是

---

① 原文注:各系科的主任1924年春以后有变化,教师名单也只是例举,1924年春以后还有许多人先后到上海大学任教。

上大之所以名闻遐迩、取得成就的重要原因之一。

上大是一所统一战线性质的学校,因此教师中既有共产党员,也有国民党员,还有无党派人士,按其政治态度而言,则可分为左、中、右三部分。左派以共产党人瞿秋白、邓中夏以及国民党左派邵力子、无党派人士陈望道等为代表,他们把学校作为宣传革命理论、鼓动国民革命的阵地。中间派以无党派人士居多,他们缺乏明确的政治主张,对政治斗争不感兴趣,但研究学问,传授知识,还是认真努力的。右派以叶楚伧、何世桢、陈德徵等国民党右派为代表,他们反对共产党人,反对马列主义。随着国民革命运动的深入发展,社会上阶级斗争的尖锐化,教师队伍中不同政治倾向、政治派别的矛盾和斗争也自然而然地发展起来。1924年1月,国民党右派陈德徵纠集一部分人,反对共产党,反对共产主义,破坏师生团结,上大的共产党人即团结党外进步师生,坚决反击,发动了一场驱陈运动,最后迫使于右任不得不将其解职。此后,一些右派教师自觉在上大立足不住,相继离校。教师中左派力量取得了绝对优势,掌握了学校局面。

在组织教师队伍的同时,学校的体制也进行了重大的改革。上大成立之初,只设有校长、教务长,1923年春季开学前后,增设总务长及各系科主任,制订暂行校则。8月11日,召开全体教职员会议,成立了学校最高决策机构——评议会,"处理全校一切根本重大事务"。评议会由校长于右任任主席,叶楚伧、陈德徵、邓中夏、瞿秋白、陈望道、周颂西、冯子恭、邵力子、洪野等九人为委员。

同年12月,鉴于学校规模初具,暂行校则已不能适应需要,遂重行颁布正式章程——《上海大学章程》,并根据《章程》制定了《上海大学章程细则》,对校务方面的重大事宜及各方面工作作了详细规定。《章程》进一步明确提出:"本大学以养成建国人才,促进文化事业为宗旨。"对学校的体制也作了新的规定:"设校长一人,统辖全校事务";"设校董会,规划本校经济,""设行政委员会,校长、学务长、校务长,及各系部主任为当然委员,另由教职员选举四人为委员,校长为委员长",议决学校"一切重大事项";还规定设学务处、校务处及图书馆。并由《细则》具体规定学校各级组织机构的职权范围、活动要求和组织原则。《章程》及各《细则》的制订,是上大发展史上的一个里程碑,它标志着学校已按照创办人

的革命愿望建立起新的秩序，其内部的整顿、改革已基本完成。

根据《章程》规定，1923年12月，上大的评议会正式改为行政委员会，于右任担任委员长，邓中夏为秘书，何世桢、瞿秋白、洪野及叶楚伧、邵力子、曾伯英、韩觉民等为委员。行政委员会成立后，把原先教学和行政合在一起的中学部和大学部分开管理。上大的校务活动更加蒸蒸日上，发展甚为迅速。1924年春季开学时，全校学生人数已达四百人。鉴于原来的校舍越来越不能适应学校发展的需要，便在当时公共租界西摩路（今陕西北路）租了新校舍。同时，还在对面时应里、甄庆里、敦裕里等处租了几幢房子，作为中学部的教室。学校的一切活动，也逐渐走上正规化。于是，上海大学这所"向不著名之学校，一变而崭然露头角矣"，"已为一般社会人士认为新文化指导者"。

三、丰富多彩的教学活动

上大的教学活动是富有创造性的，他们敢于走前人没有走过的路，创造出文科教学的很多好形式好方法，很值得我们总结、借鉴。

首先，在课程设置方面，围绕着培养革命人才这个总目标，上大有两个特点，与当时教育界的陈腐状况大不相同。其一是注重基础知识的训练，尽量扩大学生知识面。上大各系开设的课程要求学生比较广地掌握社会科学的一般原理、历史以及研究现状。比如，社会学系开设的课程，必修课有社会学原理、中外社会变迁史、社会进化论、现代社会、社会问题、劳动问题、妇女问题、经济学及经济史、政治学及政治学史、法律学及法律学史、历史哲学、生物哲学、中国近百年史等，选修课有国际法、宪法、民法、刑法通论、农业财政、商业政策、工业政策、世界语等，这样培养出来的学生文、史、哲、经、法均懂一些，可以说是社会科学方面的"通才"，但同时又为从事社会学这一专业奠定了深入研究的基础。与其他大学不同，学习文学的学生除了学习有关的专业知识外，同样需要学习社会学、伦理学、社会心理学、科学方法论、社会进化论、中国哲学史等课程，这在当时不能不是别开生面的一个创举。上大还开设了英、德、俄、日四种外文课，要求每个学生至少掌握两门外文，以便直接阅读外文原著，并把此作为培养一个合格的社会科学工作者的必备条件。

其二是注重马列主义基本理论的教育，这在当时的大学中是独一无二的。最突出的是社会学系，开设的马列主义理论课程有：辩证唯物主义和历史唯物主义、私有财产及国家起源、通俗资本主义、科学社会主义等，并通过其他课程的讲义，来阐述马列主义的基本原理。中国共产党早期的一些重要理论著作，有相当一部分是在上大教学活动中产生的，如瞿秋白的《现代社会学》《社会哲学概论》《社会科学概论》《现代民族问题》、蔡和森的《社会进化史》、恽代英的《中国政治经济状况》、萧楚女的《中国农民问题》、邓中夏的《中国劳工问题》等。通过革命理论的教育，学生们初步地接触了马列主义学说。这就为学生们提供了认识社会、改造社会的理论武器，不少同学以此为起点，走上了革命的道路。

在课堂教学方面，上大各系从内容到形式都有重大的改革。尤为突出的是贯彻了理论联系实际的原则。对于当前社会各阶级的动向，对于中国政治经济现状，对于现实的社会问题等的研究，都在课堂教学中占有重要的位置。比如蔡和森在讲婚姻制度的变革时，就列举当时社会现象说："现在娶新娘，抬大花轿，吹喇叭，前呼后拥，大闹特闹，这实际上是以前抢婚的遗迹；一般人都以为结婚坐花轿、奏乐器、请客吃饭、大宴宾客是光荣，其实这不是光荣，而是抢婚遗迹的耻辱。"生动地说明了移风易俗的必要性。上大一度曾有"国家主义派"的活动，欺骗蒙蔽了一些同学，瞿秋白就在课堂上运用马列主义的理论武器，阐明国家的起源及其实质，剖析"国家主义"的反动性，并列举事实揭露"国家主义"的"醒狮派"为国内反动派服务的罪恶，使同学们认清了"国家主义"丑恶面目。在教师的身教言教下，上大学生也注意"读'活的书'，使读书与生活（尤其是社会的、民族的）打成一片"，而反对那种"课堂、自修课之外，一步也不走开去"的"褊狭而死的方法"。上大注意课堂教学与社会斗争的沟通，是上大教学生气勃勃的重要原因之一。

采取有重点的启发引导，这是上大课堂教学的又一个特点。许多教师在上课之前，先把讲义发给学生，到上课时，则在讲义的基础上补充很多活材料，突出重点，按照同学的实际水平，进行讲解。教师在上课时，还注意到生动性。恽代英、萧楚女上课富有煽动性，分析问题一针见血，并

且善诙谐,听了引人入胜,同学们都爱听他们的课。当时有人评价上大教师:"不像别的教授,跑上讲台口讲指画了一点钟便跑了,一切都不管。"

上大的课外学术活动,也搞得生动活泼,它是上大教学的重要组成部分。其主要形式有:开设特别讲座,举办讲学会。1923年春至1925年上半年,学校举办特别讲座,邀请中外名人来校演讲。如李大钊讲"史学概论"、"演化与进步"和"社会主义释疑",马君武讲"一元哲学",胡适之讲"科学与人生观",杨杏佛讲"从社会方面观察中国政治之前途",章太炎讲"中国语音系统",郭沫若讲"文学之社会使命"及美国社会学者华德讲"关于社会科学和社会问题"。在寒暑假,上大还组织"夏令讲学会"、"寒假读书会"等,如1924年的"夏令讲学会",以"研究各科学术为宗旨",自7月6日至8月31日的八星期中,共有海内外名流、学者三十五人参加演讲,作了五十一个学术报告,听者络绎不绝,盛况空前。如瞿秋白讲"社会科学概论"、董亦湘讲"唯物史观"、恽代英讲"中国政治经济状况"、萧楚女讲"中国农民问题"、邓中夏讲"中国劳工问题"、汪精卫讲"中国革命史"、邵力子讲"中国宪法史"、叶楚伧讲"中国外交史"、戴季陶讲"三民主义"、吴稚晖讲"注音字母"、陈望道讲"美学概论"、沈雁冰讲"近代文学"、胡愈之讲"世界语"。此外,还有关于工业、农业、财政、经济、法律、卫生等方面的许多报告。所有这些特别讲座和学术报告,有的宣传马列主义,有的宣传唯心主义,有的学术性较强,有的联系当时社会实际,观点并不一致,甚至互相对立,但对于学生了解不同思想观点,扩大知识面,开阔思路,是有很大帮助的。

鼓励学生组织各种类型的社团。这些社团都带着鲜明的政治倾向,把学术研究与认识社会、改造社会结合起来。最早成立的是美术科毕业同学会,其宗旨为"继续研究学术,增长上大精神",参加者三十四人。1923年下半年,各团体相继成立,"益形发达"。11月成立了"社会问题研究会",其宗旨为"研究社会疾病,促进社会健康",会员有八十余人,除举办演讲会外,每星期例会一次,讨论重要的社会问题。同年,又成立了"三民主义研究会",会员达三百余人,其宗旨"在彻底了解三民主义并促其实现"。"湖波文艺研究会"也于11月间成立,其宗旨在宣传革命文学。1924年11月,"中国孤星社"也宣布成立,社员百余人,其宗旨为"研究学术,讨论问题,彻底了解人生,根本改进社会",并发行《孤星》旬刊。此外,还有"春风文学会"、"艺术会"、"平民教育委员会"、"英文文学会"等等。这些社团的成立,对于培养学生分析问题的能力,提高在实践中独立工作的水平,具有很大的促进作用。

同时,学生们还按照自己的兴趣,组织各种类型的学习会、报告会、交流会等,互相提问题,共同讨论,各抒己见,谈论报刊上的政治消息,介绍学习体会,教师们也常常出席指导。会后,同学们就把其中的一些重要内容整理出来,供墙报发表。

综上所述,上大丰富多彩的教学活动,保证了"培养建国人才,备为世用"的教学目的的实现,并以自己创造性的工作,为新的教育事业开拓了一代新风,提供了宝贵经验。

四、在民族解放运动中激流勇进

1924年1月,国共两党正式建立革命统一战线,打开了中国革命的新局面。此时的上大,由于学校内部的整顿、改革工作基本完成,进入向外发展的新阶段,师生们"以改造社会为职志,对于社会事业,尤具勇猛进取精神",踊跃地走上社会的政治舞台。

3月31日,为了宣传革命道理,以唤起民众的觉醒,上大决定开展社会教育,组织平民学校。这个学校是专为平民和平民子弟而设的,其宗旨是"普及教育,提高国民程度"。次日,召集筹办平民教育大会,邓中夏亲临会议报告,阐明了提倡平民教育的必要性。会议通过了平民教育方案,以及上大平民学校组织大纲,并于师生中公举卜世畸、刘剑华(即刘华)、王秋心等八人为委员。参加平民学校工作的师生有四十一人,以共产党员、共青团员为骨干。

上大开设的平民学校是义务性质的,不仅不收学费,连书籍用品也由学校发给。教员由上大师生担任,许多人就是从这里开始他们的社会活动的。平民学校一开学就招收了新生三百六十余人,依年龄和文化程度分为二级四班:成年识字者为一级一班,不识字者为一级二班;童年识字者为二级三班,不识字者为二级四班。

1924年夏季前后,共产党上大支部又派进步师生分别在小沙渡、杨树浦、浦东、吴淞等工人集中的地方办起工人补习学校、工人夜校等。这是在统一战线的旗帜下,以国民党名义举办的,对象均是男女工人,举办这种学校的目的,是为了宣传革命,组织工人,发展党团员,以扩大党的力量和政治影响。在办校的基础上,上大师生帮助工人建立起自己的组织——工会,在工人中间培养了不少领导工运的骨干。如顾正红,就是沪西工人夜校的学生。

随着革命形势的发展,上大师生与社会的联系越来越紧密,在社会政治斗争中发挥的作用也越来越大。1924年2月,北京学界因反对军阀政府教育总长彭允彝,"破坏司法,蹂躏人权",起而斗争。上大闻讯,即致电北京学生联合总会,表示愿为北京学界后盾,并提出三条办法:"(一)各省学生联合会,应一致表示力请政府罢斥彭允彝;(二)全国学校暂与北京教育部脱离关系;(三)北京政府执迷不悟,国民当本五四精神,群起自决。"同年4月,保定女子师范学校的学生因要求改革不合理的教育制度,竟遭到该校校长及教员的殴打。消息传到上海,上大的女生立即召开大会,致电保定女师全体同学,对她们的斗争深表同情,"愿为后盾"。他们还通电直隶教育厅长,"务请速允女生要求,撤换校长",并通电全国"请求各界,一致赞助救援"。在上大女生的呼吁下,上海各校女生也纷纷行动起来,声援保定女师学生的正义斗争。通过这些斗争,上大初露锋芒,博得了社会的崇仰。

1924年10月10日,上海各界假河南北路天后宫总商会召开纪念国庆国民大会。上大学生黄仁、郭伯和、何秉彝等前往参加。那时正值江浙战争,江苏军阀齐燮元和浙江军阀卢永祥火并。控制会议的国民党右派喻育之、童理章主张帮助卢永祥打倒齐燮元,遭到与会进步学生的反对,他们发表反对一切军阀、反对一切帝国主义的演讲,竟被诬为齐的"奸细",遭到毒打。上大学生黄仁鼓掌赞成上述演说,竟被童、喻收买的数名刺花党暴徒殴打后从七尺高的台上推下来,顿时口鼻流血,不省人事,终因伤势过重而牺牲。当天,瞿秋白奉中共中央命令,组织反对国民党右派暴行的行动委员会,指挥全上海人民起来抗议这种法西斯流氓行为。上大师生为此事连续通电全国,指出:黄仁同学之死,"实为反对帝国主义而死,为反对军阀而死,为党义而死,为谋我全人民之利益而死"。他们大声疾呼："望我同胞从速联合起来,向帝国主义下猛烈之总攻击。"充分表现了他们誓与帝国主义斗争到底的坚强决心。

在反帝反封建的斗争中,上大师生坚决站在广东革命政府一边。1924年11月,冯玉祥等人在北京政变后请孙中山北上,孙中山在广州发表了对时局的声明,主张废除不平等条约和召开国民会议。中国共产党发动了一个全国规模的国民会议促进运动,为孙中山北上作后盾。上大师生于11月28日召开全校大会,"一致赞成中山先生之意见,并发表宣言号召国人一致拥护,以促成国民会议并解决中国问题,庶国民经济能发展,人民自由得保障"。孙中山途经上海时,上大师生列队到江边欢迎,并暗中加以警卫。当时,租界帝国主义者十分恐慌,说"孙文是危险人物,一入租界,必将影响于租界之治安"。因此,当上大迎接队伍归来经过法租界嵩山路时,巡捕就将上大校旗夺走,后经交涉,才由法巡房送回。这是上大师生与帝国主义者第一次正面交锋。

帝国主义者视上大的革命活动为"洪水猛兽",上海公共租界工部局《警务处日报》记载说："最近几个月来,中国布尔什维克之活动有显著复活,颇堪注意。这些过激分子的总机关设在西摩路132号上海大学内,彼等在该校出版排外之报纸——《向导》,贮藏社会主义之书籍以供出售,如《中国青年》《前锋》。该大学之大部分教授均系公开共产党人,彼等正逐渐引导学生走向该政治信仰。"1924年12月,帝国主义巡捕终于对上大下了毒手。他们对上大进行公开搜查,搜去各种书籍三百余册。为此事,"会审公堂"传讯代理校长邵力子到案,指控他"出售《向导》周报,内含仇洋词句,犯刑律第127条,又不将主笔姓名刊明报端,违犯刑律第8条"。这一案件,上大曾委托克威律师出庭辩护,指出"会审公堂"的控告"主体错误",不能成立。但帝国主义者仍然蛮横地"判将抄获各书一并销毁,被告交一千元保,担保嗣后上海大学不得有共产计划及宣传共产学说"。帝国主义的压迫,只能激起上大师生更大的反抗,空前规模的革命高潮就将到来。

1925年爆发的五卅反帝爱国运动,揭开了第一次大革命的序幕。作为反帝斗争的一个坚强阵地,上海大学在这个运动中发挥了巨大的作用。

1924年夏以来,上大进步师生在沪西、沪东、浦东等工人区开办夜校、建立工会,发展共产党组织等一系列活动,为以工人阶级为主体的反

帝革命高潮,准备了条件。1925年2月,上海日商纱厂四万工人举行大罢工,揭开了五卅反帝运动序幕。上大师生在邓中夏、李立三、刘华、杨之华、郭伯和等带领下,积极支持工人们的斗争。他们组织宣传队,深入各工厂,发传单,写标语,作演讲,揭露日本资本家残酷压迫工人的罪行,同时组织募捐队向各界人士募捐,以维持罢工工人的生活。当时驻沪日本商业会议所主席田边曾于2月21日致函工部局总董英人费信惇说:"这次罢工是经过周密部署的运动的第一步","那些煽动分子和狂热分子煽动罢工的经费,则由本市一所大学校供给,这所大学被认为是俄国布尔什维克党的宣传机关"。他所指的"一所大学"即上海大学,所谓供给"罢工经费",则是指上大师生为支援工人罢工而募捐一事。

5月15日,工人领袖顾正红惨遭日本资本家枪杀。5月24日,上大一部分学生带着红旗、传单,经戈登路(今江宁路)、普陀路,一路示威游行,前往潭子湾参加追悼顾正红的群众大会。在普陀路为英捕阻拦,当即有四名同学被捕,这是五卅运动中最早被关入巡捕房监狱的中国人。

28日,党中央召开紧急会议,决定于5月30日,在公共租界举行游行示威。在党的统一指挥下,上大学生会组织了由四百余人参加,共计三十八组之多的"学生讲演团",于5月31日一早,就进入南京路新世界至抛球场一带,与工人宣传队一起,向市民、店员慷慨陈词,抗议帝国主义的暴行。许多学生被抓进了捕房,但后继者毫不畏惧,继续前进,包围了老闸捕房。下午二时多,帝国主义武装巡捕竟然向示威群众开枪,南京路上、老闸捕房前顿时血肉横飞。上大社会学系学生何秉彝及电话公司接线工人唐良生等十一人当场中弹身亡,上大学生于达同其他数十名工人、市民身负重伤。据当时《上大五卅特刊》调查股报告,五卅这一天,上大同学受伤者十三人,被关押进老闸捕房的达一百三十人。

五卅惨案发生后的第二天,上大继续组织宣传队上街讲演,又有六十余人被捕。上大学生会发表通电,宣布"本校决于6月1日起实行罢课,誓达惩办雪耻之目的"。从6月1日开始,上大投入到轰轰烈烈的三罢斗争行列,"一时沪上各报都竞载该校消息,上大威名遂震惊全国。此一时期,学生个个生龙活虎似的,各种文化运动,各种革命集会,以及一切反军阀反帝斗争,无不以该校学生为台柱"。这当然引起了帝国主义的极大仇恨，他们断言："鼓动此次引起扰乱之学生或学童皆来自过激主义之大学——即西摩路之上海大学。"

6月4日，租界帝国主义者派出万国商团和英捕六七十人，突然闯进学校，翻箱倒箧，进行搜查，一时间，书籍文具，狼藉满地。并且横蛮地勒迫同学于十分钟内一律出校，不许逗留。接着，由美国海军陆战队强占全部校舍为驻地，公私财物则损失殆尽。面对帝国主义的暴行，上大学生会郑重声明，坚决表示齐心协力，"努力与抗，决不退让，并通电全国，披露五卅惨案的真相，促成全国人民一致奋斗"。

就在学校被武装占据的第二天，上大师生借老西门勤业女子师范学校建立临时办公处，负责处理善后事宜。

在艰苦的环境中，上大师生坚决站在工人阶级一边，与帝国主义继续进行不屈不挠的斗争。有人曾经作过这样的评价："上大的影响五卅，中国虽大，实为有目共睹的事实。"因此，北大与上大相提并论，称之为"北有五四的北大，南有五卅的上大"。

五、用血写成的最后篇章

由于帝国主义的压迫，1925年9月秋季开学时，上大校舍从租界西摩路迁移至华界闸北区青云路师寿坊，再次成为一所"里弄大学"。但是，上大在五卅运动中的赫赫威名，却使得各地前来求学者络绎不绝。当时，上大继续招收"中国文学系"、"英国文学系"、"社会学系"和"美术科"的新生，并对附属中学部的一些课程作了改革，其高中部取消公民课，增设政治、经济、社会科学课程。学生人数已增至六百多人。"为筹百年大计起见"，上大组织了校舍委员会，向各界募捐，准备建造新的校舍。

五卅运动后，代理校长邵力子已到广东革命政府中任职，学校行政委员会由陈望道、恽代英、施存统、沈雁冰、周越然、刘大白、朱复等组成，陈望道任主任，负责主持全校工作。当时，许多著名的共产党人邓中夏、瞿秋白、蔡和森、萧楚女等已相继离校，学生中一批积极分子如杨之华、郭伯和等也走上了其他革命岗位，但上大的左派势力并没有削弱，尤其是在北伐前后，上大一切都在共产党及左派人士掌握下。"非马克思主义学生大

都相率去校,国民党教员更无插足余地,因此该校获有清一色的'共产大学'之称"。足见北伐前后,上大左派势力的强大。

1927年3月21日,为了响应北伐军的胜利进军,上海工人在中国共产党的领导下,举行第三次武装起义。上大师生立即行动,积极参加这场解放上海的战斗。他们组织行动委员会,担任前线各项工作,其中有一百多个学生,参加了攻打北火车站等最激烈的战斗。在这次武装起义中,上大牺牲了二十多人,为中华民族的解放事业又一次洒下了鲜血。武装起义胜利后,上大师生又自动地到各军政机关中工作,他们"在北伐的前线,在封建的军阀与帝国主义的堡垒下抛掷他们的手榴弹与生命,向民众与人类倾注他们的热爱与坚信"。这是上大发展史上又一页光荣的历史。

4月,正当上海人民欢庆革命胜利的时候,上大在江湾镇附近建成了自己的校舍,并迁移至新校舍上课。师生们多年的愿望实现了,无不迎喜雀跃,决心大干一场,为中国造就更多的有用之才。可是,也就在这个时候,蒋介石在上海发动了"四一二"反革命政变。上大师生看到打着革命者旗号的蒋介石,忽然掉转枪口,充当帝国主义屠杀革命者的刽子手,莫不义愤填膺。他们参加了上海工人反对蒋介石反革命政变的群众大会,喊出了"打倒新军阀"的口号。5月1日,上大师生集会庆祝五一国际劳动节,并举行示威游行。第二天,白崇禧派兵进驻上大新校舍,用刺刀封闭了上海大学。在白色恐怖的岁月里,分散在全国各地的上大数以千计的同学(包括早已毕业的),很多遭受到国民党反动派的迫害。上大中学部主任、共产党员侯绍裘则是"四一二"最早的牺牲者之一。上大师生以自己的鲜血和生命,写下了上大历史的最后篇章。

上海大学是在国共两党统一战线的旗帜下发展起来的,它也随着统一战线的破裂而结束。虽然,上大前后仅六易寒暑[①],但由于革命思想的熏陶,特别是共产党人的培养教育,在这里造就了一大批共产主义战士。半个多世纪以来,上大培养的优秀人才,为中国人民的解放事业和社会主义建设事业作出了杰出的贡献,他们卓著的历史功勋,是不可磨灭的。因此,了解和研究上大发展的全过程,总结其历史经验,无疑是一件十分有意义的工作。

---

① 实际应为四年半。

二十年代初期的上海大学社会学系[①]

王家贵　蔡锡瑶

1922年10月，国民党元老于右任就任上海大学校长。1923年秋季，学校设立三系一科和一个附属中学。三系一科是中国文学系、英国文学系、社会学系和美术科。

1923年上半年，邓中夏、瞿秋白等中国共产党的领导人先后到上海大学任教，邓中夏还出任总务长（后改称为校务长），主持学校行政工作；瞿秋白担任社会学系的系主任。从此，上海大学与中国共产党建立了极为密切的关系。

上海大学成立时，正是中国共产党酝酿与国民党内以孙中山为首的革命民主派建立联合战线的时期。1923年"二七"大罢工失败，全国工运处于低潮，党就在教育战线上加强宣传马克思主义，培养干部，为迎接革命高潮做准备。因此，中国共产党对上海大学的工作是积极支持和关怀的。当陈望道在是否去上海大学工作这个问题上踌躇不决的时候，陈独秀写给他一张条子说："上大请你组织，你要什么同志，请开出来，请你负责。"当时邓中夏、瞿秋白立意把上海大学办成在社会学系方面有特色的学校，而且，"要在社会科学方面独树一帜"，办得类似中国共产党的党校，在这个教育阵地公开讲授马克思主义，从理论上武装青年，并创办刊物，开设讲座，传播革命思想，开展与各种反马克思主义思潮的论战。为此，上海大学社会学系的负责人，自始至终都是我们党从事理论工作的领导人，瞿秋白、施存统、彭述之先后担任过这个系的

[①] 原载《社会》1982年第3期。

主任。

为了系统地传授马克思主义原理,邓中夏、瞿秋白计划社会学系将开设必修课:社会学原理、社会学通论、社会学史、社会进化论、中国社会变迁史、西洋社会变迁史、东亚各国社会变迁史、现代社会、社会问题、劳动问题、妇女问题、社会主义史、社会心理学、经济学及经济史、政治学及政治史、法律学及法律学史、历史哲学、生物哲学、人类学及人种学、统计学、罗马法、中国近百年史、西洋近百年史、外国语。

选修课:国际法、宪法、民法通论、刑法通论、商法通论、行政法通论、各种政府组织大纲、政党论、财政学、货币论、银行论、农业财政、商业政策、工业政策、社会政策、两性问题、世界语。

以上计划,由于种种原因,特别是由于革命形势的迅速发展,党的干部调动频繁,未能全部实现。从已经开设的课程及任课的教师来看,中国共产党把在中央、中共上海地委、团中央从事理论工作的干部,几乎都派到上海大学社会学系任教。社会学系已开设课程和任课的教师有:

邓中夏	历史学	恽代英	现代政治
瞿秋白	社会哲学,社会科学概论	李 季	通俗资本论,马克思主义(马克思生平及其著作和学说)
蔡和森	社会进化史	杨贤江	教育学
彭述之	社会进化史	周建人	生物哲学
张太雷	政治学,政治学史	萧朴生	哲学
李 俊	社会进化史	郭任远	人类的行为
安体诚	社会学,科学社会主义,现代经济学	任卓宣	哲学
		何世桢	政治学
施存统	社会思想,社会问题,社会运动史	蒋光赤(蒋光慈)	俄文
		周颂西	英文
李汉俊	社会学	曾 达	英文
郑超麟	社会学	火贲达	英文
萧楚女	现代政治		

从以上任课教师来看,共产党人占绝大多数。这一批共产党人教师,既是具有雄才大略的政治家,又是学问渊博、诲人不倦的教授。杨之华回忆瞿秋白上课时的情况说:他"引证了丰富的中外古今的故事,深入浅出地分析问题,把理论与当前的斗争实际相结合"。又如蔡和森当时在党中央负责重要工作,又在社会学系讲授"社会进化史"课程,他以恩格斯的《家庭、私有制和国家的起源》一书(当时没有中译本)为蓝本,结合中国的历史实际,通俗易懂地讲解恩格斯的著作,用马克思主义的立场、观点、方法,详细论述人类社会发展的历史和必然趋势,为学生们确立马克思主义的唯物史观打下了基础。他生动地描绘当时婚嫁,说敲锣、吹奏、喧闹的风俗,就是古代抢亲的延续。当年听课的学生,现在记忆犹新。社会学系学生欧阳继修(阳翰笙)回忆在社会学系学习情况时说:"瞿秋白讲'社会学',就是讲的马克思主义的辩证唯物主义和历史唯物主义哲学。恽代英讲'国际政治与国内政治',张太雷讲列宁的《帝国主义论》(英文版),邓中夏讲工人运动,就是讲工人阶级与资产阶级斗争的历史,讲十月革命和巴黎公社,讲各国革命运动史和中国工人运动情况。除任弼时教俄文课外,其他人都是讲解马列主义的经典著作,他们的学术水平都是第一流的,而且又是党的领导人,这些课程对我们启发很大。"

瞿秋白、恽代英、萧楚女等人上课,以及社会学讲座,不仅中文系、英文系和附中的学生来旁听,而且校外的党、团员和工会活动分子也都来旁听,做上海大学的旁听生。这些同志是从事实际工作的,有工作经验,学习革命理论后,就把从事的实际工作提高到理论上来认识、总结,又用理论来指导他们的实践。五卅运动中的许多工会骨干分子,如缪龙江、陈企荫等都是上海大学社会学系的旁听生。

上海大学社会学系还举办特别讲座,聘请校外的学者和社会名流演讲。曾计划开设的讲座有:孙文主义、列宁主义、国民党党纲及政策、蒙古及西藏问题、中国革命史、政党论、俄国新经济政策、中国劳动问题、宪法论、民族运动、普通选举、市政论、现代政治、现代哲学。

现已查证,开设的讲座有下列讲题:

李大钊　社会主义释疑,　　　沈泽民　欧洲现势与东方民族之

	演化与进步		关系
吴玉章	四川的铁路运动	戴季陶	东方问题和世界问题
江精卫	集权与分治	恽代英	中俄交涉破裂原因,中国
马君武	国民生计政策		民生问题
胡　适	科学与人生观	胡汉民	民权主义,民族主义
章太炎	中国语言系统	郭沫若	文学的社会之使命
杨杏佛	劳动问题的意义和社会问题的关系、从社会方面观察中国政治之前途、阶级的进化、资本制度的进化		

此外还有杨贤江、金仲文、郑振铎、邵元冲、刘仁静、高语罕、吴稚晖、谢持、沈玄庐、褚理堂、张荫凯、张溥泉(张继)、陶希圣等都曾到校演讲。

以上演讲人和讲题,既有李大钊、沈泽民等共产党人宣传马克思主义的学说,又有汪精卫、胡汉民等国民党人讲解三民主义和国民党的政纲,还有胡适等资产阶级学者所作的学术讲演。这种政治观点和学术思想上兼容并蓄的讲座内容,扩大了学生的知识面,为他们提供了认识社会、解决社会问题的各种学说,使之视野开阔,便于鉴别选择,正确认识当时社会问题的症结。

社会学系的领导和教师,不只是在课堂上向学生灌输马克思主义的理论,而且通过学生会,组织各种学术团体,创办各种刊物,让学生在社团活动中结合中国社会的实际,学习、研究马克思主义。

例如1923年11月成立的"社会问题研究会",写明"宗旨是研究社会现象,讨论社会问题"。研究会成立不久,邀请李大钊作"社会主义释疑"的演讲,恽代英作"中国民生问题"和杨杏佛作"从社会方面观察中国政治之前途",都是研究会有组织有计划开展的活动。研究会还在《民国日报》副刊《觉悟》上辟有"社会科学特刊"一栏,刊载李大钊等人的专题报告记录和会员研究的心得。

1923年11月又成立"三民主义研究会"(1925年1月改为中山主义研究会),提出"宗旨在彻底了解三民主义并促其实现"。"目的在使同志们研究中山先生之学说,与国民革命之理论,以坚同志之信仰"。学生高尔柏、崔小立、江士祥、马凌山、吴稽天曾任执行委员,主办《中山主义》周报,恽代英、马凌山等撰稿,宣传革命的三民主义和孙中山联俄、联共、扶助农工的三大政策,抵制、揭露戴季陶主义的反动实质和孙文主义学会的反动性。

社会学系学生安剑平在1924年1月,发起成立"中国孤星社",出版《孤星》旬刊,他们在宣言中说,"要打破这四千余年的暮气——从政治革命、社会革命,而到人心革命——只有仍旧发挥光大我们四千余年底大侠魂!"

邓中夏、瞿秋白、邵力子、恽代英等校系领导和教师,共同参加以上学术团体和创办刊物等活动,他们撰写的文章,立意清新,史论交融,议叙精辟,文笔生动,对宣传马克思主义、提高群众的阶级意识和阶级觉悟起了很大作用。

中国共产党要求社会学系的师生,不仅重视马克思主义理论教育,也要重视革命实践活动,走出校门,到社会上去,到群众中去,创办平民夜校,开展普及教育工作,协助党在工人集中的小沙渡、杨树浦创办沪西工人俱乐部和沪东工人进德会。通过这些工作,上海大学师生,主要是社会学系的师生,为党培养出较早的一批工人积极分子,为上海工人运动的复兴作出了贡献。同时,在和工人运动相结合的过程中,一些学生也锻炼了自己,如刘华、杨之华等就是在工人运动中充分显示了才华,锻炼成为工人所爱戴的领袖。

上海大学社会学系是学校最大的一个系,人数最多,共产党员和共青团员也多,革命力量很强,在校内外影响都很大。五四运动以后,社会学系的共产党和共青团组织发展了大批经受考验的积极分子,党团组织扩大了,革命力量更坚强了。

在革命形势迅猛发展时,党一方面在社会学系选拔输送学生如秦邦宪、王稼祥、杨尚昆、李伯钊等到苏联中山大学继续培养深造,安排阳翰笙、周文在、王逸常等一批学生到黄埔军校学习和工作;另一方面,党从上海大学、主要是从社会学系抽调和推荐一批又一批的学生到上海各个革命团体和组织中去工作。中国共产党和共青团在上海的各个区委,也都有上海大学社会学系的学生担任工作,像郭伯和、曾延生、阳翰笙、苏幼农、刘披云等先后担任闸北、沪西、杨树浦等区的区委书记和团的区委书记。

　　上海大学这所宣传马克思主义的阵地和培养革命干部的新颖学府当然为国民党反动派所不容。"四一二"反革命政变不久,1927年5月2日,大批武装军警查抄、封闭了上海大学。社会学系师生中许多共产党员和进步学生都被国民党反动派下令通缉。上海大学就在反革命白色恐怖下,结束了它的历史使命。但是,上海大学及其社会学系的历史功绩是不朽的,它的革命精神是永存的。

关于一九二三年至一九二七年上海大学党组织的发展情况[①]

黄志荣

上海大学是我党早期培养革命干部的一所大学,建立于1922年10月23日,1927年"四一二"反革命政变中被封。目前不少单位正在研究和编写上海大学的历史。我们从保存的革命历史文件、资料中,将有关1923年至1927年上海大学党组织发展的情况整理成一份片断的材料,供研究和编写上海大学历史时参考。

上海大学开始建立党组织的时间和负责人是谁,尚待进一步查实。

1923年

7月9日,中共上海地方兼区执行委员会举行改选后的第一次会议,讨论新选委员的分工问题,并决定将全市的党员重新编组,共编为五个组(编入小组的共四十四人,尚有十人因已离沪、被捕或因住地不明暂不编组),原则上是按居住地相近的编为一组。第一组为上海大学组,党员十一人。组长:林蒸,组员:严信民、许德良、瞿秋白、张春木(太雷)、黄让之、彭雪梅、施存统、王一知、贺昌、邓中夏。

这一时期,上海地方的党员流动性比较大,第一组的组长和组员也变动频繁。从8月中旬至11月中旬这三个月中,先后担任过第一组组长的有许德良、施存统和王一知;先后调出和调入第一组的有林蒸、彭雪梅、贺昌、张春木、张特立、严信民、张人亚、刘拜农、邵力子、向警予、徐白民、

[①] 原载《党史资料丛刊》1982年第2辑,上海人民出版社1982年版。

恽代英、卜士畸等人。在这三个月中,第一组的人数基本上保持在十人左右。

11月15日,中共上海地方兼区执行委员会经过详细调查,查实在上海的党员为四十二人,分编为六个组。第一组(上大组)党员七人。组长:陈比南,组员:瞿秋白、邓中夏、施存统、王一知、其雄、黄让之。

11月22日,中共上海地方兼区执行委员会审查并通过了第一组提出的张景曾、龙康庄、薛卓汉、王逸常、徐梦秋、许乃昌、刘剑华等七人为中共候补党员,并编入第一组(上大组)。于是,第一组即有党员十四人。组长:陈比南,组员:瞿秋白、邓中夏、施存统、王一知、其雄、黄让之、张景曾、龙康庄、薛卓汉、王逸常、徐梦秋、许乃昌、刘剑华。

1924年

1月13日,中共上海地方执行委员会举行会议,又决定将在上海的党员五十人重新编为四个组。第一组(上大组)十六人。组长:刘剑华,组员:邓中夏、瞿秋白、施存统、王一知、其雄、黄让之、陈比南、张景曾、龙康庄、薛卓汉、王逸常、徐梦秋、许乃昌、向警予、许德良。上海地方委员沈泽民参加这一小组。

5月,中共上海地方执行委员会的报告中谈到上海地方所属的党员共四十七人,编为五个组,第一组在上海大学,有党员十六人。

11月,上海共有党员一百零九人,小组已从原来的五个发展成为八个,其中上海大学小组有党员二十三人。

1925年

5月22日,中共上海地方委员会举行会议,审查并通过了上海大学杨有为、何成湘两人为中共候补党员。

上海大学党的组织从原来的党小组改建为党支部的具体时间目前还没有完全弄清楚,从现有的材料看,大致是在1924年11月至1925年上半年这段时间里。据1925年上半年的统计,中共上海地方委员会所属的支部有二十六个,党员二百九十七人。其中外埠支部十一个,党员七十七人;上海本埠支部十五个,党员二百二十人。上海大学已成立了党支部,有党员二十五人,他们是:施存统、陶准、朱松年、王一知、彭雪梅、朱义权、李秉乾、郭伯和、许德良、韩觉民、恽代英、侯绍裘、高尔柏、黄正厂、徐德据、刘移山、刘一清、钟复光、李咏、韩步先、刘峻山、韩扬初、吴稚天、刘君襄、何成湘。

《关于七月份上海工作报告》中提到上海大学支部7月份增加党员四人。

1926年

2、3月间,中共上海区委(1925年8月21日已遵照中央的决议将中共上海地方委员会改组为中共上海区委)决定将原属闸北部委领导的上海大学支部划出成立独立支部,直属上海区委领导。当时,上海大学独立支部(以下简称"上大独支")共有党员六十一人,支部书记为高尔柏。

据另一统计材料,3月份"上大独支"共有党员六十五人,其中男五十六人,女九人。4月份共有党员七十二人,其中男六十三人,女九人。

6月5日,中共上海区委召开会议,"上大独支"汇报有党员九十七人。

9月29日,"上大独支"汇报有党员九十二人,编为九个小组。

10月30日,中共上海区委召开各部委书记联席会议,"上大独支"汇报10月份增加了十个同志,共编为十二个组。

11月20日,中共上海区委召开各部委书记会议,"上大独支"汇报党员已发展到一百二十人。

12月11日,"上大独支"汇报共有党员一百三十人。

1927年

1月8日,中共上海区委召开各部委会议,"上大独支"汇报共有党员六十人。1月28日汇报中谈到尚有党员五六十人,支部可以恢复。1月29日,汇报中谈到党员人数有五十人,但支部组织比较涣散,多数支部干

事都不在校,连党小组长都不大找得到,不少同志不参加会议活动。

3月2日,中共上海区委召开各部委书记会议,"上大独支"汇报中谈到上大闸北的校舍已迁至江湾,有一部分同志可以回校。3月4日,汇报有党员五十余人,无发展。3月14日,汇报支部有党员三十四人。

"四一二"反革命政变后,上大支部仍划归闸北部委领导。4月27日,中共上海区委召开各部委书记会议,闸北部委汇报右派要以武力接收上海大学。

5月4日,闸北部委汇报上海大学已被军队借口搜查军械闯入,将学生的所有财物都抢走,学生已星散。

瞿秋白与上海大学
——兼论瞿秋白的教育思想[①]

王凌云

瞿秋白是我党一位才识卓越的理论家和政治活动家。他不但在马克思主义理论建设和无产阶级文化事业上作出了光辉的贡献，而且为开拓我党的教育事业留下了不可磨灭的功绩。

1923年1月，瞿秋白由苏联回国。他在苏联两年的时间里，用心研究马克思主义，观察社会主义的新生事物，追求革命真理。他曾几次见到列宁，聆听教诲。1922年，在莫斯科加入中国共产党，成为一个坚定的马克思主义者。

回国后，他满怀为共产主义事业奋斗的革命激情，加入革命的战斗行列。担任党中央的领导工作；主办《新青年》杂志，进行马克思主义理论的研究和宣传工作；同时，担任上海大学教务长职务，从事党的教育事业。

上海大学的前身是私立东南师范学校。该校招生时，曾标榜有陈望道、陈独秀、邵力子等名人、学者来校任教，借以招揽学生，收取较高学费。思想比较进步的学生，自全国各地慕名而来。开学以后，学生不见名人来上课，发现被骗，于是发动学潮，赶走了校长，收回了学费。这时，同党有联系的进步学生，要求共产党派人来接管这所学校。当时正值党的"二大"之后，我党开始了同国民党的统战工作，党中央考虑，还是请国民党出面接管为好，这样，便于工作，也便于筹款。于是，便请于右任出任校长，于1922年10月改名为上海大学。

[①] 原载《昆明师院学报》1982年第4期。

于右任到校后,任命张继为董事长、叶楚伧为董事兼中文系主任,张、叶均为国民党老党员,思想右倾。1923年初,学生起来赶走了张继、叶楚伧等人,学校进行改组。党中央便先后派邓中夏(在上海大学时名为邓安石)、瞿秋白来校工作。在他们二人的领导下,上海大学锐意革新,努力改造成为一所我党培养革命干部的新型学校。

瞿秋白是1923年7月来上大任职的。在他7月30日写给胡适的信中说:"我就了上海大学教务——其实薪奉是极薄的。"他热切期望上大能够办成"南方的新文化运动中心"。

瞿秋白为上海大学花费了很多心血,对于确立上大办校方针和原则,起了奠基作用。

他认为上海大学要想办成一所新型的学校,就必须适应社会的需要。因为中国社会由于西方资本主义的入侵,发生了极为复杂的变化,因而,"由浮泛的军事技术之改进,而不得求此技术根源于自然科学,数理科学;由模仿的急功近利的政治制度之改变,而不得不求此制度之原理于社会科学"。于是,在中国的思想界里,便发生了改造社会的思潮。"近几年来,由空论的社会主义思想进于更有系统的社会科学之研究,以求切确的了解其所要改造的对象"。

瞿秋白还认为:当时中国旧式的文化生活,渐次崩坏,文学艺术方面发生许多新要求——个性的发展,学术的民众化等。由于社会现象的日益复杂,不得不要求文字上的革命,以应各种科学之需要;同时,中国文艺之中的"外国货"的容纳取受,并不是"国粹沦丧,文化坠绝"之表征,而却是中国文化革命之转机、中国新文化生活(复生)的端倪,数年以来的运动,自然始则散漫传播,继则渐次广泛,征取新领域,至今已渐就集中,渐就分化,将形成一新系统。

瞿秋白分析了以上中国社会出现的复杂状况,为上海大学制定了基本方针,即"切实社会科学的研究及形成新文艺的系统"。并且认为社会学系、文学系、艺术系三系最重要,他主张当年就应开办。

在瞿秋白和邓中夏的指导下,上海大学除原有的中国文学系、英国文学系外,在当年就增设了社会学系、俄国文学系及绘画系。第二年,又添设了政治学系、经济学系、商业学系、教育学系,其中以社会学系为最大。

社会学系是上海大学的重点系,系主任原由李汉俊担任,不久,李离开上大,系主任便由瞿秋白兼任。他为办好社会学系,付出了很大的精力。

社会学在当时中国还是一门很幼稚的科学。瞿秋白运用马克思主义原理,为研究社会学开辟了道路。他认为,研究社会学,不能仅仅满足于对社会现象的叙述和描写,而应当系统地研究一切人类社会的现象,"必以一有系统的为基础,方能为真正的各方面之比较研究"。而研究的最终目的,应当是应用社会学的方法,研究改造中国的社会现实。

他亲自为社会学系制定必修课程,在四年中规定必须学习社会学、社会进化史、社会学史、社会问题、社会运动史(劳动、农民、妇女)、社会思想史、经济学原理、经济学史、经济学大纲、政治学史、法学通论、法制史、政治史、生物哲学、人类及人类学、历史哲学、心理学及社会心理学和第一种外语、第二种外语共十九门课程。

瞿秋白同时又是教员。他为社会学系讲授"现代社会学"、"社会哲学概论"、"现代民族问题"等。在以上课程的讲授中,他对于马克思主义的哲学、社会政治学、民族学作了比较系统的介绍和阐述,用社会科学的基本知识来教育青年。

瞿秋白讲课很生动,古今中外,博引旁征,深入浅出,理论联系实际,引人入胜。每当瞿秋白讲课,除了社会学系的学生外,还有中文系、英文系等其他系的学生来听课。我党的领导人恽代英、萧楚女、侯绍裘等也常来听课,教室往往挤得水泄不通。

瞿秋白还邀请一些党内的理论家、政治活动家及社会知名人士来校讲课,先后来上海大学任教的有恽代英、张太雷、蔡和森、李达、施存统、沈雁冰、俞平伯等人。蔡和森讲授的"社会进化史",是我国较早运用历史唯物主义阐述人类社会进化的过程,也是一门很受学生欢迎的课程。

瞿秋白主张设置课程应从实际出发,注重教学质量。上海大学原计划设置心理学系和教育系。瞿秋白则认为,在上海大学设置这两个系,条件还不成熟,因为心理学是介乎于自然科学和哲学之间的一门专门科学,当时中国还缺乏这方面的专门人才;至于教育系,它是在社会科学中偏重于应用,上大一时还没有能力开设。因此,"凡能力所及,当然要努力开办,然大致当注意于已有的,竭力为质量的改善,而可不必只贪多而不好"。

他还强调提出,各系都必须开设公共课——"现代政治",其方法是每星期上课一次,自由讨论,共同研究,引导青年关心社会政治、投身革命运动。同时,瞿秋白还为上大规定,各性质相近的系可以开设共同讲座。主张公共课和专业课相结合。中国文学系和英国文学系、俄国文学系共同开课,可以使文学系各科贯通,"学生常相切榷",学英、俄语的人,不至于抛荒中国文学;再如艺术系的主要理论课诸如美学、美学史、艺术学、世界艺术史、中国金石学或书画史等,可以向绘画、雕刻、音乐三个专业共同讲授。另外,各个专业可根据其特殊性质,开设专业课和实习课。

瞿秋白还提倡,学生可以自由组织研究会,以活跃学术空气。他指出:"这种研究会的制度有几种好处:(一)不是搬着死教科书背的;(二)学生自动的以其现在所知科学方法就应用到实际生活上去;(三)全校学生共同一堂,可以锻炼青年的'集体意识';(四)不是'书房里的'少爷生活,而是社会里的公民生活。"他要求担任研究会的导师,要着重系统地讲解中国的政治、世界形势;学生则可以讨论答辩,自由发表意见。他也常为学生做专题报告。1924年5月5日,马克思诞辰纪念日,他在上大举行的纪念会上,就作了关于马克思主义的专题讲演。

瞿秋白为上海大学培育了生动活泼的民主校风。学生组织的各种团体,犹如雨后春笋。全校组织有"上海大学学生会",于1924年5月创办《上海大学周刊》;社会学系的学生组织了孤星社和社会科学研究会,孤星社并于1924年2月出版《孤星》杂志;中国文学系学生组织"春风文学会",陕西同乡会的同学则创办了《新群》杂志;中学部的学生组织了湖波文艺研究会;国民党支部设有三民主义研究会。此外,学生们还创办有各种墙报。学术活动异常活跃。

学校还设有图书馆、讲义室和书报流通处,收藏借阅《让会进化史》《新青年》《向导》《新建设》《孙中山先生十讲》《民族主义》等百余种革命和进步书刊。同时,书报流通处还经售我党创办的《新青年》《向导》《中国青年》及其他社会科学书籍。1924年12月,上大就曾因出售的《向导》周报内"有仇洋词句",遭到帝国主义者的搜查,将经售处的所有书刊没收。

上海大学是我党从事革命活动的一个重要据点,它与党中央保持着密切的联系。党的各种会议经常在上大召开,遇有重要的课或报告,如瞿秋白、蔡和森、恽代英等人讲课,中共上海各区委的负责人和积极分子都前来听课。有不少学生则一面在上大读书,一面从事革命工作。例如刘华,既是上大学生,又同时在总工会工作。

瞿秋白在为上海大学制定教学计划和教学实践中,都十分注意贯彻革命理论与革命实践相结合的方针。他在讲解马克思主义理论的同时,还引导学生进行广泛的社会调查、积极参加革命的实际斗争。他要求学生调查中国社会的现状,研究欧美帝国主义侵入中国以来,中国社会的巨大变化,从而使学生认识改造中国社会的必要性和迫切性。社会学系的学生,结合所学的课程,由教员带领,参观工厂,举办工人夜校,密切同工人的联系。

上海大学的学生,在我党的领导下,积极参加社会上的各项革命运动,如反基督教运动,反对奉系军阀的斗争,1925年的二月罢工、五卅运动等,成为大革命时期一支反帝反封建斗争的生力军。在二月罢工中,上大的领导人之一邓中夏和学生杨之华、张琴秋出席沪西纱厂工人大会,发表演讲;许多女生,则深入到纱厂女工中间,进行宣传和组织工作。在轰轰烈烈的五卅运动中,上大学生站在斗争的最前列。上大学生会执行委员何秉彝就是在游行中呼喊口号时,被英国巡捕枪杀的。五卅这一天,上大的许多同学被捕。

6月4日,帝国主义因上大学生积极参加五卅运动而强行将学校封闭,校舍被帝国主义的海军陆战队占领,学生全部被赶出校外,图书文件散失殆尽。

早在1924年10月,上海发生天后宫事件,帝国主义勾结国民党右派,实行白色恐怖,四处搜捕共产党,瞿秋白被通缉。从此,他便不能公开在上大教课。但他却仍然十分关心上大的工作。五卅运动中,他亲自过问上大学生上街讲演的组织工作。6月5日,上大被封的第二天,在他主编的《热血日报》上,便对帝国主义的非法行径进行揭露和声讨,呼吁各界营救被捕学生。

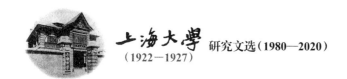

上海大学被帝国主义封闭后,学校被迫迁回青云里寿师坊继续上课。1926年底,学校筹集了一笔款项,在上海江湾建造了一幢校舍,但不足半年,蒋介石发动"四一二"反革命政变。5月1日,上大学生上街示威游行,学校又被国民党反动派封闭。学校被封后,一部分教职员和学生辗转来到武汉。为使同学继续求学,上海大学及附属中学同学会于6月在汉口召开联席会议,讨论决定:凡本校学生,可依广东中山大学转学办法,暑假后编入武昌大学随班上课。不久,汪精卫在武汉叛变,大革命归于失败。上海大学自此结束。

上海大学为我党培养了一大批优秀的革命干部。大革命时期,党中央曾从上海大学抽调一批学生前去广州黄埔军校学习;在我党选派的留苏学生中,很大一部分也是从上大调去的。他们为中国人民的革命事业作出了卓越的贡献。瞿秋白为培养这批革命干部付出了他的心血和智慧。他所倡导的教育必须适应社会的需要,教育必须与革命实践相结合的理论,至今仍闪烁着光辉。

瞿秋白与社会学[①]

吴晓迪

瞿秋白是中国共产党杰出的领导人之一,也是党内卓越的马克思主义理论家和宣传家。他一生不但在文学、哲学、新闻等方面均有建树,而且还在介绍社会学的理论与学说,用辩证唯物主义和历史唯物主义为指导研究社会学方面作了许多工作。

一、编辑《新社会》杂志

1919年11月,北京社会实进会创办了《新社会》杂志(旬刊),由瞿世英、郑振铎与瞿秋白等人主持。《新社会》介绍近代资产阶级的社会学说,讨论社会问题,批评社会缺点,提倡社会服务。他们从社会学的角度来揭露军阀统治下社会的黑暗,倡言社会改良。他们改造社会的宗旨是"考察社会的坏处,以和平的,实践的方法从事于改造运动,以期实现德谟克拉西的新社会"。瞿秋白是《新社会》的主要撰稿人之一,他对当时的劳动、婚姻、自杀等社会现象进行了分析研究,他那"尖利异常的正面攻击,或明讽或暗刺的文章是《新社会》里最有分量的"。比如瞿秋白针对当时北大学生林德扬因不满社会黑暗而忧愤投水这件事载文指出,林的自杀固然是社会造成的罪恶,但他明确表示反对这种愤世嫉俗的自杀行为,他说:"要在旧宗教、旧制度、旧思想的社会里杀出一条血路,在这暮气沉沉的旧世界里放出万丈光焰,你这一念'自杀',只是一线曙光,还待你

[①] 原载《社会》1983年第3期。

渐渐的,好好的去发扬他。"

在《新社会》所刊的文章中,瞿秋白的文章是较激进的。他主张要改革现社会的一切组织,而且应当是"全社会的人去改革"。他呼吁大家立即行动起来,反对军阀的黑暗统治。他说:"世界的社会运动者!不要忽视了那'时间'两个字。在从现在的社会到将来的社会之间底时间里,我们应当怎样去应付那些现在的逆势!"由于《新社会》杂志从社会学的角度揭露封建军阀的反动统治,谈的都是民众较为关切的实际社会问题,因此受到大众的欢迎,连四川、两广、东北等地都有它的读者。在这段时间里,瞿秋白的思想"第一次与社会生活接触"。从空洞的"科学""民主"口号逐渐深化到认识实际社会问题,探索社会落后的原因,对不合理的社会现象追根寻源。自1919年7月至1920年2月,他先后在《晨报》《新社会》等刊物上发表了三十多篇文章和译文,其中论述社会问题和社会改造的达24篇,在探索真理的道路上,他向前迈出了新的一步。

二、开展社会调查

瞿秋白分析探讨社会问题,十分注意开展社会调查和积累资料。当时北京社会实进会就专门设有调查部,《新社会》杂志也常刊有社会调查的文章。社会实进会成员在北京曾作了洋车夫调查、女佣调查、夏令卫生及慈善机关调查、街市调查、贫民调查、年长失学情况调查。并在《新社会》上公开征集关于北京的政府、人口、犯罪、监狱、教育、娱乐、宗教、妇女等方面的调查报告。瞿秋白在撰写《中国的劳动问题?世界的劳动问题?》一文中,谈到北京帽作里工人和洋车夫的生活境遇时,就引用了叶德尊的调查材料。他读了李大钊的《美利坚之宗教新村运动》一文后写文章指出:"我们如其要研究新村,自然应当有极精密的调查……"

1920年秋,瞿秋白作为《晨报》的特派员前往苏维埃俄国。在此期间,他对这个新型的苏维埃国家作了大量的调查,他说:"欲了解一国的生活,决不能单凭几条法律,几部法令,而要看得见那一社会的心灵。"

三、主持"上大"社会学系

1923年瞿秋白回国,正值上海东南高师改为上海大学,并由于右任出任校长。于上任后,要李大钊推荐办学人才,李即介绍邓中夏和瞿秋白来"上大",邓出任教务长,瞿秋白任社会学系主任。当时北洋政府邀聘瞿去外交部任职,家庭也希望瞿秋白能入仕分担家庭的重担。但瞿秋白毅然到"上大"就任。尽管"薪俸极薄",他仍决心要"用些精神,负些责任"。他希望上大能"成为南方的新文化运动中心"。他指出,学校应"切实进行社会科学的研究及形成新文艺的系统"。"办学的目的是为了认识社会,改造社会,因此,上大应当具有时代性、革命性,才能担负时代所赋予的使命和革命的责任"。

当时党中央对上海大学十分重视,把它作为培养干部和宣传马克思主义的重要基地,党的许多著名理论家和宣传家都来讲课。1923年下半年,李大钊就先后两次来"上大",作了"社会主义释疑"和"研究历史的任务"[①]的讲演。其他如蔡和森、恽代英、萧楚女、高语罕等都来校授课或讲演。另外又聘任了一些社会名流来校执教,教师阵容强,名声大振。当时有关学校教职工的任命,学生的情况,都由中央讨论。1924年春,"上大"成立党支部,直属中共上海地委领导,由瞿秋白任书记。

瞿秋白主持的社会学系,是"上大"最大的系科,党的力量也最强,办得生气勃勃,代表了"上大"的精神与方向。因此不仅国内各省青年纷纷负笈来学,就连从日本和俄国留学回来的人也来听课。当时"上大"社会学系开设了许多课程,瞿秋白亲自讲授了"现代社会学"和"社会哲学概论"两门课。他的讲课旁征博引,理论联系实际,"生动活泼,深入浅出,听课的人往往屋里屋外,窗前门口比肩接踵,十分活跃"。除了本系学生外,还有中文、英文系的学生,其他大学中的党团员或先进的积极分子,甚至连恽代英、萧楚女、侯绍裘等教员都来听课。听课的学生十分珍重地记

---

① 《民国日报》副刊《觉悟》1923年11月29日报道原题为"史学概论",后收入《守常文集》时改题为"研究历史的任务"。

下笔记,"万一有人因为参加社会活动而缺了课,非要借别人的笔记抄下来,才能安心睡觉"。当时李维汉在湖南读到他的讲义,"从中得到不少教益",湖南有个学校邀李去讲社会学,他即用这份讲义去讲,"很受学生们的欢迎"。瞿秋白不仅在课堂上宣传革命思想,"并利用一切机会,向同学们进行共产主义教育"。1923年10月,学校举办"双十"庆祝会,瞿秋白登台高唱了他自己翻译的《国际歌》。在瞿秋白等人的努力下,社会学系培养了不少革命干部和骨干。当时公共租界工部局十分注意瞿秋白的革命活动,他们在报告中说:"该大学之大部分教授均系公开共产党人,彼等正逐渐引导学生走向该政治信仰。"

这期间,瞿秋白对社会学作了较系统的研究。但长期以来,关于对社会学的定义还一直众说纷纭,在《现代社会学》讲义中,瞿秋白首先就社会学的定义及研究对象发表了自己的看法。他说:"社会学应答复什么是社会?社会发展或衰灭之根本原因在哪里?各种社会现象的相互关系如何?此等现象发展原因在哪里?"因此他认为社会学的定义应当是"研究人类社会一切现象,并研究社会形式的变迁,各种社会现象的相互变迁之公律的科学"。他反对莎勒维(Solvay)、伏洛诺夫(Voronoff)、哈兰德(Haret)等人的所谓社会学,主张把社会学与物理学、生理学、集体心理学、个人心理学区分开来。他着重强调"各种社会思想无不根据于当代的社会心理,然而社会心理随经济动象而变"。1924年夏,由"上大"联合复旦、东吴等大学举办夏令讲学会。瞿秋白讲授"社会科学概论",这时他更全面地论述了社会政治、经济、法律、道德、宗教、风俗等问题及其相互关系,论述了生产力与生产关系、社会基础与社会建筑的关系,从而奠定了用唯物辩证法来研究社会学的基础。在20世纪20年代,社会学在我国还是一门较新的学科,能用马克思主义的观点来研究社会学的更少,瞿秋白有关社会学的一些论断,确是空谷足音,是值得研究社会学的人所重视的。

时代的产物
——上海大学[①]

唐培吉　王　伟

20年代初创办的上海大学是中国共产党领导的一所新型的革命学校,也是中国共产党诞生后最早创办的一所培养革命干部的大学。虽然,这所学校从最初建立到最后被封闭前后不到五年,但是她为宣传马克思列宁主义理论,为反帝反封建的民主革命作出了很大贡献,在人民教育史上写下了光辉的篇章。

一、时代的产物　革命的需要

上海大学的前身是私立东南高等专科师范学校,成立于1922年春。东南高师虽以提倡"新文化"为号召,但实际上却以金钱为目的,因此校务废弛;虽设有国文、英文及美术等系科,但"终因无教师,即或有之,亦多不称职"而徒有其名;再加上学校设备简陋,教学内容陈腐不堪,不多久学校就几乎不能维持。

当时来东南高师求学的学生共有一百六十多人。他们在五四运动的影响下,满怀着"奋其智能,力排陈腐朽败者以去"的求知欲望和"背黑暗而向光明,为世界进文明,为人类造幸福"的政治抱负来到上海,可是遇到的是这样一所"学店"。学生无不痛恨,遂组织学生会,向校方交涉,要求改变现状;终于爆发学潮,驱逐校长。经共产党的建议,公推当时名望较高的国民党人于右任担任校长。1922年10月23日,于右任、邵力子两先

[①] 原载《上海大学学报(社会科学版)》1984年第1期。

生在学生代表的陪同下到达学校,自此,东南高师正式改组为上海大学。

上海大学的出现并非偶然,它是历史前进的必然结果,是时代的产物。

五四运动掀起了文化上的革命。陈独秀主编的《新青年》杂志除了继续高举科学与民主的旗帜外,还进一步宣传了马克思列宁主义,大大地促进了中国年轻一代的觉醒。在这伟大运动的发展进程中,具有初步共产主义思想的革命知识分子李大钊、毛泽东、周恩来等同志开始自觉地运用马列主义来指导中国社会的政治革命和思想文化运动,从而把五四运动推向更高的阶段。1921年,中国共产党和中国劳动组合书记部相继在上海诞生和成立。在这波澜壮阔的革命浪潮中,上海成为中国革命和中国工人运动的指挥中心。正是在这种新旧思想、新旧文化交嬗撞击的历史条件下,一所新型的大学——上海大学,摈弃了一切旧的束缚脱颖而出。上海大学的出现是五四新文化运动在观念形态上的物化体现,它反映了中国社会所面临的巨大的政治革命和经济革命,并以此作为自己活动的舞台。

上海大学的成立,既表现了鲜明的时代特征,又适应了中国革命的需要,这主要体现在三个方面。

1. 为中国革命培养了大批的人才

上海大学在学校的章程中,明确规定了以"养成建国人才,促进文化事业"为宗旨。为了达到培养革命人才的总目标,我党自上海大学成立起,就给予热情的支持。党派邓中夏等一大批同志去上大执教,介绍和宣传马列主义,关心和教育同学,把一大批青年学生团结在党的周围,教育师生"以改造社会为职志,对于社会事业,尤具勇猛进取精神",踊跃争斗于社会。

为了在实际斗争中锻炼学生,挑选和培养工人革命干部,1924年2月,在邓中夏同志的启示下,上大学生决定开展社会教育,组织平民学校以唤醒民众。平民夜校的学生都是学校附近的工人和他们的子弟,由上大学生负责教他们读书识字,并经常召开平民教育大会,提高他们的政治觉悟。在上大师生的努力下,仅半年时间,就在小沙渡、杨树浦、浦东、吴淞等工人集中区办起了工人补习学校和工人夜校,组织工人成立工会,培养了一批领导工人运动的骨干,如五卅烈士顾正红同志就是沪西工人夜校的学生。在同工人群众朝夕相处的日日夜夜,上大学生也逐渐对共产主义的宇宙观和社会革命论获得了较为明确的认识,如负责平民教育的学生刘剑华(即刘华),在实际工作中逐步锻炼成长为一个坚强的无产阶级革命战士,最后为中国人民的革命事业献出了宝贵的生命。

总之,上海大学从1922年10月诞生,到1927年5月被封闭,前前后后仅四年七个月时间。在这短短的几年中,上大为中国革命造就了一批杰出的人才,为我党培养了许多优秀干部。他们之中有为民主革命牺牲的刘华、何秉彝、郭伯和、秦邦宪等;也有为社会主义事业作出了贡献而后去世的王稼祥、张琴秋、杨之华等;也有至今还在为我国实现四个现代化而战斗不懈的杨尚昆同志等。这些同志的革命业绩都和上大的光荣历史不可分割。

2. 发动民众、反对军阀、推动国民革命

上海大学成立之际,正是中国国内矛盾空前尖锐之时。这一时期中国国内形势的主要特点是:各帝国主义国家为了加紧对中国的侵略和掠夺,扩大在华利益,纷纷支持国内各派军阀进行混战,人民的生活更加恶化;各个革命阶级在我党的领导和影响下,酝酿新的联合,准备迎接更大的斗争。面对这一斗争现实,上大师生深知"现在的中国非经过国民革命,我们的民族决不能脱离半殖民地的地位"。如要摆脱帝国主义的沉重压榨,达到国民革命的目的,就必须"先要唤醒全国被压迫的民众及联合世界上一切被压迫的弱小民族,共同奋斗"。

在认清国民革命的动力、对象和任务后,上大的广大师生,在党的领导下,积极投身学生运动,反对军阀统治下的反动教育制度。1924年4月,保定女子师范学校的学生因要求学校改革不合理的教育制度,遭到校方的殴打。消息传到上海,上海大学的女生首先发出通电,请求各界赞助救援,要求撤换保定女师校长。在上大学生的推动下,上海各女校也行动起来,引起了社会各界对妇女问题和女子教育问题的关心,终于使保定女师风潮得到解决。

要改革不合理的教育制度，归根到底就必须推翻这一制度赖以生存的反动军阀统治。上大师生时刻把这一任务作为自己斗争的目标。1924年8月，由上海大学等发起召开的第六届全国学生总会代表大会在上海召开，上海、北京、南京、武汉等十八个地方的学生会代表四十六人参加了大会，大会提出了反对国际帝国主义、反对国内军阀和反动教育制度的政治主张，极大地鼓舞了当时的学生运动。

为了发动民众，推动国民革命，上大师生非常重视宣传和组织群众。学生会曾统一布置学生放假后的活动，规定学生回乡要向群众宣传国民革命的胜利形势，组织农村文娱活动，破除迷信，向国民介绍进步书报，以此激奋民众。上大学生不但积极投入学生运动，而且还积极帮助工人开展斗争。1924年到1925年的两年里，刘剑华、郭伯和、杨之华等一批共产党员、共青团员在邓中夏同志的带领下先后参加了上海丝厂、南洋烟草公司工人的政治大罢工以及上海日本纱厂工人大罢工，支持工人同资本家展开英勇的斗争。

在推动国民革命反对军阀的斗争中，上大师生表现了不怕牺牲的大无畏的奋斗精神。1924年10月10日，上海各界举办纪念辛亥革命十三周年活动。会上，上大进步学生坚决反对国民党右派支持皖系军阀卢永祥的主张，提出了反对军阀、反对帝国主义的正义口号，遭到了反动军警的殴打。上大学生黄仁被毒打致死。上大师生在敌人的警棍、刺刀面前并没有被吓倒，他们在瞿秋白同志的率领下，痛斥反动军警和国民党右派的暴行，并为此通电全国，指出黄仁同学"实为反对帝国主义而死，为反对军阀而死"。

现实的斗争深刻地教育了上大师生，使他们懂得，真正的革命者不但要"敢于直面惨淡的人生，敢于正视淋漓的鲜血"，而且更重要的是在这非人间的浓黑的悲凉之中，敢于"奋然而前行"。上大师生发出了悲壮的誓言，继续投入战斗。

3. 积极投身于反帝运动

在反帝爱国斗争中，上海大学的进步师生始终是一支活跃在斗争最前列、表现最英勇的队伍。他们明确肩负的责任，"向民众宣传，做反帝国主义运动"。决心"在客观的事实上可能的奋斗与努力"中,准备牺牲生命以"鼓励同学,振发国人"。

为了反对帝国主义文化侵略和揭露帝国主义在华罪行,上大师生曾派出工作组,到教堂门口作简短演讲,主动和教友交朋友,通过讨论问题的方式,向他们宣传反帝国主义文化侵略的道理,提高他们对帝国主义列强对华侵略的认识。

上大师生在中国共产党的教育下,认识到统一战线在反帝斗争中的重要作用,坚决支持当时以孙中山为代表的广东革命政府。1924年秋,冯玉祥在北京发动政变,电邀孙中山北上共商国是。11月,孙中山从广州北上,临行前发表宣言,主张对内打倒军阀,对外打倒帝国主义和废除不平等条约,响应中国共产党提出的号召,召开国民会议。帝国主义非常害怕,拒绝孙中山先生进入上海租界。消息传来,上大师生立即在党的领导下,召开全校大会,致电全国,一致拥护孙中山先生的意见,促成国民会议的召开。当孙中山先生的座舰到达上海时,上大学生列队等候江边,高呼打倒帝国主义的口号,迎接孙中山先生并暗中保护,使帝国主义租界当局不敢加害于孙中山先生。

在轰轰烈烈的五卅反帝爱国斗争中,上海大学更以它可歌可泣的悲壮事迹著称于国内而闻名于海外。五卅惨案发生后,全市举行公祭顾正红烈士大会。帝国主义巡捕首先将赵震寰等四位上大学生投入监狱。然而上大师生完全"置被捕问题于不顾,用全力于民众的宣传"。他们组织了四百多个学生,奔走于南京路、福州路及会审公堂一带,慷慨激昂地讲演于民众之中。他们还和上海的市民、工人、学生一起,在党的统一指挥下包围老闸捕房,抗议帝国主义暴行,要求释放被捕学生。在整个运动中,上大社会学系的学生共青团员何秉彝英勇地献出了生命,于达等十三位学生受伤,周文等一百三十多位学生被逮捕关押。师生前赴后继、视死如归,并愤而宣布全校实行罢课,"誓达惩办雪耻之目的"。

上海大学的反帝爱国斗争,使帝国主义和反动军阀感到恐慌。帝国主义者认为上大在煽动"社会的狂热分子"进行罢工和向罢工者提供经费,还断言上海大学是"俄国布尔什维克的宣传机关",因此勾结军阀迫害上大师生。如帝国主义巡警多次踏入上大进行搜查,焚毁书籍,传讯师

生,指控上大出售《向导》周报是攻击洋人,触犯刑律。会审公堂责令上大纳金具保,担保以后上大不再有共产计划和宣传共产党学说。

五卅运动以后,帝国主义对上海大学更是恨之入骨。万国商团和巡捕强行闯入上大,蛮横命令学生一律离校,美国海军陆战队强占上大校舍(当时在公共租界的西摩路——今陕西北路南阳路口)为驻地。面对帝国主义的迫害,上大师生毫不屈服,他们回到闸北青云路上大旧校址复校,并坚决表示"努力与抗,决不退让"。在斗争过程中,上海大学的左派力量不断增强,威望也越来越高,致使英国伦敦《泰晤士报》上经常出现上海大学的校名,英国首相张伯伦不断发表讲话诬蔑上大。由是上海大学声震中外。

二、适应社会的教育改革

丰富多彩的教学活动,健康活跃的学术风气是上大办学的两个最大特点。

上大的办学宗旨是养成建国人才,促进文化事业的发展。按照这样一个办学的方向,上大的创办者积极搜集资料,制订新的教育方针,继承和发扬五四的进取精神,一变过去旧教育界死气沉沉之学风,而以生动活泼、敏于思考的学风取而代之。这主要反映在三个方面:

1. 强调学生基础知识的培养和基本技能的训练

上海大学是一所文科大学,设有中国文学系、社会学系、英国文学系和美术科等三系一科。为了使学生能掌握比较扎实的基础知识,学校规定每个学生都要在学习期间必修和选修一定的课程。例如每个上海大学中国文学系学生,在四年中一定要修完诗歌、国文名著选(先秦至现代)、古文校读法、乐律、中国文学史、欧洲文学史、美学、修辞学、文学概论、文字学大意、社会心理学、戏剧、小说、日本文学史、中国哲学史、外国语等近三十门主课;在这基础上,学生还要在文学批评法、戏剧作法,法学通论、经济原论,艺术教育论、言语学、金石学、历史哲学等四组二十二门课中任选一组作为自己的选修课。社会学系、英国文学系等系的学生,也要根据自己专业的特点必修和选修一定的课目。学生毕业时,至少要修满一百四十学分,并提交论文,经论文审查会审核,才予以毕业。

上大不但重视"教";而且更重视学生的"学",自己动手,学用结合。所以师生之间,以诚相见,对于一些课题和问题,共同研读,热烈讨论,相互启发,教学相长。他们鄙弃高谈的空论,反对学而不思的懒惰学风。因而,"活生生的动力与集体性的教育"培养和训练了学生的实际工作能力和对社会的适应能力。

2. 着眼于学生知识面的扩大

为了扩大学生知识面,上海大学在两个方面加以改革。

首先,上大经常聘请社会名流到校演讲,开办"特别讲座",帮助学生了解更多的社会信息和学术动态。我党创建人之一的李大钊在1923年一年中曾四次被请到上大,作了"演化与进步"、"研究历史的任务"等报告;郭沫若作过"文艺社会之使命"的演讲;胡适之专门为学生讲"科学与人生观",杨杏佛讲"从社会方面观察中国政治之前途"等。他们还利用暑假举办"夏令讲学会",邀请海内名流、学者到会讲话,吸引了大批的听众。在这些名流学者中间,有信仰马列主义的,也有笃信唯心主义的;有进步的,也有反动的;有单纯介绍学术观点的,也有专门介绍社会动态的。例如:瞿秋白在讲学会上讲"社会科学概论",恽代英讲"中国政治经济状况",萧楚女讲"中国农民问题",邓中夏讲"中国劳工问题",汪精卫讲"中国革命史",戴季陶讲"三民主义",吴稚晖讲"注音字母",胡愈之讲"世界语"等等。这些讲座、报告从不同的角度阐述观点,各种主义和思想流派错综复杂,精芜并存,由学生自己加以鉴别,从中吸取养料,坚定信念。这对于学生扩大知识面,开阔思路有很大帮助。

其次,为了"发扬上大的精神",活跃上大的学术空气,上海大学鼓励学生组织各种类型的社团组织。上大的学术团体探讨学术,切中时弊,把学术研究和社会活动有机地联系起来。如上大的"社会问题研究会",其宗旨是研究社会疾病,促进社会健康。"中国孤星社"是以"研究学术,讨论问题,彻底了解人生,根本改造社会"为方向,并以"抑强扶弱"、做"实践的好汉,打抱不平的英雄"的"大侠魂"主义为标榜。此外还有"三民

主义研究会"、"湖波文艺研究会"、"平民教育会"等团体。这些学术团体经常组织报告会、演讲会,大家切磋交流,提出问题,共同探讨。他们还出版了许多刊物,如《孤星》旬刊、《湘锋》杂志和《上大五卅特刊》等。所刊文章既有宣传俄国十月革命伟大壮举,传播马列主义基本原理的,也有扩大三民主义影响的,但是,大部分文章的观点都是主张进行国民革命,反对军阀统治。

由于上大提倡学术自由讨论,因此学校的学术空气十分活跃。过去东南高师那种死气沉沉的学习风气被冲击得荡然无存。全国青年闻风景从,慕名而来求学的学生越来越多,甚至有远从南洋、日本、台湾等地负笈求学的。

3. 重视教师队伍的建设

上海大学非常注重聘请有真才实学的教授、专家和进步人士任教,对于不负责的及不称职的教师均坚决解聘。经过上大创办者的努力,没有多久,一支学有专长、质量很高的教师队伍形成了。如中国文学系有陈望道、邵力子、田汉、俞平伯、沈雁冰、傅东华等学者专家;英国文学系有何世桢、冯子恭等;社会学系有瞿秋白、蔡和森、周建人、施存统等革命家和社会名流;美术科有洪野、陈抱一等;中学部有李未农、邓中夏等。在这些教授中,很多都开两门以上的课程,甚至连各系科主任都上讲台。如陈望道是中国文学系主任,开文法、修辞学、美学;瞿秋白是社会学系主任,开社会学、社会哲学;洪野先生是美术科主任,讲西洋画、色彩学、远近学;李未农是中学部主任,教授英语、世界史、社会学等课程。

上海大学的教师有许多是上海著名大学的教授。他们不像别的大学教授"点名、讲课,讲完后,皮包一挟就跑";相反,他们总是很热情地帮助指导学生。如瞿秋白、恽代英、萧楚女、萧朴生等教师,他们不但讲课内容丰富生动,而且在解释每个概念、分析每个问题时,都用日常生活中的事例来说明,使人听了明白易懂。除了正课之外,上大的教师每月总开一两次自由讲座,内容大多是报告政治形势和解答一些对时局的疑问。遇到这类讲座,听众特别多,教室里座无虚席,连外校的人也赶来听讲。

上海大学正是勇于改革传统教育之陋习,勤于探索,在加强学生基础知识的培养和基本技能的训练、扩大学生的知识面、提高学生调查分析和思考能力、建设一支学有专长的师资队伍等这样几个教学环节上,进行了大胆的改革,做了大量深入、细致、扎实的工作,使学校办得生气勃勃。师生的学术思想活跃,上海大学的威信也越来越高,当时人称上大为"东南之最高学府。"上大出版的刊物,上大举办的演讲会,受到社会人士的热烈欢迎,被认为是"新文化的指导者"。

三、关于上海大学的性质问题

有关第一次国内革命战争时期上海大学研究的一个突出问题是性质问题。长期以来,在这个问题上存在不同的认识。特别是80年代初,随着中国现代史教学与科学研究的发展,一些同志对传统的史学观点又提出了新的挑战,致使这一争论更趋激烈。如何评定上海大学的性质确实涉及第一次国内革命战争究竟由谁领导这样一个问题,也是研究这一革命时期所不容回避的问题。因此,我们认为对上海大学性质的评定确有进一步研究之必要。

根据我们所能接触的材料,关于上海大学的性质,目前存在三种看法。

一种看法认为,上海大学是国民党办的学校。其要点是:

1. "该校自始至终都是国民党要人于(右任)先生任校长,与国民党亦有相当的渊源。"

2. 1926年1月,出席国民党二大的上海代表在所作《上海党务报告》中,曾把上海大学作为国民党在上海甚至江浙一带工作的中心机关。

3. 1925年5月,当时的广州国民党中央委员会决议,认为上大是国民党党立大学,胡汉民并以代理大元帅名义,正式通知校方,把上大作为国民党的党校。

另一种看法认为,上海大学是国共两党共同经办,共同领导,在统一战线旗帜下进行教育与革命的新型学校。其主要根据为:

首先,从上海大学教职员人事组成的状况来看,国共两党就其数量而言,可以说是势均力敌。

其次，从上海大学所传播的各种理论来看，上大是兼容并蓄。既有马列主义，也有三民主义；既有实现社会主义之理想，又有实行资本主义之要求。这两种理论、两种思想的并存，反映了上大是国共合作的产物。

再次，从上海大学师生参加的实际活动看，都属于国民革命的范围，即反帝反封建性质的，一般都在统一战线的旗帜下进行。

第三种看法认为，上海大学应是我党早期培养革命干部的一所大学。

对于上海大学性质的这三种看法，我们认为，第一种看法所持的主要论点经不起历史检验。它歪曲了历史真相，简单地把历史事件合力运动中的一股次要的力任意夸大为历史运动的主流，相反，对于历史事件发展过程中的主要作用力却视而不见。它夸大了国民党的作用，抹煞了共产党人的功绩。很明显，把上海大学说成是国民党办的学校，这种说法不可取。

至于第二种看法，我们感到它无论是推断还是结论都比较严谨、客观，不失为是一种言理的观点。然而，上海大学究竟是一所国共两党共同创办、共同领导的学校，还是一所由中国共产党领导的革命学校，这两种看法仍有进行进一步讨论的必要。

我们赞同上海大学是我党早期培养革命干部的一所大学的看法，因为它既区别于上大是国共合作的产物，又不是简单地把它等同于一所中国共产党的党校，其理由大致有以下几个方面：

1.上海大学是在中国共产党积极无私的赞助下诞生的。

1922年10月，东南高师学生闹风潮，驱逐校长，宣布改组学校。高师学生原打算在当时负有盛名的陈独秀、章太炎、于右任三位先生中欢迎一位来当校长，办一所革命大学。但是学生对陈、章、于三先生素不相识，仅慕名而已。因此，当时和党有联系的学生就来找党，要求我党来接办这所学校。党中央考虑了当时的实际情况，认为如果由我党来接办东南高师，肯定立即会遭到反动军阀的迫害，对学校的发展不利。如果以当时有合法地位的国民党的名义接办，情况就不一样。学校可以利用国民党的身份进行公开活动、发动民众、宣传国民革命，而且筹款也较方便。于是派东南高师的学生代表通过中共特别党员的邵力子先生,邀请于右任先生,出任上海大学校长的职务。

上海大学校长一职最初虽由国民党人担任,但实际上学校的主要工作大都是我党同志负责处理。1923年底,于右任先生应中山先生之邀南下广州,上海大学校长的职务就由邵力子先生代理。到1926年邵力子先生又离开上大,上大的校务就全部由陈望道、恽代英、施存统、沈雁冰等人组成的校委会主持。上海大学实际已成为一所完全由我党主办的学校。

2. 上海大学从小到大的发展过程,是和我党的直接关怀与热情指导分不开的。

上海大学成立之际,局面十分困难,既缺经费又缺师资,刚上任的校长于右任先生马上想到请共产党来帮助办校。他诚心向共产党人李大钊同志求教,请予协助。在我党的精心安排下,共产党员邓中夏同志担任了上海大学的总务长,主持了学校的绝大部分工作,瞿秋白同志担任了上大最有影响的社会学系主任。不久,陈独秀又推荐陈望道去上海大学任中国文学系主任。邓中夏、瞿秋白等同志到校后,立即围绕着办学宗旨、组织师资以及改革校制这三项大事,着手整顿校务。

我党改变了上海大学旧的学制,刷新了教师的阵容。党先后派了恽代英、张太雷、萧楚女、任弼时、侯绍裘等同志去上大任教,就连当时在国民党上海执行部工作的毛泽东同志也曾数度去上海大学讲话。为了能把上海大学办成一所"现代中国所当有的大学",我党坚决主张上海大学应具有时代性、革命性,以担负时代所赋予的使命和革命的责任。经过我党同志的共同努力,被上大学生誉之为"新的革命理论"的"共产主义"、"帝国主义"、"无产阶级专政"、"剩余价值"等一系列的新道理、新概念充满在上大学生的讲义和教师的讲授之中。马克思主义的传播极大地提高了学生的政治觉悟,增强了他们的革命信心。上大学生在党的直接关怀和指导下,在革命的风浪中锻炼成长。到1925年的五卅运动之后,上海大学学生人数已达八百人,而共产党员、共青团员占半数以上,上大确实具备了我党培养革命干部学校的性质。整个上大学生思想进步,革命情绪高涨。因此,当时曾到处流传"北有五四的北大,南有五

卅的上大"的说法。

3. 上海大学自始至终是我党开展民主革命,从事工、学运动的一个重要机构。

上海大学一经建立,就受到我党的重视。党派了一大批优秀同志进入上大开展工作,并建立起党的组织。1923年下半年,中共上海地方兼区执行委员会整顿组织,把全市党员统一划分为五组,上海大学组为上海地方委员会第一组,瞿秋白、张春木(太雷)、邓中夏、贺昌、施存统等同志都是第一组的成员。随着工作的进展和斗争的扩大,在上大学生中日益涌现出一批政治素质好、革命斗争性强的好同志,党及时地把他们吸收进党内,增强了党在上大的力量。到1924年底,上海大学的党组织就由原来的党小组发展为党支部。

党不但重视在上海大学中健全党的组织,而且更重视利用上海大学这一有利环境培训干部,组织民众。1925、1926年,正值国民革命最为壮观之时,为了更好地发动民众,迎接北伐战争的胜利到来,中共江浙区委经常召开会议,分析形势,传达政策,汇报工作,讨论问题,轮训干部。凡是大型会议大都借上海大学教室举行。除了党的会议以外,每到晚上,上海大学总是显得非常热闹。有上大青年团召开的会议,有上大学生组织的济难会举办的讲座报告,也有上大学生为附近工厂的工友、商店店员和街道妇女开设的平民夜校和文化补习班。开会的开会,上课的上课。这种生气勃勃、热气腾腾的场面是当时所有别的大学从来没有过的。由于上海大学党支部注意发动群众,培训干部,并不断从学生和工人中发展党员,因此,上海大学党组织很快就由原来的二十多名党员发展为一百三十多名党员,建立了上海大学独立支部,接受上海区委的直接领导,成为当时上海革命活动的中心场所之一。

4. 上海大学是党扩大马列主义的传播和进行反帝反封建宣传的一个主要阵地。

为了在沪北工人比较集中的地区扩大我党的影响和对青年职工进行教育,上海大学主动在校内设了书报流通处,这实际上是上海书店(我党早期的出版发行机构)的沪北分销处。我党通过上大的书报流通处出售了许多书刊,如:《中国共产党五年来之政治主张》《共产党宣言》《论北伐》《共产主义的ABC问题及附注》《帝国主义浅说》《中国关税问题》等等。这些书刊对于进一步发动民众开展国民革命,对于揭露帝国主义和反动军阀的狰狞面目起了极大的作用。上大书报流通处成为传播马克思主义的一个重要阵地。

上海大学一方面积极帮助上海书店销售进步书刊,宣传我党的理论、政策;另一方面又积极组织力量编写著作,以反映"中国革命运动之进展"。萧楚女编写了《显微镜下的醒狮派》一书,把共产党人的反帝爱国主张和国家主义者的国家主义主张相对照,从而让读者识破醒狮派的丑恶与阴谋。瞿秋白、安体诚合著的《社会科学讲义》,瞿秋白的《社会科学概论》,瞿秋白、恽代英的《反戴季陶的国民革命观》等著作,都是从不同的角度宣传社会主义,揭示历史发展规律,批判非马克思主义的观点,从而肯定了中国共产党的正确主张,论证了只有社会主义社会才是中国社会的必然前途。因而上大一时"成为革命理论和革命学说的渊薮",有力地推动了大革命运动的开展。

通过以上的分析,我们得出的结论是:虽然上海大学是在国共统一战线的前提下发展起来,但是我们无论是从上大的办学宗旨、教育方针,还是从上大的社会实践等方面来考察,都可以看到中国共产党人是上大各方面工作的主要组织者和领导者。中国共产党力图通过上海大学把各个革命阶级的一部分青年吸引到自己的身旁,经过有意识有目的的培养,使他们联合起来,共同走上反帝反封建的民主革命道路。可以说上海大学是我党为建立培养革命干部的学校所进行的最初的尝试。这个尝试尽管在国民党反动派的叛变之下归于失败,但是上海大学所经历的四年多社会斗争实践和教育改革经验,为我党如何在残酷斗争年代发动民众,培养革命干部,为改革旧教育之陋习,建立新型的无产阶级教育制度,积累了有用的经验,开辟了新的道路。这些可贵的实践经验,无论是对我国的民主革命,还是对社会主义建设,都具有重要的意义。

二十年代的上海大学[①]

王 伟 史嘉秀

20年代的上海大学,是中国共产党和国民党左派共同领导,而以共产党人为主要骨干的一所新型革命学校。这所学校,为宣传马列主义理论,为中国人民反帝反封建的民主革命,作出了很大贡献;她在第一次国内革命战争初期,有很大的影响。她的短短五年的历史,也为中国革命史的研究,为中国高等教育史的研究,提供了一份珍贵的史料。

上海大学创办于1922年10月。她的前身是私立东南高等师范专科学校。由于东南高师设备简陋,教育质量极低,校长却以学生所缴学、膳费为资,东渡留学,这不能不激起学生的愤慨。于是,在部分学生代表的酝酿下,召开了全校师生大会,宣布学校改组,议定在陈独秀、章太炎、于右任三人中聘请一人当校长,并要求中国共产党接办学校。当时,党中央考虑,由老同盟会会员、国民党元老于右任当校长比较合适。在学生热情相邀和邵力子、柏文蔚、杨杏佛、柳亚子等人的促进下,于右任出任校长,将东南高师改名为上海大学。1922年10月23日,新校长宣布上海大学成立。学校设有社会学系、中国文学系、英国文学系、美术科和附中、英数高等补习班、俄文班。上海大学一成立,李大钊同志立即推荐中共中央委员、工人运动的著名领袖邓中夏同志出任总务长(后改称校务长),推荐中国共产党人、著名的社会活动家、理论家瞿秋白同志出任影响最大的社会学系系主任;同时,陈独秀又推荐陈望道同志担任中国文学系系主任。在邓中夏、瞿秋白等共产党人的主持下,一大批名人、学者来校任教,

---

[①] 原载《上海高教研究》1985年第2期。

如李大钊、张太雷、蔡和森、恽代英、萧楚女、沈雁冰、郑振铎、田汉、丰子恺、杨贤江、周建人、俞平伯以及美国社会学者华德等都先后到校任教或讲学。全校共有专职教职工六十余人,其中教师为五十多人。就这样,20年代的上海大学为我们党培养了一批进步学者、专家和领导干部,如杨尚昆、丁玲、阳翰笙、张秋琴(红军女将领)、杨之华、瞿景白等都是上海大学当年的学生。学生最多达八百人;1924年初,在革命统一战线的推动下,学校决定开展平民教育,向他们宣传革命道理,又创办平民学校,招收了三百六十多名学生。

光荣的历史

上海大学在党的领导下诞生,在斗争的风雨中成长。她写下了反对帝国主义,反对北洋军阀的一页光荣历史。

1924年春,中共上海大学支部成立,瞿秋白同志担任支部书记,直属中共上海地委领导。师生们在党领导下,"以改造社会为职志",以"勇猛进取精神"踏上中国革命的征途。

1924年4月,保定女子师范学校的学生,要求改革不合理的教育制度,却遭到校方殴打。消息传到上海,上海大学的女生首先发出通电,要求撤换保定女师校长,呼吁社会各界救援该校学生。经上海大学女同学的努力推动,上海各女校师生也行动起来,对保定女师风潮声援,打击反动当局,起了很大作用,同时,引起了社会对妇女问题,对女子教育问题的关注。

1924年10月10日,上海大学派黄仁、郭伯和、何秉彝等六名学生代表参加上海各界在河南路天后宫举行的纪念辛亥革命十三周年大会。当时已值江苏军阀齐燮元和浙江军阀卢永祥为争夺上海而打得不可开交。会上,国民党右派支持卢永祥打倒齐燮元;上海大学学生代表则坚持反对军阀混战,反对帝国主义。这一原则立场,却被诬蔑为"奸细",遭到了埋伏的流氓打手毒打。黄仁被一群流氓打伤,推下七尺高的戏台,口吐鲜血,不省人事。当天,瞿秋白同志亲自去医院看望,代表我党,痛斥国民党右派的暴行。黄仁经抢救无效,终因伤势过重而牺牲后,党领导全校学

生通电全国,讴歌黄仁同学的死,"实为反对帝国主义而死,为反对军阀而死,为谋我全人民之利益而死"。瞿秋白同志揭露了帝国主义和军阀的反动性,号召我国同胞团结起来,向帝国主义发起攻击。

1924年秋,孙中山先生在中国共产党的帮助下应冯玉祥之邀从广州北上。临行前,孙中山发表召开国民会议、废除不平等条约的主张。帝国主义非常害怕,拒绝孙先生进入上海租界。上海大学学生在党的带领下,先于11月28日召开全校大会,一致赞成孙先生的主张,发表宣言,号召全国人民一致拥护,促成国民会议的召开。孙中山先生到达上海时,上海大学学生列队在江岸迎候,暗中保护孙先生的安全,高喊打倒帝国主义、打倒军阀的口号,迫使帝国主义者未敢加害。

同年,上海大学学生在党的领导下,积极支援上海纱厂和南洋烟草公司工人的政治大罢工。

1925年2月,邓中夏同志带领上海大学的共产党员、共青团员刘剑华(即上海工人运动领袖刘华)、郭伯和、杨之华等参加了上海日本纱厂工人的大罢工,和工人一起,同日本资本家展开了英勇的斗争。

1925年5月15日,日本纱厂资本家枪杀中国工人、共产党员顾正红,这一事件点燃了中国人民强烈的反帝怒火。5月24日,上海大学部分学生带着红旗、传单,经戈登路(今江宁路)、普陀路,一路示威游行,前往潭子湾参加追悼顾正红的群众大会。在普陀路上,上海大学的四名学生遭到英国巡捕的逮捕,这是五卅运动中最早被关入巡捕房的中国人。5月28日,党中央召开紧急会议,决定在5月30日举行反帝示威游行。上海大学学生林钧、朱义权、刘一清等主持的全国学联和上海学联也积极参加了这一示威斗争。全校有四百多学生参加"学生演讲团"。5月30日,上海市民群众、学生、工人在党的统一指挥下包围老闸捕房,抗议帝国主义的暴行,要求释放被捕学生。下午2时,英帝国主义的武装巡捕向示威群众开枪,南京路上血流成河,上大社会学系学生何秉彝等十一人中弹牺牲,十三人受伤,一百三十多人被逮捕关押。第二天,上大学生继续上街演讲,又有六十多人被捕。全校学生怒火中烧,宣布自6月1日起罢课,以抗议帝国主义的暴行。

五卅运动以后,帝国主义对上大更是恨之入骨。1925年6月4日,租界的帝国主义万国商团和巡捕又闯进上大,强行搜查,蛮横地勒令学生在10分钟内一律离校,接着美国海军陆战队强占上海大学校舍为驻地。面对帝国主义的疯狂迫害,上大师生没有屈服,他们回到闸北青云路旧校址复课,坚决"努力与抗,决不退让"。

1927年3月下旬,北伐军打到上海近郊。上海工人在周恩来同志的领导下开始了第三次武装起义;上大学生立即配合我党行动,活跃在战斗前线,协助工人武装纠察队进攻上海北站的军阀军队。在这次起义中,上大有二十多位同学,为中国人民的解放事业流尽了最后一滴鲜血;起义成功后,上大学生投笔从戎,踊跃参加北伐军,走上向军阀开战的战场。

就在国民革命迅猛发展之际,暗藏在革命队伍中的蒋介石发动了"四一二"反革命政变,大肆屠杀中国共产党人和革命群众。1927年5月初,国民党白崇禧部用刺刀、机枪封闭了上海大学,上大中学部主任、共产党员侯绍裘同志英勇牺牲,许多学生遭到逮捕。可是上大进步师生并没有被吓倒,他们在党的安排下,逐渐转入地下或转到农村,投入新的战斗。

崭新的教学活动

20年代的上海大学,在我国高等教育史上,是一所具有改革精神的崭新的大学。以邓中夏、瞿秋白等同志为首的一批领导骨干,提出了明确的办学宗旨:"认识社会、改造社会","为应社会之需求","上大应当具有时代性、革命性,才能担负起时代所赋予的使命和革命的责任"。由于办学指导思想明确,全体师生努力,因此学校的教学工作与当时教育界的陈腐状况相比,有其鲜明的特色。

一、重视基础教学,扩大知识视野。例如:规定中国文学系的学生在四年中必须修完诗歌、国文名著选(先秦至现代)、古文校读法、乐律、中国文学史、欧洲文学史、美学、修辞学、文学概论、文字学大意、社会心理学、戏剧、小说、日本文学史、中国哲学史、外国语等近三十门主课。此外,还开设四组选修课:(一)小说作法、诗歌作法、戏剧作法、文学批评法。(二)新闻学、政治学大纲、法学通论、经济原论、社会问题、现代政治、外交史。(三)国音学、文字学、文法语法研究、言语学、艺术教育论及

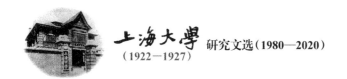

作文教授法。(四)金石学、文字学、历史哲学、社会进化史、中国美术史。学生在学习三十门主课的基础上,还要在这四组课程中,任选一组作为自己的选修课。再如社会学系,其主修课有:社会学、社会进步史、社会问题通论及劳动、社会哲学、生物哲学、社会思想史、政治学、经济学、社会心理学、人类及人种学、法学通论、经济地理、外交史、统计学、第一外国语、第二外国语等三十多门课。另外还要选修若干别的课程,如现代政治、哲学概论、哲学史大纲、心理学、中国史、生物史、伦理学及科学方法论、国法学概论及各国宪法略史、国际法、犯罪心理学、政党论、民刑法、社会政策及经济政策专论、财政学通论、银行论、货币论、簿记论等。学生至少要修满一百四十学分,并提交论文,经论文审查会审查合格者方可毕业。

为了提高教学质量,上海大学非常重视教师的聘请。一批社会名流、教授、专家和进步人士先后到校执教。如前所述,社会学系有瞿秋白、蔡和森、周建人、施存统等;中国文学系有陈望道、邵力子、田汉、俞平伯、沈雁冰、傅东华等;英国文学系有何世桢、冯子恭等;美术科有洪野、陈抱一等;中学部有李未农、邓中夏等。上海大学的教师,除课堂讲授、训练学生而外,还热情地指导、帮助学生,讲究教学方法。如瞿秋白同志了解到学生水平参差不齐,为使大家把基础知识学到手,开发学生的智能,常常引证丰富的中外古今的具体材料,帮助学生深入浅出地分析问题,把理论教学与当前的实际斗争结合起来,学生们不仅爱听他的课,而且知识与能力增长极快。萧楚女、恽代英、张太雷等老师也无不如此。

为了扩大学生的知识面,上海大学还经常聘请社会名流到校演讲,开办"特别讲座",利用暑假举办"夏令讲学会"。李大钊同志在1923年一年中,曾四次赴上大作专题演讲,课题有"演化与进步"、"研究历史的任务"的演讲;杨杏佛讲过"从社会方面观察中国政治之前途";瞿秋白讲过"社会科学概论";恽代英讲过"中国政治经济状况";萧楚女讲过"中国农民问题";邓中夏讲过"中国劳工问题";胡愈之也到校讲过学。到校讲过学的还有:胡适之、汪精卫、戴季陶、吴稚晖等人。虽然,这样的讲座、讲学的观点和角度不同,有宣传马列主义的,也有鼓吹唯心主义的,但在当时的历史条件下,对学生了解不同思想、观点,扩大知识面,辨别是非,开阔思路,增长才干却有很大的帮助。

二、学术空气浓厚，注重读书与社会实践的结合。在上海大学，认真读书，敏于思考，蔚然成风。上大的师生认为，知识和学问决不完全在书本上，也不完全在教授的口中。他们反对死读书的学习方法，主张学用结合，把书读活，读活的书。学生乐意从实践中学，再把学到的东西毫无保留地贡献给社会。在他们看来，"课堂里是殚精竭虑的讨论，街头巷尾是如火如荼的讲演，舞台上是民族的血泪魂灵的活动，刊物与传单是成堆地从印刷所的机口中吐出来"，大家"一条心，要唤起民众，反抗军阀，打倒帝国主义"。这就是上大的精神。为了"增长上大精神"，上大的学生在学校、老师的倡导下，组织了各种类型的社团，如"社会问题研究会"、"湖波文艺研究会"、"艺术会"、"平民教育会"、"中国孤星社"、"春风文学社"等等。这些社团活动的开展，大大培养了学生们独立工作的能力。学生学术团体经常组织报告会、演讲会，大家"唇枪舌剑"、各尽其能，提出问题，共同探讨。他们出版了许多刊物，如《孤星》旬刊、《湘锋》《中国青年》《前锋》等宣传社会主义的杂志。

为了把上大学生逐步培养为有真才实学、有坚定信念的革命者，上大党支部在引导学生学习专业课的同时，十分重视引导学生加强马克思列宁主义、科学社会主义基本理论的学习，组织学生学习陈望道翻译的《共产党宣言》，学习时事；从唯物主义的认识论和方法论上，指导学生对学术问题的研究，正确分析中国社会问题，形成浓厚的学术空气，增强其革命信心。

内容丰富、形式多样的教学活动，健康活跃的学术风气，使上大显得生机勃勃，威望日益提高。上大出版的刊物，上大举办的演讲会，受到社会进步人士的热烈欢迎，被认为是新文化的指导者。

上海大学从1922年10月诞生到1927年5月被封闭，前前后后，仅有四年零七个月的历史。在那短短几年间，她为中国革命造就了一批杰出的人才，为我党培养了许多优秀的干部；她对革命事业的贡献，给中国现代化高等教育史增添了熠熠光辉。

邵力子办学思想的特色

朱顺佐

邵力子先生是一个著名的记者和主编。也是一个著名的政治活动家和爱国人士。同时,他还长期从事过办学和教育工作,是个出色的办学者和教师。他在办学和组织学校教学中敢于探索和富有创造性,为发展我国近代教育事业、培养有用人才作出了积极的贡献。

一

邵力子出于爱国赤忱、锲而不舍和不折不挠的精神,于1905年曾积极与马相伯校长在上海吴淞炮台湾筹建创办"复旦公学"。他与于右任、叶仲裕分管行政工作,在无校舍、缺教师、短经费的困难条件下,自力更生,因陋就简办起了我国反对帝国主义文化侵略的第一所私立大学。1922年,邵力子竭力支持上海私立东南高等师范专科学校师生组织起来,驱逐办校无方的校长和改组学校的正义行动,将该校改名为上海大学,由他出任副校长,于右任担任校长。学校开办之初,百废待兴,邵力子与于右任积极编定学校组织机构,募集资金,筹建校舍,聘请教师,特别是通过李大钊邀邓中夏出任总务长,瞿秋白任社会学系主任,着手改革教育,使"学校教育方针即起了质的变化。彻底改变东南高师""经营式之学店",使"上大"成为现代教育史上一颗光辉夺目的明珠。1932年邵力子担任故乡绍兴中学(现稽山中学)设立人会议主席,资助银币1 000元,

---

① 原载《浙江师范大学学报(社会科学版)》1985年第2期。

并派代表邵诗舟参与研究办学事项,提出了"发扬民族精神,养成诚朴作风,培植勤毅人才,减低学生费用"四项主张。邵力子还将节衣缩食省下来的银钱,资助家乡办起了明强小学、运川小学和棠荫小学。他在陕西任省政府主席期间,亲自主持创办了陕西农林专科学校,大力支持夫人傅学文在西安创办了第一所助产士学校。抗日战争胜利后,又协助她在南京创办了力学小学。同时,邵力子还较长时间从事过教学工作。他曾在陕西高等学校、上海白克路竞雄女校、平民女校、中国公学、复旦实验学校、复旦大学、上海大学担任教师或校长。他在办学中善于探索,富有创造性,有其明显的特色,其主要表现是:

(1) 富有鲜明的时代性。邵力子说过:"将来改造社会以后,科学必愈求其进步,产业必愈求其发达,不过所有科学与产业都要为真正的人民谋普遍的幸福,不再为少数人所利用罢了。但是,科学进步,产业发达,绝非空口讲白话的事,是必须有专精的学术和技能的,所以改造社会家,一方面要唤起群众的觉悟,一方面却要准备高深的学术。俄国在社会革命成功之后,最感困难的就是同志中缺少专门技术家,不得不在旧有的产业阶级里面去寻觅人才,勉强应用,其间知有多少困难,有多少危险,殷鉴不远。这正是我国青年最要省悟的一点。我国科学幼稚,比俄国更甚,如果不早自储人才,将来所冒的危险,一定比俄国更甚。"培养"建国人才,备为世用",即培养人才为社会服务,这是邵力子的一贯办学方针。他协助马相伯为复旦大学提出"发展科学,学以致用"的办学方针,他与邓中夏为"上大"规定了"为应社会之需要"的办学宗旨,他非常支持瞿秋白提出的"为了认识社会,改造社会"的办学目的,都说明了他的办学是为改造社会的需要,是有鲜明的时代性的。他参与创办的"复旦"、"上大"是为了适应反帝反军阀和革命胜利后早储建设人才的,他创办绍兴中学(嵇山中学)是为了御侮兴国、振兴中华的,他是为着时代的需要,担负时代赋予的使命和革命责任而孜孜不倦办学的。

(2) 具有强烈的人民性。他办学育才兴科学是"要为真正的人民谋普遍的幸福"的,邵力子完全是为着培育对人民有用之人才而办学的,这与官僚豪绅为了培养剥削阶级的卫道士和反动政府的官吏而办学是有本质的区别,与帝国主义为了侵略奴役中国人民办学也是完全不同的。

同时,邵力子创办的学校,不分男女,不分家庭贫富,一样入学,一样对待。特别是在故乡绍兴办的四所学校,入学的大多数是穷苦的工农子弟,明强、运川、棠荫三所小学,读书的几乎全部是贫苦农民的子女,深受广大群众的欢戴和爱戴,体现了人民群众的意愿。

(3) 颇有革命的创造性。他积极参与创办的"复旦"、"上大"等校都对旧教育制度进行了改革,对新教育制度进行大胆的探索,从学校行政管理到教师队伍建设;从教学内容到教学方法等都进行了一系列的革新,特别在废除注入式,提倡启发式的教学方法,贯彻理论联系实际的原则等方面,都富有创造性,为开拓新的教育事业提供了宝贵的经验。

二

邵子力根据办学宗旨和培养有用人才的目标,总结前人办学的经验,结合自己办学的切身体会,"锐意革新",使自己参与创办的学校具有特色。

在组织师资队伍方面。他认为任何一代人的成长,都需要教师的启发、诱导和指点,一代人的成长在很大程度上正是教师辛勤劳动的结晶。因此,总是把改革校务的重点放在聘请、组织教师队伍上。上海大学先后聘请来各系任教的就有瞿秋白、蔡和森、安体诚、恽代英、张太雷、萧楚女等著名共产党人,为"上大"注入了新鲜血液,此外还聘请了陈望道、刘大白、沈雁冰、俞平伯、傅东华、田汉、施存统、周建人、蒋光赤、何世桢、周越然、洪野、丰子恺,以及中学部的杨明轩、沈志远、杨贤江等学有专长,思想进步的人。"上大"有这样一支以共产党人为骨干的,有真才实学而又有革命抱负的教师队伍,在当时是其他学校所没有和难以做到的。"复旦"、"嵇中"等校也都有一批治学严谨、业务扎实、教导有方和要求进步的学者为骨干组成的教师队伍,这也是其他学校不及的。

在校务管理方面,最显著的特色是推行"学生自治",学生代表直接参与学校行政的管理。如自办食堂、合作社、储蓄银行,以管理经济,有的还设立了"民主法庭",以解决学生之间的纠纷。推行"学生自治制",既发扬了民主,又锻炼了学生组织管理的能力,为开展一系列的进步活动打下了良好的基础。

在学科设置方面,最大的特色是适应社会需要,学以致用。根据办学宗旨和培养革命人才的目的。复旦大学设立了经学科、政法科、文科、商科、格致科、工科、农科及大学预备科。上海大学将原来的文学与美术两科和普通班,改设为中国文学系、英国文学系、美术科和中学部;还增设了当时中国独一无二的社会学系,系统地传授马克思主义学说,研究中国社会实际问题。这是一个创举。

邵力子还主张围绕培养革命人才、改造社会这个总目标,开展丰富多彩的富有革新内容的教学活动。

在课程设置方面,有这样三个比较显著的特点。一是注意基础知识的训练,尽量扩大学生的知识面。如复旦大学除设置一般常学课程外,并设有心理学、计学、高等数学、测量、物理、化学、国画、体操、地质、矿物学、天文学、力学及分析化学等课程,尽量使学生学到比较广博的知识。二是注重马列主义基本理论的教学。"上大"就设有社会哲学(即辩证唯物主义)、现代社会学(即历史唯物主义)、社会主义释疑、社会进化史、社会思想史、社会运动史、经济科学、社会意识学、社会主义史等讲授马列主义基本原理的课程。三是注重培养学生成为全面发展的人才,有利于学生爱国、勤学、尚德、强身。

在课堂教学方面,也别具一格,有自己的特色:

(一)克服当时一般学校严重存在的理论与实际相脱离的倾向,贯彻"学以致用"的务实精神。"复旦"或"上大"课堂教学中对于当前社会各阶级的动向,对于中国政治经济现状,对于现实的社会问题的研究,都占有重要地位,并积极引导学生运用马列主义的基本理论去分析和解决实际问题。"上大"学生在邵力子、邓中夏、瞿秋白的影响下,认为知识和学问决不完全在书本上,也不完全在教授的口述中,他们对于那种"课堂、自修之外,一步也不走开去,读书之外一句也不响。写笔记、翻字典之外一动也不动"的偏狭而死板的方法是决不采用的。他们乐意把学到的东西无保留地贡献社会,切实做到学习不忘革命,为革命努力学习。

(二)反对经院式的教学,采取有重点的启发引导。许多教师在上课之前,先把讲义发给学生自学,上课时则在讲义的基础上补充一些活材

料,突出重点。按照同学的实际水平进行讲解。邵力子在复旦大学兼教语文课,就曾将《战国策》《古文辞类纂序》以及当时《民立报》上的《国会议员孙洪伊致冯国璋通电》等材料,预先发给学生阅读,启发学生思考。1923年底他虽担任上海大学代理校长,仍讲授古代散文及新闻学课程。他讲授新闻学,经常引导学生先看看《民国日报》和《觉悟》副刊的评论或报道,结合自己撰写评论的心得体会进行讲解。讲授古代散文,为结合新闻实用起见,曾选古代史传论文三十余篇,嘱学生熟读深思,然后结合学生提出的问题,深入浅出、循循善诱地进行讲解,将自己丰富渊博的学识,像蚕吐春丝似的一丝一缕地献给学生,使听者津津有味,这对培育学生自学思考能力起了良好的作用。

(三)冲破旧学校的"森严堂规",提倡学术自由争论。他在"复旦"为兴"学术自主、思想自由",就主张对不同意见展开争论。"挈举纲领、开示门径",启发学生自己去研究、探讨、争论,以便分清是非、真伪。

(四)废除"师道尊严",提倡师生教学相长。"复旦"、"上大"、"绍中"等校师生之间,都以诚相见,尊师爱生,共同研读,热烈讨论,相互启发,相互促进,具有集体性的教学方式。"上大"还规定每周一次集会,教授、同学济济一堂,往往众艺杂陈、诙谐百出或讨论问题,展开辩论,一时妙语解颐,一时又面红耳赤,使各人能发挥所长,共同提高。

理论与实际相结合的原则,是邵力子参与创办的"复旦"、"上大""绍中"等学校的基本精神和根本特色。

首先是平时教学中特别强调学生读活的书,把读书与研究社会、改造社会结合起来。"复旦"学生除课堂教学外,就有课外各种"研究会"、"讨论会"、"演讲会",研究和讨论社会中的许多现实问题。同时,还组织戏剧社走向社会,为支持各项爱国运动进行义演,并以出版墙报,校刊、年鉴等形式向社会作广泛的宣传。"上大"学生也经常举办讲演会,创办刊物,还有各种类型的社团组织。例如"社会问题研究会",其宗旨为"研究社会疾病,促进社会健康"。"三民主义研究会",宗旨为"在彻底了解三民主义并促其实现","湖波文艺研究会",其宗旨是宣传革命文学,"中国孤星社",其宗旨为"研究学术、讨论问题、彻底了解人生、根本改造社会"。还有"美术科毕业同学会"、"春风文学会"、"艺术会"、"平民教学委员会"、"英文文学会"等等。这些社团,对于培养学生分析社会问题的能力,提高在实践中独立工作的水平,具有很大的作用。"上大"学生除了在校内各就所长,参加一定的社团活动外,有的还到别的学校上课,有的到部队、工厂、农村宣讲。共产党"上大"支部于1924年夏季前后还派进步师生在小沙渡、杨树浦、浦东、吴淞等工人集中的地方办起工人补习学校、工人夜校等宣传革命,组织工会,发展党、团员,以扩大党的力量和政治影响,培养工运的领导骨干。据程永言先生回忆:"广东黄埔军校第一期招生,在当时还是秘密的,也是'上大'代办理的。""上大"学生还把课堂里殚精竭虑钻研理论与在街头巷尾如火如荼的讲演,舞台上惊心动魄的表演,大量刊物传单的散发,以及日常与工农兵及男女青年的通信等紧密结合,以便起到唤起民众、组织民众的作用。

其次,是把启发学生勤奋刻苦攻读和积极参加社会政治斗争结合起来。邵力子经常向学生说:"书山有路勤为径,学海无涯苦作舟,业精于勤,学贵自得,只有勤奋学习,刻苦钻研,才能通向知识峰巅,深入学问浩海。"因此,邵力子参与创办的学校,绝大多数学生都能做到勤学、勤练、勤思、勤用,勤奋学习蔚然成风,都有一股攻难关、攀登知识高峰的劲头。

邵力子在积极引导同学刻苦攻读的同时,非常注意"对学生灌输革命思想,播种革命种子",鼓励学生投身于反帝反封建的革命洪流之中。1919年五四运动时,他迅速报道了北京学生开展反帝反封建运动的专电,并且于5月6日一清早就手拿《民国日报》到复旦大学来,叫当时当学生自治会主席的朱仲华紧急集合全校同学,由他亲自上台朗读当天报上的头条新闻,慷慨激昂地说:"中国在巴黎和会上的外交失败了,北大的学生已行动起来'外争国权,内惩国贼'了,我们复旦的学生怎么办?北京的学生有这样的爱国热情,难道我们上海的学生会没有,赶快行动吧!"他还充当了学生的顾问,分析形势,指点方略,解答学生提出的问题。在他的鼓动下,复旦大学,随即停课纷赴市区,联合他校学生上街游行,成立上海学生联合会,实行罢课,派代表到工、商界联系酝酿罢工、罢市,掀起了声势浩大的反帝爱国运动。当上海学联带领上万人的示威游行队伍首次冲进法、英租界时,邵力子站在民国日报社阳台上,使劲鼓掌欢呼,给示威游行群众以极大的鼓舞。6月4日,邵力子从报馆里获悉北京学生遭到北洋

军阀军警逮捕的消息以后,更加义愤填膺,迅速发动复旦学生联络工、商、学各界声援。又参加了上海学联在卡尔登路举行的茶会,即席发表讲话,鼓励各界人士要大力支持"三罢"的爱国运动,把五四运动推进到一个新的阶段。复旦大学不愧为一所"革命的学校"。复旦学生不愧为上海五四运动的先锋。孙越崎先生也说过:"我在复旦公学毕业后,考取天津北洋大学矿冶系。五四运动时,我任北洋大学学生会长,积极参加天津学生爱国运动,这是受到邵先生的教育和感召所致。"

邵力子任代理校长时的上海大学师生,在上海历次大规模的反帝反军阀运动中,总是站在前列,迎着激流勇进。他们"以改造社会为职志,对于社会事业,尤其有勇猛进取精神"踊跃地走上社会的政治舞台。标志着第一次大革命高潮到来的五卅运动,把上海大学推到了它自己发展史上的顶巅。在震惊中外的五卅反帝爱国运动中,"可歌可爱的上大学生,确有不可磨灭的助力","他们亲见上海各帝国主义者的狰狞面目,正是书本理论与实际工作的试验机会。所以首先为国捐躯死于南京路的何秉彝是'上大'的学生,领导各队到租界上演讲的多数队长,是'上大'的学生,捕房拘押援助罢工的大部分人员,亦是'上大'的学生"。5月30日,"上大"学生会在党的领导下,组织了有400余人参加,共计38组之多的"学生讲演团",向市民、店员慷慨陈词,抗议帝国主义的罪行。专横野蛮的帝国主义武装竟然向示威群众开枪,顿时血肉横飞,"上大"学生何秉彝及工人唐良生等11人当场中弹身亡。五卅这一天上大学生受伤者13人,被关押进老闸捕房的达130人。五卅那天,邵力子也以《民国日报》主编身份与几个新闻记者到现场察看,采访和拍照。"五卅时代的上大,上大的影响五卅,中国虽大,实为有目共睹的事实。""沪上各报竞载该校消息,上大威名遂震全国。此一时期,学生个个生龙活虎似的,各种文化运动,各种革命集会,以及一切反军阀反帝斗争,无不以该校学生为台柱。"难怪当时会审公堂的帝国主义辩护士梅兰律师宣称:"鼓动此次引起扰乱之学生或学童,皆来自过激主义之大学——西摩路之上海大学。"《大陆报》也嫉视地宣称:"北京大学和上海大学是共产党活动的南北二大中心。"有人把"上大"与"北大"并论,称北有五四的"北大",南有五卅的"上大",实非无因。

82

绍兴中学(嵇山中学)是在民族危亡的年代创建的。邵力子亲书"卧薪尝胆"题词,作为校训。有"缅怀前烈,惕然以警,奋然以起,毅然以行,自力更生,发奋图强"之意,以民族气节激励学生,以艰苦奋斗砥砺士气,在抗战紧张之际,民族危亡关键时刻,以此为校训,颇有现实意义。1933年邵力子从甘肃回故乡绍兴探亲。3月1日一下车就到嵇中看望,并发表演说,他指出:"日本人欺侮我们,可说已到极点。所以我希望你们努力求学,将来替国报仇。"嵇中师生正是在校训"卧薪尝胆"和"求学救国"精神的鼓舞下,战胜重重困难,坚持教学,坚持抗日救亡工作。1941年4月日本侵略军包围绍城。嵇中师生在校长邵鸿书先生的带领下,高喊"不自由,毋宁死"的口号,冲出日寇的包围。由于战斗激烈,有四名学生壮烈牺牲,十余名学生被俘,在严刑拷打下,坚贞不屈,英勇顽强。突围后的第二天,邵校长就在瑞隆茶栈前同师生重温"卧薪尝胆"校训,激励师生报仇雪耻、抗战到底的决心。并借了几块茶板作讲坛,学生席地而坐,进行上课。不久学校搬到武义山区,师生一手拿笔(坚持上课),一手握枪(与日寇进行游击战),在极其艰苦的处境中办学。邵力子当时在重庆,闻此消息甚为激动,立即与周恩来同志商议,周恩来同志十分关切,并由邵力子出面写信给教学与战斗在山区的邵鸿书校长,对嵇中师生表示慰问,并盛称"这是青年学生的光荣,嵇中的荣誉,也是邵氏的骄傲"。

邵力子参与创办的学校,坚持理论联系实际的原则,勇于改革创新,颇有特色,为近代新的教育事业开拓了一代新风,提供了新鲜经验,并在革命斗争的熔炉里造就了大批革命思想磅礴、革命精神昂扬、专业知识过硬的优秀人才。一批又一批的毕业生走上了革命的道路,风云于中国政治斗争的舞台,为中国人民的革命和建设事业作出贡献。

五卅运动中的上大学生[①]

莫 容

在五卅惨案的牺牲者中,有一位年仅二十三岁的青年,他倒在血泊中还奋力高呼:"打倒帝国主义!"次日不治身死。他就是上海大学学生何秉彝。

五卅运动中的上海大学学生,表现突出,始终站在斗争的前线冲锋陷阵。当时,在租界里到处活动的演讲队,大多数队长都是上大学生。在5月30日至6月5日一个星期之间,除何秉彝英勇牺牲之外,上大学生还有十多人负了伤,二百多人被捕。二十岁的上大学生瞿景白(瞿秋白的弟弟),也在被捕者之列。被捕后他态度激昂,毫不屈服。租界当局控告他扰乱治安,于是,法庭上发生了一场舌战:

> 陪审官:孔子有一句关于不同年纪做事互异的话,你记得不记得?曰三十而立等等。孔子在六十岁的时候才说六十而不惑,他在六十以后做事才不惑呢。
>
> 瞿:这话我知道,不过这是二千年以前的话,现代不能再用!
>
> 正审官:按中国人民的现在所处的时代,你认为他们应该竭力去立呢,还是应该竭力去破?
>
> 瞿:这是一个大问题,非数言能尽。不过,简而言之,一些旧的东西不破,新的东西就不能立。

[①] 原载《上海档案》1985年第3期。

这里，我们可以看到一个青年革命者的英雄气概，他睨视那些庞然大物，站在敌人的法庭上正气凛然，毫不畏惧地向帝国主义提出了挑战。

早在五卅以前，工部局就搜查过上海大学，他们认定："该校学生的大部分是共产主义的信徒，他们所受的训练，无疑企图使他们成为出众的共产主义宣传家。"惨案发生后，工部局看到上大学生英勇奋斗，更把上大视作眼中钉，必欲除之而后快。负责租界警戒的保卫团司令戈登上校，下令驱逐所有上大师生员工，空出校舍安顿美国海军陆战队士兵，借机拔掉这座革命的堡垒。

6月4日上午9时许，坐落在西摩路（现陕西路）的上海大学，突然被全副武装的万国商团包围，所有在校的师生员工都被赶到空地上。这帮帝国主义的鹰犬，借口搜查武器，在每人身上乱搜，又闯入学生宿舍，翻箱倒柜，乱撕乱涂，发现稍为贵重一些的东西，如钢笔等，则被他们掠为己有。至于武器，那班强徒在搜查前就知道是不会有的。事后，捕房总捕直言不讳："捕房之所以为此之原因，在上海大学自成立以来十八个月间，为煽乱与布尔什维克之根源，上海罢工运动，殆全为彼所布置。"

不过，这种镇压一无效果。6月8日，上大师生在《民国日报》上发表宣言，痛斥帝国主义滥施淫威，郑重申明，永远不承认强权即是公理，"无论如何的淫威来压迫自由，如何的黑暗侵袭独立，断然师生合作一起，努力与抗，决不退让"。

上海大学学生在五卅运动中的出色表现，同中国共产党人的辛勤耕耘是分不开的。我党早期的许多著名领导人和革命理论家，如瞿秋白、邓中夏、张太雷、蔡和森、恽代英和萧楚女等，都曾在上大任职任教，播下了无数革命的种子。各地青年，不惮校舍的简陋，生活的清苦，向往这儿蓬勃的生气和革命的精神，纷纷前来就学，造就了许多革命志士。著名的共产党员刘华、杨之华等人，都是这所大学的学生。难怪有人把上大称为我党的一所党校。经过五卅运动急风暴雨的冲刷，上海大学的学生更加坚强了。

二十年代初创时期的上海大学[①]

盛祖绳

创立于本世纪20年代初的上海大学,是一所名震中外、具有光荣革命传统的高等学府。对于她的历史,学术界的研究正在逐步深入,并已迭出成果,可谓形势喜人。但美中似乎也有不足,那就是不少论著仅偏重于记述1923年4月邓中夏等大批共产党人到校工作后那段历史,而忽略了对上大初创时期历史的如实反映,以致得出的结论往往也较偏颇。鉴此,笔者试以自己所接触到的史料为据,对上大初创时期的历史作一初步论述,以补缺如,并求教于学界。

一、共扶学子建上大

著称于世的上海大学的前身是鲜为人知的上海私立东南高等专科师范学校(简称"东南高师")。1922年10月,在该校掀起的一场进步学潮的推动下,东南高师被宣告改组为上海大学。

上大之由东南高师改组成立,绝非偶然。众所周知,20年代初的中国虽然仍是一个半殖民地半封建的黑暗社会,但其内部却正在发生着新与旧两种思想、文化的激烈撞击:一方面,传统的封建思想和文化仍在中国的思想文化界占据着统治地位,并以其散发出的腐臭毒化着整个社会;另一方面,五四时期掀起的新文化浪潮正在继续澎湃,不断地扩充着自己的阵地。特别是中国的年轻一代,由于受各种新思想、新文化的吹拂

[①] 原载《上海大学学报(社会科学版)》1988年第2期。

和熏陶,正在日益觉醒,强烈要求改变现状,奋起救国。地处"十里洋场"上海的东南高师,正是当时中国思想文化界的一个缩影;而东南高师之被改组和上大的成立,则是新旧两种思想、文化发生激烈撞击的结果。换言之,从东南高师到上大的变迁,绝不是简单的校名更迭,而是一场事出有因并在思想上具有一定进步意义的变革。

东南高师于1922年春设立在上海闸北青云路上的一条狭窄弄堂里,其主要创办人是市侩文人王理堂(又名王公燮)。该校创办时,校舍小而破旧,"设备也很简陋",在系科设置方面,仅"设文学与美术两科",并"附设普通科",文学科"分国学(一说'国文')、英文两组",美术科则"分图音、图工两组"。王理堂等开办此校的目的,是"想用办学的名义来发财"。为了招徕学生,骗钱以中饱私囊,他们以提倡"新文化"为幌子,诡称将聘陈独秀、胡适等"名人、学者任教职",并开列了一大堆悬虚的课程名目,致使全国各地160余名热血青年受骗入学。开学时,向学生收取的"学费极高"。开学后,校方对教务工作的管理马虎至极,"各科虽都有课程名目,但无教师,即或有之,亦都不称职"。教学内容因循守旧,腐气熏人,毫无"新"意。由于校方崇尚师道尊严,师生关系极不正常。学生的课余生活无人问津,可供阅读的书报杂志少得可怜。为改变现状,学生们曾屡请校方采取有效措施,而学校当局竟一再置若罔闻。凡此种种都足以说明:东南高师是一所地地道道的"营业式之学校",亦即所谓"学店";其种种弊端正是中国社会内部阴暗面的突出反映。因此,对东南高师实行变革和改组是势在必行的。

对东南高师的"改组"之议,是在该校掀起的一场反对学校当局的学潮中,由进步学生自发地提出来的。1922年秋,正当学生们对学校当局大失所望、极端不满之际,校长王理堂竟贪污学生缴纳的大笔学膳费到日本留学镀金去了,而将学校交给原代理校务长陈勋武和会计汤石庵二人管理,致使校务更加废弛,校内矛盾骤趋激化。这时,以周学文、程永言、王环心等为代表的一批经受五四运动锻炼、思想比较激进的学生,因闻王理堂"携款私逃"而更加激怒于学校当局,并很快团结起来,建立了名为"十人团"的秘密组织,进而又去联合其他进步学生和对学校当局也表示不满的教师陈藻青等,积极酝酿伺机发难,推倒"学店",改办一所"革命

的大学"。事隔不久,发难的时机终于成熟了:1922年10月15日,以学生食堂"午饭夹生"问题为导火线,校内爆发了大规模的学生罢课风潮。学潮一起,"十人团"立即抓住时机,当众"揭露学店黑幕",历数王理堂等人的办学劣迹,强烈要求学校当局立即公布伙食账,并号召大家一致努力,群起驱逐前校长,另请一位"有革命声望的人"来取而代之,以达"改组学校"之目的。他们的主张得到了全校绝大多数同学的拥护和支持,遂经学生们共同商议,决定成立"学生自治会"组织,并由它出面,一面派人监视陈勋武、汤石庵等清理账目,一面设法寻访和物色新校长的适当人选。经过一番紧张的准备,10月18日,周学文等以"学生自治会"名义,宣布"驱逐携款赴日的校长王理堂,拟请陈独秀或于右任为校长",从而使东南高师的改组之议由口头议论向着具体实施方向迈进了一步。

如果说东南高师改组之议的提出和付之实施为上大的诞生播下了新生命的种子,那么这颗种子的发芽、生长和破土就离不开国共两党的辛勤浇灌和共同培植。历史事实也正是如此。在东南高师学潮向前发展的紧要关头,中共中央慎重研究了该校进步师生所提要陈独秀出任新校长的问题,认为鉴于陈独秀在众人看来"政治色彩过于浓厚",又因工作忙碌经常"行踪不定",故不宜由他出任校长,而"还是请国民党出面办这学校于学校的发展有利,且筹款也方便些",并建议他们"派代表请于右任出来担任校长,改校名为上海大学"。中共党员、《民国日报》主笔兼副刊《觉悟》主编邵力子,不负师生们的重托,曾多次亲访于宅,"力劝"于右任答应接办东南高师,并共商该校改组事宜,与此同时,在沪的国民党人凡被师生们列为"求援"对象者,也无不表示同情和支持,如杨杏佛、柳亚子、叶楚伧、柏文蔚等都曾受托当着于右任之面"从旁代为促驾"。作为新校长的适当人选,国民党元老于右任本人的态度尤其引人注目。当时,他虽卸去靖国军总司令之职不久,刚从西北疆场败"出陇蜀,间道来沪",抵沪后受任国民党总部参议之职,正忙于协助孙中山从事改组国民党的初期准备工作,对上海教育界的情况不甚了解,但在闻讯东南高师进步师生所提改组学校的要求后,当即诚恳地表示"愿意支持同学们",并当着进步师生代表的面,指出原东南高师的校名"字既多又狭隘",提议改名为"上海大学",还当场亲笔题写了这个新校名。只是由于缺乏办学经验,加之考虑到国民党尚未摆脱困境,难筹经费,其"自身也贫困",不易解决校内"急需添聘师资图书设备等"问题,故"对出任校长一职,迄无肯定表示"。

根据国共两党人士的建议,东南高师学生自治会于10月19日议决改校名为"上海大学"。会上还"派定清账员六人",负责清理校产和账务账目,以便学校正式改组时办理移交。会后,为落实新校长人选,学生自治会又一再派人赴于宅恳请于右任同意出任上大校长,并继续托人从旁帮助劝说。经师生们多方再三恳请,于右任乃以大局为重,表示愿赴学校一看以定人心,实即委婉地答应了出任校长的请求,总之,由于国共两党有识之士共同精心培育,"上海大学"这颗新生命的种子伴随着东南高师进步学潮的健康发展,终于顺利发芽、茁壮生长,即将破土而出了!

1922年10月23日,东南高师进步师生冲破重重阻力,在校举行隆重的欢迎仪式,迎接国民党人于右任到校训话,并出任新校长。于右任在共产党人邵力子等陪同下,应约出席了这个盛会,并即席发表"致词",表示"极欲投身教育界","愿为小学生以研究教育",并"自当尽力之所能,辅助诸君,力谋学校发展"。会上,邵力子以"来宾"身份发表演说,对师生们改组学校的"革命精神"深表"佩服",并勉励大家要为建立一所名副其实的"优"等"大学之目标共赴之"。当日,师生们还正式以"上海大学"名义在《民国日报》刊登启事,公开宣布:"本校原名东南高等专科师范学校,因东南二字与国立东南大学相同,兹从改组会之议决变更学制,定名上海大学,公举于右任先生为本大学校长。"从此,上大之名遂在学界和社会上广为传扬。

翌年4月,于右任在回顾上大建校历史时写道:"讵意莘莘学子,环而请业,拒之无方,而上海大学之名,遂涌现于中华民国之教育界中。此十一年十月廿三日事也。"这是他出任上大校长情景的一幅真实写照。

二、合力抗争求生存

"凡事开头难"。上海大学在其成立之初,步履也很艰难。她所面临的困难来自两个方面:首先,从校内来说,由于原东南高师留给她的是一

个破烂摊子——设备破旧,经费奇缺;师资不足,缺课严重;校务废弛,人心涣散……因此,上大创立伊始,百端待兴,一切都需从头做起。其次,从校外来看,新生的上大处于反动政治势力和各种旧思想的重围中,犹如汪洋大海漂浮着的一叶孤舟,境况岌岌可危。对于她的出现,人们态度不一,虽说有褒有贬,却是贬者居多。因此,她要在学界求得立足和生存,必须随时准备迎击敌对势力的挑战。

但是,上大的事业毕竟是正义的,因而上大师生的斗争也绝不会是孤立的。事实是:正当上大处于危难之际,时刻关注着她的前途和命运的国共两党,都及时地向她伸出了援助之手。为帮助上大渡过难关,求得立足和发展,中共党员邵力子毅然应聘担任了上大的教授,并以"教授"身份积极参与校政和教学管理,努力协助校长于右任办好上大。不仅如此,他还以《民国日报》主笔兼副刊《觉悟》主编的身份,力促该报经常报道上大师生的斗争事迹,帮助上大扩大社会影响。与此同时,孙中山领导的国民党也在多方面给予上大有力的支持。据史料记载,当时正在上海领导国民党作改组准备的孙中山,因为"也正需要一个造就革命干部人才的学府",所以"对上海大学甚为关注","抱着极大的希望"。为帮助上大解决经费困难,孙中山于1923年2月南下广东重建革命政府后,"即亲自批准月拨万元资助上海大学",使上大"按月接得经费的拨助"。在孙中山的带动下,国民党人应聘担任上大校部和系科领导职务的有叶楚伧、张君谋、洪野、陈德徵等,受聘担任上大教授的有叶楚伧、洪野、何世枚等,应邀到校演讲的有廖仲恺、张继等。

国共两党对上大的关怀和支持,使上大师生深受鼓舞。在国共两党的合力支持下,他们团结一致,群策群力,以顽强的毅力和开拓精神,为争取上大的立足和生存,进行了坚决的抗争。其主要表现有以下两个方面:

(一)开展坚决的反复旧斗争

所谓"复旧",是指要恢复原东南高师这个臭名昭著的"学店",亦即意味着要扼杀新生的上大。当时,这股复旧势力的代表,也不是别人,而正是原东南高师创办人王理堂及其追随者。他们既是上大进步师生的宿敌,又是危及上大生存的直接威胁。因此,上大师生开展这场反复旧斗争是完全必要的。这场斗争的简要经过和结局大致如下：

早在上大成立前夕，原东南高师创办人陈勚武、汤石庵等，就拒绝与该校进步师生"合作"，极力阻挠改组学校。为此，他们曾以种种借口拒不清理和公布财务账目，并图谋再次窃款私逃；指斥进步师生改组学校的正当要求是"做梦"，诬蔑他们在校外的寻访活动是"招摇撞骗"，甚至企图暗中"伤害"寻访者；策动少数右派学生组成所谓"学生维持会"，与学生自治会相抗，并以该组织名义电请王理堂回国，发起向江苏省教育会"请愿"，以求维持学校现状；上述阴谋破产后，又以学校名义向司法当局提出所谓"控告"，并雇用社会上的流氓冲击学校，妄图偷走上大新校牌，制造混乱，以阻止上大成立。但他们的所作所为只不过是螳臂当车而已，其结果是无可奈何地目睹了"学店"倒闭和上大诞生。

上大成立不久，原东南高师校长王理堂急匆匆"由东京赶回国"，与其在上海的同伙们聚集一起，策划"对付"上大师生，并迫不及待地挑起了一场新的纷争。他们先取"合法"手段，屡向上海西门地方法院"起诉"，妄图借反动司法当局之手扼杀上大，恢复"学店"。但因理屈词穷，数次开庭均告"败诉"。随后，他们改取铤而走险之策，即"于诉讼未终决前"，乘上大放寒假之机，公然"率领流氓"及被上大开除学籍的少数右派学生，于1923年1月6日"到校滋闹"，妄图夺权。次日又以东南高师学生名义在上海各报刊登启事，"捏造谣言"，"希图淆乱黑白"，声称：他们曾"一再向于右任先生请求继续维持"，而"于先生表示绝对不管"，以致"近日校中负责无人，已至无形解体，而他们则迫不得已于昨日欢迎旧创办人入校，(使)一切均恢复原形"。

面对原东南高师创办人及其追随者的猖狂挑衅，上大师生毫不畏惧，进行了针锋相对的斗争，他们一方面以合法对"合法"，派人到法庭上严词驳斥对方，并于6日"滋闹"事件发生后，立即通知"警署派警前来"将闹事者"驱逐出校"，旋又以对方"无端侵入，告诉官厅"，从而在诉讼斗争中掌握了主动权；另一方面他们也十分重视舆论工作，努力在舆论宣传上以正祛邪。如在6日"滋闹"事件发生后，为防止"外界不明真相，发生误会"，即由上大学生会出面，于1月18日在《民国日报》上刊登启事，以确凿的证据，揭露了原东南高师创办人制造6日"滋闹"事件的真相，

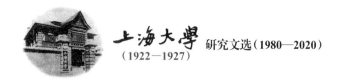

并阐明了原东南高师之被"改组原因",从而赢得了社会各界的同情和支持。

由于上大师生"团结奋斗和社会的支持",原东南高师创办人见形势不佳,无法实现复旧梦想,因此被迫于1月18—20日间,委托律师"一再携函"向上大校长于右任和学生会"请求和平解决,双方撤销讼案",并声明"所有校具及其他各种物件,均应归改组之上海大学所有",他们"从此即脱离该校关系"。经上大师生"允其请",双方旋即各向法院撤诉。至此,"经过三月之久",上大师生的反复旧斗争"终于取得了胜利"。

(二)整顿学校教学秩序

上大师生在开展反复旧斗争的同时,还在学校自身建设方面采取有效措施,为整顿混乱的教学秩序进行了不懈的努力。概括起来说,在这方面,他们所做的工作主要有下列五项:

1. 修改了办校方针,使之"起了质的变化",即摒弃了原东南高师创办人所奉行的"借学敛财"的旧方针,而改取了"以学救人"和为"建设新教育"服务的新方针。

2. 加强了校务管理。凡属学生重大问题,均由校长召集教职员会议民主讨论后决定。对不称职的旧职员,陆续予以解聘,另从校内外进步分子中选聘新人代之。延聘了新的教务长和各科负责人,其中教务长一职由叶楚伧充任,美术、文学、普通等三科主任分别由洪野、张君谋和陈德徵担任。

3. 调整了师资队伍。辞退了一些经常"缺课及不称职的教师",另聘了一批学有专长的社会名流和进步学者到校任教或讲学。应聘担任教授者,除邵力子、叶楚伧、洪野、何世枚外,还有商务印书馆西书股长董承道和文治大学教授毛飞等。

4. 整顿了校纪校风。对积极追随原东南高师创办人反对和破坏学校改组的极少数右派学生,给予了开除学籍处分。及时恢复了上课,并在学生中大力提倡"研究学问",反对"羡慕虚荣"和"自命为大学学生"。对家境清贫的学生准予"半工半读",以励"勤工俭学"。

5. 保留原有学科设置,创造条件以求发展。上大成立后,"初设'文学'与'美术'两科。文(学)科分'国文'与'英文'两组。美术科分'图音'、'图工'两组。并设'普通科'",普通科原只设"初级中学"班,与大学教育不相衔接。后依"社会之需求",于1923年3月"添设高级中学"班,使普通科开始向大学预科方向发展。

由于采取了上述积极措施,使上大很快克服了刚建校时严重存在的无政府状态,初步建立起一套能正常运转的管理机制,形成了比较安定又有一定生机的教学秩序。经过整顿,1923年3月7日,上大建校后的第一个新学期宣布正式开学。从此,面貌一新的上大开始活跃于中国学界。

三、同仇敌忾斗鬼魅

初创时期的上海大学,不仅经历了同复旧势力的生死搏斗,而且还经受了反帝反封建斗争的初步洗礼。

上大成立之际,正是北洋军阀在帝国主义支持下苟延残喘,继续在中国横行霸道之时。上大师生由于耳濡目染了"北洋军阀勾结帝国主义者,大起内讧,国脉民命,不绝如缕"以及南方军阀陈炯明背叛孙中山、迫使孙中山从广州来沪避难的种种事实,因此深感"中国受国际帝国主义与国内军阀的压迫日甚一日",中国人民只有团结"起来做反抗的工作",才能摆脱压迫,求得解放。同时,他们又从上大成立后所进行的求生存斗争中领悟到:他们自身的利益,是与全国人民的命运息息相关的;他们所进行的斗争也不是孤立的,而是与国共两党共同领导的"国民革命"事业紧密联系在一起的;没有国共两党的合力支持,也就没有上大的新生。反复旧斗争取胜后,他们又看到了革命形势大为好转的明显迹象:1923年1月,《中国国民党宣言》和《孙文越飞宣言》相继发表,标志着孙中山和国民党在政策上有了重大转变,国共两党关系发展到了一个新的阶段;同年2月上旬,孙中山从上海南下,重建广东革命政府,使中国革命有了一个比较可靠的复兴基地。革命形势的发展,使上大师生倍受鼓舞,"莫不以献身革命为快"。正是由于上述诸因素的合力作用,促进上大师生很快地在国共两党共同高举的"国民革命"的旗帜下"集合起来",并以"初生之犊不畏虎"的精神,向着帝国主义和国内封建势力掷出了阵阵

投枪和匕首,为革命新高潮的到来作了一定的舆论准备。

上大师生投身于国民革命的"最初的工作",是从"向民众宣传,组织真正国民军,打倒直系军阀"开始的。下面仅举几个片断事实加以说明:

就在上大反复旧斗争取得胜利的重要时刻,上大学生会领导成员之一、文学科江西籍学生王环心,于1923年1月24日写下了一首题为《雪晨》的动人诗篇。诗中写道:"一阵朔风,吹动了满天雪花,凄凄蒙蒙,清透了我的心胸!好大威权的雪花哟!一霎儿把地球要换一副面容了。但是,我却也很感谢你!感谢你送来了无际的光明,消灭了大地的污秽!多事的太阳呀!请别要来到地球上罢。你若来了,那么一切的腥血秽浊,都要被你窥探破了!"在这首诗中,作者以丰富的想象、炽烈的革命激情,歌颂了象征革命的"雪花",倾诉了对"光明"的无比向往,吐露了对象征反动势力的"腥血秽浊"的厌恶,表达了誓要"消灭"象征一切旧思想、旧文化的"污秽"和定叫地球"换一副面容"的革命决心。此诗后曾被誉为"雄浑、秀美、具大家之作风,得文艺之真精神"的佳作之一,也可说是上大师生以文艺形式大力宣传民众的杰出代表。

1923年1月,北京爆发了由北大等六校学生提出的、以驱逐北洋政府教育总长彭允彝为目标的进步学生运动。消息传到上海,正在留校度寒假的上大美术科安徽籍学生程嘉咏等,无不感到义愤填膺。为声援北京学生的正义斗争,他们于2月26日致函北京学生联合总会,痛斥彭氏为"逢迎军阀"的"无耻政客",历数其"破坏司法,蹂躏人权,逼走校长(指北大校长蔡元培),压制学子"等累累罪行,并提出三条"对付办法",力主"罢斥彭允彝"和各校与教育部"脱离关系",并警告北京政府:如"执迷不悟",那么"国民当本五四精神,群起自决"。次日,《民国日报》报道了该函内容,使它扩大了影响。

同年2月,震惊中外的"二七"惨案发生后,上大师生毫不迟疑,当即怀着对帝国主义及其走狗北洋军阀无比痛恨的心情"通电全国",吁请各界"一致反抗直系军阀",并提出了"援助工人"的口号。随后,美术科学生还以举办画展的形式,开展了"为工人募捐"的声援活动。上大师生中的一些先进分子还认真吸取了"二七"惨案的血的教训,开始在自己的心灵深处迸发出了愿与劳苦大众同甘苦、共命运的思想火花。1923年3月

10日,文学青年、进步学生王环心满怀激情地写下了另一首题为《雪花》的儿歌。诗中写道:"北风起,黑云飞,雪花霏霏入我衣,入我衣,入我衣,湿了旧衣有新衣。只有穷人命真苦,破烂衫儿没得披!"在这首诗中,作者以通俗易懂的诗句,对处于苦难困境中的广大劳苦人民寄寓了无限的同情。正是在这种阶级同情心的驱使下,作者本人及其周围的众多进步同学,后都毅然地走上了知识分子与工农相结合的革命道路,甚至为革命献出了自己宝贵的生命。

3月24日,为抗议日本帝国主义借口"二十一条"拒不归还旅顺、大连租借权的侵略行径,上大学生积极参加了上海全市工商学界联合举行的5万余人反对"二十一条"、要求收回旅大的集会和示威游行,开始以战斗姿态投入了社会革命斗争的洪流。

上面所举的这些斗争事迹有力地说明,上大师生同仇敌忾斗鬼魅的那种革命精神,不是后来才有的,而是早在上大初创时期就已开始闪耀出来。

综上所述,笔者得出的结论有二:(一)上大初创时期的历史虽然很短,但却是上大整部校史中不可或缺的一段。同上大后几段历史相比,这段历史虽然不很壮观,但同样也是有声有色和富有魅力的。因此,任何忽略或贬低这段历史的倾向,都是错误的,应予反对和纠正。(二)初创时期的上大,就其性质而言,有别于后来的上大,似乎既不能说是"我党早期培养革命干部的一所大学",也不能说是"国共两党共同经办、共同领导的,在统一战线旗帜下进行教育与革命的新型学校",而只能说是由进步学潮发端、在国共两党的共同扶持下创立,而以国民党人为主经办和领导的一所革命学校。

邓中夏与二十年代初的上海大学
——纪念邓中夏同志逝世五十五周年[①]

孙 杰

20年代初所创办的上海大学,是一所名闻中外的"东南最高学府"。当时社会上流传着"文有上大,武有黄埔"和"北有五四的北大,南有五卅的上大"的说法,这个美誉,与我党领导人邓中夏在上大期间呕心沥血的工作是分不开的。

上大的前身原为1922年春王理堂开办的东南高等专科师范学校,校址在今闸北区青云路323号附近(原屋已毁),因校长借办学敛财,引起学生公愤,群起逐出王理堂,改组学校,易名为上海大学,并公举国民党元老于右任为上海大学校长。1923年4月,经李大钊推荐,邓中夏出任上大总务长(后称校务长)兼历史学教授,后又担任校行政委员会秘书、校舍建筑委员会委员长、建筑募捐委员会委员等职。于右任极少到校视事,故此时学校的绝大部分工作,实际都由邓中夏负责处理。

邓中夏是我党的著名领导人,北方中国共产党的组织者之一。1923年初,在领导"二七"大罢工之后,随中国劳动组合书记部的迁移,由北京到了上海,受聘上大总务长后,他就下决心要把上大办好。他从事过职工教育,在这方面有一定的工作经验。到校后,先了解了学校各方面情况,然后便抓紧三个关键性的问题开展了繁忙的工作:整顿教师队伍、制定学校发展规划和章程、改进教学方法。他凭着"一片耿耿孤忠"对上海大学的创建和发展作出了杰出的贡献。

邓中夏到校不久,便着手师资队伍的建设。他认定高质量的师资队

[①] 原载《上海大学学报(社会科学版)》1988年第2期。

伍,是学生成才的重要保证,因此他首先解聘了原东南高等专科师范学校的学监唐筱汀和思想迂腐不称职的教师多人,聘请了沈雁冰、陈望道、施存统、朱自清、田汉、俞平伯等进步学者到校任教。1923年夏以后,瞿秋白、蔡和森、安体仁、恽代英、任弼时、张太雷、彭述之、周建人、胡朴安、刘大白、方光焘、丰子恺、黄葆戊等著名革命家和学者也相继到上大任教。这样,一支学有专长、以建国为职志的师资队伍就此建立起来。为以后培养建国人才,起了很大的作用。

邓中夏在整顿师资队伍的时候,同时抓紧制定上大的发展规划。他准备用六年的时间,分三期进行,每期两年,扩充大学部的社会科学院和文艺院,建造新校舍,创办新科系。具体计划是:第一期(1923年秋到1925年夏)建造社会科学院、图书馆、学生宿舍、运动场,添办社会学系及绘画、俄国文学等三个系;第二期(1925年秋到1927年夏)建造文艺院、中学部、体育馆和大会堂,添办经济学、政治学、史学及德国文学、音乐等五个系;第三期(1927年秋到1929年夏)建造行政厅、教师宿舍、美术馆,添办法律学、哲学、心理教育学及法国文学、雕刻等五个系。这是邓中夏为上大发展所提供的一幅最早的蓝图。

邓中夏肩负着办学的使命,一心要使上大成为真正能培养人才的学校,所以他在拟好上大的发展规划以后,又用了不少时间,参考了不少中外资料,制定了《上海大学章程》。在《章程》中,他首先标明了"养成建国人才,促进文化事业"的上大办学宗旨。为什么规定这个宗旨呢?他说:上大师生"共同的意识和希望"是"建国",而当时中国"唯一的出路"也是"建国",所以"便不客气地把'养成建国人才'六个大字规定下来"。这个办学宗旨在当时是很突出的,邓中夏深有感触地指出:"全国中等以上学校总数达一千三百七十五所,大学专门总数达一百〇六所,……教会教育不用说是帝国主义的文化侵略,其目的在培植一班洋奴,……就是所谓国立省立或公立的学校,他们的教育的目的在那里:他们吃的教育饭只是吃的教育饭罢了。……其实并没有指示学生一条应走的道路和一种应受的训练。更可恶的,是他们……简直把中国的学校替外国人造奴隶,……这真是亡国的现象呵!"因此他将"建国"这一宗旨写入《上海大学章程》之中,使全校师生员工都明了自己所肩负的重任,

而努力于自己的学习与工作。所以这个宗旨的标明，无疑对上大人才的培养与造就发生了深刻的影响。

《章程》对学校的体制也作了新的规定："设校长一人，统辖全校事务"，"设校董会，规划本校经济"，"设行政委员会，以校长、学务长、校务长及各系部主任为当然委员，另由教职员选举四人为委员，校长为委员长"，议决学校的"教育方针"、"系部的增设或废止"、"行政计划"、"预算决算的制定"等"一切重大事项"。体现了集体领导，民主办校的原则。还规定"行政委员会为便利校务执行起见，得随时酌设各项委员会（如校舍建筑委员会、招生委员会、学生自治委员会等），由行政委员会推选若干人组织之"。又"设学务处，置学务长一人，由校长于各系部主任中遴选一人任之"，"设校务处，置校务长一人，由校长延聘之"，"设图书馆，置图书馆长一人，由校长延聘之"。《章程》之外，还制定了《行政委员会细则》《学务处细则》《校务处细则》和《图书馆细则》。《章程》对学部的组织、教育方针、各科教学大纲以及成绩考查等规则，也都作了详细而具体的规定，从而使各有关部门及教职人员都明确了自己的职责范围和所应做的工作，促使上大校务在短期内得到了迅速的进展。

《章程》于1923年12月正式颁布，它表明了学校的体制已完成了重大的改革，学校的一切工作开始走上正规的道路。《章程》为上大的发展指明了方向，奠定了基础。在上大校史上是有重大意义的。

1923年秋，邓中夏创办社会学系，聘瞿秋白任系主任，他们对学生讲马列主义理论，宣传革命理想，因此各地进步青年闻风而来求学者很多，他们有从邻近省份江苏、安徽、浙江来的，有从较远省份福建、湖南、湖北、山东、江西、河南、河北来的；有从偏僻省份云南、贵州、两广、陕西、四川、台湾来的；有的是从海外如菲律宾、新加坡、印度尼西亚、日本回来到上大读书的；还有的学生是从名牌大学如北大、清华等校转来的；有的是情愿不考别的著名大学而来考上大。所以到1924年春，全校学生人数已近四百人，教师也发展到五十多人，以至原来青云路的校舍也不敷应用了。后经邓中夏和庶务许德良的努力，将学校迁到了西摩路（今陕西北路），才解除了人满之患。可见上大经过邓中夏、瞿秋白等人的努力，气象已焕然一新了。

邓中夏除专意整顿校务外,很重视教学方法的改革,学校举办"特别讲座"和"夏令讲学会",组织学生开展社团活动,他无不积极支持。他反对读死书,他讲授各国革命运动史和中国工人运动史,特别强调理论联系实际,他不但在课堂上讲理论,而且带领学生到工人中去开展工人运动。1924年4月,邓中夏率领学生到工人集中的地区办工人夜校,办俱乐部,让学生去经受实际的锻炼,以培养学生的实际工作能力和造就人才。如女同学杨之华经常到工厂去帮助女工学文化,启发她们的政治觉悟,与工人团结得很好,同时她也从女工方面学习到一种真挚、诚实、热情的优良品德,提高了自己。附中学生刘华,在沪西创办工人夜校,"负责沪西工友俱乐部的全部工作,并办得很有成绩",后来被选为日商纱厂工会委员长、中华全国总工会执行委员,成长为坚强的无产阶级战士。

在1925年的二月罢工中,邓中夏又领导上大学生积极支援罢工斗争,他们每天在潭子湾工人群众集会上轮流演讲。揭露日本资本家对中国工人的剥削和压迫,还深入工人家庭向工人们宣讲革命的道理,推动了工人运动的发展,也增长了学生的才干。

邓中夏在上大工作的时间虽然仅有两年光景,然而他所做的工作是大量的,成绩是巨大的。他不仅使上大从一个弄堂大学振兴为"东南之最高学府",更重要的是他始终本着"养成建国人才,促进文化事业"的办学宗旨,为党培养和造就了一大批德才兼备的干部。这些干部,在反帝反封建斗争中、在社会主义革命和建设中都起了重要的作用。许德良同志说:"邓中夏是上大的奠基人",这句话是一点也不过分的。

据老同志们回忆,邓中夏在上大时,工作极忙,什么事都是自己动手。为人非常虚心和和蔼可亲的,生活上也十分朴素。那时,他每月薪金只有八十元,但每月薪金的一半,甚至大半要用来为穷学生交学费。如钟复光同学由四川来上大读书,学费都是邓中夏给交的。他和学生的关系很好,学生有困难找他,他总是有求必应,如刘华同学要求到上大读书,因为他只有小学程度,邓中夏把他安排在上大附中学习,刘华交不起学费,邓中夏给他交了,刘华没有钱交伙食费、书籍费,缺少零花钱,邓中夏都一一地为他解决了。所以全校师生都很敬重他。他给人的印象太深了,以至他的音容笑貌,至今使人不能忘却。杨之华同志曾回忆说:"邓中夏同志是

我们的总务长,他的头发很黑,眉毛浓而长,眉心很宽,当他抬起头来看人的时候,两眼闪闪有光。他精神饱满,做事机智果断,使学校的生活紧张而有秩序。他常常喜欢讲李卜克内西和卢森堡的故事给我们听。他是我们敬重的一位有魄力、有毅力的革命者。"

五卅运动前夕,邓中夏调离上大,为革命而奔走四方,1933年3月15日为组织反对日本侵略者的斗争在上海被捕,同年9月21日在南京雨花台英勇就义。他离开我们将近五十五个年头,今天我们纪念他,就是要发扬上大的光荣传统,继承他的遗志,为祖国的"四化"建设,培养和造就出更多的人才。

于右任与上海大学[1]

赵守仁　陈艳军

于右任在第一次国共合作时期,延请国共著名人士共同创办的上海大学,曾得到国共两党的领袖人物及各界有关人士的关注和支持,并对国共两党和中国近代教育史均有相当的影响。为恰如其分地论述上海大学的性质和正确评价国共人士在创办上海大学中的历史作用,特撰本文。

于右任出任上海大学校长

上海大学从外在表现形式上看,它是1922年10月从私立东南高等专科师范学校改组而来。1922年春,创办人以"男女同校",提倡"新文化"相号召,在上海闸北青云路创办东南高等专科师范学校。但该校教室破旧简陋,学科仅设有"文学"与"美术"两科。其课程虽有名目,多无教师。教学内容陈旧,与时代脉搏格格不入这种状况,引起具有强烈求知欲望,因失学或失业千里迢迢来校就学的青年学生的愤慨。他们要求改变这种现状。对此,校方不仅置之不理,校长竟然携带学生缴纳的学膳费赴日留学。于是学生们起而抗争,酝酿改组学校。学生们组织起"十人团"作为领导核心,假公开伙食账目为名,召开全校学生大会,决定自办伙食,宣布驱逐校长、改组学校,欢迎有革命声望的人士主持校政,办一所革命大学。

从内在发展规律上看,上海大学是在五四运动以来倡导的民主与科

---

[1] 原载《辽宁师范大学学报(社会科学版)》1997年第2期。

学精神的推动下,以全国各地学生为改革校务、撤换校长、争取民主而掀起的斗争浪潮为契机,由校内学生发动,取得国共两党的关注和支持,由国共两党有识之士携手共同创办的一所私立的革命大学。

在东南高等专科师范学校经全体学生公决改组为上海大学之际,恰逢于右任先生自陕抵沪,学生代表遂推举其为上海大学校长。于右任出任校长可谓最合适的人选。

于右任幼年入塾,初习诗词练草书,颇有功底。1903年,乡试入举,受任商州中学堂监督。嗣因讥讽时政、倡言革命,清廷革其举人,并密令通缉。于遂亡命上海,得马相伯之助,入震旦学院攻读。1905年春,为外籍教师干涉震旦校务事,助马相伯另创复旦公学。11月,复与王敬方等创办中国公学,以收容无法继续学业的大批留日回国学生。1906年4月,于右任赴日学习和研究新闻学,其间拜访了仰慕已久的孙中山,并于同年11月加入同盟会。1907年,于右任从日本回国后,在上海忙于创办《神州日报》《民呼日报》等报刊,以振奋民族精神,鼓吹民族民主革命;又为复旦公学复校奔走沪宁,出任校董,并在复旦、中国公学兼授国文。1918年8月至1922年5月,在就任靖国军总司令的军旅生涯期间,他亦能在频年苦战之余,撙节军费,兴办学校。渭北中学、渭北师范、三原中学、民治中学等都是他一手创办的。在其从陕抵沪后,复旦大学在创校25周年之际,为表彰他创办复旦功绩,又授予他法学博士。

于右任不仅是一位学识卓越、造诣深湛的学者、教育家,而且又是一位"德高望重,社会宗仰"的民主革命活动家。他在协助马相伯创办大学、兴办教育、从事办报和戎马生涯中,结识了许多军政人士、富商大贾、学者名流,诸如孙中山、胡汉民、张溥泉、冯玉祥、胡景翼、宋耀如、沈缦云、张人杰、马君武、章士钊等。这些知名人士,闻其主办上大,皆表示赞赏,乐为赞助。当时孙中山正在上海筹划与中国共产党合作,改组国民党,重新培养革命人才,故对上海大学甚为关注。在他赴广州重建革命政府后,即亲自批准拨款资助上海大学。广州国民政府在《关于上海大学被英军占据饬财政部拨款补助令》(1925年9月7日)称:"上海大学为同志于君右任等所创办,全校教职员、学生多能接受本党主义。去年本党第一次全国代表大会议决每月补助一千元。"后因广州国民政府经费支绌停寄。孙中山在《批上海大学呈》(1924年6月10日)称:"上海大学需款五千元,请速汇接济电呈一件,着(财政委员会)酌量设法。"上述国民政府文电明确指出,上海大学为国民党人于右任等所创办,并非国民党和广州国民政府所创办,国民政府有限的拨款属于资助性质。在学校财务极端困难的状况下,除得到广州国民政府赞助外,该校"全恃于右任在国民军方面募款维持"。1924年12月初,"于右任为上海大学筹款等事宜曾亲赴北京,在顺德与胡景翼晤面,协商一切"。1925年5月10日《民国日报》刊登的上海大学追悼胡笠僧一文写道:"该校校长于右任先生任靖国军总司令时,笠僧为其部下,笠僧在时,对于该校常为友谊帮助。他今逝世,就是该校失去了一个协助朋友。"这几处虽然均未记载款额,但该校曾得到国民军将领胡景翼等相当数额捐助,这是肯定无疑的。除此之外,该校日常经费开支主要依赖每学期收缴之一两万元学费。上述经费来源也说明了上海大学的性质,它和广州国民政府创办的广东大学及北洋政府办的北京大学不同,是一所私立大学。从1925年5月初,上海大学派代表韩觉民参加由上海大学、中国公学、大厦大学等代表组成的上海私立大学联合会筹备会一事,亦能说明这个问题。另据周启新回忆:"在一次大会上,有人说上海大学组织性质系国民党中央办理,陈望道当场予以更正,谓大学系于右任私立,与大厦、南方等私立大学同样办理。"这些事实说明,这所大学并不是哪一个党所创办,而是国民党人于右任主办的一所私立的大学,因其在国民党内的影响及"全校的教职员、学生多能接受本党主义",而得到国民党中央及各界人士的关注和支持。

于右任与各方人士捐资建设校舍

1924年初,上海大学学生已由原来的160余人增至300余人,闸北校舍已不敷应用,同时也为避开军阀当局的注视,遂将校舍迁至公共租界西摩路南洋路口的一座楼(今陕西北路南阳路口,原楼已不复存在),并将附中设在马路对面的时应里。房舍周围恢阔,有学生进行体育活动的操场,交通便利,利于学生走读。同时在附近租赁民房为学生宿舍。学校一切设备亦逐渐就绪。正值上大兴盛之际,只因广大学生爱国主义思想

炽烈,积极投入五卅运动,租界当局以此为借口,将学校封闭。上大乃于1925年秋迁至闸北青云路师寿坊(今青云路167弄位置),租赁民房,设立临时校舍,传道授业。尽管学校几经迁徙,不时受挫,成为一所"弄堂大学",但慕名求学的青年,依然络绎不绝。至1925年末学生已达600余人。因租赁的校舍狭小,无以发展。学校为筹划发展计,即行组织校舍建筑募捐委员会,向各省官厅及各方面热心教育人士募集经费,自建校舍。预计建筑经费为12万元。于右任先生担任向国民军方面募集2万元,全校教职员、学生担任募集2万元,广州国民政府准予拨助2万元。由于上海大学学生在五卅运动中率先垂范、旗帜鲜明、冲杀在反帝斗争的第一线而闻名遐迩,颇得社会各界赞誉。募捐异常顺利,学生和社会捐款,募集百元至数百元者甚多。中国文学系学生高伯定募集2 500元;黑龙江省各教育机关汇来捐款520元。广东方面捐款数额较巨,校方派专人前往收取。1926年初,在各界积极赞助下,募集的捐款已与原定数额相去无几,校方遂在江湾镇附近购得土地20亩,并于同年8月动工兴建教学楼、宿舍楼、膳厅等。1927年春,新校舍竣工落成,师生欣喜若狂,即刻迁往江湾新校舍授课,以实现为中国革命培养更多的栋梁之材的愿望。

国共人士与名流学者通力合作

20年代初期,孙中山受苏联十月革命的影响,着手改组中国国民党,实行国共合作。于右任不仅积极支持孙中山制定的国共合作政策,而且在实践活动中身体力行。于右任接任上海大学校长后就聘请国共两党著名人士协助他筹划和开展各项工作。如邵力子就职后即协助编定组织机构、募集资金、聘请教师等,并兼做教师,讲授古代散文及新闻学。于右任校长赴广州和北方开展革命活动期间,邵力子代理上大校长(1924.11—1925.6)负责主持全校工作。于邵两人系复旦公学同窗挚友,同赴日本研究新闻学,同在上海热心办报、鼓吹革命、宣传共和。辛亥革命后,复旦公学复校,于、邵同为该校董事。国民党一大于、邵同被选为国民党第一届中央执行委员和中央候补执行委员,均系国民党内有影响的著名人士,又系办教育的行家里手。因此,两人合作默契。于右任还通过李大钊邀请共产党人邓中夏出任总务长,瞿秋白任社会学系主任,着手改革教育。1923年4月,邓中夏就任上大总务长,负责主持学校行政工作,协助校长制定上大办学宗旨,改革学校建制,草拟上大章程等。7月初,瞿秋白亦赴上大就职。入校不久,瞿秋白就表示"要用些精神,负些责任"改革教育,"希望上大能成南方的新文化运动中心"。

1923年4月,于右任与李大钊在上海会晤,并就上大有关问题取得共识,于是中共中央先后选派蔡和森(讲授社会进化史)、安体诚(主讲现代经济学)、恽代英(主讲中国政治经济概况)、任弼时(讲授初级俄语)、沈雁冰(讲授欧洲文学史、西洋文学概论等)、施存统(讲授社会运动史、社会思想史)、蒋光慈(讲授世界史)、沈泽民、张伯简等赴上大任教。与此同时,一批名流学者和进步人士亦先后步入上大讲台,如刘大白、俞平伯、傅东华、田汉、郑振铎、周建人、叶圣陶、方光焘、周越然、赵景深、谢六逸、冯三昧、周由廑、曹聚仁、沈仲九、丰子恺等。上大之所以能形成这样一支以学有专长的共产党人和进步人士为骨干的精悍的教师队伍,这是于右任校长与国共人士通力合作,博取众长的结果;也是上大能在短短几年之间,崭露头角,闻名遐迩,别具特色的主要条件。

上大具有与众不同的鲜明特点

20年代,上大刚刚创立就显示出与众不同的特点:一则允许马克思主义思想公开在课堂内外传播;二则既允许设立国民党的区分部和区党部,又允许建立共产党的小组和支部。国共两党革命人士,真诚合作,共同办学。在于右任的以"学术独立,思想自由"为最高教学原则的影响下,上大始终坚持兼容并蓄。在课堂内外不仅传授中外文化精华和近代各种理论思想,也开设以传播马克思主义理论观点为内容的理论课程,如社会哲学、现代社会学、社会进化史、社会思想史等。上大课堂成了马克思主义思想的讲坛,学生们在这里受到了在其他大学所不能受到的革命理论教育。

多姿多彩、生动活泼的课外学术活动也是上大教学的重要组成部分。

其主要形式为开设特别讲座,举办讲学会等。1923年4月15日,李大钊在上大作了"演化与进步"的讲演。他催促学生"像马克思一样的创造一种经济的历史观","当沿着这种进步的历史观,快快乐乐地创造未来的黄金时代"。他告诉大家:"黄金时代不是在我们背后的,是在前面迎着我们的。"李大钊在这里指出的黄金时代,就是人们向往的社会主义。同年11月13日,李大钊在上大社会问题研究会成立时,又作了"社会主义释疑"的讲演,针对人们对社会主义的怀疑而明确指出:"社会主义是使生产品为有计划的增殖,为极公平的分配,要整理生产的方法。"他鼓励青年学生改造社会,去打倒现在的资本主义制度。1924年7月,上海夏令营讲学会社会问题研究会于上海大学成立后,共产党人瞿秋白作了"社会科学概论"、邓中夏作了"中国劳工问题"、恽代英作了"中国政治经济状况"、萧楚女作了"中国农民问题"、董亦湘作了"唯物史观"、杨贤江作了"教育问题"等讲演报告,从不同的角度和侧面,介绍了马克思主义理论观点和中国共产党的政策。美国著名的社会学者华德博士也在上大作了连续四天的讲演报告。通过马克思主义理论的宣传教育,学生们初步接触了马克思主义学说。

在上大创办期间,正值孙中山开始进行改组国民党的准备工作。至1924年1月10日,在上海"共正式成立1个区党部33个区分部"。上海大学、复旦大学等学界亦建立了国民党的基层组织。在于右任的"爱国主义政治家,必须相互结合以自厚其实力,庶可与此黑暗势力相搏斗"的思想影响下,上海大学在建立国民党区分部基层组织的同时,又建有共产党小组和支部。1923年7月,中共上海地方兼区执行委员会将全市党员编为5个小组,上海大学有党员11人,编为第一小组。五卅运动后,各地党团员大批进入上海大学。上海地委扩大为江浙区委,上大成立支部,党员25人。1926年初至年末,中共上大支部党员从61人增至130人。教职员和学生中既是国民党员又是共产党员的跨党党员迅速增多,校内汇集较强的革命力量。因此,中共上海地区的党组织的报告会及党内会议,有时也借用上大校舍召开,一时上大成为党的活动据点和活动中心。连上海公共租界工部局《警务处日报》亦公开指斥:"最近几个月来,中国布尔什维克之活动有显著复活,颇堪注意。这些过激分子的总机关设在西摩路

132号上海大学内,彼等在该校出版排外之报纸——《向导》,贮藏社会主义之书籍以供出售,如《中国青年》《前锋》。该大学之大部分教授均系公开共产党人,彼等正逐渐引导学生走向该政治信仰。"事实说明,中共上大支部的建立及其活动,有力地推动了青年学生的政治信仰和投身反帝反封建军阀的斗争。

上大莘莘学子投身革命洪流

上海大学师生积极投入反对帝国主义和封建军阀的斗争。1924年夏以来,上大进步师生在沪西、沪东、浦东等工人区开办夜校、建立工会、发展共产党组织等一系列活动,为以工人阶级为主体的反帝革命高潮的到来作了思想上和组织上的准备。10月10日,上海各界假天后宫总商会召开国民大会,纪念辛亥革命13周年。上大学生代表因进行革命宣传,被反动派暴徒殴打。为此,上大师生大声疾呼:"我同胞从速联合起来,向帝国主义下猛烈之总攻击。"这充分表现他们誓与帝国主义斗争到底的坚强斗志。

1924年11月北京政变后,孙中山应冯玉祥的邀请北上"共商国是",并在《北上宣言》中揭示了国民革命的目的。上大师生"一致赞成孙中山先生之意见"。孙中山北上途经上海时,该校学生欢迎最为热烈,为帝国主义者所仇视。1925年2月,日纱厂罢工事起,该校学生积极支持工人斗争。5月30日,上大学生会组织了400余人,共计38组的"学生讲演团"进入南京路一带,与工人宣传队一起向市民、店员慷慨陈词,抗议帝国主义暴行。这次斗争以上大学生最为努力,牺牲亦最大,受伤者10余人,被拘者达百数十人。上大学生的爱国壮举,引起帝国主义者的惊恐。6月4日,英国海军陆战队及万国商团七八十人荷枪实弹闯入上大,并"声言欲驻扎上大,命学生立刻迁出"。

国共合作的广东革命政府建立后,上大学生纷纷南下,或投考黄埔军校或随军东征、北伐,如曹渊、许继慎、邱清泉等。与此同时,上大及中学部的一批毕业生或在校生,经中共组织推荐前往苏联莫斯科东方大学、中山大学学习革命理论和军事技术。诸如糜文浩、王稼祥、张琴秋、沈观澜

(沈志远)、郭肇唐、杨尚昆、秦邦宪、陈尚友(陈伯达)、瞿景白、焦敏之、崔小立、杨之华等。

1927年春,上海工人第三次武装起义,上大还组织了学生军,与工人纠察队并肩作战。

大革命失败,国共合作分裂后,许多上海大学学生投身各地武装起义,为推翻国民党反动派的统治而斗争,而后又踏上抗日的征途。在革命征战的艰苦岁月,为革命献身的就有李硕勋、余泽鸿、刘一梦、罗石冰等。一部分毕业或未毕业的上大学生,如林淡秋、戴望舒、孟超、谭正璧、戴邦定、柯柏年、焦敏之、施蛰存、孔另境、李平心、葛琴、马宁、董每戡、沉樱(台湾女作家)、阳翰笙、冯润璋等人,虽然未直接洒血疆场,但他们从事进步的学术研究和新文学创作等文化教育工作,亦为中国革命事业作出了一定的贡献。

在上大创办的后期,于右任因兼有党务、军务工作,不时赴广州或赴北方开展国民军工作,虽已不在上海大学主持工作,由邵力子、陈望道先后代为主持,但他前半生为创办上大的艰辛历程,为上大制定的大政方针,时时在影响着上大师生。上大的教师延聘、经费筹集、新校舍的筹建等成绩,均是与于右任先生的努力和影响分不开的。

在帝国主义虎穴中奋斗的先锋队
——记上海大学的光辉历史[1]

任武雄

1922年,一所新型的大学在沪滨崛起。由国共两党共同举办、共产党人为主主持的上海大学,是党培养干部的学校,前所未有的传播马克思主义的教育园地,反帝爱国运动的堡垒。许多优秀人才在此脱颖而出,在浦江潮中演出了一幕幕可歌可泣的话剧。

收拾烂摊子

1922年春时,在上海闸北青岛路(后称青云路)的弄堂里,有一所私立的东南高等专科师范学校(简称东南高师),仅有学生160多人,校舍与设备均极简陋,是典型的弄堂学校。这个不起眼的大学,一时间竟引起轩然大波。那是开学不久,校长竟携全校学生的学膳费,溜到日本去了。学生愤而向法院提出诉讼,并发起改组运动。他们想请陈独秀、章太炎、于右任之中一人出任新校长。但陈独秀行踪不定,无法寻访。章太炎隐居苏州,闭门不出。学生代表几次三番到于右任处恳求,于终为所动。

于右任建议将校名改为上海大学,并亲自书写校牌。1922年10月23日,上大召开成立大会,于校长到会讲话,宣布就职。

于右任深知办学不易,为此颇费踌躇。1923年4月,当李大钊来沪时,于希望李能以北大办学的经验来办上大,但李不克分身,遂推荐共产党员、北大文科毕业的高材生、直隶高等师范的教授邓中夏(邓安石)。

---

[1] 原载《上海党史研究》1997年第5期。

是年夏,邓到校任校务长,这是国共两党合作办学的开端。国民党人叶楚伧任学务长。于右任常赴西北从事政治活动,不常到校,全由邓中夏主持一切。

1923年初,瞿秋白从莫斯科回国后,在上海担任中共中央机关刊物《新青年》季刊与《前锋》的主编,工作忙碌,但陈独秀为了加强上大的领导与教学力量,仍决定派瞿秋白兼职担任上大最重要的社会学系的主任。为此,瞿秋白婉言谢绝了胡适推荐的商务印书馆的编辑工作,虽其收入相当可观,而仍到薪水很少的上大。

政治与文化的结合

上大是政治与文化结合的产物,是国民革命的政治和新文化运动的继续发展的结合。

当时,以孙中山为首的国民党人在军事与政治活动屡遭失败的情况下,将目光转向文化教育事业,以图培植人才,发展政治势力。

而中国共产党正式诞生仅一年,也非常需要培养干部,以开拓各方面的工作,因此对上大和于右任也极力加以支持。而其方式,以国民党名义举办,广州革命政府资助经费最为恰当。

当时是国共合作酝酿时期,于右任赞成国共合作,并对中共抱有希望。他说:"社会党(指中共——引者)乃吾国新起为政治活动之党。吾闻其党多青年,有主张,能奋斗之士","不得不寄厚望于他们"。

孙中山一贯热心扶植上大。1923年2月,他返广州重建大元帅府,亲自批示每月拨款资助上大。为筹募经费,同年8月,上大特设校董会,孙中山为名誉校董。蔡元培、汪精卫、李石曾、章太炎、张继、马宝山、张静江、马君武等20余人为校董。国民党"一大"后,明确上大为国民党党立学校,但上大在社会上仍以私立名义出现。因广州革命政府财政困难,常停寄经费,于右任等四处筹募接济。上大始终处于经费拮据之中,较之其他大学困难万分,但它却创造了任何大学所不及的业绩。

1923年12月,上大设立行政委员会,于校长兼该会委员长,邓中夏、瞿秋白、何世桢、洪野、叶楚伧、邵力子、曾伯英、韩觉民为委员。1925年

4月,行政委员会委员为:邵力子(1924年11月起任代理校长)、韩觉民、陈望道、周越然、施存统、沈雁冰、朱复、恽代英(此时,邓中夏、瞿秋白、何世桢等已离校)。都有国共两党人士、各系主任与教职员代表等。

上大同政治有密切的关系,但它毕竟是文教事业,瞿秋白一开始就深刻地认识到这一点。他在给胡适的信中说:"既就了上大的事,便要用些精神,负起责任……我们和平伯(指俞平伯)都希望上大能成南方的新文化运动中心。"

瞿秋白还在影响广泛的《民国日报》上发表了《现代中国所当有的"上海大学"》,概括了近百年来中国向西方学习的态度和顺序是:"由浮泛的表面的军事技术之改进,而不得不求此技术之根源于自然科学数理科学;由模仿的急功近利的政治制度之改变,而不得不求此种制度之原理于社会科学。"当务之急,是研究社会科学,即马克思主义理论的时候了。不但如此,吸收外国的优秀的文化艺术,"并不是'国粹沦丧,文化坠绝'之表征,而却是中国文化命运之转机,中国新文化生活(复生)的端倪"。总之,"切实社会科学的研究及形成新文艺的系统——这两件事便是当有的'上海大所'之职任,亦就是'上海大学'之所以当有的理由"。他详细规划了上大各系的课程、目的以及远景蓝图。

经过短短的一年间,上大已将原东南高师的烂摊子改造成为颇具规模的名副其实的高等学府。

上大具有优秀的师资阵容。社会学系主任先后为瞿秋白、施存统(施复亮,时为中共党员)。中国文学系主任为陈望道,教员有邵力子、叶楚伧、刘大白、田汉、俞平伯、沈雁冰、沈仲九、胡朴安、傅东华等。英国文学系主任先后为何世桢、周越然。美术科主任为洪野,教员有丰子恺、陈抱一、傅彦长等。俄文班教员有任弼时、蒋光慈等。中学部主任先后有杨明轩、侯绍裘等。

从学生而言,大多数人都具有明确的学习目的。上大的宗旨是:"养成建国人才,促进文化事业。"为了实现这个目的和宗旨,全校师生宵衣旰食一日所不能忘。教职员有的完全尽义务,有的为了维持生活,只拿很少的薪水,而放弃其他学校的高职高薪。"这便是和别的大学不同的地方,也便是上大的使命"。

1923年中,上大从"向不著名之学校,一变而崭露头角矣"。"已为一般社会人士认为新文化指导者"。上大终于从弄堂大学成为南方的著名的新文化运动的中心。1924年春,全校学生已达400多人,较1922年时增加近3倍。闸北校舍不敷应用,乃迁至公共租界西摩路(今陕西北路南阳路口东首)新校舍。并在校本部对面时应里等数里弄租借房屋作为中学部与部分教室、宿舍。在西摩路时期是上大最光辉的时期。

上大的骄子——社会学系

上大办得最有特色的是社会学系。社会学系是上大的骄子与灵魂。

中国共产党认为上大应当具有革命性、时代性,因此,即建立与现实社会关系最为密切的社会学系。李大钊在北大致力于传播马克思主义,影响很大,但他没有执掌过一个系,这是由于历史条件的不同。实际上,当时任何一个大学都没有一个以系统传播马克思主义理论为教学任务的系,也没有一个系从系主任起到教员,集中了那么多的共产党的理论家教育家讲课,唯有上大的社会学系。瞿秋白、蔡和森、邓中夏、恽代英、萧楚女、张太雷、杨贤江等中共早期的领导人、杰出的理论家、宣传家都在上大社会学系执教。此外,教员还有董亦湘、施存统、萧朴生、李汉俊、安体诚、周建人、李季等。

党的理论家在上大的理论教育,提高了党员的理论水准,推动了将马列主义理论和中国革命实践相结合的研究和探索,对党的整体的理论建设起了重要的作用,培养了大批的优秀的共产主义战士,教育与激励了整整一代革命青年。以瞿秋白为例,他是卓越的马克思主义的哲学家,他在上大的讲义《现代社会学》《社会哲学概论》《社会科学概论》等,比五四前后的我国的早期的马克思主义者更全面更系统地阐述了辩证唯物主义与历史唯物主义的理论,为开创我国的无产阶级哲学作出了卓越的贡献,对我国的马克思主义的理论建设起了开拓性和奠基性的作用。

上大社会科学会根据社会学系讲义,汇编了《社会科学讲义》共4集,由党的上海书店出版,广为传播,影响甚大。其中收录了瞿秋白的《社会哲学概论》《现代社会学》,施存统的《社会思想史》《社会运动史》

《社会问题》,安体诚的《现代经济学》等。

此外,还有其他的讲义,如瞿秋白的《社会科学概论》《现代民族问题》,蔡和森的《社会进化史》,邓中夏的《中国劳工问题》,恽代英的《中国政治经济状况》,萧楚女的《中国农民问题》《外交问题》,董亦湘的《唯物史观》《民族革命讲演大纲》,杨贤江的《青年问题》,施存统的《劳动问题讲演大纲》等等,由书局公开出版或由报刊连载等,均产生很大的影响。这些都说明了中国共产党早期的一些重要理论著作,有不少是在上大的教学中产生的。

正是在这些理论的熏陶下,激发了莘莘学子的无比的革命激情和蓬勃坚强的战斗精神,他们立即将理论与实践相结合,投入到如火如荼的革命洪流中。

在社会学系听课的,不仅有本系学生,其他系,乃至其他学校的不少学生都前来旁听。上大每逢寒暑假,还举办寒假读书会和夏令讲学会,以培养本校和其他学校的革命青年。如1924年,上大以上海学联等名义举办夏令讲学会,苏浙沪各地200多人参加,历时2月,盛况空前。瞿秋白、萧楚女、恽代英、邓中夏、沈雁冰、陈望道、邵力子、董亦湘等都应邀前去分别讲授唯物史观、中国近代历史、中国劳工问题、农民问题等等,极大地提高了革命青年的觉悟和认识。

上大形成生动活泼的学习气氛。课外活动多样化,各种社团活跃非凡。各种刊物琳琅满目,各种活动都吸引了无数人。1924年5月5日,马克思诞生纪念日,瞿秋白在上大的纪念会上作了生动的演说,他还和任弼时在大会上引吭高歌《国际歌》,高昂的革命激情深深地感染了莘莘学子。原上大学生张治中回忆:"有一次,上大开纪念苏联十月革命的会,我听到于右任的讲演,瞿秋白的讲演,都是推崇社会主义苏联的话,要使我心向往之。"

对帝国主义的抗争

上大是反帝爱国运动的堡垒。1924年10月10日,上海各界群众在总商会礼堂举行庆祝国庆大会,上大社会学系学生郭伯和、黄仁(共产党

员,公开身份为国民党员)等上台发言反对帝国主义和军阀发动的江浙战争,黄仁被国民党右派指使的工贼流氓从高台上推下,受重伤致死。郭伯和、林钧等受伤。中共中央组织行动委员会,由瞿秋白负责,发动一系列的抗议黄仁惨案的斗争,上大学生要求严惩右派与暴徒,他们还发表通电表明誓死和帝国主义与军阀斗争到底。最后,国民党中央上海执行部不得不开除有关右派的党籍,抚恤黄仁烈士。

上大设在英租界的西摩路,真可谓是在虎穴中奋斗抗争。帝国主义租界当局必欲借口加以迫害。

上大设有书报流通处,由菲律宾归国侨生李炳祥等负责,销售《向导》《中国青年》等革命书刊,此为其他各校所无,深受师生欢迎,但引起租界当局的仇视。1924年12月9日,公共租界当局派了大批武装警探非法搜查上大的书报流通处、图书室与讲义室,将革命书刊与社会科学书籍数百册悉数搜去。同时,租界当局还非法搜查了慕尔鸣路(今茂名北路)上大教员宿舍,是时瞿秋白刚迁出,张太雷、施存统、蒋光慈等居此,警探也掠走了许多书籍。上大师生对帝国主义的暴行无不怒愤填膺。

此后,租界巡捕房以上大发售《向导》为借口,向会审公廨指控代理校长邵力子。1925年2月13日,会审公廨无理判决邵力子交一千元保释。邵力子不久离开上海去广州,由陈望道任代理校长。

1924年11月,孙中山北上谈判途经上海时,上大和全市学生到码头热烈欢迎。上大学生返回时,在嵩山路法国巡捕房附近,巡捕竟将上大校旗夺走,并不准通行。大队学生和无数市民奋不顾身直奔莫里哀路中山寓所,谒见孙中山时,学生高呼反帝口号。经孙中山严厉抗议,百余名武装巡捕不得不让学生自租界返家。以后,也不得不将校旗归回。此事极大地教育了上大学生。

为了配合孙中山北上谈判,上大学生积极地参加了国民会议促成会运动,并成为其中坚力量。向警予领导的上海女界国民会议促成会,其中的骨干主要也是上大的女学生。孙中山在京逝世后,上大师生悲痛欲绝,举行了隆重的追悼活动,并纷纷表示要继承和发扬孙中山的革命精神,完成反帝反封建的事业。他们成立中山主义研究会,要贯彻革命的三民主义,反对戴季陶的反动理论。许多革命青年加入了民主阶级的联盟——

国民党。上大学生余泽鸿、李硕勋、林钧、朱义权、刘一清、杨之华、贺威圣、崔小立等担负了全国学生总会（设于上海）、上海学联、国民会议促成会等各团体的领导工作。人们赞誉说：上大"自从成立后，时间虽然很短，但从总理（孙中山）经过上海，主张国民会议起到五卅案件中，差不多成为一切国民运动与社会运动的中心"。

与工人运动相结合

1924年春，上海《民国日报》称赞上大说："该校人士向以改造社会为职责，对于社会事业，尤其勇猛进取的精神。"而上大从事社会事业卓有成效的是建立平民学校。1924年4月，上大学生在校址内建立了第一个平民学校，吸收附近的工人、店员参加，以后逐渐在各区建立。

中共中央开拓平民学校的目的在于提高工人的文化与政治觉悟，扩大革命宣传，发展工人中的党团员，将平民学校作为工会活动的据点。因此，邓中夏发动上大学生刘华、何秉彝、杨之华、张琴秋、诸有沦、钟复光、王亚璋等到沪西和沪东工人集中区建立平民学校，开展工人运动。刘华、杨之华、张琴秋等在和工人结合中，成为工运或女工运动的领导者。

1925年2月，邓中夏、李立三、刘华等领导的上海日商纱厂工人大罢工爆发，上大立即成立了"上海日商纱厂罢工后援会"，刘一清、杨之华、张琴秋、郭伯和、何秉彝等帮助纱厂工会进行宣传与组织工作，并向全市学校募集捐款支援罢工工人。上大成为支援工运的基地。驻沪日本商业会议所主席田边致函工部局总董英人费信惇惊呼说："这次罢工是经过周密部署的运动的第一步，那些煽动分子和狂热分子煽动罢工的经费，则由本市一所大学校供给，这所大学被认为是俄国布尔什维克的宣传机关。"即指上大支援工运事。

从1924年下半年的国民会议促成会运动起到1927年，特别是在1925年中，这一时期，上大成为全市青年运动的核心，青年运动与工人运动相结合的楷模。"一时沪上各报都竞载该校消息，上大威名遂震惊全国。此一时期，学生个个生龙活虎似的，各种文化运动，各种革命集会，以及一切反军阀反帝斗争，无不以该校学生为台柱"。

爱国运动的堡垒

革命的形势日益高涨,上大学生深感:"在这危急存亡之秋,救国的工作是有时间性的——刻不容缓的",于是"课堂里是殚精竭虑的讨论,街头巷尾是如火如荼的讲演,舞台上是民族的血泪魂灵的活动,刊物与传单是成堆地从印刷所的机器中吐出来……一条心要唤起民众,组织民众,反抗军阀,打倒帝国主义"。这就是当年上大革命青年的真实写照。

顾正红惨案发生,上大学生立即参加全市的"日人残杀同胞雪耻会",发动了一系列的斗争。1925年5月24日,上海举行公祭顾正红烈士大会,上大学生朱义权等4人在前往公祭大会途中被巡捕房拘捕移送会审公廨,会审会廨将作出不利于学生的非法判决,上大学生义无反顾,决心誓死抗争。27日,恽代英召集上大等校作了进一步斗争的部署。29日,恽代英、李立三等根据中共中央决议部署了以学联名义发动全市大学生在公共租界示威演讲的决定。上大学生紧急动员起来,成立38个小组,每组10人左右,共400多人,上大许多学生还担任学联的联络工作,奔走于各校之间。翌日,南京路等各处就出现了反帝演讲示威的浩浩荡荡群众队伍。

帝国主义制造了五卅惨案。在南京路上率领学生队伍走在最前列的何秉彝首当其冲,壮烈牺牲,他中弹倒在血泊中时犹挣扎站起高呼:"打倒帝国主义!""中华民族解放万岁!"同时受伤者上大有10余人。自此以后,上大学生投入全市的如火如荼的三罢斗争。

帝国主义必欲将上大置之于死地,6月4日,公共租界英国军警包围了上大,武力驱赶学生,强占校舍,上大公私财物损失巨大。上大被迫迁至南市租借学校为临时校舍。

1925年秋季开学时,上大迁至闸北青云路师寿坊。学生增至600多人。许多学生离开上大到祖国各地去,有的南下到广州,到黄埔军校,到军队中去。也有不少人成为职业革命家,成为党和团的部委(相当今区委)或其他部门的领导人,如郭伯和、曾延生、糜文浩、顾作霖、王亚璋、龙大道、罗石冰等。

在上海工人第三次武装起义和迎接北伐军的工作中，上大学生成立了慰劳队、宣传队、纠察队、救护队等，上大学生还和工人纠察队并肩作战，推翻了军阀在上海的统治，战役中，上大学生牺牲四人。起义胜利后，原上大学生林钧与何洛当选为上海市临时政府委员。1927年2月，上大迁至江湾镇新校舍，"四一二"反革命政变后，国民党军队以武力封闭了上大。上大不幸结束了它的光辉的历史。

上海大学与《共产党宣言》[①]

邓伟志

在纪念《共产党宣言》发表150周年的时候,看到了一部大型文献纪录片,大开了眼界,丰富了知识。遗憾的是没有提到上海大学在传播《共产党宣言》中的地位和作用,不能不认为是一个疏漏。

上海大学是1922年10月由于右任创办的学校。它的前身是东南高等专科师范学校。东南高师校政极端腐败。学生联合起来赶走了原校长,公推国民党人于右任为校长。于右任到任不久,便请来了共产党人邓中夏、瞿秋白来校担任领导职务。上海大学是第一次国共合作时期一所新型的革命大学。学校在组织上很开通,在领导班子中各类人都有,既有共产党,又有国民党;在政治上很开明,明确提出以改造社会为目标,开社会主义讲义课;在教育上,更是十分开放,他们坚持开门办学。全校师生除踊跃投身于五卅反帝运动外,还深入到工厂区办平民夜校。因此,当时的《大陆报》曾称"北京大学和上海大学,是共产党活动的南北两大中心"。

如此热火朝天的学校吸引了许多学者,陈望道便是其中之一。他本来在杭州的浙江第一师范任教,为了尽快翻译好《共产党宣言》,毅然辞职。在上海大学办起来以后,他又欣然来上海大学任教,讲授《共产党宣言》提要,深受各方欢迎。家父在上海大学时就听过陈望道讲《共产党宣言》。今年夏秋之交,我生病住院,同20年代起就在中共中央机关工作的张纪恩老先生住隔壁。他说,他在上海法科大学时,经陈望道介绍,到上

[①] 原载《新民晚报》1998年9月19日。

海大学旁听陈望道讲《共产党宣言》,而后才到中央工作的。

不仅如此,在中国最早研究和介绍《共产党宣言》的李大钊也曾来上海大学开讲座。可见上海大学也是中国宣传《共产党宣言》的重要阵地之一。

今日之上海大学正弘扬20年代老上大的优良传统,夺取政治、业务双丰收!

南方新文化的中心
——谈20年代的上海大学

邓伟志

"文有上大,武有黄埔",这是第一次国共合作时期的两张王牌。

我家同上海大学的历史渊源很早、很深,但是要我写成文章,又没有多少第一手的资料。家父是20年代上海大学的学生,我听他说过。前几年,武汉中央农民运动讲习所要我们姐弟几个提供父亲的材料,我借阅过父亲的档案。同时也读了有关上海大学这一段的档案,又拜访了两位前辈,资料略微丰富了一点,而真要行文,还远远不够。因此,本文只能以间接材料为主。

上海大学创办于1922年10月23日。她的前身是私立东南高等专科师范学校。当时校政腐败,学生在五四运动影响下,赶走了校长,推举国民党人于右任为校长,邵力子为副校长。

上海大学最初的校址在闸北青云路,近西宝兴路西头的一个弄堂里。后来,随着学校的发展,迁到了公共租界的西摩路,即今天的陕西北路的南阳路口。家父就是在这个时候,经亲戚国民党人刘汉川(又名刘云昭,当时在上海,抗战期间与陈毅、罗炳辉过往甚密,建国后任江苏省政协副主席)向共产党推荐,再由共产党介绍,与许智远(不久前病逝于马鞍山钢铁厂)以及刘汉川之妹刘淑昭(建国初在山东省委学校)一起,于1925年春(与父亲同去上大的许智远说是春,但父亲档案里说是秋天),同去上海大学读书。学习期间,父亲经邢中山动员,由沈毅、戴盆天介绍在上

---

① 原载《世纪》1999年第1期。原文注:本文吸收了瞿秋白、杨之华、郑振铎、李维汉以及姚天羽、吴晓迪、叶根发等先生文章中的资料。

海大学加入共产党。党支部书记为瞿秋白。父亲读过书的陕西北路这处校址，1980年8月26日经上海市人民政府批准，定为上海市文物保护单位。五卅后，1925年6月4日上大被封。有人说，一度在今老西门方斜路庆安里作临时校舍。不久，又在青云路西宝兴路东首复校。1927年春上海大学在江湾镇奎照路圣堂路3号建成新校舍。学生有上千人。但这时家父已离开上大，于1926年底或1927年初，被组织上派往武汉中央农民运动讲习所学习。究竟是哪里的党组织派的，有两种说法：一种说法是上海大学党组织派的；一种说法是父亲由上大派回江苏萧县搞农运后，再由中共江苏省委派到武昌的。可能后一种说法比较可靠。好像那时江苏省委领导上海党组织。家父在上海大学期间使用什么名字我不知道，只知道他的曾用名有：邓文昌、邓果白、邓戈北等好多。"四一二"反革命政变后，国共分裂。上海大学被国民党反动派强行取缔。"一·二八"淞沪抗战后，江湾镇上海大学旧址被飞机轰炸，荡然无存。上海大学从创办到被取缔，前后近五年，共培养学生约三千人。

父亲生前曾同友人说过上海大学的三个特点。我辗转听到以后，再结合自己所阅读到的资料，简述于后。

一、组织上开通

于右任校长上任后，不搞党同伐异，他首先请李大钊举荐办学人才。李大钊便介绍邓中夏和瞿秋白来上大。邓出任教务长，瞿任社会学系主任。当时北洋政府正邀聘瞿到外交部任职，家里也希望瞿能入仕，分挑家庭重担，但瞿毅然决然到"薪俸极薄"的上大。邓、瞿到任后，蔡和森、张太雷、恽代英、萧楚女、任弼时、沈雁冰、陈望道、杨贤江等陆续来校执教，同时也聘任了一些社会名流。在人才上，上海大学也可以说是兼收并蓄，广纳贤才。1924年春，上海大学成立了党支部，瞿秋白任书记，直属上海地委领导。

二、政治上开明

瞿秋白多次撰文，主张学校以"改造社会"为宗旨，"以期实现德谟克

拉西社会"。瞿在致胡适的信中说：希望上大"成为南方的新文化运动中心"。学校有李大钊等讲社会主义，陈望道等讲《共产党宣言》。1925年全校师生积极投入五卅运动。在西摩路上海大学校门口，悬挂反帝标语，有三层楼这么长，震动全市。上大学生何秉彝在南京路英勇牺牲。师生的行动引起帝国主义恐慌，6月4日租界便以"过激"为借口封了学校。从两次封校，便可知道学校的政治影响之大。北伐时，一部分师生参加北伐，一部分师生留沪配合工人三次武装起义。因此，当时的《大陆报》称"北京大学和上海大学，是共产党活动的南北两大中心"。

三、教育上开放

上海大学注重独立思考。瞿秋白主张上海大学办两院：一为社会科学院，下设社会学系、经济学系、政治学系、法律学系、哲学系、史学系；二为文艺院，下设中文、英文、俄文、法文、德文、绘画、音乐、雕刻八个系。在社会学上，他不赞成美国把"一切杂七八搭无所归的东西都推入社会学"的做法，他对德俄的观点坚持一分为二。他批评传统社会学"偏于叙述的、描写的"，他鼓励"抽象研究"。他说"欲了解一国的生活，决不能单凭几条法律，几部法令，而要看得见那一社会的心灵"。为了看见"社会的心灵"，上大师生走出校门，到工人居住区办平民夜校，组织工会，发展党组织。上大还联合复旦、东吴等校举办夏令讲学会。对国外，上海大学大胆借鉴。瞿秋白在《现代中国所当有的"上海大学"》一文中写道："中国文艺之中'外国货'的容纳取受，并不是'国粹沦丧'文化坠地之表征，而却是中国文化命运之转机。"瞿的"转机论"为文化开放鸣锣开道。

正是由于组织上的开通、政治上的开明、教育上的开放，学校生气勃勃，名声大振。不仅国内青年纷纷负笈来学，而且有许多从日本、俄国回来的人也来校听课，兄弟院校学生，包括一部分教师前来旁听，听课的人常是屋里屋外比肩接踵。有些省的教师借用上大的讲稿。

本文开头讲"文有上大，武有黄埔"，其实上大比黄埔军校历史早。黄埔军校后来走了样，而上大则一以贯之。上海大学很快被国民党反动派封掉了。但是，半个世纪以后一所新型的综合性的上海大学在黄浦江畔矗立起来。1978年邓小平提出在中国恢复社会学以后,南北两所名牌大学的领导人在上海相遇,不知出于什么考虑,他们都不准备立即建立社会学系。可是,上海大学文学院的前身——复旦大学分校的校长王中先生决心建社会学系。1980年秋,王中看了我发表的家庭问题的文章后,偕袁缉辉、姚汉荣来我所在的中国大百科全书出版社上海分社商调,要我到刚刚建立的社会学系任教。王中同我的顶头上司陈虞孙是老朋友,二老都是杂文大家。王老本以为陈老会买他的老面子,哪知陈老用杂文的笔法说:"你看我的讨饭篮里就这么几个窝窝头,你怎么忍心再抢走一个?"但陈老还是买了王老的面子,同意我去社会学系兼课。这样,我便在1980年冬开了家庭社会学讲座。从1981年2月开始开必修课,连续教了四个年级。1986年女儿高考时,我又鼓励她报考上海大学文学院的社会学系。她1990年从社会学系毕业后,在《文汇报》做了五年记者。1995年秋赴荷兰读社会学硕士,1997年春赴德国读社会学博士。上大培育了我家三代人。我又于1996年来上大社会学系任教。我家同上大结下了不解之缘。

长江后浪推前浪。老上大的校风正在新上大得到发扬。新上大专业之多、规模之大远远胜过老上大。

瞿秋白是中国社会学的奠基人[①]

叶南客　韩海浪

瞿秋白同志(1899—1935)是我国卓越的马克思主义理论家,中国共产党早期最主要的领导人之一。早在20世纪二三十年代,他就致力于马克思主义理论的介绍和传播,运用历史唯物主义的理论和方法,对中国社会进行较广泛的研究和精辟分析,揭示了中国社会的发展趋势,并且积极投身社会革命运动,将马克思主义理论和中国革命实践相结合,成为我国宣传马克思主义理论的先驱。综观多年来对瞿秋白的研究,对他的革命生涯以及他在文艺、哲学、新闻等方面的建树均有较多的评述,而对他在我国社会学领域中的贡献却知之甚少。今天重新评价他在中国社会学史上的地位,不仅有益于进一步开展对我国早期社会学史的研究,也有益于我们全面认识瞿秋白同志作为现代中国的思想家、理论家的杰出贡献。

一、瞿秋白是中国马克思主义社会学的奠基人之一

中国自从19世纪后半叶以来,进入了向现代化艰难过渡的剧变期,资本主义、无政府主义、社会主义等各种思潮广为传播,人们的思想都在发生新的变化。这时,一门新兴学科——社会学踏上了中国大地,许多社会学理论家都希冀凭借这一新的"适用人类的工具"来研究社会现象,发现社会"变迁之公律"。于是形形色色的国外社会学理论纷至沓来,诸如英国斯宾塞的社会达尔文主义,法国的孔德主义,塔尔德、黎朋等人的

[①] 原载《瞿秋白研究论丛》1999创刊号。

"民族精神"分析等等。然而这些资产阶级社会学的改良理论面对正处于革命风暴到来前夜的中国社会,不免黯然失色——它们无法阐述中国变革的动因和趋势。

20世纪初,置身于社会文化、政治大变动中的青年瞿秋白,逐渐形成了革命民主主义思想,深切地感受到"我们处于社会生活之中,还只知道社会中了无名毒症,不知道怎么样医治……社会主义的讨论,常常引起我们无限的兴味"。出于寻求诊治社会病态良方的目的,他开始自觉地关注中国社会的现实问题。1919年11月,他与郑振铎、耿济之等人主持创办了中国最早的具有先进思想的社会学刊物《新社会》。《新社会》倡言社会改良,将办刊宗旨明确规定为"考察社会的坏处,以和平的、实践的方法从事于改造的运动,以期实现德谟克拉西的新社会"。作为主要撰稿人之一的瞿秋白,在许多文章中揭露了封建军阀的反动统治,呼吁改革现实社会中的一切组织,而且应当是"全社会的人去改革"。1920年3月,他参加了李大钊组织的马克思学说研究会,系统地阅读了《共产党宣言》等马克思主义著作。这段时间里,他的思想"第一次与社会生活接触",开始从理论与实践两方面去认识实际社会生活,探索社会落后的原因,对不合理的社会现象追根寻源。据统计,1919年7月至1920年2月,他在报刊上发表了30多篇文章,其中论述社会问题和社会改造的达24篇。从这些文章中可以看出他开始用唯物史观的立场分析探索社会问题及其根源,具有了马克思主义者的倾向,"把一切社会问题作为一个整体来看"。

经历了五四新文化风暴的洗礼后,瞿秋白为了寻求革命的真理"尽一份引导中国社会新生路的责任",毅然奔赴当时世界革命的中心——俄国。在俄国的两年中,他满腔热情地详尽考察了这个新型社会主义国家的政治制度、经济发展状况以及文学、艺术、宗教等意识形态的变革,深入学习了列宁主义的社会革命学说,从一个深受老庄、孔孟思想熏陶,受佛学经义影响,受托尔斯泰主义感染的知识青年,转变为一个追求科学与民主、追求马克思主义真理、具有共产主义理想的先进知识分子。也就在这时,他开始用马克思主义社会学的研究方法去研究中国的现代问题:分析资本主义的发展程度、中国社会阶级分化的性质、阶级斗争的形势及

其与反帝国主义的民族解放运动的关系。从他此间完成的《饿乡纪程》可以看出,他在赴俄国途中(在哈尔滨)和在俄国考察期间,大量地使用了参与观察、访谈等社会学的调查方法。

1922年,瞿秋白在莫斯科经张太雷介绍,参加了中国共产党。1923年,瞿秋白从俄国回国,正值上海东南高师改办为上海大学。当时,党中央对上海大学十分重视,把它作为宣传马克思主义和培养革命干部的重要基地。受党的委托,瞿秋白同志主持了上海大学社会学系工作,成为上大第一任社会学系系主任。他把社会学系办得生气勃勃,成为上大最受欢迎的最大的系科。

这一时期,瞿秋白同志广泛地阅读、研究了当时西方的社会学著作。仅在《现代中国所当有的"上海大学"》一文和《现代社会学》前三章中,他就引用了美国斯摩尔(Small)的《美国社会学之五十年》、莎勒经(即素罗金Sorokin)的《罪与罚和功与赏》、德国齐美尔(Simmel)的《社会学》、法国杜尔该(即杜尔克姆Durkheim)的《社会学及社会科学》,以及孔德、斯宾塞等十几位社会学家的作品及观点,并对某些观点进行了深入、细致的比较和分析。与此同时,他还参与编辑了《新青年》《向导》等中国共产党的理论刊物,发表了许多介绍马克思主义社会革命理论的文章。正是在瞿秋白等同志的积极努力下,通过办学授课,办刊撰文,在20年代的上海,形成了中国最早的宣传马克思主义社会学理论的阵地。

在上大执教期间,瞿秋白同志讲授了"社会科学概论"和"社会哲学"两门课,系统地介绍了历史唯物主义的基本观点。在当时马克思主义学说在中国传播的初期,他便指出"……能解释社会现象的,确是唯物论。马克思的《经济学批评》(1859年)是唯物论应用于社会科学的最早的尝试"。1924年,在上海夏令讲学会上讲授"社会科学概论"时,瞿秋白同志又全面地论述了社会政治、经济、法律、道德、风俗等社会现象之间的相互关系,论述了生产力与生产关系、经济基础与上层建筑之间的辩证关系。从社会革命的规律中,揭示了共产主义到来的必然性,从而奠定了马克思主义社会学的科学基础,在社会学领域中,树起了马克思主义的理论旗帜。

在对学生进行的教育当中,他所领导的社会学系不仅重视理论知识,也非常重视社会实践。1923年11月,社会学系成立了社会问题研究会,写明"宗旨是研究社会现象,讨论社会问题"。与此同时,社会学系又鼓励学生走出校门,到群众中去开展工人运动、学生运动。

要说明的是,20年代中期,中国学者自己编著的社会学原理性质的书籍为数不多,而且基本上都是美国、日本社会学理论的移植。在社会学的实践方面以及运用社会学理论,尤其是马克思主义社会学理论来研究中国社会的现实问题方面,尝试者更加罕见。因此,我们完全可以说,瞿秋白是马克思主义社会学在中国的开拓者之一,正如著名学者温济泽在纪念瞿秋白同志就义50周年学术研讨会上所指出的那样,"他是我国应用马克思主义系统地研究社会学的第一个人"。

二、瞿秋白的社会学思想

近代中国社会学的产生发展,有两个传统:一是欧美古典社会学的经院式传播,一是马克思主义社会学在国际共运中和中国社会变迁中的延伸、衍化。瞿秋白在20世纪初的理论贡献使他当之无愧地成为马克思主义社会学在中国的奠基者之一。瞿秋白的贡献首先在于运用马克思主义理论研究中国社会问题,指导中国革命实践,使马克思主义社会学在中国一开始便具有鲜明的实践性、革命性和战斗性。正如他在《现代社会学》一书中所倡导的,"科学是生存竞争的工具,而社会学正是适用于人类相互行动方面的工具。因此,社会学的实用上的重要是无疑的"。他在《中国职工运动的问题》《中国无产阶级要做什么》等文章中,全面地认识了中国工人阶级的弱点和优点,肯定了工人阶级在中国社会中的地位和作用是"已经成为革命中之主干"。在《中国革命中之争论问题》一书中,通过进一步分析中国社会各阶级的性质和现状,指出了中国社会革命的动力和任务是无产阶级领导大多数的农民起来革世界资产阶级的命,推翻帝国主义与军阀,正确分析了中国革命的性质"终究是社会主义的"。

瞿秋白同志的社会学贡献还突出表现在他是我国马克思主义社会学理论体系的最早设计师。他的《现代社会学》一书,以历史唯物主义为理

论主脉,将社会学的研究对象、社会学的理论基础、社会学的历史变迁理论、社会联系的现象分析、社会起源等内容贯穿一体,具有较严谨的内在逻辑。在该书第一章中,瞿秋白提出了具有独到见解的社会学定义——"社会学乃是研究人类社会及其一切现象,并研究社会形式的变迁,各种社会现象相互间关系,及其变迁之公律的科学",并指出"社会学是社会科学中最综合(抽象)的科学"。关于社会学的研究对象,瞿秋白认为:社会学应当研究"什么是社会?社会的发展或衰灭之根本原因在哪里?各种社会现象相互的关系如何?此等现象的发展之原因在哪里等等"。总之,它是研究整个人类社会的一切现象,"并且综合一切分论法的社会科学所研究的对象间之关系"。与此同时,瞿秋白也明确反对将"一切杂七搭八无所归的东西都推入社会学"的思想,以及"社会学是一切社会科学的总体"的观点,认为那样"无异于奉社会学的虚名,而实际取消他"。在此基础上,他又阐述了社会学与生物学、心理学以及其他社会科学的联系和区别,进一步确立了社会学的学科性质,明确了社会学的研究对象及其任务,为建立起马克思主义社会学的理论体系走出了第一步。在为上海大学社会学系学生设计课程时,瞿秋白总结了欧美和俄国的社会学研究动向,开列的课目不仅有社会学、社会学史、社会问题,还有社会进化史、社会运动、经济、政治、法学、生物、哲学、心理学、外国语等广及社会科学各主要门类的19门必修课目和13门选修课目,为社会学理论的深入发展设计了较全面而适用的知识结构。直至今天,对我们探索马克思主义社会学的理论架构仍具有积极的借鉴意义。

阅读瞿秋白散见于各处的调查报告、时政评论和文艺杂感,不难看出他是一位杰出的社会评论家和社会问题研究专家。他视野开阔,对中国社会现实的认识往往入木三分,特别是他对中国社会各阶级的分析、社会问题的研究以及对文艺的社会作用的评价,更是为社会学研究领域作了开拓性的贡献。

在对中国社会各阶级的分析中,瞿秋白曾突出地研究了中国农民问题。他对中国封建宗法制度有深刻透彻的认识,是我们党最早认识农民问题的重要性的领袖之一。在《中国革命之争论问题》《国民革命中之农民问题》等文章中,他一方面鲜明地主张:"中国革命中的中枢是农民革命","中国国民革命是要解决农民问题、土地问题"。他和毛泽东、彭湃等人一起同党内的右倾路线作了坚决的斗争;另一方面,他也清醒地看到,必须克服革命队伍中"农民意识笼罩一切"的危险。指出,在我们这个农民国家中,要推翻封建势力,必须发动、依靠农民,但要彻底战胜封建势力又必须改造农民的小私有习气。这对于我们今天认识中国的社会传统心理,消除现代化建设中的消极意识障碍,无疑具有较强的现实意义。

瞿秋白可以说是我国早期著名的社会问题研究专家。早在编《新社会》杂志时,他便曾就北京的贫民、劳工、妇女等问题作了大量调查,分析了婚姻、自杀、贫穷等问题的社会根源。例如,在分析北京大学一学生自杀的原因时,他认为,万恶的"旧社会用它的无上威权——宗教、制度、习惯、风俗……造成了精神上身体上的牢狱,把一切都锢闭住了",这正是导致其自杀的社会原因;在分析妇女卖淫的问题时,他也指出"然而买卖是双方的。没有买淫的嫖男,哪里会有卖淫的娼女。所以问题还在卖淫的社会根源"。

瞿秋白同志对我国马克思主义文艺社会学的贡献也是巨大的。在文艺的性质及社会作用方面,他指出:文艺实际上是一个阶级或一个派别意识形态的得力武器,这一阶级或派别以此去影响它所领导或想要领导的阶级或派别,去捣乱它所反对的阶级。因此,无产阶级文艺并不是给"吃饱了的姑娘小姐"或者"胖得烦闷苦恼的几万高等人"(列宁语)去服务的,而是给几百万几千万劳动者去服务的。无产阶级的文艺工作者应该回转脸来面对群众,到群众中间去,向他们学习,为他们服务;应该用"劳动群众自己的言语,针对着劳动群众实际生活里所需要答复的一切问题,去创造革命的大众文艺"。

从文艺社会学的角度来看,"当作家和读者属于同一个社会集团时,他们的意念就可能互相吻合。文学上的成功就寓于这种吻合之中"。也就是说,"一位作家在自己集团内获得成功的大小是根据他在多大程度上成了维克多·雨果所说的'应声虫'"。从上一段所叙述的瞿秋白同志的思想中,我们可以看出,他不仅早就认识到了这一点,而且还进一步指明了无产阶级文艺的正确的发展方向。

三、"为大家辟一条光明的路"

20世纪二三十年代,我国社会学界还处于一片朦胧状态之中,瞿秋白敏锐地听到了"俄国旧社会崩裂的声浪",他通过考察俄国社会主义革命"在政治上、经济上、社会上生出极大的变动",将唯物史观和无产阶级革命学说引进中国,为我们迎来了马克思主义社会学的曙光。今天,在我国重建马克思主义社会学之际,重新评价他对中国社会学发展所作的杰出贡献,对于我们广大的社会学工作者来说,依然具有重大的现实意义。

第一,只有确立和运用马克思主义的唯物史观,去研究具体的社会现象和社会问题,才能准确揭示社会矛盾的根源,正确把握社会变迁的趋势。

正如瞿秋白所提出的"无产阶级所需要的,是切实的唯物论辩证法的认识现实——认识具体的阶级关系和历史条件,这是决定他们革命策略的基础,这是改造现实底真正的出发点"。如何运用唯物史观研究中国社会呢?瞿秋白在《现代社会学》一书中提示我们必须:第一,研究"每一种形式的社会之个别的'自性'";第二,研究"每种社会的内部变动的历程";第三,研究"每一种社会的发生及其必然的消灭——即研究与别一种社会的联系"。总之,只有以历史唯物主义观点为核心和前提,我们的社会学研究才能得以健康地发展。

第二,重视社会调查,参与社会实践,并以此作为研究社会问题的主要手段。

社会学是一门应用性很强的学科,只有通过社会调查,在对我国社会有了较深刻认识的基础上,才能形成具有中国特色的社会学理论;同时,又必须将社会学理论运用于对社会现象的分析,提出解决具体社会问题的方案,才能赋予社会学以活力。在这方面,瞿秋白为我们作了表率。可以说,在他短暂的革命生涯中,始终重视社会调查工作。他强调指出:"革命的理论永不能和革命的实践相离。""应用马克思主义于中国国情的工作,断不可一日或缓。"1920年1月,他在《读〈美利坚宗教新村运动〉》一文中就指出:"我们如其要研究新村,自然应当有极精密的调查……"

第一次赴俄国,所做的工作更是一次实地调查。30年代初,中央苏区的土地革命实行了三四年后,对于"农民的私人日常生活究竟有了怎样的具体变化"、"他们究竟是怎样的感觉?",他也"曾经去考察过一两次"。也正是基于对中国社会各阶层的现状曾作了深刻的调查分析,他才能够在为毛泽东的《湖南农民运动考察报告》所作的"序言"中,对民族资产阶级、店东小资产阶级、城市贫民、无产阶级、农民阶级等各阶级的革命性作出比较准确的估价,能够用阶级分析的理论正确指导中国革命实践,从而成为一个无产阶级的革命理论家。今天我们正面临着经济、社会全面改革的新时期,社会学工作者也必须积极投身于改革的洪流,不断研究新情况、新问题,才能使我国的社会学在有中国特色的社会主义现代化建设中起到积极的指导作用。

第三,致力于探索马克思主义社会学的理论体系,为我国的社会学学科建设作出贡献。

自1979年我国社会学重建以来,我们的社会学工作者以大量的工作,在国家的现代化建设中发挥了一定的作用,引起了越来越多的人的重视,学科的队伍也日益壮大。近年来通过大学开课开系,办刊办报,使这门学科在理论建设上取得了初步成绩。但也还必须承认,在探索社会学理论体系方面,目前我们仍处于起步阶段。时至今日,具有中国特色的马克思主义社会学的理论书籍仍为数寥寥。因此,加强社会学的理论研究,建立马克思主义社会学的理论体系,仍然是摆在社会学理论工作者面前的迫切任务。广大的社会学工作者应该向瞿秋白同志学习,不急功近利,不畏艰难,勇于开拓,努力为中国社会学的理论建设作出自己的贡献。

第四,将推进中国社会的现代化作为奋斗目标。

瞿秋白同志的革命生涯,只有短短的十多年时间。在这十多年里,他坚持不懈、努力奋斗的目标,始终是拯救苦难中的中国,推进中国向现代社会的转变。他的思想和行动,对于我们今天的现代化建设,仍然具有重要的现实意义。① 瞿秋白通过自身努力,首先使自己具备了现代社会中人人都应具有的基本素质,成为新时代的"活泼稚儿"。在《饿乡纪程》中,他便已明确表示自己去俄国的目的是"想探一探险","担一分中国再生时代思想发展的责任","求一个'中国问题'的相当解决"。在《赤都

心史》中,他又表示,很愿意做一名世界文化运动先锋队成员,为"光复四千余年文物灿烂的中国文化而奋斗",并且愿意"始终是一个积极的奋斗者"。这一切都表明,早在20年代初,瞿秋白同志便已完全抛弃了当时东方文化派的保守主义思想,而且"思路开阔,头脑开放",能够满怀热情地去迎接他所未曾"经历过的新的生活经验、新的思想观念、新的行为方式","乐于接受社会的改革和变化"。② 政体现代化是瞿秋白十多年革命生涯中最主要的奋斗目标。其中,以争取和保护人民利益为现代化标准的观点,对于我们今天的广大干部和文化工作者来说,依然具有重要的指导意义。1923年初,他在从俄国归来后所作的第一篇文章《最低问题》中便尖锐地指出:"中国真正的平民的民主主义,假使不推倒世界列强的压迫,永无实现之日。"同年,他在《自民权主义至社会主义》一文中又强调指出:"颠覆军阀的民权革命始终是不可免的","颠覆帝国主义的民族革命,实实在在是必须的"。1933年7月,他在早已离开中国政治领导岗位的情况下,仍坚持自己的革命观点。他鲜明地指出:中国的工农不但要消灭国民党军阀,而且还要连他们的主子———一切帝国主义——都统统赶走,从而建立劳动者自己的国家,走上社会主义的发展道路。③ 对中国文化现代化的推动是瞿秋白同志革命生涯中的又一奋斗目标。早在1923年3月,瞿秋白同志就认识到了中国文化现代化的必要性及其正确道路。他指出:"东方文化就是在中国封建社会里占统治地位的封建主义文化",如今,它"已不能适应经济的发达,所以是东方民族社会进步的障碍"。西方文化也已"成资产阶级的独裁制,为人类文化进步之巨魔"。因此,"颠覆宗法社会、封建制度、世界的资本主义,以完成世界革命的伟业;如此,方是行向新文化的道路"。30年代,瞿秋白同志又进一步指出:"苏维埃的文化革命,是在文化战线上彻底完成民权革命的任务,为着社会主义而斗争",因而要创造革命的大众文化,使广大的群众能够接受人类历史上的一切真正有价值的文化工具和知识。在文字改革方面,他主张"发动新的文字革命","直到实现中国现代化的罗马化"。为推行自己的主张,实现中国文化的现代化,瞿秋白同志还身体力行,积极投入到具体的创作实践中去。从1931年至1933年间,他撰写的有关文艺大众化和文字改革的论文、文章有十几篇,约20万字,其中的许多正确的主张和具体的行动,对于我们今天的社会主义精神文明建设以及广大的文艺工作者,无疑具有巨大的启迪作用。

"我总想为大家辟一条光明的路",这是瞿秋白同志一生的豪迈誓言。从他为中国社会学的发展所作出的巨大贡献来看,也充分印证了这一诺言。70年前,瞿秋白等老一辈马克思主义社会学家已为我们作了许多有益的开拓,今天我们更有必要通过对我国马克思主义社会学思想史的研究,挖掘前人留下的宝贵财富,沿着革命先驱为我们开辟的光明之路迅跑,将马克思主义社会学研究推向新的阶段。

瞿秋白与上海大学

王关兴

1922年,在第一次国共合作的旗帜下,一所新型的大学在沪滨崛起。由国共两党共同举办、共产党人为主主持的上海大学,是共产党培养干部的学校,传播马克思主义的园地,反帝爱国运动的堡垒。"广东可说是革命策源的大本营,而上海大学好比是派在帝国主义及军阀的虎穴奋斗的先锋队"。这是当年革命者对上大的确切的评价。

一

上海大学是在国共合作的呼声中,在统一战线的旗帜下应运而生的。1922年春,上海闸北青岛路(后称青云路)的弄堂里,开办了一所私立的东南高等专科师范学校(简称东南高师),学生160多人,校舍与设备均极简陋,是典型的弄堂大学。开学不久,该校校长竟携全校学生所预缴的学膳费溜到日本去留学,全校学生愤而发起改组运动。他们想请陈独秀、章太炎、于右任三人之中一个出任新校长。但陈独秀行踪不定;章太炎隐居苏州,闭门不出。于是学生代表多次到于右任处恳求,请他出任该校校长,于右任终为所动。于右任是老同盟会会员,参加过辛亥革命,曾任西北靖国军总司令。1922年8月,靖国军失败,他从陕西到上海。于右任答应学生要求后,建议将校名改为上海大学(简称上大)。1922年10月23日,上海大学召开成立大会,于右任就任校长职。

---

① 原载《上海大学学报(社会科学版)》2001年第1期。

原东南高师的师资、设备、经费均告缺乏，特别是缺乏干练的主事者，于右任为此颇费踌躇。1923年4月，当其友人李大钊来沪时，于希望能以在北大办学的经验来办上大，但李大钊无暇分身，推荐他的学生共产党员、北大文科毕业、前直隶高等师范的教授邓中夏（邓安石）参与上大的管理工作。1923年夏，邓中夏到校任校务长①，这是国共两党合作办学的开端。于右任常赴西北从事政治活动，不常到校，全由邓中夏主持一切。1923年，瞿秋白从莫斯科回国后，在上海担任中共中央机关刊物《新青年》季刊和《前锋》杂志的主编，又兼任《向导》的编辑，陈独秀为了切实加强上大的领导力量与教学力量，毅然决定派瞿秋白担任上大社会学系主任。

上大是政治与文化结合的产物。当时，孙中山和一些国民党人，因在军事上和政治上屡遭失败，将目光转向文化教育事业，以图培植人才，发展政治势力。所以，于右任在思考是否就任校长时，国民党内柏文蔚、柳亚子、杨杏佛、叶楚伧等都曾极力促驾。当时在上海的孙中山，对上大也抱着很大的希望，希望有一个造就革命干部人才的学校。于右任也因经历靖国军的挫折，深感培养人才的重要，他说："失败之后，回念生平，非敢言觉悟也；因思以兵救国，实志士仁人不得已而为之；以学救国，效虽迟而功则远。"他拟将上大纳入国民革命的政治轨道，他曾说："上大不比其他学校，希望上大同学，每人都能成为一强有力之炸弹，将来社会上定能发生极大之影响。"而中国共产党正式诞生仅年余，急需培养干部，以开拓各方面的工作，因此也十分重视上大。上大以国民党名义举办，广州革命政府资助经费最为恰当，所以中共中央对于右任出任校长也极力支持。

当时是国共合作酝酿时期，于右任赞成国共合作，并对中共抱有希望。他说："社会党（指中共——引者）乃吾国新起为政治活动之党。吾闻其党多青年，有主张，能奋斗之士"，"不得不寄厚望于他们"。

孙中山也热心扶植上大。1923年2月，他自上海抵广州重建大元帅

---

① 原文注：邓中夏于1924年秋冬辞职，专从事工人运动，由刘含初继任校务长。1925年2月刘辞职后，校务长改为总务主任，由韩觉民（时为共产党员）担任。

府,亲自批准每月拨款资助上大。为筹募经费,1923年8月,上大特设校董会,孙中山为名誉校董,蔡元培、汪精卫、李石曾、章太炎、张继、马宝山、张静江、马君武等20余人为校董。国民党一大后,明确上大为国民党党立学校,经费由国民党中央补助。上大在社会上仍以私立名义出现。因广东财政困难,经费常停寄,于右任等则向北方国民军或他处筹募接济。上大的经济始终处于十分拮据之中,较之其他大学困难得多,但它却创造了任何大学所不及的业绩。孙中山逝世后,上大要求改名为国立中山大学,曾获国民党中央同意,但上大处于帝国主义直接控制下的上海,实有所不便,最终未改名。

1923年8月,上大成立评议会,评议会主席为于右任,瞿秋白、邓中夏等9人为委员。同年12月评议会改为行政委员会,为学校领导机构,于右任任校长兼行政委员会委员长,邓中夏、瞿秋白、何世桢、洪野、叶楚伧、邵力子、曾伯英、韩觉民为委员。此后,瞿秋白先后被推定担任上海大学丛书审查会委员、经济学系筹备员等职。1925年4月,因邓中夏、瞿秋白、何世桢等离校,行政委员会调整为:邵力子(1924年11月起任代理校长)、韩觉民、陈望道、周越然、施存统、沈雁冰、刘大白、朱复、恽代英。

上大从1922年10月成立,到1927年"四一二"后被国民党反动派封闭停办,前后共五年半[①]。根据学校的发展过程,大致可以分成三个阶段。

创办阶段自1922年10月至1924年春,历时约1年半。这一阶段,是学校"百端待兴"时期。学校在共产党人邓中夏、瞿秋白等努力下,主要做了三件事:(1)确定教育方针;(2)改革学校建制;(3)聘请具有真才实学的学术界人士任教,从而一变过去东南高师陈腐的"学店"风气,以新的姿态,在学界崭然显露头角。

第二阶段从1924年春至1925年五卅运动止,前后也有近1年半的时间,是全盛时期。这期间,正值国共两党合作、革命形势迅猛发展之际,上大无论在校内教学方面,还是在参与社会革命活动方面,都获得了很大的发展。1924年春季开学时,学生人数已达400余人,校舍也从青云路迁至西摩路。由于上大师生"以改造社会为意志",积极参加社会革命活动,因

---

① 实际应为四年半。

此,有些舆论认为:上海大学和北京大学,是共产党活动的南北两大中心。

五卅运动后至1927年"四一二"政变,学校遭国民党反动派封闭,为第三阶段,前后两年多时间。这阶段,上大仍然是左派占优势,国内外慕名来此求学的青年,仍然络绎不绝,学生人数增至600多人,不少师生参加了上海工人第三次武装起义、反对帝国主义文化侵略的非基督教运动和北伐战争,对中国革命作出了贡献。但由于革命形势的发展,许多著名的共产党人先后离校,奔赴其他革命岗位。因此,上大对社会的影响力及号召力,较之前两阶段略有逊色。

二

作为中共早期主要领导人的瞿秋白,他自1923年回国后,虽然主要精力用在第一次国共合作促进大革命高潮的掀起上,但他对上海大学的办学宗旨、方针、系科设置、课程建设、教材建设、教学内容和方法的改革作出了不朽的努力,并取得了具有深远意义的成绩。

第一,瞿秋白就上海大学的办学宗旨作了精辟的阐述:他给胡适的信中说:"既就了上大的事,便要用些精神,负起责任……我们和平伯(即俞平伯)都希望上大能成南方的新文化运动中心。"

瞿秋白还在《民国日报》上发表了《现代中国所当有的"上海大学"》,精当地概括了近百年来中国向西方文明学习的态度和顺序是"由浮泛的表面的军事技术之改进,而不得不求此技术之根源于自然科学数理科学;由模仿的急功近利的政治制度之改变,而不得不求此种制度之原理于社会科学"。他强调学习和研究社会科学的重要性和迫切性,指出中国被称为"远东四五千年的古文化国,现在反而落后,学问艺术无不要求急速的进步,方能加入国际学术界的文化生活"。当务之急,是研究社会科学,即马克思主义理论。不但如此,吸收外国优秀的文化艺术,"并不是'国粹沦丧,文化坠绝'之表征,而却是中国文化命运之转机,中国新文化生活(复生)的端倪"。总之,"切实社会科学的研究及形成新文艺的系统——这两件事便是当有的'上海大学'之职任,亦就是'上海大学'所以当有的理由"。显然,瞿秋白认为上海大学的办学宗旨为:"养

成建国人才,促进文化事业"。具体地说:(1)"切实"研究"改变"政治制度的社会科学原理;(2)吸收外国优秀的文化艺术,"形成新文艺的系统";(3)办成"南方的新文化运动中心"。

第二,瞿秋白根据上大的办学宗旨,在上海大学的院系、课程设置上提出应分设两个学院:社会科学院和文学院。社会科学院设社会学系、政治学系、法律学系、哲学系、史学系。文学院设中国文学系、英文系、俄文系、法文系、德文系、漫画系、音乐系、雕刻系。

在这些院系中,应聘请学识渊博、造诣深厚的一时俊彦为教师,以保证教育质量的提高。

当时社会学系主任先后为瞿秋白、施存统等。中国文学系主任为陈望道。英国文学系主任先后为何世桢、周越然。美术科主任为洪野,俄文班教员有任弼时、蒋光赤(蒋光慈)等。中学部主任先后为杨明轩、陈德徵、侯绍裘等。上大在短短的一年间,将原东南高师的烂摊子改造成为名副其实的高等学府。这与明确的办学宗旨、科学的院系课程设置和一流的师资队伍的努力是分不开的。

第三,开启了用马克思主义理论占领大学讲坛的先河。

上大办得最有特色的是社会学系,中国共产党认为上大应当具有革命性、时代性。因此,学校创办之初,即建立与现实社会的关系最为密切的社会学系。那时全国的大学,没有一个以系统传播马克思主义理论为教学任务的系科,也没有一个系从系主任起到教员,集中了那么多的共产党的教育家、理论家讲课,唯有上大的社会学系是如此。

在上大社会学系执教的有中国共产党的著名领导人、杰出的理论家、宣传家,他们在上大的理论教育,对党的理论建设起了重要的作用,促进了党的思想建设,提高了党员的理论水平,推动了将马列主义理论和中国革命实践相结合的研究和探索。他们在哲学、政治学、经济学、近代历史、劳动运动等各个领域问题的研究,都卓有建树。他们的理论与思想教育,培养了大批的优秀的共产主义战士。

在瞿秋白的主持下,社会学系还开设了辩证唯物主义和历史唯物主义、私有财产和国家起源、通俗资本主义、科学社会主义、社会学原理、社会运动史、社会进化论、经济学与经济史、政治学与政治史、中国近百年史以及社会问题、劳动问题、妇女问题、青年问题等课程。这些课程除社会系学生学习外,其他系的学生,甚至其他学校的学生都热心选修或旁听。

上大社会科学系根据学校讲义,汇编了《社会科学讲义》共4集出版,广为传播,影响甚大。其中收录了瞿秋白的《社会哲学概论》《现代社会学》,施存统的《社会思想史》《社会运动史》《社会问题》,安体诚的《现代经济学》等。

此外,还有其他讲义,如瞿秋白的《社会科学概论》《现代民族问题》,蔡和森的《社会进化史》,邓中夏的《中国劳工问题》,恽代英的《中国政治经济状况》,萧楚女的《中国农民问题》《外交问题》,董亦湘的《唯物史观》《民族革命讲演大纲》,杨贤江的《青年问题》,施存统的《劳动问题讲演大纲》等等,由有关书局公开出版或由报刊发表,在社会上产生过很大的影响。中国共产党早期的一些重要理论著作,有不少是在上大的教学中产生的。这些著作,对我国的马克思主义的理论建设起了开拓性和奠基性的作用。

这些理论的熏陶,激发了莘莘学子的革命热情和蓬勃坚强的战斗精神,他们将理论与实践相结合,投入到如火如荼的斗争洪流中。这就是马克思主义者在上大所结出的丰硕成果。

上大学生深有感触地说:"精湛的理论是行动的中心,思想武装是反帝反封建的大本营,而上大的教授们将素日研究的成果……编辑成书,印发全国,由这些无声的炸弹,我们曾摧毁多少军阀与帝国主义者的深沟高垒是无从统计的。然而一时上大成为革命学说、革命理论之渊薮是人所公认的。上大在民族运动史上之能画出一道深刻不朽的痕迹,领导一个空前的反帝运动是不为无因的。"

第四,重视上海大学的党团建设,发挥党组织的战斗堡垒作用。

瞿秋白参加上海大学工作期间,先后当选为中共上海地委兼区执行委员会候补委员、委员。1924年春,上海大学成立共产党支部,由中共上海地委直接领导,瞿秋白担任支部书记。他十分重视学校的党团建设,充分发挥党团组织的战斗作用。在当时,上大的党和青年团的组织在全市中是较强的。1924年1月,上海党员共有50人,其中上大18人,占三分之一强。1926年,上大为独立支部,党员61人,直属中共上海区委领导。同

年底,党员发展到130人,是全市党员最多的支部。至于青年团,1924年10月,上海有团员195人,其中上大有90多人,几乎占二分之一。社会学系中的党团员最多,参加革命活动最为活跃。

第五,提倡学习研究理论和革命实践相结合,培养理论联系实际的学风。

在邓中夏、瞿秋白等共产党人的倡导下,上大强调理论联系实际的学风,具有新颖而生动的学习方法,将课堂学习和参加社会革命活动相结合。他们强调:"'读活的书',使读书与生活(尤其是社会的、民族的)打成一片"。"课堂、自修室之外,一步也不走开去;读书之外,一句也不响……这样偏狭而死的方法,上海大学的学生是不甘采用的"。

上大学生的各类社团十分活跃。社会学系有社会科学研究会、中山主义研究会、中国孤星社、平民教育委员会等。中国文学系有湖波文艺研究会、春雷文学社、春风文学会等。英文系有英文文学会、英文演说会等。美术系成立画会等。他们举行各种活动,出版各种刊物。这对提高学生的政治意识,繁荣文艺创作,培养独立的工作能力,促进和社会的结合都是十分有意义的。

上大是反帝反封建运动的堡垒。上大师生历来站在运动的第一线。1924年10月10日,黄仁为反对军阀,驳斥国民党右派而死于非命。1924年11月,孙中山北上谈判途经上海时,上大师生和全市学生到码头热烈欢迎孙中山,影响很大。

为了配合孙中山北上谈判,上大学生积极地参加了国民会议促成会运动,并成为这个运动的中坚力量。向警予领导的上海女界国民会议促成会,其中的骨干主要是上大的女学生。孙中山逝世后,上大师生悲痛欲绝,参加了全市的隆重的追悼活动,并纷纷表示要继承和发扬孙中山的革命精神,完成国民革命的事业。上大学生余泽鸿、李硕勋、林钧、刘一清、杨之华、贺威圣、崔小立等担负了全国学生总会(设于上海),上海学联、国民会议促成会等各团体的领导工作。人们赞誉说:上大"自从成立后,时间虽然很短,但从总理(孙中山)经过上海,主张国民会议起到五卅案件中,差不多成为一切国民运动与社会运动的中心"。

上大学生在开展社会活动中,卓有成效的是开拓平民教育事业。1924年春,在邓中夏、瞿秋白等倡导下,开办上海大学平民学校。先后有上大学生卜世畸、刘华、王秋心、杨之华、刘一清、林钧、王华芬等担任上大平民义务学校执行委员。担任教职员的有40余人。

4月15日,上大平民学校第一期开学,校址即设在上大内,吸收附近的青年工人、店员或失学青年近400人为学员;第二期460余人。一直持续到1925年,入学学生始终异常踊跃。

除了在上大办平民学校外,邓中夏、瞿秋白还动员与组织上大学生刘华、何秉彝、杨之华、张琴秋、诸有伦、钟复光、王亚璋等很多人到沪西小沙渡和沪东杨树浦工人集中区建立平民学校,开展工人运动。平民学校工作取得很大的成绩,刘华、杨之华、张琴秋等在和工人的结合中,成为工人运动或女工运动的领导者。

从1924年秋起,上大成为全市青年学生运动的核心和"台柱"。1925年2月,由邓中夏、李立三、刘华等领导,上海日商纱厂工人大罢工,上大成立了"上海日纱厂罢工后援会",刘一清、杨之华、张琴秋、郭伯和、何秉彝等许多上大学生帮助纱厂工会进行宣传与组织工作,向全市学校等募捐款支援罢工工人。上大成为学生支援工运的基地。

风驰雷鸣的五卅反帝运动的导火线——顾正红惨案发生后,上大学生积极参加了全市的"日人残杀同胞雪耻会",发动了一系列的斗争。5月30日,上大学生担当了爱国运动的先锋队,英勇无畏地在南京路各处演讲示威。在南京路老闸捕房中被关的数百名学生中,以上大学生为最多。帝国主义制造了震惊世界的五卅惨案,上大学生何秉彝[①]壮烈牺牲,上大学生于达等十数人受伤或受重伤。从此以后,上大学生和全市工人、学生一起,投入了罢工、罢课、罢市的斗争。

"北有五四的北大,南有五卅的上大,而后者尤为使民众运动深刻化,直接掀动从事生产的大众的反帝狂澜,成为民族运动史上最光荣的一页,于世界于中国永远不可磨灭"。这是当时舆论对上大的评价。

---

① 原文注:何秉彝(1902—1925),上大社会学系学生,共产党员,曾为上大学生会负责人之一,青年团上海地委组织主任。

三

上海大学是在国共合作的条件下,由中共实际领导的第一个高等学府。它是中国早期革命者的摇篮,革命的大熔炉,许多民族的精英在此熔铸成长。许多上大的师生在民族解放的事业中前仆后继,英勇捐躯。他们的业绩与精神永远存在。

瞿秋白在参与筹建和开展上海大学的教学实践活动中,所积累的经验,所取得的成绩,对中国共产党的理论建设、教育思想的形成和干部培养的方式都有着十分深远的指导意义。

首先,瞿秋白在上大的教学实践中,编写的马克思主义的政治教材,不仅在当时宣传了马克思主义,使马列主义在大学讲坛占有了一席之地,引导了不少革命青年走上了布尔什维克道路,而且为党的思想与理论建设积累了材料,打下了坚实的基础。

瞿秋白在上大时为了上好"社会哲学"和"现代社会学"两门课程,他硬是顶着蒸人的溽暑,在较短的时间内,见缝插针地编写了这两门课程的讲义。《社会哲学概论》讲义长达4万多字,从中足见瞿秋白所耗费的心血。这两门课程,在当时的中国还是新开设的,几乎没有现成的教材可参考。编写《社会哲学概论》讲义的目的,主要是由于讲解马克思主义的哲学理论,从对学生启蒙开始。讲义绪言部分,首先介绍了"哲学中之唯心唯物论",罗列了古今中外的各种哲学观点。当正式讲述时,明确所学习的"哲学"课,就是将"现代的社会之综观及将来的社会之推究,应当:(1)先从哲学上之宇宙根本问题研究起;(2)继之社会现象的秘密之分析;(3)再进行社会主义之解说"。在《哲学》一节,瞿秋白从"宇宙之源起"、"生命之发展"、"细胞——生命之历程"、"实质和意识"、"永久的真理——善与恶"、"平等"、"自由与必然"、"互变律"到"数与质——否定之否定",概括了哲学中多数重要的命题。而在《经济》一节,则从"社会的物质——经济"、"原始的共产主义及私产之起源"、"阶级之发生及发展"、"分工"、"价值的理论"、"简单的与复杂的劳动",直到"资本及剩余价值",顺理成章地清晰勾勒出资本家剥削工人的奥秘。

所以尽管哲学相对来说理论性较强，颇为枯燥，但瞿秋白的讲义由浅入深，逐步推进，在讲课中善于将抽象的哲学观点和活生生的社会现实自然融合起来讲解，深入浅出地分析问题，把理论与当前的实际斗争相结合。

瞿秋白所撰写的讲义，章节分明，逻辑性强，因而学生容易听懂，印象深刻。如他的《现代社会学》讲义，就分为《社会学之对象及其与其他科学的关系》《社会科学之原因论与目的论》《有定论与无定论》《社会现象之互辩律》《社会》等5章共25节。有的章节为了醒目，使同学容易掌握，还列出具体的条目。如第一章第二节"社会学存在之根据"，就列出了"社会学实用上及理论上之重要"、"社会学与理化科学"、"社会学与生物学"、"社会学与心理学"、"社会学与集体心理学"、"社会学与其他社会科学"等条目，可谓详尽细微，务求科学而全面。

1924年夏季，上海大学举办了暑期"夏令讲学会"。自7月6日至8月31日，共有名流学者35人参加了演讲，共作学术报告51场，听众如云，盛况空前。其中最受学生欢迎并引起轰动的，则是瞿秋白的"社会科学概论"讲座。由于这次讲座的特殊意义，瞿秋白事前挥汗如雨，连续几个夜晚挑灯大战，撰写了近4万字的讲义，分为"总论"、"社会之意义"、"经济"、"政治"、"法律"、"道德"、"宗教"、"风俗"、"艺术"、"哲学"、"科学"、"社会现象之联系"等12个部分。为使听众明晰，他还使用了图表。他的演讲大大普及了社会科学，宣传了马克思主义的社会学观点。

1924年12月，由于受到上海公共租界巡捕房的通缉，瞿秋白被迫离开了上海大学的讲台，但他对教学依旧情有独钟。所以当1926年1月，革命形势又一次高涨，上海大学邀请他举办"现代民族问题"讲座时，尽管那时他已进入中共中央的高层领导圈，党务缠身，各项工作繁忙，他仍欣然答应，并认真编写教材。他所撰写的《现代民族问题讲案》共分四讲："绪论"、"帝国主义前的民族问题"、"帝国主义时代的民族问题"、"无产阶级革命时代的民族问题"。瞿秋白的这一讲案，可谓历史学科教学讲案的范本。它由远及今，条理清晰，每一讲的要点都十分醒目。如第二讲就分为"帝国主义前之民族政策"、"国家主义之意义"、"纯民族的国家与多民族的国家"、"资产阶级国外政策中之民族问题"、"资产阶级国内政策中之民族问题"、"殖民地与宗主国"、"资产阶级之殖民地政策"、

"'东方'之真意义"、"民族解放运动与革命战争之意义"等要点。而每一要点下又列出各小点,提纲挈领,一目了然,尤便于记忆。

这些"讲义",在当时是马列主义的启蒙教材,对马列主义在中国的传播起了积极作用,也在一定程度上弥补了中共初创阶段在理论与思想建设上的空白和不足。

其次,瞿秋白在上大执教期间提出并付诸实践的教育原则与经验,是党的教育思想的宝贵财富。

瞿秋白一生与教育有着不解之缘。他的人生经历从投身教育始,至献身教育终。他17岁初次踏入社会时,迫于生活的困窘,担任小学教员。22岁又在莫斯科东方大学中国班任教。1923年回国后,又在上海大学担任教务长兼社会学系主任。而英勇就义前一年,他又出任中华苏维埃共和国中央政府教育人民委员(教育部长)兼苏维埃大学校长等职。瞿秋白对教育工作无限忠诚和热爱,曾说:"我这种人,最好是做一个教员、教教书。"因此,瞿秋白在上海大学的教育思想与实践,对他自身教育思想的发展来说,起到了承上启下的作用,是他的教育思想形成发展的重要阶段,对党的教育事业来说,是重要的组成部分。

笔者以为瞿秋白在上大的教育思想与活动至少给后人以三方面的启发:

第一,注重人民教育的思想。他早在五四时期,便提出"实施平民教育","实行'工学主义','学工主义'"。在上海大学工作期间,他在写给鲍罗廷的信中说:"上海执行部组织的每个地区委员会底下将组织民众扫盲学校",主张为工人开办一些学校。上大师生开办的平民学校就是瞿秋白这种思想的具体化。

第二,理论联系实际,是瞿秋白躬行的基本教育原则。他强调:"革命理论永不能和革命实践相离。""应用革命理论于革命实践……应用马克思主义于中国国情的工作,断不可一日或缓"。这是因为"马克思主义的主要内容,就在于它不是什么教条,而是行动的指导,不是什么空想的乌托邦,而是社会现象的科学规律,是认识了社会的现实而指出改造这个现实的道路"。在瞿秋白的这一思想的熏陶下,上大开启了"学以致用"的一代新风。

第三,注重学生全面能力的培养,注重素质和创新思维的培育。他为上海大学各系设置的课程注意以下几点:(1)兼顾专精与渊博,尤其以知识要求的广博性和拓展性令人注目;(2)重视方法论和工具性课程;(3)注意现代科学高度分化又高度综合的趋势,开设包含边缘交叉学科内容、文理兼容的课程。在瞿秋白主持的社会学系,学生必须学完规定的必修课和选修课,要求学生掌握社会科学的一般原理、历史以及现状,对于文、史、哲、经、法都有一定的基础知识,又有比较扎实的功力,比较熟练地掌握外语,古文字和考据方法,并具有较强的社会活动能力。培养学生成为社会科学方面的通才,同时又为科学研究和从事社会活动打下基础。

瞿秋白通过上大为党培养和造就了一大批共产主义的优秀干部,他们之中有为民主革命而牺牲的刘华、何秉彝、郭伯和、秦邦宪、瞿景白等,有为社会主义事业作出了新贡献而后去世的王稼祥、张秋琴、杨之华、杨尚昆等,他们卓著的历史功勋,是永垂不朽的。这是瞿秋白的业绩,上海大学的光荣,也是中国共产党的骄傲。

茅盾与上海大学[①]

程杏培

沈雁冰(茅盾)在1923年至1926年的四年时间在上海大学进行革命活动。他对上海大学有着极高的赞评:"当时的上海大学是名副其实的弄堂大学,这个弄堂大学培养了许多优秀革命人才,在中国的革命中有过卓越的贡献。"所谓弄堂大学,他主要是指校舍和设备简陋。但是,茅盾又指出:"有书摊出卖《新青年》《向导》《中国青年》和其他社会科学的书;还有学生墙报,这都是当时上海其他大学所没有的。"这就点明了这所新型的革命大学的特征:宣传新的思想,学习马列主义,特别是有着"活泼民主的校风"。

当时国共第一次合作,由国民党元老于右任担任校长,他只是挂名,实际领导和办事的是共产党员。邓中夏任总务长,瞿秋白任教务长兼社会学系主任,陈望道任副校长兼中文系主任,邵力子任副校长。教师有恽代英、萧楚女、任弼时、杨贤江、周建人、俞平伯、蒋光慈、李石岑、萧朴生、冯子恭等等。曾在上海大学学习,后来成为有名的作家施蛰存回忆说:1922年秋,我俩(戴望舒)从杭州来到上海考入上海大学中文系,是一所新办的貌不惊人的弄堂大学,在非常简陋的教室里,听过当时最新涌现的文学家和社会科学家的讲课。田汉讲雨果的让·华尔让,讲梅里美的嘉尔曼,讲歌德的迷娘;沈雁冰讲希腊戏剧和神话;方光焘讲厨川白村的小泉八云;瞿秋白讲十月革命;恽代英讲封建主义、帝国主义和民主主义;陈望道讲修辞学;胡朴安讲文字学;邵力子讲中国哲学……这群老师在

[①] 原载《上海党史与党建》2002年11月号。

学生眼里都是最新的人物，他们的言论、思想、风采给我们留下至今忘不掉的印象。此外，学校举行学术报告会邀请李大钊讲"史学概论"，胡适讲"科学与人生观"，郭沫若讲"文学之社会使命"等等，启迪学生对各种问题的思考，又引导学生重视理论联系实际，走与工人相结合的道路，革命精神与学术研究的气氛十分强烈，树立革命的学风和马克思主义人生观，培养了杨尚昆、王稼祥、秦邦宪、匡亚明、李硕勋、何挺颖、阳翰笙、孟超、袁牧之、杨之华、丁玲、刘华、何秉彝等等。他们有的为革命而献身，有的成为党的领导人，有的成为专家学者。

茅盾在中文系教授"小说研究"，在英文系讲"希腊神话"。由于他的基础扎实，青年时期读书范围广泛，经史子集无所不读，《左传》《庄子》《史记》，"韩柳苏"，"唐诗"，"宋词"都很喜欢。在北京大学学习时有章太炎的学生陈汉章讲经学，沈君默讲典论论文；英语基础又好，阅读大量外国文学。因此，他的教学深受同学们的欢迎。丁玲说：我喜欢沈雁冰讲《奥德赛》《伊里亚特》这些远古、异族的极为离奇的极美丽的故事，我从这些故事中产生过许多幻想，"他是一个会讲故事的人，他从来不讲课外的闲话"。这表明茅盾的讲课认真负责，内容丰富，给学生产生许多思考和留下深刻印象。

茅盾当时已逐步确立了马克思主义文学观。他在《自然主义与中国现代小说》中提出"新文学要求作者描写第四阶级（无产阶级）和被损害与被侮辱者"，同时热情介绍被压迫民族的文学，重视苏联十月革命后的社会主义文学艺术的思想和创作。1924年在拜伦诞辰百年纪念文章中明确指出文学必须为民主革命服务，摆脱文学是表现全人类共通的情感的论点，文学与社会有密切关系。同时，他与党的早期领导人邓中夏、瞿秋白、恽代英和萧楚女等人相认识，使他的文学思想有了很大进步。邓中夏在1923年发表《贡献于新诗人之前》："儆醒人们使他们有革命的自觉和鼓吹人们，使他们有革命的勇气。"并第一次提出"革命文学"的口号，恽代英也拟文嘲笑那些自命为艺术而艺术的新浪漫主义者专干的"欣赏自然，讴歌恋爱，赞美虚无"的没志气的勾当。茅盾十分赞同他们的观点，认为"为人生的艺术应该是积极的艺术，应该能够唤醒民众，激动的人心，给他们以艺术的力量"。

在一次教务会议上，茅盾与瞿秋白相见。但是，茅盾对瞿秋白很早就有着印象。五四时期，郑振铎与瞿秋白同在北京，后来，郑振铎在茅盾处多次谈起瞿秋白。另外，茅盾读过瞿秋白著的《新俄游记》(即《饿乡纪程》和《赤都心史》)。从这次相见后，两人在革命道路上，特别在文学上成为战友。茅盾又介绍瞿秋白与鲁迅相识，促成了两位文学巨匠的密切交往。

茅盾又多次参加学校主办的演讲会。1923年暑假，他应侯绍裘(附中部主任)邀请到松江演讲"文学与人生"。

胡绳在《中国共产党七十年》中指出："中国共产党在上海工人中有工作基础的。那时(指1923年到1925年)中央设在上海。共产党人以上海大学为重要据点，深入到工人中去工作，先后在七个地区创办工人夜校。"1925年2月，工人反对日商资本家压迫，日内棉7—8厂工人罢工，后又集合在潭子湾开会，上大学生刘华、杨之华等在邓中夏领导下号召工人进一步斗争。当时，杨之华是学生会执委，她有着非凡的活动能力，她已与瞿秋白结婚，家在闸北顺泰里12号，与茅盾是邻居，是茅盾夫人的好朋友。

5月15日，日本资本家枪杀工人领袖顾正红。16日，一万多工人罢工，组成罢工委员会，提出"惩办凶手，承认工会"等八项要求。24日在潭子湾举行顾正红烈士追悼会，开展对帝国主义总示威，扩大宣传，组织全市罢工罢市罢课。30日，茅盾夫妇参加五卅运动，他俩同上海大学学生宣传队在一起，与工人会合在南京路。沿路演讲，高喊"打倒帝国主义"。杨之华也与他俩一起活动。正走到先施公司(上海服装公司)门前，忽听到前面连续不断枪声，人群如潮水般从前边退下来，巡捕开了排枪，上海大学学生何秉彝、交大学生陈虞钦中弹牺牲。

当天晚上，陈独秀、蔡和森、李立三、恽代英、罗亦农等在闸北宝兴里开会。决定全市"三罢"，成立工商学联合会为此次运动的领导中心。

规模更宏大、组织更严密的大游行是31号上午进行的。茅盾夫妇参加斗争。茅盾写了"暴风雨——5月31日"，记录着当时的斗争场面。"大家还是不带伞，不穿雨衣，无所事的出发了。各人脸上有一种好奇的踊跃的喜气，眼光里射出坚决的意志，这是勇敢的战士第一次临阵时所有的一种表情。"有好几起三道头和印捕拔出手枪，擎起木棍来驱逐群众，"冷酷的武力不能浇灭群众沸腾的热血,昨天的炮火已把市民的血烧得沸滚了"。"有万千争自由的旗帜飞舞,有万千打倒帝国主义的呼声震荡,有多少勇敢的青年洒他们的热血,要这块灰色的土地染红!""谁还记得先进的文明人曾卸下了假面具露一露他们的狠毒且丑恶的本相。""也只有一个办法,以眼还眼,以牙还牙,不甘心少也不要多。"

6月1日,反帝斗争达到高峰,但是,帝国主义继续血腥镇压,6月4日,上海大学(地址在西摩路)被封,被英国海军陆战队占为营房。该日,由茅盾、杨贤江、侯绍裘等30余人发起组织上海教职员救国同志会,组织讲演团赴各区讲演。

中共中央决定于6月4日出版《热血日报》,由瞿秋白主编。茅盾也在商务印书馆出版的《公理日报》上报道这次运动的动态,由于敌人的镇压,出版20天的《公理日报》被迫停刊。但是,各地群众仍进行斗争,到处响起打倒帝国主义、废除不平等条约的怒吼。茅盾在回忆录中说:这次斗争"中国共产党人加深了对他们(帝国主义和买办资产阶级)的认识,为做好反帝统一战线工作积累了经验"。

于右任执掌上海大学

张元隆

于右任（1879—1964）早年在上海创办《民呼日报》《民吁日报》《民立报》为民请命，倡言革命；中年以书生投笔从戎，在陕西组织靖国军，统兵展开护法运动；晚年在台湾以生命的最后张力，发出"葬我于高山之上兮，望我大陆"的思乡之念。厥为共和元勋，监察之父。孙中山延之为友，蒋介石敬之若师。这样一位富有传奇色彩的名士，还有一段执掌上海大学的非凡经历。

出 任 校 长

上海大学是国共合作创办的一所新型大学，其前身为私立东南高等专科师范学校，校址在闸北青岛路（后改称青云路）。因校舍与设备极为简陋，被称为"弄堂大学"。东南高师开学不久，校长王某竟将学生预缴学膳费中饱私囊，溜至日本去留学镀金，遂引发学潮而强烈要求改组校务。在酝酿学校改组时，学生代表拟邀请陈独秀、章太炎、于右任三人中之一位出任校长。但由于陈独秀行踪不定，政治色彩太浓；章太炎隐居苏州，闭门不出；最终在邵力子先生的帮助和国民党内的柏文蔚、柳亚子、杨杏佛、叶楚伧等极力促驾下，于右任为学生代表的殷切恳求所动，同意出任校长，并建议将校名改为上海大学。上海大学是国共合作办学的产物。当时，孙中山和一些国民党人，因在军事和政治上屡遭挫折，遂倾

---

① 原载《世纪》2004年第1期。

心于文化教育事业,以图培植人才,积聚革命力量。而中国共产党尚处于幼年时期,急需培养干部,以开拓革命事业,也十分重视兴学育才。于右任则赞成国共合作,认为"社会党(指中国共产党)乃吾国新起为政治活动之党。吾闻其党多青年,有主张、能奋斗之士","不得不寄厚望于他们"。这就形成了国共两党人士真诚合作、共同办学的良好开局。

1922年10月23日,是上海大学成立的喜庆日子。这天上午,全体学生150人手执欢迎小旗,并组织了军乐队,到北火车站列队迎候新校长。当于右任、邵力子乘坐临时雇用的汽车经过欢迎队伍时,音乐声和欢呼声汇成一团。接着由乐队开道,学生居中,汽车殿后,向学校前进。适天公不作美,下起大雨,学生鱼贯而行,个个精神振奋,秩序井然,于右任深受感动。到达学校后,尽管同学们衣履尽湿,仍不愿休息,立即召开了欢迎大会。

在欢迎大会上,教工代表首先致词:"此次改造学校,可谓公理战胜强权。于校长为革命伟人,共和元勋,言论界之前驱,教育界之先进,敬为本校前途表示欢迎。"在热烈的掌声中,于右任谦和答词:"予乃愿为小学生以研究教育,非好为人师。""予实不敢担任校长,但诸君如此诚意,……何况吾辈为有文化之人,自当尽力之所能,辅助诸君,力谋学校发展。"邵力子以来宾身份发言:"于先生谦言愿为小学生以研究教育,余望诸君亦本此精神,切切实实地多求几年学问。"就这样,于右任担任了新创办的上海大学校长。于右任后来回顾上大创办情景时说,我"思以兵救国,实志士仁人不得已而为之;以学救人,效虽迟而功则远"。故立言"欲建设新民国,当先建设新教育";"讵意莘莘学子,环而请业,拒之无方,而上海大学之名,遂涌现于中华民国之新教育界中"。不难看出,以发展教育振兴国家,尽力之所能建设学校,是于右任出任上海大学校长的基本出发点。

运 筹 校 务

于右任执掌上海大学后,虽依然致力于国民革命、而没有长期坐镇学校,但为上大的建设和发展还是付出了不少心血。

一是延聘管理人才。于右任走马上任后,与邵力子约请李大钊、张

继等在福州路(原四马路)同兴楼京津菜馆磋商校务,请求予以支持和帮助。在李大钊的推荐下,由邓中夏任上大总务长,瞿秋白为社会学系主任。1923年春,邓中夏到校视事,确定了办学方针,改革了学校建制,草拟了上海大学章程,并极力延聘共产党员和进步人士来校担任教职;瞿秋白到校后,希望上大能成为南方的新文化运动中心,并身体力行,把社会学系发展成上大的支柱学科,为中国马克思主义社会学步入大学讲坛开辟了一片新天地。上大很快成为东南地区名副其实的革命的最高学府。

二是规划学科发展。于右任掌校后,多次召集教职员会议,详细讨论学科发展规划。为适应社会之需要和学校之实际,拟定在大学部设社会科学院和文艺院。社会科学院下设社会学系、经济学系、政治学系、史学系、法律学系、哲学系、心理学教育系等;文艺院下设中国文学系、英国文学系、俄国文学系、德国文学系、法国文学系、绘画系、音乐系、雕塑系等。由于计划庞大,考虑分三期逐步实施,每期两年。后因"四一二"政变,学校被封闭未能完全实现。其中社会学系、中国文学系、英国文学系,办得颇有生气。

三是完善管理体制。1923年8月8日,于右任主持建立评议会(后改为行政委员会),作为学校最高会议,负责议定办学大政方针和处理全校一切重大事务。评议会不设议长,开会时由校长主持。除校长为主席评议员外,推选叶楚伧、陈德徵、邓中夏、瞿秋白、洪野、陈望道、周颂西、冯子恭、邵力子等9人为评议员。8月12日,上大评议会召开第一次会议,议决组成校董会,拟请孙中山任名誉校董,蔡元培、汪精卫、李石曾、章太炎、张溥泉、马宝山、张静江、马君武等20余人为校董,以提高学校声誉,争取办学经费,促进教育发展。

四是制定学校章程。1923年12月制定上海大学章程,于右任亲笔为章程题签。该章程明确规定:"本大学以养成建国人才,促进文化事业为宗旨。"在组织与行政方面,设校长1人,统辖全校事务;设校董会,规划学校经济,辅助学校建设;设行政委员会,决策学校大政方针。在学制方面,采用学分制。学生以每周上课1小时或实习2小时历1学期者为1学分,修满140学分并经考试合格者方能毕业。

关爱学生

  于右任在上大时间不长，1924年起，因国民革命的需要，他辗转广州、北京、河南、上海之间，无暇过问上大校务，请邵力子代理校长，但对学校则感情笃厚，对学生则充满关爱。

  为培养建国人才，于右任将上大纳入国民革命的轨道，认为"上大不比其他学校，希望上大同学，每人都能成为一强有力之炸弹，将来社会上定能发生极大之影响"。"炸弹"终于在1925年五卅运动时引爆。上海日商纱厂日籍工头枪杀工人顾正红惨案发生后，上大学生积极参加全市的"日人残杀同胞雪耻会"的声讨活动。5月30日，上大学生在南京路各处演讲示威，充当反帝爱国运动的先锋。学生的爱国义举引起列强的恼怒，上大（1924年迁入租界西摩路，即今陕西北路）于6月4日被万国商团和英国巡捕强行查封。6月5日，于右任从开封赶抵上海，鼓励学生："上大此次首先被封，正因上大反抗强暴之外人统治最勇猛，同学中切不可因学校被封而趋消极，盖吾校学生实最早提出反对帝国主义及不平等条约之口号，故受'过激'之诬。"上大学生在五卅运动中体现出来的爱国精神可歌可泣，时人评价："北有五四的北大，南有五卅的上大，而后者尤为使民众运动深刻化，直接掀动从事生产的大众的反帝狂澜，成为民族运动史上最光荣的一页，于世界于中国永远不可磨灭。"

  1927年"四一二"政变，国民党大肆屠杀共产党人，作为国共合作产物的上海大学也遭国民党当局封闭，结束了其将近5年的历史。上大解体后，国民政府教育部一直不承认上大学生的学籍，致使曾在上大就学的近两千名学生在就业、晋级等方面受到不公平待遇。于右任为争取上大学生的大学学籍资格，与国民党当局一再交涉，终于至1936年3月在国民党中央常务委员会第八次会议上，通过追认上大学生学籍、与国立大学享有同等待遇的决定。于是，各地上大同学纷纷成立同学会，力图进行复校活动。上大同学对于右任深表感激，更领悟到于校长希望大家继续发扬革命精神、肩负复兴民族之重任的真意，为弘扬上大优良传统，共赴国难、振兴中华而不懈奋斗。

上海大学与五卅运动

张才德

20世纪20年代的上海大学（简称上大），是一所以共产党人为主体的国共合作创办的文科大学，为中国革命造就了一批出类拔萃的人才。从1922年秋到1927年4月12日蒋介石发动反革命政变被封闭，上大仅有四年余历史。在本区虽一年有余，却是她的鼎盛时期，迎来了中国共产党领导的席卷全国声震世界的五卅反帝爱国运动。上大为推动五卅运动起了重要作用，她和五卅运动有着不可分割的血肉联系。

一、一所革命的大学

"为建国"而教而学——除旧布新，上大迁来。上大前身是私立东南高等专科师范校，建于1922年春，设在闸北青云路，全校百余学生。同年10月因校政腐败而发生学潮驱走校长。当时正处在全国人民反帝反封建民主革命的前夜，中共中央正在酝酿与孙中山先生领导的国民党建立联合战线。学生会提出了改造学校，请陈独秀或于右任出任校长的要求。

经各方推动，在1922年10月23日正式公告，定名为"上海大学"。国民党人于右任和当时的共产党人邵力子分任正、副校长。1923年4月，邓中夏到校任校务长（总务长），7月，瞿秋白到校任教务长兼社会系主任，他们为办好上大倾注了大量的心血和精力。邓中夏在《上大之使命》中写道："如果有人要问我们的教职员工'你们为什么要办上大？'我

---

① 原载《上海文史资料选辑（静安卷）》，上海市政协文史资料编辑部2004年版。

敢断定十分之九的教职员工会这样回答：'为建国。'如果有人要问我们的学生：'你们为什么要进上大？'我也敢断定十分之九的学生会这样回答：'为建国。'"

学校设中文、英文、社会、美术四系及附中。解聘了原来的学监及迂腐的教师。共产党人蔡和森、任弼时、萧楚女、安体诚、恽代英、陈望道、沈雁冰、沈泽民、萧朴生、高语罕、张太雷、施存统、蒋光慈、张秋人、杨贤江、杨明轩、侯绍裘、李季等到校任教。还聘请了思想进步、学识渊博的朱自清、郑振铎、朱光潜、谢六逸、周建人、刘大白、俞平伯、周越然、田汉、傅东华、洪野、丰子恺等为教师，一时，上大成为人才荟萃之地。

1924年2月，因名声鹊起，学生增到四百余人，青云路校舍不敷应用，改租公共租界西摩路29号（今陕西北路菜场所在，原屋已毁）为一院，附近的时应里民房（今陕西北路229弄）为二院，另租附近甄庆里、敦裕里、民厚里等处民房为学生宿舍。

当时，瞿秋白、张太雷、蒋光慈、施存统等住在慕尔鸣路（今茂名北路）彬兴里，他们经常接触学生，开辟工作。

大声疾呼——充满革命激情的讲坛。上大教师中的共产党员和革命者，大多是五四运动的学生领袖和新文化运动的骨干，是一批早期接受马克思主义的知识分子。他们在课堂中讲授马克思主义的基础理论，很受学生欢迎。

课堂教学外，上大还举办星期演讲会，邀请名流、学者到校演讲。迁入本区后，从1924年7月起，以上海学联名义举办"夏令演讲会"共计51讲，历时8周，上大教师主讲的占一半以上。听讲者远的从松江、南汇、青浦等地冒暑赶来，络绎不绝。瞿秋白讲"苏联新经济政策"，讲前众多听众早就站在门口，向他热烈鼓掌欢迎。恽代英讲"中国政治经济状况"，萧楚女讲"中国农民问题"，他们滔滔不绝，声情并茂，充满革命激情。恽代英讲到人民受帝国主义、封建军阀、土豪劣绅鱼肉时，情不自禁地挥动双手，大声疾呼。

上大没有巍峨的校舍和完善的设备。她以革命的讲法吸引了大批有志于民族解放、追求真理的青年。学生从四面八方纷至沓来，包括菲律宾、新加坡、印尼、日本的归侨以及来自北大、南洋等校的转学生。

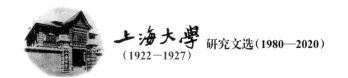

上大学生贫穷的多。学校规定学生交不起学费可由教职员担保缓交,到期就在担保者的薪金中扣除。很多教职员资助学生,特别是邓中夏,总是有求必应,这样,他的薪金中常有一大半用于为穷学生交学费。

"要在学生时代去干"——雨后春笋般的社团活动。上大学生会开展各种各样的政治活动,成了党团结群众的纽带和桥梁。上大学生会也是上海学生运动的主力,不少上大学生在上海学联和全国学联担任重要工作。

各种团体应运而生,犹如雨后春笋。"社会问题研究会"、"三民主义研究会"、"中国孤星社"是研究社会问题的团体。"社会问题研究会"举办《社会科学特刊》,请李大钊作题为"社会主义释疑"、恽代英作题为"中国民生问题"、杨杏佛作题为"从社会各方面观察中国的政治前途"的演讲。孙中山逝世后,"三民主义研究会"改称"中山问题研究会",为反对国民党右派的"西山会议派"、"孙文主义学会"、"戴季陶主义"作出积极的贡献。"孤星社"宣言指出:"要打破这四千余年的暮气,……不能等待毕业后去做,更是要在学生时代去干。"

各种学术团体,如"湖波文艺研究会"、"青凤文学会"、"文艺研究会"、"流萤社"、'风雷文学社"、"演说练习会"等,都纷纷成立。

"上大女同学会"为团结和发动女生关心政治、参加政治活动而建立。各种地方性的同乡会组织,利用旧的形式而赋予新的内容,联络校内外同学结成反帝反封建的力量。如浙江同乡会曾集会并通电反对军阀间的战争,反对孙传芳割据浙江。

二、风云激荡的革命斗争

"帝国主义者不得干涉"——波澜壮阔的国民会议运动。1924年底到1925年春,上海国民会议运动蓬勃发展。中共中央指示各级组织在人民群众中广泛宣传、推动全国各地组织"国民会议促成会"。

孙中山是国民会议运动的领袖。他于1924年11月17日由广州抵上海,准备去北京主持"国民会议预备会议"。上大学生列队出发,打着校旗,高呼口号,与各界人民一起到码头欢迎。欢迎队伍护送孙中山前往莫利爱路(今香山路)住宅,上大队伍走在最前头。法租界捕房派出巡捕夺走上大校旗,面对他们的横暴干涉,上大学生一面抗议一面前进。在住宅前,孙中山再次和欢迎群众见面,他严正指出:"在中国领土,中国人民有一切自由,帝国主义者不得干涉。"经过交涉,上大校旗被送回。

孙中山在上海两次召开座谈会,委派代表分赴全国各地宣传和组织"国民会议促成会"。上大学生王芬华、刘一清分别被派去浙江和安徽。12月间,上大师生发表宣言,呼吁拥护孙中山的主张,实现国民会议。"上海国民会议促成会"成立,邵力子、恽代英及上大学生林钧等被选为委员。"上海女界国民会议促成会"成立,上大学生张琴秋、钟复光被选为委员。上大师生成为上海国民会议运动的骨干力量。

1925年3月,李大钊领导的"国民会议促成会全国代表大会"在北京召开,以抗衡段祺瑞的"善后会议",上大学生刘一清、林钧、刘移山、钟复光是上海代表。代表会议尚未结束,3月12日,孙中山在北京逝世。

"尽我残生,继你素志"——天后宫黄仁惨案。1924年9月,浙江军阀(皖系)卢永祥与江苏军阀(直系)齐燮元之间爆发江浙战争。中共中央指出,这次战争是军阀战争,间接仍是帝国主义之间的战争,主张打倒一切帝国主义和一切军阀。但是,遭到国民党内右派的反对。

10月10日,上海各界在河南路桥天后宫举行辛亥革命纪念大会。上大学生郭伯和、何秉彝、黄仁和全国学联郭寿华等10多人前往参加。国民党右派阻挠革命左派发言,污蔑学生是齐燮元的奸细,指使流氓毒打学生,黄仁被从离地7尺的高台抛下来,流血不止,不治身亡。

10月中旬。上大和全国学联连续通电抗议。恽代英以国民党上海执行部名义声明,驳斥右派说的打倒一切军阀"不属本党范围"的谬论。27日,上海35团体举行"黄仁烈士追悼会",瞿秋白、恽代英发表演说。《民国日报》副刊《觉悟》刊出《黄仁纪念号》,何秉彝发表《哭黄仁烈士诗四首》,他写道:

你死了,/我只有将泪珠儿尽洒,/眼帘儿读烂!/尽我残生/继你素志,/为革命而战!

"监狱虽大"奈我何——搜查事件。1924年12月9日,帝国主义工部局以发售"仇洋"报刊为借口搜查上大。一群中西包探闯入阅书馆、讲义

室、书报流通处和学生宿舍,将所有书报、杂志、讲义,特别是带有"社会"两字的书籍百余种带走,并捕走一位图书馆人员。

他们威胁学生,说"工部局的监狱甚为宽大"。学生针锋相对地回答:"你们的监狱虽大,但可否容纳我四万万中华儿女?"大家高呼口号:"帝国主义滚出中国去!"蜂拥而上夺回部分书刊。

他们下令通缉瞿秋白,搜查瞿秋白寓所,将《向导》等革命书刊和俄文书籍搜去付之一炬,瞿秋白从此便转入地下。他们还控告邵力子"出售《向导》报,内含仇洋词句",因而"触犯刑律"。上大运用各种形式进行合法斗争,最后他们不得不宣判邵力子无罪,但邵力子无法在上大工作了。

三、走与工人运动相结合的道路

"我荣幸地做了你们的同志"——生机勃勃的工人夜校。1924年春中共上海地委根据党中央关于复兴工人运动的精神,指示创办工人夜校。上大夜校由富有工人运动经验的邓中夏亲自主持,称"上大附设平民夜校"。1924年4月15日上大工人夜校开学,学生不到三百人,11月增至四百余人,教师由上大师生担任。

夜校设成年与儿童的识字班与不识字班。课程主要是识字和算术。教师边讲课,边讲革命道理,以启发学生的阶级觉悟,还教唱《北伐歌》《少年先锋歌》《国际歌》等。

1924年苏联十月革命节,工人夜校召开纪念晚会,蒋光慈作《俄国革命后之状况》的报告。1925年五一国际劳动节,上大工人夜校不顾帝国主义者的禁令集会庆祝,向警予、恽代英、侯绍裘发表演说。5月9日国耻纪念日,上大学生、夜校教师崔小立发表反对二十一条和日本帝国主义的演说。

上海工人夜校以上大师生为骨干力量迅速发展,不久就有十多处,布及全市。邓中夏、恽代英、沈泽民、杨之华等师生经常到小沙渡、杨树浦、吴淞、南市的夜校上课。学生何挺颖和大家一样,在接触工人中,了解工人阶级的生活情况和思想感情,体验到工人阶级的伟大,决心为工人阶级

的事业奋斗到底,他写了一首题为《赠陆阿毛》的诗,说出了大家的心声,全文如下:

"我不过仅仅教你认识了几个字,你却教我懂得了不少的事。/我照着书本给你讲'阶级斗争',/你的行动却讲得多么有声有色。/在过去,/无产阶级对我只是一个概念,/今天呵!/我才认识了你们这一伙英雄好汉。/你们是天生的革命战士,/我荣幸地做了你们的同志。"

"他是工人阶级的优秀分子"——异军突起的沪西工人俱乐部。沪西工人俱乐部发轫于1920年秋,最早在上海从事工人运动的共产党人(上海共产主义小组成员)李启汉曾在小沙渡开办劳工半日学校,两年以后,上海社会主义青年团负责人张秋人,派学生嵇直在戈登路劳勃生路(今江宁路长寿路)口的一家杂货店门口用"代写书信不取分文"的办法联络工人。嵇直曾是上大前身东南高等专科师范学生会会长。此后陆续发展为"工人补习班"和"工人补习学校"。1924年9月1日,在小沙渡路槟榔路(今西康路安远路)口租用平房3间,建立沪西工人俱乐部(后迁至苏州河北岸潭子湾)。俱乐部的干部很多是上大师生。上大附中学生刘华任宣传委员。

刘华原是设在静安寺路中华书局总厂印刷所(今南京西路1486号上海计算机厂所在)的学徒。1923年,他因仰慕上大的名声离开中华书局进上大附中,并在总务处工作。刘华如饥似渴地学习革命理论和文化知识,学习疲倦了就用冷水冲头,以提精神。他进步很快,不久便成为上大工人夜校的骨干分子。他曾到日商内外棉纱厂做勤杂工,同工人群众建立了广泛的联系。校内有个国民党右派见他生活清苦,企图每月给两元钱的代价收买他,遭到拒绝。瞿秋白对刘华非常赞赏,多次说:"他(刘华)是工人阶级的优秀分子。"

沪西工人俱乐部设识字班、文化补习班。有次刘华讲东洋监工毒打工人,听讲者愤怒地喊出压抑已久的心声:"我们去打死这个狗腿子。"俱乐部的宣传深刻动人,工人把到俱乐部接受党的教育说成是"到俱乐部去听道理"。

俱乐部在工厂建立秘密的工人小组。到1925年二月罢工前,已有19家工厂建立了工人小组,成员近千人。一批工人阶级的积极分子成长起

来,有的加入了中国共产党。

五卅运动的前奏——二月罢工。第一次世界大战期间,日本帝国主义者趁欧洲各帝国主义国家互相厮杀无暇东顾之机,加紧对我国经济侵略。到1925年他们在上海纺织业中已处于遥遥领先的地位。沪西小沙渡一带是日商纱厂集中点,仅内外棉公司就有11家纱(布)厂。这些工厂里的工人过着牛马不如的生活。

1925年12月2日,日商内外棉八厂(今上棉二厂的一部分)日本领班毒打、开除和逮捕工人,引起罢工。中共中央非常重视这次罢工,组织了邓中夏、李立三为首的罢工委员会领导工人罢工。上大派杨之华、刘华参加罢工委员会的工作,并通过郭伯和、刘一清、刘峻山主持的上海学联发动学生支援罢工斗争。

2月9日,沪西工人俱乐部在潭子湾召开万人大会,李立三、项英发表演说,刘华被选为日商内外棉纱厂工会委员长。罢工浪潮迅速波及沪西沪东,有二十二个工厂四万工人参加二月罢工斗争。2月25日,上海四十余团体组成"东洋纱厂罢工工人后援会",全市掀起支援罢工的高潮。

上大学生踊跃参加支援罢工斗争,每天在潭子湾工人集会上演讲,还深入到工人家庭慰问。杨之华、刘华把铺盖搬进工人俱乐部和工人吃睡一起。3月,刘华离开上大专门从事工人运动。

二月罢工坚持二十多天,有力地打击了日本帝国主义者。他们被迫答应工人提出的条件。二月罢工是五卅运动的前奏,为五卅运动提供了各方面的经验。

四、五月鲜花血染成

"先生虽死,精神不死"——五卅运动直接导火线:顾正红惨案。顾正红原是叉袋角日商内外棉九厂[①](今淮安路上棉四厂)布机间的勤杂工,亲身经历了帝国主义剥削压迫的悲惨生活,因痛殴工头被开除出厂,后来进内外棉七厂(今上棉二厂大部分)布机间当盘头工。他到沪西工

---

① 原文注:日商内外棉九厂原是民族资本裕源纱厂,后被日本资本兼并。

人俱乐部接受教育,提高了阶级觉悟,经常向工人宣传革命道理。经过二月罢工斗争的锻炼,由刘华介绍参加了中国共产党。

二月罢工后,日本资本家不但背信弃约,反而要取缔工会,并以关厂、开除工人相威胁。为反击帝国主义,中国共产党再次领导工人罢工。这次罢工的策略是:纱厂罢工而布厂不罢工,以保持布厂工人的生活,但纱厂罢工无纱供应,布厂也不能开工。5月15日,顾正红与内外棉七厂(布厂)数百工人上夜班而受到阻挠。顾正红据理力争无效,便带领工人冲进工厂。日本资本家唆使持枪挟棒的走狗殴打工人,工人被打得鲜血直流。顾正红怒不可遏。高呼"反对东洋人压迫工人",带领大家拿起打梭棒准备拼死一战。日本帝国主义者连续开枪射击,顾正红倒在血泊中牺牲了。

5月16日和19日,中共中央连续号召工、农、学及各界支援罢工工人,投入反对日本帝国主义的运动。沪西工人俱乐部连日集会,工人代表发言"语颇沉痛、听者莫不泪下"。内外棉纱厂工会连续发出宣言,召开记者茶会报告惨案真相。上海35个团体组成"日人残杀同胞雪耻会",发出传单呼吁:"如果各位不要继续做日本人刀枪下的冤枉鬼,就请快一点起来雪耻。"5月23日,在潭子湾举行全市规模的"顾正红烈士追悼会",万人出席。烈士棺柩上盖着写有"东洋人打死中国人"的白布。刘华亲笔书写的挽联:"先生虽死,精神不死;凶手犹在,公理何在。"追悼会成了向敌人示威和动员各界人民反对帝国主义及其走狗的誓师大会。

当天,上大学生朱义权等4人,带领队伍打着旗帜前往参加追悼会,沿途演讲,高呼口号,散发传单,被租界普陀路巡捕房拘留。在此以前,已有设在内外棉七厂附近宜昌路的文治大学学生,因目睹中国工人被惨杀到南京路演讲、募捐而有2人被捕。捕房将上大及文治大学的6位学生送上海会审公廨(西牢),他们不准保释,不准送衣服,甚至鞭笞学生。

5月25日、26日,上海学联和全国学联分别开会,通告声援被捕学生。27日,恽代英以上海学联名义在麦根路(今武定东路)同德医专召集32校代表会议,作出扩大宣传等三项决议。同日,"雪耻会"联络60余个团体组成"上海各界援助被捕学生联合会"。

5月28日,中共中央提出把工人阶级的经济斗争转变为反对帝国主

义的政治斗争,决定在30日即租界当局审理被捕学生的一天,在租界地区组织反帝大示威。恽代英以国民党上海执行部名义召开会议,组织宣传员和工人代表到各校发动学生参加大示威。

5月29日晚上,整个上大灯火通明。面对帝国主义的欺凌,学生莫不心潮澎湃热血沸腾。学生组成38个演讲队(决死队),队长连夜集会。山雨欲来风满楼,一场空前的反帝风暴即将呼啸而来。

"为全中国反抗帝国主义的民族革命作前驱"——血肉横飞南京路。5月30日大示威,原拟以环龙路(今南昌路)国民党上海执行部为总指挥部。因国民党内有人临阵退却,中国共产党决定改在三马路(今汉口路)孟渊旅社。恽代英、侯绍裘为正、副指挥,上大学生高尔柏也参加指挥工作。5月30日,两千多学生和工人宣传队在南京路汇成一条反帝的洪流。每隔十多家商店就有一队学生演讲,散发各种传单。有张传单上写着:"我们已经预备牺牲一切,冒犯各种困难与危险,为全中国反抗帝国主义的民族革命作前驱。"各处都围了许多听众,巡捕到处驱散群众而驱不胜驱。随着怒潮的高涨,帝国主义者开始逮捕学生。学生被捕消息传开,各演讲队纷纷向老闸捕房一带集中,许多听众也潮水般涌向老闸捕房。

被捕者被关在老闸捕房的牢房及办公室内。牢房分东西两排,学生们高唱"打倒列强、除军阀",这排唱完那排再唱。在办公室里,学生们有的立在桌上,有的立在窗边叫喊着,拍桌子,撞击墙壁,高声斥责为什么把我们捉进来。整个捕房像开了锅似的,巡捕毫无办法,便把关在办公室的人先释放,但是被释者仍站在门前不散,有的拒绝出去,说要出去大家一齐出去。

下午3时,老闸捕房前"人群云集,水泄不通。口号雄壮声震屋瓦,传单飘飞满天蔽日"。帝国主义者用警棍敲击站在斗争最前列者。上大第四决死队队长、共青团①上海地委组织主任何秉彝被打得血流如注也不后退。这时,嗜杀成性的帝国主义者竟下令对手无寸铁的群众开放排枪。顿时血肉横飞,血溅几丈,殉难者13人,重伤数十人,轻伤无数,造成震惊

---

① 原文注:1925年1月中国社会主义青年团第三次代表大会决定将团的名称改为中国共产主义青年团。

中外大血案。

五、三罢斗争风起云涌

"报仇雪耻"——上海总工会成立。顾正红血迹未干,南京路上又血肉横飞,中国人民怒火越烧越旺。5月30日当晚,中共中央紧急会议,组织行动委员会。5月31日,大雨滂沱,南京路上学生、工人冒雨宣传演讲。他们边讲边哭,并与帝国主义的马队、高压水龙展开搏斗,又有数十人被捕,十余人被打伤。由于上海总商会负责人态度暧昧,数千群众包围总商会办事处。上大学生林钧以上海学联代表身份主持大会,推出向警予、沈泽民等为代表,向总商会提出罢市要求,表示"不宣布罢市,死也不出去"的决心。最后,总商会同意6月1日起在公共租界各马路实行罢市。

5月31日晚上,各工会联席会议成立上海总工会,李立三当选为委员长,刘少奇为总务科主任、秘书长,刘华为副委员长,随后又兼第四办事处(小沙海路办事处)主任(在李立三、刘少奇离开后,刘华为代理委员长)。总工会成立宣言和告全体工友书指出:"我们的身体好像牛马一样,我们的生命好像虫蚁一样!""报仇雪耻,反抗残暴杀人的外国强盗!工友们!起来呀!罢工呀!"

6月1日上午,南京路上演讲学生遭机关枪扫射又死4人,伤20余人,造成第二次大血案。下午交通断绝,南京路一片白色恐怖。

"宁为救国鬼,毋为亡国奴"——规模空前的三罢斗争。6月1日起,上海98校5万大中学生罢课。至7月21日,全市罢工工人25万人。罢工使帝国主义者"连求半片面包也不可得"。罢工工人在上海总工会领导下,进行维持秩序,募捐罢工基金,查处奸商私售粮食给外国人等活动。

公共租界30余条马路20万人罢市,街衢萧条店门紧闭,贴着"宁为救国鬼,毋为亡国奴"、"惨杀同胞作业志哀"、"我们为反对号称文明而无人性者而罢市"等招贴。武装巡捕强迫开市,甚至拍桌谩骂也无济于事。这次罢市是上海开埠80年来的第六次罢市,"其范围之广属前所未有"。

五卅运动发动的面很广,连小孩子也拿出储钱罐当场打碎,一边哭一

边说:"送给死去的叔叔家里人。"连替帝国主义执行镇压任务的中国巡捕也有千余人罢岗。

为了号召群众和驳斥敌人的攻击,郑振铎和沈雁冰等主编的《公理日报》、瞿秋白主编的《热血日报》、上海学联主编的《血潮日报》、杨杏佛主编的《民族日报》、上海总工会主编的《上海总工会日刊》(后改为三日刊)、上大主编的《上大五卅特刊》相继出版。经过一番周折,"上海工商学联合会"于6月4日成立。上大学生林钧、余泽鸿、阳翰笙、郭伯和、刘新稻、梅电龙以全国学联或上海学联代表身份参加。

"你们的敌人就是我们的敌人"——席卷全国,震撼世界。上海工商学联合会通电全国,请在6月25日举行全国总示威、6月30日全国公祭死难烈士。全国六百余城镇1 200万人投入斗争①。6月30日,上海20万人在西门公共体育场公祭死难烈士,祭坛白布书写23位烈士英名和无名氏8人,血衣亭悬挂烈士斑斑血衣。同日,北京20万人举行"全世界被压迫民族国民大会",宋庆龄、于右任等主持,会上有朝鲜、日本等国工人代表发言。

遍布全球的留学生和华侨纷纷响应。在巴黎、柏林、纽约、旧金山、底特律、费城、檀香山、芝加哥、爪哇、马尼拉、东京、秘鲁等地,成立各种后援会,发表声明并集资支援罢工工人。共产国际、红色工会国际、青年共产国际联合发出《告工人、农民和全世界劳动人民书》,指出:"东方人民正在从另一方面瓦解资本主义的统治。"英国共产党、德国共产党、日本劳动党、印度革命党、朝鲜革命党、捷克工会等500余党团组织共同声援中国人民解放运动。由世界名人肖伯纳领导的"国际革命者救济会"宣言说:"你们的敌人就是我们的敌人,你们的胜利也就是我们的胜利!""中国民族解放万岁!"

六、不是结束的结束语

五卅运动揭开了20年代中国大革命高潮的序幕,为北伐战争、为上

---

① 原文注:6月25日全国总示威,唯上海因戒严未能举行,仅千余人集会。

海工人三次武装起义作了战前动员。上大以自己特殊的地位和作用谱写了可歌可泣的篇章。

从二月罢工到五卅运动。学生外出游行示威,上大队伍总是打着校旗走在前头。当时不断有人被捕,于是,就在校内准备好写着"欢迎出狱同学回来"的红色横幅,有人出狱,就打出横幅,大家鼓掌欢迎。学生什么都不怕,死也不怕。五卅那天,有位同学长袍被打穿四个洞而幸免于难。他回来说:"我要把这袍子留作纪念,见到它,就增加了对帝国主义的仇恨,决心一辈子革命,打倒帝国主义,打倒军阀。"

上大成了帝国主义者的眼中钉、肉中刺,必欲置之死地而后快。6月4日,帝国主义万国商团60余人武装包围上大。他们闯入校内,将师生驱至空地强行搜身。随后至学生宿舍用刺刀撬开箱子,翻箱倒柜。并限令于10分钟内将所有东西搬出,不准逗留,不准再进校门。接着又增加海军陆战队60余人,声言要在此驻扎,强迫学校立即迁出。他们将行李、书籍等乱丢在西摩路上,并拘捕两位学生。

上大校舍最终被帝国主义者武装占领了(同时,南方大学、大夏大学、同德医专等校的校舍亦被占领),从此上大师生离开了静安区,但他们继续英勇战斗,去迎接大革命的高潮。

上海大学：红色学府的教育风范[①]

谢 瑾

上海大学被称为"红色学府"，使其在革命史上的地位得以彰显，而她在教育、教学上的特殊贡献，则缺乏充分的挖掘和详尽的展开。本章通过对该校的办学宗旨、学科设置，以及该校在文科体系构建中所形成的独树一帜的社会学系和独步文坛的中国文学系加以重点论述。本章还重点论述该校教师的教学、研究状况及学校的学术演讲及学术团体的情况，以期能还原一个重视教学，具有红色学府特有教育风范的高等学府之原貌。

一、办学宗旨与学科设置

（一）救国图强的办学宗旨

"养成建国人才，促进文化事业"是上海大学的办学宗旨，对此总务长邓中夏有他独到的认识，他认为"在这国际紧迫和国内扰乱的时代和环境之场合中"只有"建国是中国今日唯一的出路"，"上海大学的宗旨便不客气地把'养成建国人才'六个大字规定下来。再有一项是'促进文化事业'，这是建国方略中应有的而且必要的一种手段。故宗旨虽为两项实际却只一端"。他明确指出上海大学是以"促进文化事业"为手段实现"养成建国人才"的目标，这便是上大与其他大学不同的地方，"也便是上大的使命"。

[①] 节选自谢瑾硕士论文《上海大学：革命与教育的变奏——以〈民国日报〉为中心的探究》。

"养成建国人才",也是国共两党合作办学的基本出发点。当时,孙中山和一些国民党人,因在军事和政治上屡遭挫折,遂倾心于文化教育事业,以图培植人才,集聚革命力量。而中国共产党尚处于幼年时期,急需培养干部,以开拓革命事业,也十分重视兴学育才。校长于右任也看到:"以兵救国,实志士仁人不得已而为之;以学救国,效虽迟而功则远。""救国"或"建国",成为国共两党办学的共识。当时任中国劳动组合书记部主任的邓中夏来到上大并担任上大总务长,管理校务,时任《新青年》季刊主编的瞿秋白来到上大并担任教务长兼社会学系主任后,上海大学便开始锐意改革,突破进取。1923年4月,邓中夏正式到校任职,"首先埋头苦干的,就是起草上海大学的章程",他首先提出学校的教育方针:"为应社会之需求",同时,在校行政委员会支持下,刷新师资队伍,延揽思想进步、学识渊博的各路才俊加盟上大,使上大取得了跨越式的发展。是年8月,瞿秋白又进一步明确指出学校办学的目的是为了"认识社会、改造社会"。邓中夏与瞿秋白等同仁通力谋划,先后确立了上大"养成建国人才,促进文化事业"的办学宗旨,拟定了上大的发展规划,使得学校的建设目标指向清晰、方向明确。同时,上大学生在国共两党的指引下努力学习文化知识,与中国政治的黑暗势力进行抗争,学校在国共合作的良好氛围中积极支持学生参加党派组织、创立学术社团、开展各项活动。

　　"促进文化事业"是上大办学宗旨的一个重要方面,从"文化事业"角度入手,亦是上大最为恰当的选择,也是教育教学、人才培养最有效的途径之一。上海大学致力于改革旧的文学艺术,创立新的文学艺术,"中国旧式的文化生活渐次崩坏,文学艺术方面发生许多新要求——个性的发展、学术的民众化等",从中吸收和容纳外国优秀的文化艺术,并不是"国粹沦丧,文化坠绝"的表征,而是"中国文化命运之转机,中国新文化生活(复生)的端倪"。淘汰旧的文化,而创造新的文化,正是要辅助中国的革命斗争,为国民革命培养文化队伍的先锋军。上海大学所办的教育不能像一些国立、省立或公立学校那样"只是吃教育的饭罢了",更不能"把中国人的学校替外国人造奴隶",上海大学的办学要有自己的特色,要促进文化事业的发展,从而"指示学生一条应走的道路和一种应受的

训练",把青年引上革命救国的道路,培养成"建国人才"。根据这一办学宗旨,上大改革了原有的学科设置,提出了一套科学、完整的学科设置。

(二)着眼文科的学科设置

上海大学创建后,首要任务是整顿校务,设立学科,并制定章程,这项任务看似简单,实则不易。一来,上海大学前身东南高师风潮刚过,可谓百废待兴;二来,学校经费有限,无法开设文理兼收的综合性大学;三来,学校校舍简陋也无法承载太多的学生,这些问题都让学校的领导、主持者颇费思量,虽然困难重重,但是将上海大学办成一个学有专攻的文科性学校已经初具规划并付诸了实践。上海大学之所以着力文科的发展,有三个原因:一是上海大学的办学宗旨所决定学校要以"促进文化事业"为手段来培养"建国人才"。二是国共合作创办上大,使得两党中许多名流学者和社会上的知名学者都相继来到上大任职、任教,共谋学校发展,他们中不仅有学识渊博的学者,还有留学日、法、英、美、俄等各国的硕士、博士,他们的到来丰富和充实了学校的师资队伍,他们所具有的文科背景更使得上大在文科教育上独具实力。三是上大的学科设置围绕建成"南方的新文化运动中心"这一目标展开,使得学校的文科设置从初具规模到特色鲜明经历了一个很好的发展过程。

上海大学的学科设置,起初沿用了东南高等专科师范学院的科系,除有高级中学外,还有国学部、图工部、英文部、图音部。此后,学校积极整顿校务,1923年6月的《上海大学概况》初步明确设立社会学系、中国文学系、英国文学系三大系的课目设置,"本校应社会之需求及事实之便利起见,除仍办中学部外,大学部决暂办下述两院:(一)社会科学院;(二)文艺院。分为三期扩充办理,每期定为两年"。8月,瞿秋白进一步提出上海大学设"社会科学院"及"文艺院"两大学院,并且在社会科学院下设立四个系科,即社会学系、经济学系、政治学系和法律学系;在文艺院中设立文学系,文学系下又设五个系,分别为中国文学系、英文系、俄文系、法文系和德文系,另一个系别为艺术系,下设绘画系、音乐系和雕刻系。除了划分系别,他还阐述了设立这些系科的理由,并对各系应修的科目进一步做了规划。

1924年4—5月,学校开始着手编订《上海大学一览》,"该校因海内外来函询问详细内容者必数起,故由行政委员会决议编辑《上海大学一览》一册,内容分校历、章程、学程、各种细则、中学部概况、学生组合简表、职教员、学生、毕业生一览表等,并附有图画及新校舍建筑图样多幅"。《上海大学一览》中明确了学校的学科设置"本校初设'文学'与'美术'两科。文科分'国文'与'英文'两组。美术科分'图音''图工'两组。并设'普通科'……改'国学组,为'中国文学系','英文组'为英国文学系。——'美术科'仍旧——并新招'中国文学系''英国文学系''社会学系'各一班。附设之'普通科',改为'中学部'"。这些系科不仅采纳了瞿秋白所提出的建议,更细化了系科设置,使学校的发展规模进一步扩大。

初创时期的上大虽是"合抱之木,生于毫末。千里之行,始于足下",但经过学校教职员会议①对学校建设、发展的多次讨论,经过国共两党的共同努力,学校逐渐走上了正轨。从1922年10月建校到1923年7月,经历艰难初创的上海大学面貌一新,社会学系、中国文学系、英国文学系、俄国文学系、绘画美术系让上大这所文科卓著的学校熠熠生辉。由于时局的动荡和政治的分野,国共之间从合作到渐趋分裂,1927年5月上大遭国民党当局强行封闭,上述规划最终未能完全实现。但上大的社会学系、中国文学系、英国文学系和美术科还是办了起来,尤其是社会学系和中文系各领风骚,成为上大两个卓越的品牌,在近代中国教育史和革命史上留下了长久的回响。

二、文科体系的构建

(一)独树一帜的社会学系

上海大学注重文科体系的构建,更特别重视社会学这门新兴学科的建设。虽然在当时除上海大学拥有社会学系之外,还有燕京大学和沪江大学有社会学系,但是上大的社会学系却与众不同,燕京大学和沪江大学

---

① 原文注:后称为行政委员会。

都侧重于"以资产阶级的社会学说教育学生,上大社会学系则以马克思主义的科学理论武装学生"。上海大学社会学系之所以独树一帜,有以下几个原因:一是,社会学系在课堂上公开宣传马克思主义,并教育学生运用唯物辩证法和历史唯物主义来理解、思考问题;二是,社会学系师资队伍人才济济,教师多能结合社会实际自编讲义为学生授课;三是,社会学系课程设置规范、合理,教师注重锻炼学生理论联系实践能力。

早在瞿秋白来到上大担任社会学系主任时,便确立了上海大学社会学系要将传播马克思主义科学理论知识作为重要内容的方针,"以此社会学的方法整理中国史料,以期切于实际"。社会学系学生阳翰笙回忆在社会学系学习情况时说:"瞿秋白讲'社会学'就是马克思主义的辩证唯物主义和历史唯物主义的哲学。蔡和森讲'社会发展史'就是恩格斯的'家庭及私有财产的起源',……恽代英讲'国际政治与国内政治',张太雷讲英文版列宁写的'帝国主义论'。除任弼时教的俄文是工具课外,其他人都是讲的马列主义经典著作。邓中夏讲工人运动,就是讲工人阶级与资产阶级斗争的历史,讲十月革命和巴黎公社的情况,讲各国革命运动史和中国工人运动史。以上课程对我们启发很大,他们的学术水平都是第一流的,而且又是党中央的领导人,各方面水平都很高。"上大社会学系成为马列主义传播的基地,为社会培养了用马克思主义理论武装头脑的青年一代。

上大社会学系师资力量雄厚,瞿秋白、施存统、彭述之先后担任该系主任,其教员有蔡和森、安体诚、周建人、何世桢、张太雷、萧楚女、李季、蒋光慈、任弼时、萧朴生、李汉俊等。1923年以来,进入上海大学社会学系授课的教师络绎不绝,他们大多是五四运动中的学生领袖和新文化运动中的骨干力量,是中国最早接受马克思主义政治理论的知识分子,他们非常注重所授知识与社会实际的结合,摒弃照搬国外的已有教程,自己动手,自编讲义,"非不得已不用不合中国社会的社会学教本"而是"把自己素日研究的成果,从历史上推定下来的结论,从实际社会现象与社会活动中抽象出来的理论"编成讲义,授给学生,这些讲义不仅融入马克思主义理论精华更结合中国社会实际,受到了学生的欢迎。"上海大学以提高文化自厉,半年以来教授方面极为认真,其中由教授自编讲义者甚多,该校拟择其尤精粹的编为'上海大学丛书',预计在一年内至少可出五种"。这其中便有社会学系的《社会科学讲义》,该书共分四集,收录了瞿秋白的《社会哲学概论》《现代社会学》《社会科学概论》,蔡和森的《社会进化史》,施存统的《社会思想史》《社会运动史》《社会问题》,安体诚的《现代经济学》,董湘亦的《唯物史观》,萧楚女的《外交问题》等。这些讲稿部分由相关书局公开出版,有的则选登在了《民国日报》副刊《觉悟》上。瞿秋白在上大时为了上好"社会哲学概论"和"现代社会学"这两门课程,硬是顶着酷暑,在忙碌的工作之余见缝插针地编写了课程讲义。可惜上大社会学系教员的讲稿并没有得到完整的保留,但是仅现存能查到的资料就足以证明该系是马克思主义中国化的转换地和宣传马克思主义理论的主阵地。

社会学系是上海大学办得最有生气最具特色的一个系,也是课程设置最完整的一个系。从《上海大学一览》社会学系课程表(见附录二:社会学系课程表)中我们不难发现该系的课程内容丰富、课时安排合理、更强调学生的语言能力和实践能力,将学生分组目的明确,希望学生能通过课堂讨论或课外实践将所学的社会学理论知识充分运用和发挥。通过这些基础课程的学习打好学生在文、史、哲、经上的理论基础,培养学生扎实的理论研究能力,并规定学生掌握两门外语,以便能直接阅读外文原著,将社会学理论知识运用到国民革命的实践中去。在上大社会学系主任瞿秋白的眼里,社会学不能让学生死背教科书,而是让学生将所学的知识运用到实践中去。在教学中,他要求教师着重系统的讲解中国的政治、世界形势,学生则可以进行讨论答辩,自由发表意见。上大社会学系的教授经常为学生做报告,并且组织学生讨论,他们的课程总能吸引来自其他专业的许多学生前来旁听,通常教室里都是人头挤挤,"不仅国内青年纷纷负笈来学,而且有很多从日本、俄国回来的人也来校听课,兄弟院校学生,包括一部分教师前来旁听。听课的人常常是屋里屋外比肩接踵。有些省的教师借用上大的讲稿"。可见上大社会学系的人气之旺。此外,社会学系还拥有社会科学研究会、中山主义研究会、中国孤星社、平民教育委员会等多个学术团体,是学生通过社会实践检验所学理论知识的平台,这些社团经常在校外发表自己的理论研究成果或进行理论实践,将马克思主

义理论传播到群众中去。

上海大学的学生在这种教学与革命的实践中不断成长,不断激发革命热情和战斗精神,投入到了如火如荼的革命斗争中。施蛰存在《上海大学的精神》中指出:"上海大学的社会学教授,都是社会学研究者。他们将自己编的讲义授给学生,这比较那些用外国人教英文本的社会学,毕竟谁切实些啊?'我们研究我们的社会学知识,参考外国的社会学学说,预备实用于中国社会。'"社会学系的课不仅联系实际,吸引着该系的学生,中国文学系和其他学校的学生甚至老师都时常来旁听课程,上海大学社会学系独树一帜的教学风范成为革命思想的传播地,是学生最多,拥有党团员最多,更是革命人才辈出的一个系,为中国社会变革多有所贡献。

(二) 独步文坛的中文系

中国文学系由原东南高等专科师范学院的"国学系"改编而来,"闸北青岛路上海大学鉴于整理旧文学研究新文学及养成中学以上国文教师,均亟须培育专才,特设中国文学系以应时代需要。本学期共办一、二年级两级,以聘定陈望道先生为主任,兼授修辞学、美学、语法文法学等"。陈望道曾回忆说"起先我不愿去上海大学,陈独秀写了一张小纸条给我,要我去工作,说教师全力支持"。中国文学系在国共人士的精诚合作中逐步发展、壮大,成为该校继社会学系的第二大系。

中国文学系的教师队伍也非常强大。"沈仲九先生教授中国文学史及选文语体,沈雁冰先生教授西洋文学史,叶楚伧、邵力子两先生教授历代著名文选(包含诗经、诸子及史传),俞平伯先生教授诗歌小说戏剧,田汉先生教授文学概论及西洋戏剧,高冠吾先生教授文字学,李仲乾先生教授金石学。……此外,尚有章太炎、褚理堂诸先生担任特别讲座。"国学大师章太炎曾以中国文学系特别讲师的身份为同学讲授"群经诸子源流",还在上海大学特别讲座中讲授"中国语言体系",这些学养深厚的教授、学者促成了上大中国文学系的独步文坛。

中国文学系的课程设置也非常丰富,必修课目有:"文字学、诗词、小说、戏曲、修辞学、文学概论、中国文学史、西洋文学史、国学概论、中国哲学史、古籍校读法、比较世界文学、历史学、言语学、社会学、论理学及科学方法论、美学",这些课程都是基础的文学系必修课程,可见该系教师非常注重对学生基础知识的培养。此外,还有选修课程:"诸子通论、诗赋通论、词曲通论、历代文评、哲学概论、心理学、社会变迁史、社会进化论、社会心理学、清代汉学家的科学方法、金石学、世界文化史、新闻学",这些课程为规划中的课程,在学程表确定后,略有调整(见附录三:中国文学系学程表)。

中国文学系除要培养文学艺术领域的研究人员外,还将培养的重点放在了中小学语文教师和新闻记者上,因此在"中国文学系学程表"选修科目的分组中,可见甲乙丙丁四组所学的课程各不相同,也各有侧重。为了让学生对所学的知识更巩固、扎实,则规定每个学生要在四年中修完上述的课程,毕业时更要修满学分、提交论文,并且论文得到审查会审核才能予以毕业,这是比较正规的。同时,中国文学系的学生也要学习社会学、伦理学、社会心理学、科学方法论、社会进化论、中国哲学等社会科学课程,这使得中国文学系所培养的学生知识面更广、拓展面更宽,这对他们在走上文坛,运用手中的笔为利剑配合革命斗争,成为理论研究型的学者奠定了基础。

相对社会学而言,中国文学系的课程更稳定和规范,而且也同样吸引着众多学子前来旁听课程。该系学生丁玲在回忆中说:"我喜欢沈雁冰先生讲的《奥德赛》《伊利阿特》这些远古的、异族的极为离奇又极为美丽的故事",她印象中的中文系教授亦十分有趣,"俞平伯先生每次上课,全神贯注于他的讲解,他摇头晃脑,手舞足蹈,口沫四溅,在深度的近视眼镜里,极有情志的左右环顾"。正是这样一个巧夺文坛又精英荟萃的中国文学系吸引了各地青年学子,他们纷纷来到上海大学中国文学系求学,有人更成为在中国文坛乃至世界文坛都小有成就的人物。"在文学上,有一百多学生的中国文学系,在上海大学或上海任何一大学,比较上不能不算独盛了。在这一百多学生中,有的能做诗,有的能做小说,有得能做剧曲,在各文学刊物上,也常常能够看见他们的作品。现在文艺研究会也成立了,我们只拭目看他们研究所得的成绩罢"。中国文学系毕业的学生很多都走上了文坛,有人成为诗人,有人成为作家,他们都在中国的文坛上独步一时。

三、教学和研究的众生相

(一) 上大教员的教学风采

上海大学的教员来自全国各地,拥有各式各样的学科背景,在这所弄堂大学里,他们的教学各具风采,各有特色,以自己独特的魅力教育、影响着学生,"上海大学的教授,主要不是以教授糊口的教授。他们很热心地聚集在上海大学,将他们所研究到的专长,指示给他们的学生"。上大的教授"对于他们所在的学科,都能负责"。他们"不像别的大学教授,跑上讲台,口讲指画了一点钟,便跑了,一切都不管"。上海大学的教授,"既担任这一门学科,他总能切心的研究他将怎样使学生了解?怎样使学生研究学科比较的容易些?怎样使学生在这学科上得到些利益?"这便是上大教员的用心之处,他们总希望能通过自己的潜心研究,让知识融会贯通,让学生心领神会。

上海大学的教师备课认真,潜心研究教材并想方设法使学生理解、掌握,他们在教学方法上做了重大改革,不同于其他高校。他们不死搬课本、空洞说教,而是深入学生实际,与学生打成一片,对他们进行正确的引导,并与他们共同探讨问题,达到教学相长的目的。如蔡和森在讲授"社会进化史"时,"严肃认真地阐述了恩格斯的名著《劳动在从猿到人转变过程中的作用》,并且多次引证《家庭,私有制和国家的起源》中有关章节,把社会进化史讲得生动活泼,深入浅出,全系同学都表示欢迎,倾注听讲"。再如萧朴生在讲授哲学课时,他"讲课的内容十分丰富而又通俗生动,解释每个概念,他都用日常生活中的事例来说明,使人易懂易记"。在上大的教员中有"议论精辟"的陈望道,有"知识渊博"的高语罕,有"脸红害羞"的田汉,还有宣传鼓动能力极强的恽代英和萧楚女,他们在分析问题时往往一针见血,直指要害,上课时的语言也是风趣幽默,常常引起同学的哄堂大笑。当然,如果教员上课照本宣科,没有新意,只是干巴巴讲授理论原理的话是不会受到学生欢迎的,甚至还会被学生请出课堂。

接近学生、教学相长是上大教员的另一个教学特色,他们喜欢在课后走入学生中间,同学生一道开展自主学习和讨论。如张太雷,他"非常善辩,喜欢与同学讨论问题,师生间建立了争论的好风气",每当同学有不理解的地方并提出问题请他作答时,他"总是用启发式的教育方法与大家展开讨论。有时有的同学认为他的说法不对,就与他争辩。他总是笑一笑,循循善诱地指出学生看法上的错误,叫人心服口服"。在中国文学系学生丁玲的印象中瞿秋白"几乎每天下午课后都来我们这里","这里"便是丁玲、王剑虹等同学住的亭子间,瞿秋白在亭子间里不仅为学生"讲希腊、罗马,讲文艺复兴",还"讲社会生活,讲社会生活中的形形色色"。在上大,时常能看见教师和学生围坐在一起,一起谈论话题、讨论问题。上大教员邓中夏更是在课余时间带领学生走进平民夜校和工人夜校,为工人阶级传授知识,将学校的学术科研外延到了校外。

上大教员教学严谨,注重理论结合实践,有些老师对学生非常严厉,如刘大白在讲授"中国文学史"、"文字学"时极为严格,经常进行考试,一度引起学生反感而发生拒考风潮。但他却贴出通告,表示坚决执行,凡拒考学生,谢绝听讲,表明了教师治学严谨的态度。邵力子在讲课时非常注重结合当前形势,不仅挑选《民国日报》的评论和报道用于教学,并且在讲授"古代散文"时也结合新闻稿件的要求,让学生熟读古文,学会灵活运用,他"鼓励青年写文章,促进青年思想前进",他认为写作通讯、社论,不论文言文与白话文,都要达到语言流畅、思辨清晰、说理透彻,在内容与形式上达到完美统一。叶楚伧注重学生自己动脑、动手,每学期要求学生创作一篇小说,由他评阅,择优登在《民国日报》的副刊《觉悟》上。张太雷在授课时还特别注重课程与时政的结合,他要求学生将代表各派观点的《大陆报》《字林西报》《密勒士评论报》《时事新报》《民国日报》《向导》和《醒狮》等报刊仔细阅读后提出问题,由他归纳总结,同时,他又提出各种问题和观点在课堂里让学生讨论。上大课堂里时常有穿工装蓝布褂的人来听课,据说是高年级同学到工厂区去参加革命活动,到上课时间来不及换衣服,就匆匆而来,便成为课堂里的一道独特风景。

上海大学的"教授同学济济一堂,往往众艺杂陈,诙谐百出,或讨论问题,展开争辩,一时妙语解颐,一时又面红耳赤,使个人能发挥所长",这种师生和乐融融的景象恰是该校教员教学风貌的独特体现,也为后人

研究上海大学的历史平添了几分乐趣。

(二) 科学研究的诸项成果

上海大学的科研成果,在外界看来,也许不足称道,但是上海大学的科研成果具有自己的特色,而且上大"同学们的学术研究活动是很活跃的"。上海大学社会学系的教授们是马克思主义思想的研究和传播者,是将马克思主义与中国社会实践结合,使马克思主义实现中国化的转换者,他们的科研成果体现在一本本富有中国特色的社会科学讲义上。

当时,马克思主义传入中国不久,少有完整的中译本问世,上海大学不仅开设了马克思主义基本原理的相关课程,更将教师的讲稿修改整理成书,由专门的出版机构予以发行,将马克思主义传播到了校外,走进了广大群众中。上大的理论研究是学校从事革命活动的动力之源,"精湛的理论是行动的中心,思想的武装是反帝反封建的大本营,而上大的教授们将素日研究的成果,从历史上推演下来的结论,从实际社会现象与社会活动中抽象出来的理论,编辑成书,印发全国,由这些'无声的炸弹'我们曾摧毁多少军阀与帝国主义者的深沟高垒是无从统计的。然而一时上大成为革命学说、革命理论之渊薮是人所公认的。上大在民族运动史上之能画出一道深刻不朽的痕迹,领导一个空前的反帝运动史不为无因的"。

施存统对瞿秋白编著的《社会科学概论》曾有很高的评价:"你这本小册子真做得好,说理明显,文字通俗,很合很多青年朋友的需要,出版时,我非替这本书大大宣传不可。"这本仅有三万多字的"小册子"便脱胎于瞿秋白在上大讲课时的讲义,"可说是中国社会科学中空前的著作,在过去中国的社会科学中没有一本书能比它更有意义"。的确,这本书倾注了瞿秋白的心血,对于国民革命运动和无产阶级的社会革命运动具有引导意义,"这本书解释唯物史观,清晰异常,娓娓动听,不仅我们相信唯物史观的人看了格外了解,即向不知唯物史观或反对唯物史观的人(尤其是文学家、哲学家),看了亦不能不'点头称是'","这本书对于社会、经济、政治、法律、道德、宗教、风俗、艺术、哲学、科学等现象都曾给予一个正确的定义和解释,并且指明其相互关系,使我们对于这些日常的现象能有一种科学的认识,我们看了它至少可以明白我们所生活的社会是什么东西"。瞿秋白的著作从辩证唯物论角度,对马克思主义进行了更为全面和准确的介绍,是中国最早阐述马克思辩证唯物主义的论著。

由上海大学出版的社会学论著还有:邓中夏的《中国劳工问题》、萧楚女的《中国农民问题》、蔡和森的《社会进化史》、恽代英的《中国政治经济状况》、施存统的《社会思想史》、安体诚的《现代经济学》、董亦湘的《民族革命大纲》、杨贤江的《青年问题》、瞿秋白的《社会科学概论》和《现代民族问题》等,都是运用马克思主义观点并结合中国革命实际的科学著作,是学校丰富的科研成果之一。值得肯定的是上海大学在社会学研究方面的卓越贡献,同时也引领和激励着上大的学生,继续科研的道路,"我写的社会科学的书,是根据我在上海大学的读书笔记为基础编著的"。上大学生阳翰笙传承了上大教授科研的精神,不仅认真听课、做笔记,更将这些读书笔记化为了科研的成果。还有中国文学系的学生亦能积极从事科研,王秋心、王环心出版的《海上棠棣》便是一本文采飞扬的诗歌剧曲集,由上海新文化书社出版并在《民国日报》副刊《觉悟》上刊登了出版预告,上海大学的师生都在为学校学术、科研的发展贡献力量。

上大的师生可以说是"以前同以后从未见过的具有活生生的动力与集体性的教育"。这种集体性的教育还表现在学校各团体出版的刊物上,通过这些刊物,加强了师生间的交流,更为上大师生发表研究成果提供了平台,如《上海大学周刊》,"系上海大学校刊。1924年2月25日,校行政委员会第三次会议决定出版,并推陈望道为编辑主任。该刊主要为传播校内消息,供教员学生共同发表研究成果,每周出版一次。……为十六开本,共八版,内容有论著、时评、杂感、诗歌及校内大事记等"。再如,中国文学系编辑的《文学》,该刊"作为《民国日报》的文艺副刊之一,随报发行。开始为半月刊,自第三期起改为周刊。自1925年4月27日创刊,至'五卅'事件爆发后停刊,共出六期。该报宗旨为发表作品、研究文学各种问题,并介绍外国文学"。郭沫若在上海大学的演讲稿《文艺之社会的使命》便选登在了《文学》上。除这两种期刊外,还有中国孤星社所办的旬刊《孤星》;上海大学陕西同乡会主办的半月刊《新群》;五卅运动后,上大学生会创办的特刊《上大五卅特刊》;上大学生会宣传部在

学校成立三周年时出版的纪念特刊《上海大学三周年纪念特刊》;上大附中学生会主办的半月刊《上大附中》;上大湖南同乡会湘社主办的《湘锋》等。这些刊物是上大师生发表作品、研究社会学、文学的平台,展示了上大丰富的科研成果。

上海大学的理论研究具有自己的特色,除了在社会科学领域独树一帜,在引导学生进行科学研究,并指导学生进行学术研究实践方面特色鲜明。上大不是一个教人读死书、死读书的地方,学生在课堂上认真读书,课后勤奋研读、热烈讨论,不断巩固知识,并将知识化为革命实践的动力。

四、丰富多彩的学术活动

(一)涉猎广泛的学术讲演

上海大学除了拥有"兼顾专精与渊博"的课程外,还有涉猎广泛的学术演讲,时常将社会上各种学术思想请进学校。尤其在学校初创和兴盛时期(1923—1925年),其学术演讲达到了高峰。自1923年4月起,上大就以"提高文化起见"定期邀请学者名流到校演讲。这些讲座形式多样、内容丰富,拥有学术自由、兼容并包的开放理念,同时网络各家学说及理论精华,使上海大学的学术呈现百花齐放、百家争鸣的盛况。上海大学通过组织"星期演讲会"、"特别讲座"、"夏令讲习会",达到了传播知识的目的,为上大学生开阔了眼界。

在上海大学演讲的社会名人中既有共产党人也有国民党的学者。李大钊在1923年至1924年间多次到校为师生演讲,1923年4月13日,他在"演化与进步"中告诉青年一代"黄金时代不是在我们背后的,是在前面迎着我们的",所以"不要悲观,应当乐观"。是年11月,他先后在上大作了两场报告,主题围绕"史学概论"和"社会主义释义",后一场讲座发表于上大社会问题研究会成立之际,李大钊针对人们对社会主义的怀疑而明确指出:"社会主义是使生产品为有计划的增殖,为极公平的分配,要整理生产的方法。"他鼓励青年学生改造社会,去打倒现在的资本主义制度。此外,还有恽代英的"中俄交涉破裂原因",沈泽民的"欧洲形势与东方民族之关系",吴玉章的"四川铁路问题"等一系列讲座。

张继是较早到上大演讲的国民党人,"本埠上海大学,昨由校长于右任先生请张溥泉先生到校演讲,讲题为'个人与社会'"。他在演讲中指出:"个人对于社会须重精神,不在形式。"强调要以个性的发展推动社会发展,"以自由活泼其志趣,以纪律范围其个人,折衷于英、美、德、日之民性,以药我散漫推诿之痼疾。始终如一,贯彻主旨,若不能超过于列强之文明,吾未之信也"。此外,还有章太炎讲"中国语言体系",戴季陶讲"东方问题与世界问题",杨杏佛讲"从社会方面观察中国政治之前途",汪精卫讲"集权与分治"等。

学校还经常邀请社会名人来校讲演,马君武曾在学校作"国民生计问题"的讲演,"上海大学请马君武博士,今日上午十时在该校讲演"。他在演讲中指出"欲实行社会主义,先须问根本条件即'政治道德'具备与否"。在他看来,政治道德的健全与社会主义的建立息息相关,"所以我国很迫切地需要一有政治道德的政府,这是我国民应有的觉悟"。这场关于"国计民生政策"问题的讲演,引经据典,内容切合当时社会的实际。还有美国社会学者华德讲"关于社会科学和社会问题",刘仁静、郑振铎等都分别在上海大学进行讲演。

上海大学开设特别讲座,不仅面向全校学生,更向社会开放,"本大学为提高文化起见,已经预请海内硕学多人担任长期讲演,校内外皆可自由听讲,无须入场券"。正因为上大开放、自由的教学,使得当时校内外的青年和其他社会群众都得到聆听学者讲座的机会,会场内外时常是人头攒动,这种讲座的形式也逐渐被固定了下来,"上海大学自本学期力求整顿后,校务蒸蒸日上,近闻该校所设特别讲座已举行,最近主讲者有马君武讲题为'一元哲学'二继,李大钊讲题为'史学概论'六次讲完,胡适之讲题为'科学与人生观',……有新目日本归国之五道源(东京美专毕业)二先生到校参观,由该科汪主任招待,并请其讲演,题为日本美术界之状况及'艺术的文明'云"。开设特别讲座是上海大学富有特色的教学模式,说明上大的教学不仅依赖于课堂,更注重学生在课堂外汲取科学知识,并通过公开讲学传播知识。

除特别讲座,上海大学牵头发起组织了以"利用暑期休假研究各种

学术"为宗旨的"夏令讲学会",该讲学会以上大师生为主力于1924年7月开办,同年9月结束,为期八周,共有海内外名流、学者三十余人参加演讲,做了五十余场讲座,部分演讲稿选登在了《民国日报》副刊《觉悟》上。其演讲内容涉及社会的方方面面,"本会邀约上海学界同仁趁这暑期内各校休假期间,选定了国民常识中必需的几种课目,分日讲授,有志来听讲者,在开课以前随时可来报名"。《上海夏令讲学会简章》中列明了将赴讲学会演讲的演讲人及其演讲题目:"一、本会所讲课目以及各科讲师如下:第一星期,全民政治(何世桢),中国宪法史(邵力子),社会科学概论(瞿秋白),人生哲学(董亦湘),社会进化史(施存统),新经济政策(瞿秋白),妇女问题(陈望道),美学概要(陈望道)。第二星期,三民主义(戴季陶),中国外交史(叶楚伧),外交问题(沈玄庐),唯物史观(董亦湘),帝国主义(李春蕃)。第三星期,租税原理(李权时),经济思想史(安体诚),教育问题(杨贤江),注音字母(吴稚晖),世界语(胡愈之)。第四星期,劳动问题概论(施存统),中国农民问题(萧楚女),中国劳工问题(邓安石),工会论(陈涛),各国劳动状况(刘伯伦),青年问题(杨贤江)。第五星期,合作概论(张廷灏),消费合作(毛飞),信用合作(许绍棣),农业合作(许绍棣),合作史概论(张廷灏),心理学概要(阮永钊),商业常识(张子石),国内汇总(张子石),簿记(邹安众),商业政策略史(凌瑞拱)。第六星期,进化论(周建人),科学方法论(韩觉民),无线电概论(缪斌),抵抗治疗法(高野),夏令卫生(董翼孙),诉讼常识(何世桢)。第七星期,中国政治经济状况(恽代英),中国近世史(左舜生),世界近世史(沈泽民),比较政治(何世桢),民刑法概略(何世桢)。第八星期,中国革命史(汪精卫),中国财政问题(李权时),俄国革命史(陈承荫),中国小说学(叶楚伧),近代文学(沈雁冰),近代戏剧(田汉)。"

这些学术报告或宣传马列主义原理,或宣传国民党政纲和三民主义,介绍科学知识、生活常识,无论是学术性较强的报告还是贴近社会实践、生活实际的讲座都汇集了不同的思想观点,对上大的学生而言是一个增长知识、开阔视野、活跃思维的绝好机会,也使学生能在自我比较和鉴别中提高观察问题、分析问题的能力,探索解决问题的正确途径,同时也向社会群众打开了知识的大门,引导社会大众接受知识、学习文化。

（二）异彩纷呈的学术社团

上海大学的学生除了平日的课业外还积极参与社团活动，组织并发起社团、参与学术刊物的出版。"该校学生所组织团体，益形发达，宣传文化有'书报流通社'，研究学术有'社会科学研究会'、'三民主义研究会'、'湖波文艺研究会'、'春风文学社'、'孤星社'及其他种种"。1923年11月成立的社会问题研究会，其宗旨是"研究社会疾病，促进社会健康"，除该研究会外还有三民主义研究会和中国孤星社，宗旨各不相同。中国孤星社由具有无政府主义思想的吴稚晖所领导，"中国孤星社系研究学术改造社会之青年团体，公推吴稚晖、于右任为名誉社长，请沪上各大学教授为名誉社员，成立已一年，社员达百余人"。有一定的规模。

此外还有结合专业的学术团体，如最早成立的美术科毕业同学会以"继续研究美术，增长上大精神"为宗旨，第一届有三十四人参加，"嗣后每届毕业均加入"，主要从事编辑中小学校的文艺教科书，出版美术课毕业同学季刊，筹备展览会等工作。探美画会以"研究绘画，增进同学纯洁的艺术思想和感情"为宗旨，共有十九人；还有刘华、岳世昌、冯飞等人组织的湖波文艺研究会；英文学系二年级的英文文学会；春风文学社等。还有锻炼同学口头演说能力的演说讲习会，通过对演说能力的培训帮助学生宣传革命、鼓舞群众，上大女同学会召开演讲练习会，提出"要团结起来，谋自身的解放，应与男子同样的起来革命，共负改造社会的责任"。上海大学通过这些社团组织让学生发挥各自特长，实践所学专长，为推动国民革命起到了一定的作用。

上海大学的同乡会较多，先后有浙江、四川、湖北、湖南、广东、安徽、陕西等同乡会或同学会组织成立，这里尤以浙江同乡会人数最多、规模最大，思想也是最为活跃。上大同乡会不仅组织学生探讨学术问题，更关注社会问题，已经能用初步的马克思主义思想分析问题、批判现实社会。湖南同乡会主办的《湘锋》、陕西同乡会主办的《新群》，发表文学作品，出刊孙中山纪念专号，促进了学术研究和思想探讨。浙江同学会成立不久就决定加入浙江财政调查会，还致电《民国日报》反对孙传芳宰割浙江的

行为,并指责军阀与人民背道而驰,"军阀存在一天,我们绝对得不到自由与幸福,生命财产绝对得不到保障,军阀的利益完全与人民的相反,有军阀无人民,有人民无军阀"。这些社团经常将思想先进的同学组织在一起讨论问题、探寻社会发展的新路,并且经常组织学术报告会和演讲会,增长同学的知识,丰富学习的内容。

上海大学开办时间不长,但对旧教育制度进行了猛烈的冲击,对新教育制度进行了有益的探索,培养出了大批优秀人才,其教育特色在于着重构建文科体系、注重教学与科研实践、理论联系实际、开展学术活动,是中国近现代教育史上一颗闪耀的明珠。该校以"养成建国人才,促进文化事业"为办学宗旨,以构建文科体系的学科设置为世人关注,社会学系因在课堂上公开宣传马克思主义,教授自编讲义,注重培养学生理论联系实践的能力而独树一帜;中国文学系也因拥有强大的师资阵容,注重培养基础教育、新闻媒体人才和文艺青年而独步文坛。上大教员有来自国共两党的精英,更有来自社会各界的学者,他们备课认真,教学严谨,潜心研究学术,更愿意融入学生群体,注重理论结合实践开展教学,形成了上海大学独具特色的教学风范,他们带领学生在社会学和文学领域进行科学研究,拥有《社会科学讲义》和多个特色鲜明的学术刊物,让学生不仅在课堂上收获知识,更在课外研究中得到锻炼,积累了丰富的研究成果。上海大学的学术演讲名流汇聚、博采众长、思想交融,是该校教育风范的一大亮点,异彩纷呈的学术社团则在开拓实践的过程中锻炼了学生的实践能力,同时也取得了很好的社会效应,使得该校的学术活动光彩熠熠。

上海大学：20世纪20年代的"红色学府"[①]

徐世强

上世纪20年代初期，国共两党共同创办了一所著名的文科学校。当时，社会上曾流传有"五四运动有北大，大革命时期有上大"、"北有北大，南有上大"、"文有上大，武有黄埔"等。这个"上大"，即指被国民党右派称为"赤色大本营"的"红色学府"——上海大学。

创办与停办

上海大学（以下简称"上大"）成立于1922年10月23日，它的前身是私立东南高等师范学校。校址在上海市闸北区青云路青云里（今青云路167弄的位置，1987年定为市级革命纪念地）。校舍是一座二层楼的破旧房子，因陋就简，略加整理就变成学校了。由于没有固定的经费来源，校舍紧张，所以教师和学生多半住在校外。

上大创办时，正值国共两党酝酿合作之际，培养革命理论人才是当时的一项重要任务。为充实上海大学，共产党方面派邓中夏、蔡和森、瞿秋白、张太雷等到上大，邓中夏任教务长，其他人任教授。这些人的到来无疑给上海大学注入了革命的新鲜血液，使其面貌焕然一新。国民党方面派于右任担任上海大学校长。于右任是同盟会会员，参加过辛亥革命和倒袁运动，对教育工作也有自己独特的见解，被称为"西北奇才"，在当时颇有声望。国民党方面又派邵仲辉（即邵力子）任副校长。由于于右任

[①] 原载《党史博览》2010年第11期。

经常参加社会活动,校务时常由邵仲辉代理。

当时上大主要有三个系:中国语言文学系,系主任为陈望道;英国语言文学系,系主任为何世桢;社会学系,系主任为瞿秋白。另有美术系,但只办了一段时间就停办了。

1923年,由于共产党与国民党左派的共同努力,上大巍然屹立于黄浦江边。由于学生人数猛增,校舍愈显紧张,遂于次年2月间迁址到公共租界西摩路(现陕西北路)132号。迁址后上大分为大学部和中学部,规模更大。1925年五卅运动发生后,上海大学被强行封闭。经过上大师生的顽强斗争,1926年上大在江湾又建了新校舍。

由于上大一直站在反帝反封建斗争的前列,因此上大成了蒋介石的眼中钉,国民党右派更视上大为"赤色大本营"。1927年"四一二"反革命政变后,白崇禧秉承蒋介石的旨意,突然派兵进驻上大江湾新校区,上大不少学生被捕,财产被抢劫一空,上大由此而被迫停办。上海大学从1922年创办到1927年停办,前后仅生存5年时间就结束了它的历史使命。

内部矛盾与派系斗争

上大创办后不久,便出现了派系斗争,并逐渐公开化。上大的学生,从政治上可分为两大派。多数学生是要求进步的。他们中一部分是共产党员或倾向共产党的,另一部分虽倾向国民党,但当时国民党的主体也是革命的,所以这两部分学生均属于革命派。少数派则是以何世桢、何世枚和凌铁庵、凌焦庵(安徽人)这两家的子弟或亲属为主,以及受他们影响较深的一些青年学生。

上大学生进校前,有不少同学就已有自己独立的政治见解。一部分学生受五四运动的影响,思想上渴求革命。还有一部分是全国各地或被反动当局开除学籍,或受北洋军阀政府通缉逃到上海进入上大的。这些学生思想比较进步,加上进校后受到蔡和森、瞿秋白、张太雷、恽代英等人的马列主义教育,进步更快。

在上大三个系中,社会学系共产党员最多,所以最为活跃。也有少数学生如国民党中央委员张继、谢持的女儿,出身富贵,除上课外,对国家大事漠不关心。英文系主任为何世桢,学生中多半属何、凌派系,右派势力占优势。中文系两派力量差不多,因而成为两种力量争夺的对象。

"文革"时期权倾一时的人物康生,当年也曾是上大的学生。据上大学生胡允恭回忆:康生当时的名字叫张云,出身地主家庭,很有钱,为表现积极革命,他每次上课都和穷苦学生坐在后面的长凳上听课。康衣着也较朴素,但使人讨厌的,是他嘴里时常叼着进口的高级纸烟,给人一种说不出的洋不洋、土不土、颓废阴沉的感觉。尤其在日常交往中,康不仅与我们党团员接近,同时又和何、凌派打得火热。因此大家都说他滑头。

1924年春,上海大学增设当代政治课。国民党派汪精卫、胡汉民,共产党则推荐恽代英,三人轮流讲授此课。汪精卫讲课词藻比较丰富,内容主要是有关打倒帝国主义、打倒军阀、完成北伐等问题。胡汉民讲"三民主义的连环性"。胡强调,要实现三民主义,一是要民族独立;二是要打倒帝国主义,收回民权;三是改善人民生活。胡认为民生主义包括了共产主义,除民生主义外,中国社会不需要共产主义。恽代英则尖锐地指出,帝国主义侵略中国,必然要和中国的买办阶级和封建军阀相勾结,因此反帝和反封建是一个问题的两个侧面。他明确指出共产党人赞成三民主义,但它不是革命的最终目标。恽代英进一步指出,中国民族资产阶级的革命是有局限性的,在反对勾结帝国主义的大地主大买办阶级时,他们会赞成;但革命继续深入,侵犯了他们的利益,他们就会起来反对,所以依靠他们是不可能把革命进行到底的。恽代英的政治课,观点明确,说理透彻,深得学生们的好评。显然,他的理论和胡汉民的观点是完全对立的。不久,胡、汪离沪去广州,政治课由恽代英一人主讲。

1924年,沈玄庐突然离开上海大学,脱离共产党。此事一时成为何、凌派攻击共产党的口实。何、凌派系后来成为戴季陶主义和孙文主义学会的骨干。

独特的办学风格

上大是一所新型的革命大学,办学富有创新精神,形成了自己独特的

办学风格。

一是组织上开通。于右任校长上任后,不搞党同伐异,他首先请李大钊举荐办学人才。李大钊便介绍邓中夏、瞿秋白等人来上大。在邓、瞿到任后,蔡和森、张太雷、恽代英、任弼时、沈雁冰、陈望道、杨贤江等也陆续来校执教或主持工作。同时上大也聘请了一些社会名流。在人才上,上大也可以说是兼收并蓄,广纳贤才。

上大先后为国共双方培养出许多革命骨干,并不断向外输出人才。黄埔军校第一期在上海招生,就由上大代招,招考官就是戴季陶和施存统。上大考取黄埔军校的学生也很多。

1924年春,中共上海地方党组织在上大建立了基层组织——上海大学党支部,有党员11人,占全市党员数的四分之一。支部成员中的蔡和森、邓中夏、瞿秋白、张太雷、恽代英等都是中共中央或团中央的领导人。

二是政治上开明。瞿秋白多次撰文,主张学校以"改造社会"为宗旨,以期实现民主社会。瞿秋白在致胡适的信中说:希望上大"成为南方的新文化运动中心"。在上大讲授的内容中,充满了马列主义学说,十分新颖,诸如"阶级斗争"、"社会主义"、"共产主义"、"资本主义"、"帝国主义"等概念,毫不避讳。上大的教材,基本上都是本校教师自编的。大多数教师既有渊博的理论知识,又有一定的斗争实践经验,因此编出的教材有血有肉,深受学生的欢迎。

在反帝反封建斗争中,上大师生前赴后继,谱写出许多感人的篇章。1924年轰动一时的黄仁(上大学生)事件,是上大学生献身革命的首次尝试。1925年五卅运动中为国捐躯于南京路的何秉彝,以及五卅运动领导人之一的刘华、瞿秋白的弟弟瞿景白,也都是上大的学生。五卅运动中遭到逮捕,甚至惨遭杀害的上大学生不在少数。据《上大五卅特刊》记载,仅在五卅惨案的当天,上大学生受伤的就有13人,被逮捕关押的达131人。

由此可见,上大确实是一所革命的洪炉。当时的《大陆报》称"北有五四的北大,南有五卅的上大",颇为确切。

三是教育上开放。上海大学注重独立思考,不拘泥于常规的教学理念和模式。比如在社会学上,瞿秋白不赞成美国学者把"一切杂七杂八无所归的东西都推入社会学"的做法,对德国、苏联学者的观点也坚持一分为二。瞿批评传统的社会学"偏于叙述的、描写的",他鼓励"抽象研究"。他说:"欲了解一国的生活,决不能仅单凭几条法律、几部法令,而要看得见那一社会的心灵。"为了看见"社会的心灵",上大师生走出校门,到工人居住区和街道兴办平民夜校、工人子弟学校、识字班等。上大还联合复旦大学、东吴大学等校举办夏令讲学会。对国外先进的文化,上大也大胆借鉴。瞿秋白在《现代中国所当有的"上海大学"》一文中写道:"中国文艺之中'外国货'的容纳取受,并不是'国粹沦丧,文化坠绝'之表征,而却是中国文化命运之转机。"瞿的"转机论"为文化开放鸣锣开道。

正是由于组织上的开通、政治上的开明、教育上的开放,上海大学才生机勃勃,名声大振。许多青年纷纷负笈来学,而且有许多从日本、苏联回国的人也来校听课。兄弟院校学生,包括一部分教师也前来旁听。

"红色学府"的师生们

上海大学从1922年10月创办至1927年5月被查封,前后仅存在5年。在这短暂的5年时间内,先后来上大从教的教师有几十人,学生有160人左右[①]。革命洪流大浪淘沙,上大的师生后来许多都成为职业革命家、政治或文化名人,同时也有不少人意志动摇,经不起斗争的考验,脱离了革命队伍,甚至走向革命的反面。笔者试以所接触到的史料为据,对有记载的上大师生作一初步统计:

上大的教师

于右任:校长。

邵仲辉:副校长。

邓安石(邓中夏):教务长,兼授伦理学。

瞿秋白:社会学系主任,兼授社会运动史和中国哲学史。

蔡和森:教社会发展史。

---

① 原文如此,数字有误。

张太雷：主讲工人运动史。

恽代英：主讲帝国主义侵略中国史。

陈望道：中文系主任，兼授文法和修辞。

任弼时：教俄文，并经常报告青年运动状况。

施存统（后改名施复亮）：教社会运动史、社会思想史。

沈雁冰（茅盾）：讲中国文学史。

何世桢：英文系主任，兼授政治学大纲。

沈仲九（沈铭训）：教中国哲学史。

高语罕（原名高超）：曾留学德国，中共早期党员，讲黑格尔哲学。

蒋光慈：讲苏联文学。

何世枚：教英语。

陈德徵：教中国文学。

洪野：美术系主任。

彭述之：中共早期党员，留苏生，1924年回国后，在上海大学任教，并担任《新青年》月刊和中共中央机关刊物《向导》周报编辑。

卜士畸（卜道明）：中共早期党员，留苏生，在上大任教一年，讲授俄文。后投靠国民党参加CC派，1949年随蒋介石去台湾。

方光焘：教中国文学，新中国成立后曾任南京大学教授。

另有田汉、俞平伯、周建人、李季、沈泽民、杨贤江、胡朴安、李春蕃、周越然、侯绍裘等。

上大的学生

薛卓汉：安徽安庆人，早期共产党员，曾任毛泽东的秘书和红一军政治部副主任。1931年被张国焘冤杀。

何挺颖：陕西南郑人，1929年初，在随毛泽东、朱德向赣南进军途中牺牲。

顾作霖：江苏嘉定人，中共早期领导人，1934年病逝于中央苏区。

李硕勋：又名李陶，四川高县人，革命烈士。

匡亚明：江苏丹阳人，教育家，新中国成立后曾任南京大学校长。

王步文：安徽潜山人，1930年任中共安徽省委书记，1931年不幸牺牲。

王逸常：安徽六安人，北伐时曾任北伐军后方政治部代理主任。

胡允恭：安徽长丰人，早期共产党员，新中国成立后曾任福建师范学院院长、南京大学历史系教授。

徐梦秋：安徽寿县人，参加过红军长征。盛世才在新疆反蒋介石时，与毛泽民、陈潭秋等赴新疆协助盛开展工作。后盛世才反共，毛泽民与陈潭秋遇害，徐叛变投敌。

徐梦周：徐梦秋的胞弟。

张琴秋：女，浙江桐乡人，曾任红四方面军政治部主任，参加了红军长征，"文革"中被迫害致死。

黄天白：安徽凤台人，早期共产党员，1924年被派到北京从事地下党工作，不久被捕牺牲。

刘一清：当时上海大学学生会负责人之一。

丁玲：女，湖南临澧人，著名作家、社会活动家。

阳翰笙：四川高县人，剧作家。

施蛰存：浙江杭州人，著名作家、文学翻译家。

葛琴：江苏宜兴人，早年从事中共地下工作，新中国成立后曾任北影厂副厂长，编剧。

瞿景白：瞿秋白的胞弟，革命烈士。

郭伯和：四川南溪人，曾任中共江苏省委组织部长，1927年与陈延年一起被捕，后英勇就义。

高尔柏：江苏青浦（今属上海市）人，曾任上海大学党组织负责人，在上大曾和高尔松办《棠棣之花》刊物。

高尔松：高尔柏的胞弟。

许达文：曾任中共地下党江苏省盱眙县委书记，后被捕牺牲。

许达据：许达文的胞兄，老死家中。

曹轶欧：女，康生的妻子。

姚云漪：女，教师杨贤江的妻子。

王剑虹：女，瞿秋白的妻子，与瞿结婚7个月后于1924年因病去世。

杨之华：瞿秋白的妻子。

陈比南：早期共产党员，彭述之的妻子。

傅学文：女，邵力子的妻子。

邱青钱：黄埔二期生，后改名邱清泉，曾任国民党高级军官，在淮海战役中被解放军击毙。

李士群：浙江丽水人，早期共产党员，后叛变并成为汪伪政权要员，1943年被日本特务毒死。

韩步先：中共早期领导人，曾任中共江苏省委秘书长，1927年被捕后叛变。

王进之：在上大时为陈德徵派，很反动。1930年在《钟声报》任职，后成为国民党特务。

上大其他学生还有：覃恩、冯雪冰、孟超、孔另境、戴望舒、袁牧之、陶良、胡宏浪、吴霆、许石麟、严祖荣、武德风、方运超、黄让之、朱松年、张曙云、吴云、吴震等。

曾任中共高级干部的有：王稼祥、杨尚昆、秦邦宪（博古）、张云（康生）、陈伯达等。

建党时期上海的革命干部学校[1]

姚金果　张玉菡

中国共产党在创建之初,就认识到成立专门的干部学校,是教育和培养党的干部的有效途径。当时,陈独秀领导的上海共产党早期组织,创办或参与领导了一批培养不同类型革命干部的学校,如外国语学社、平民女校、上海大学、沪西小沙渡工人学校、平民夜校等。其中,外国语学社是党创办的第一所干部学校,平民女校是党创办的第一所培养妇女干部的学校,上海大学是党参与领导的第一所培养高等干部的学校。那时,干部学校的办学条件、师资力量、课程设置都很不完善,存在的时间也比较短,但却实实在在地为党培养了一大批德才兼备的好干部,其中绝大多数人后来成为党的事业发展壮大的核心力量。

外国语学社创办于1920年9月。1920年8月,上海共产党早期组织和上海社会主义青年团相继成立后,为了掩护党、团组织的活动,同时为了满足进步青年学习俄国革命经验和赴俄学习的需要,在共产国际代表维经斯基支持下,陈独秀等人创办了外国语学社,也叫留俄预备班。学社的负责人是维经斯基的翻译杨明斋,上海社会主义青年团书记俞秀松为秘书,协助杨明斋工作。学生主要是陈独秀和各地共产党早期组织介绍来的进步青年。学社设有俄语、日语、英语等课程,以俄语为主。教师以上海共产党早期组织成员为主。在学社里,学生们一面学习马克思主义基本知识和外国语,一面在上海共产党早期组织领导下参加革命实践。从1921年春开始,学生们分批陆续赴俄。1921年7月中国共产党成立

---

[1] 原载《光明日报》2011年2月23日。

后,外国语学社停办。

平民女校成立于1921年12月。该校名义上由黄兴夫人黄宗汉负责的中华女界联合会所创办,实际负责人是中共中央负责宣传工作的李达。当时,党刚成立不久,各方面工作亟待展开,而干部的数量却远远不能满足实际工作的需求,特别是能够领导妇女运动的女干部更是凤毛麟角。在这种情况下,经陈独秀和李达商议,决定创办一所平民女校,集中培养妇女干部,以便更好地发展妇女运动。平民女校创办后,针对学生的特点,开设了高等班和初等班,实行半工半读。课程除了一般的国文和数理化外,还设有经济学、社会学、教育学等。教师大多数是共产党员。从培养妇女干部的需要出发,学校经常组织学生参加工人运动和党团组织举办的各种活动。1922年秋,李达应毛泽东邀请前往湖南自修大学任教后,学校乏人主持,且经济拮据,遂停办。

上海大学的前身是私立东南高等专科师范学校,1922年10月改组为上海大学,设有社会科学系、中国文学系和英国文学系,于右任任校长。学校开办之初,既缺经费又缺师资,局面很难打开。当时正在酝酿国共合作,于右任遂延请一批年轻有为的共产党员进校,其中由邓中夏任总务长,瞿秋白任社会科学系主任,陈望道任中国文学系主任,侯绍裘任中学部主任。教师中也有一部分共产党员,如施存统、张太雷、沈雁冰、蔡和森、恽代英、安体诚、杨贤江、萧楚女、蒋光赤等。学生以瞿秋白领导的社会科学系为最多,其中多数是党团员,因此还建立了直属中共上海地委领导的上海大学共产党支部。上海大学名义上是国共合作主持的学校,实际上共产党人在其中起核心作用。上海大学鼓励学生组织社团,举办各种类型的学习会、报告会、交流会、讲学会等,开阔了学生的视野,提高了教学效果。1927年蒋介石发动"四一二"政变后,上海大学被封闭。

上述三所学校同为建党时期党直接领导或参与领导的革命干部学校,各校都注重对学生的革命启蒙教育,都鼓励学生参与革命实践活动。据曾在外国语学社学习的肖劲光回忆:"我们除学习俄文外,每星期天还学习马列主义,主要是请人来演讲。复旦大学的教授陈望道,他主要讲他翻译的《共产党宣言》。除了陈望道,李达、李汉俊也兼授些革命理论课。"平民女校专门开设有社会学课,由党的领导人陈独秀主讲。李达、张太雷等人也经常到学校作政治报告和时事讲演。为了让学生了解中国社会的实际,在革命活动中得到锻炼,在党的领导下,学校有意安排学生投身到传播马克思主义和工人运动、妇女运动等革命实践之中。陈独秀等人发起组织的第一个工会,即上海机器工会成立大会,就是在外国语学社内召开的,由学生李中担任大会临时主席。1921年,上海共产党早期组织筹备上海第一次纪念三八国际劳动妇女节活动,也是在学社内举行。平民女校也很重视学生的社会实践,组织学生参加工人罢工和党、团组织举办的各种活动。1922年初,杨树浦日华纱厂工人举行大罢工后,平民女校的学生在四马路、南京路等地募捐,支援工人运动。同年3月在上海举行的追悼黄爱、庞人铨烈士大会,5月举行的马克思诞辰大会,10月举行的纪念俄国十月革命成功五周年纪念大会等活动,女校学生都积极参加。学生中的积极分子王会悟、王剑虹还参加了《妇女声》半月刊的编辑工作,对女性进行革命启蒙教育。在五卅运动中,上海大学组织了学生讲演团,发传单,写标语,为工人募捐,抗议帝国主义的暴行。上海工人第三次武装起义时,上海大学又组织了学生军,配合工人纠察队作战。一批批进步学生在革命实践中得到锻炼,迅速成长。

  这些学校都对党的干部的培养作出了重要贡献。在这三所干部学校里,一大批进步青年接受了马列主义启蒙教育,投身于革命实践,并在此过程中选择了自己的人生道路。在后来长期的革命斗争中,他们经受了种种考验,有的成为党和国家的领导者,有的成为各条战线上的领军人物,有的把生命献给了党的事业。在外国语学社的学生中,刘少奇、俞秀松、任弼时、李启汉、汪寿华年轻时就成为早期青年运动和工人运动的领袖;罗亦农、王一飞、吴芳、任作民是党早期著名的政治活动家。平民女校则为党培养了一批妇女干部,如丁玲、钱希均、王一知、王剑虹、黄玉衡等。上海大学培养的革命干部更多,其中有杨尚昆、王稼祥、杨之华、阳翰笙、施蛰存、戴望舒等著名人物。

陈独秀与上海大学

蒋二明

陈独秀曾是上海大学校长的首推人选

上海大学的前身是东南高等专科师范学校,创办人校长王理堂是安徽寿州人。学校原有国文、英文、美术专修科和附中,学生约有160人,半数以上为安徽人。因校方以猎取金钱为目的而非真心办学,所以设备简陋,教师缺乏,教务废弛。学生中很多人受过五四运动洗礼,对现状极不满意,向校方交涉无效,校长竟携学生缴纳的学膳费去东京留学。1922年秋,学生忍无可忍,组织起来,以"十人团"为核心,决定驱逐前校长,改组学校,推举一位热心教育事业、有革命声望的人担任校长,办一所革命的大学。"十人团"拟在陈独秀、章太炎、于右任三人中延请一位任校长,这一主张得到绝大多数学生支持。学生们运用五四运动中的经验,组织纠察队,拟好学校改组宣言,揭露学校黑幕,联络各界争取社会援助。

陈独秀在学界素有声望,他发动的新文化运动影响了无数知识青年,五四前后又曾任北大文科学长、广东省教育委员会委员长兼大学预科校长,筹建西南(广东)大学。但在1921年10月和1922年8月,他两次被上海法租界当局逮捕,出狱后便隐蔽起来。学生们经多方探询、联系,得知陈独秀行踪不定,章太炎意志消沉,而于右任在一个多月前因其靖国军失败由陕西到达上海,发表过救国须先从教育入手的言论,于是决定请他出

---

① 原载《党史纵览》2011年第7期。

任校长。同时,学生代表也找到共产党人,希望共产党来接办这所学校。中共中央和陈独秀考虑请国民党出面主办于学校的发展更为有利,而且筹款也方便些,便请学生代表力邀于右任出任校长。办学需要教师和大量经费、设备,而此时于右任刚到上海,以卖碑帖弥补生活支出,又无办学经验,不敢贸然接手烂摊子。但国民党因遭陈炯明叛变,革命处于低潮,有些人转而谋求在教育方面寻找阵地,培养干部人才。所以,国民党人杨杏佛、柳亚子、邵力子、叶楚伧等都要于右任出任校长。学生代表找辛亥革命元老、曾任旅沪安徽同乡会会长的柏文蔚求援,柏两次到于的住处敦请,并发动其他人共同促成其事。最终,于右任答应出任校长,但不经常到校,由邵力子任副校长负责办学。1922年10月23日,于、邵两人到校会见学生并讲话,标志上海大学正式开办。

选派共产党员任教,关心、支持上海大学

陈独秀早有占领学校阵地、宣传马克思主义、培养革命干部的打算。他一直在暗暗物色合适人选到上大任教,不断派出共产党的理论家、教育家、文学家到上大工作。他推荐《共产党宣言》第一个中文全译本的翻译者陈望道任上大中国文学系主任。虽然此前陈望道曾表示不满陈独秀的主观独断作风和倔强性格,但陈独秀对陈望道一直非常器重,1920年底他到广东省就任教育委员会委员长前就曾将《新青年》委托给陈望道主编。1921年11月中共上海地方委员会成立,他又让陈望道担任第一任书记。这次在陈望道对是否进上大任教踌躇不决时,陈独秀又亲自写条子对他说:"上大请你组织,你要什么同志请开出来,请你负责。"鼓励并催促他上任,于是陈望道进入上海大学,历任中文系主任、教务长、代理校务主任等职。

1923年春,中共创始人之一李大钊由北京到上海,4月15日在上大作"演化与进步"的演讲。于右任曾就如何办好上大征求李大钊的意见。李即推荐邓中夏任总务长,瞿秋白任学务长(不久任社会学系主任)。

在陈望道、邓中夏、瞿秋白的组织、联系和影响下,一批共产党早期的著名领导人、教育家、理论家、文学家纷纷到上大任教职员,如陈望道

讲授文法和修辞,邓中夏讲伦理学和"中国劳工问题",瞿秋白讲授"现代社会学"、"社会哲学概论"、"社会科学概论"、"现代民族问题",李达讲"社会思想史",萧楚女讲"中国农民问题",蔡和森讲"社会进化史",恽代英讲"中国政治经济状况",施存统讲"社会思想史"、"社会问题讲座",沈玄庐教"中国文学史",安体诚讲"现代经济学",董亦湘讲"民族革命讲演大纲",杨贤江讲"青年问题",张太雷讲"工人运动史",李季讲《马克思主义哲学》,还有李汉俊、侯绍裘、彭述之、高语罕、沈泽民、茅盾、蒋光慈、卜士畸、田汉、洪野、郑振铎、丰子恺等著名的共产党人和进步学者在上大任职、授课或讲座。

上海大学一时间聚集了这么多的共产党领导人和早期骨干,与陈独秀的高度重视和支持是分不开的。那时期他是中共中央委员长(总书记),1925年1月并兼任中央组织部长,一直掌管领导干部的工作分配,而当时总数不多的中共骨干集中到上大任教,没有他的同意是不可能的。他虽然因为忙于党的领导工作并筹划国共合作事宜,以及环境险恶而没有亲到上大任教或讲演,但是,仍一直关注着上大工作,曾指定罗亦农(1925年12月任中共江浙区委书记)为他和上大的单线联系人,由罗亦农向上大党组织布置任务。1926年,陈独秀曾要罗亦农带当时上大党组织负责人高尔柏来当面谈话,陈独秀关切地问高尔柏:需要党大力支持些什么?鼓励高放手工作。陈独秀还让外甥吴熙进上大学习并任上大共青团书记。

上海大学成为东南革命运动中心

陈独秀不仅是中国近现代史上著名的革命家和政治活动家,同时也是一位优秀的教育家。随着时代和革命运动的不断发展,他的教育思想也与时俱进。在成为马克思主义者之后,他主张用民主和科学的精神改革中国传统教育,积极倡导并创建科学与民主的教育体系。他认为:新教育是客观的,教育主义是社会的,教育应"注重在改良社会,不专在造成个人的伟大",改革教育的着眼点及其目的都在改革社会;大学程度要提高,同时也要普及,各大学应多收绝对不限资格的自由旁听生。

由国共两党合作创办、实际上由共产党人主持校务并有一些陈独秀的学生或追随者参与教学的上海大学的教学实践,毫无疑问受到陈独秀教育思想的影响。

首先,上海大学是一所以改造社会为职志的革命的学校,是以"养成建国人才,促进文化事业"为宗旨的高等学府,教学内容具有鲜明的革命性。如社会学系主要课程开设了社会学原理、社会学通论、社会学史、中外社会变迁史、社会进化论、社会主义史、社会问题、劳动问题、妇女问题、经济学、政治学、法律学、生活哲学、人类学等,还开设20余门选修课,如国际法、民法通论、刑法、商法、行政法通论、各国政府组织大纲、政党论、财政学、工业政策及社会政策、世界语等。马克思列宁主义革命原理和三民主义理论成为全校最受欢迎的革命理论。广大师生还参加了反帝反封建革命运动的一系列斗争,许多学生没等到毕业就投身到轰轰烈烈的大革命中,不少人献出了生命。1923年,上海大学党小组被编为中共上海区委的第一组,发展了薛卓汉、王逸常、徐梦秋、刘华等人入党;1925年上大成立中共支部。反动派则称上大是"过激分子"的活动基地,宣传马列主义的大本营。日本的著名报纸《读卖新闻》《朝日新闻》经常报道上大,还预言"上海大学将来不独是中国共产主义的摇篮和温床,而且是东亚各国共产主义的摇篮和温床"。上海公共租界工部局1924年12月《警务处日报》称:"这些过激分子的总机关设在西摩路一百三十二号上海大学内……该大学之大部分教授均系公开共产党人,彼等正逐渐引导学生走向该政治信仰。"他们屡次敦促北洋政府尽快封闭上大。因此"四一二"反革命政变后,上大在上海学界首当其冲地遭到国民党新军阀的查封而告结束。

其次,上大教学活动的一个显著特点是教得生动,学得活泼,治学严谨,注重教学效果。上大的教员不是糊口度日的"教书匠",而是热心于教育工作的有识之士,尤其是许多共产党人为了培养"建国人才,备为世用",在担任学术译著和繁重的社会活动的同时,更是精心于上大教务的改革,总是满腔热情地帮助、指导学生,直到理解为止。在课堂上,教员们不是照本宣科满堂灌,而是有重点的启发引导。如瞿秋白教社会学、哲学时,能够根据学生们的原有程度和接受能力,常引用古今中外的故事,深入浅出地把一个个问题讲得极为通俗易懂,把理论与当前的实际斗争相结合,既宣传了革命道理,又把现代政治讲活了,同学们很喜爱听他的课。

三是办学的灵活性和多样性,理论联系实际。上海大学并不满足于常规的教学,在内容上以课堂为主又走出课堂;在教学对象上,以校内学生为主,又走向社会;在聘请教师上,以固定教师为主,又兼聘专家学者和社会名流来校设立特别讲座。为扩大知识传播和革命的宣传教育,上大允许校外人员旁听,只需一个在校学生或教职工介绍就可。此外,上大还免费在校内或由学生深入工厂、街道举办平民学校、夜校、工人子弟学校、识字班等,由上大同学任教,连课本和文具都由学校供给,既宣传教育了群众,也提高了自己。仅1923年冬至1924年春,仅安徽省就有青年许继慎、王步文、彭干臣、曹渊、杨溥泉、李坦、陶淮、黄天白等在上大旁听,并参加革命活动。

上大学术气氛十分浓厚,学术团体益形发达,研讨活动非常活跃。研究社会科学的有社会科学研究会、社会问题研究会等,研究文艺的有春风文学会、湖波文艺研究会等,英文系学生虽只有三四十人,但也组织了英文演说会,每星期每人用英语演说一次。各学术团体不是纯学术的,而是将学术研究与社会活动紧密结合。如社会问题研究会有会员80余人,除举办演讲会外,每星期照例开会一次,讨论重要的社会问题;三民主义研究会有会员300多人,其宗旨在于彻底了解三民主义理论,并促进其实现;中国孤星社有社员百余人,其宗旨在讨论社会问题,研究改造社会的办法,并发行《孤星》旬刊。同学们乐意把学到的东西,毫无保留地贡献给社会,切实做到学习不忘革命和社会改造,为革命而刻苦学习,积极参加各项革命斗争和社会活动。几年间,上大培养的学生有刘华、李硕勋、贺昌、杨尚昆、匡亚明、秦邦宪(博古)、张其雄、康生、张琴秋、丁玲、杨之华、傅学文等等,仅安徽籍学生著名的就有薛卓汉、王步文、王稼祥、张治中、胡允恭、徐梦秋、徐梦周、刘一清、吴云、吴震、谢芸皋、徐达文、方曙霞等等。上大办学成绩卓著,声名鹊起,不仅国内各省中学生,就连一些名牌大学的学生、留学生、归国华侨也纷纷前来就学。上大培养了大批革命人才,更多的进步人士在上大师生的宣传教育和影响下走上革命道路。

以上表明,上海大学的办学方针和方法正是陈独秀所倡导的,上大培养的改造社会和从事革命事业的各种人才也是陈独秀所希望的。可以说,上海大学在一定程度上实践了陈独秀的教育思想。

中共早期领导人与上海大学[①]

张元隆

1921年7月,中国共产党的成立,是开天辟地的大事件。1922年10月国共合作创办的上海大学,在中国近代教育史和革命史上均占有重要的地位。中共创建时期的领导人在上大的建设和发展中发挥了主导作用,使这所貌不惊人的弄堂大学,迅速成为闻名遐迩的"红色学府"、"革命的洪炉"。本文旨在探讨中共早期领导人与上海大学的关系,希冀从一个侧面展示中国共产党创建时期的历史风貌,以及对中国社会革命产生的久远影响。

一、群英荟萃办上大

上海大学旨在"养成建国人才,促进文化事业"。当时,孙中山和一些国民党人,因在军事和政治上屡遭挫折,遂倾心于文化教育事业,以图培植人才,积聚革命力量。而中国共产党尚处于幼年时期,急需培养干部,以开拓革命事业,也十分重视兴学育才。从中国共产党创建到中共"三大",进入中共中央核心层的领导人中,对上海大学发生过重要影响的有李大钊、邓中夏、瞿秋白和蔡和森。

李大钊(1889—1927)是中国共产党的创始人之一,1920年春与陈独秀酝酿筹建中国共产党,同年10月创建北京共产党早期组织。中共"一大"后,李大钊任中共北京地方委员会书记,1923年在中共"三大"当选

[①] 原载《中国浦东干部学院学报》2011年第6期。

中央执行委员。1923年间,李大钊到上海大学作了多次演讲。他虽未到上大任职,但却十分关心上大的建设和发展。上海大学成立后,于右任校长和邵力子副校长为加强办学力量,趁李大钊1923年4月来沪之际,在四马路(今福州路)同兴楼京津菜馆邀请李大钊等便餐,专门商讨上大校务,并恳请李大钊来协办校务。李大钊忙于北京大学的教职,又奔走于国民革命事业,无暇抽身长期居沪,便推荐邓中夏到上大担任总务长、瞿秋白担任社会学系主任。

邓中夏(1894—1933)以北大青年学生代表身份,于1920年秋参加由李大钊创建的北京共产党早期组织,1921年任中国社会主义青年团北京地方委员会书记,1922年在中共"二大"当选中央执行委员。1923年春,邓中夏赴上海担任中国劳动组合书记部主任的同时,经李大钊介绍,应上海大学校长于右任之聘,到上大任总务长(即校务长)。是年6月,邓中夏在中共"三大"当选候补中央执行委员。邓中夏在上大实际主持校务工作将近两年,运筹帷幄,身体力行,理论联系实际,把一所很不起眼的"弄堂大学",建设成为培养国民革命人才的红色学府,赢得"文有上大,武有黄埔"的赞誉。

瞿秋白(1899—1935)于1920年春参加北京大学马克思学说研究会。同年10月以《晨报》记者身份赴苏俄采访,1922年1月出席远东各国共产党和民族革命团体第一次代表大会,不久加入中国共产党。1923年1月瞿秋白回国,先后任中共中央机关刊物《新青年》季刊和《前锋》杂志主编,在中共"三大"当选中央执行委员。瞿秋白在担任上海大学教务长兼社会学系主任期间,为推进上大的发展做出了开拓性的贡献。他在上大谋划办学主旨、系科设置、课程建设、教学内容等大政方针,并亲自给学生讲授马克思主义社会科学理论,为把上大建成南方"新文化运动中心",尽责尽力。

蔡和森(1895—1931)在五四时期赴法国勤工俭学。在法期间,蔡和森与毛泽东、陈独秀等通信联系,提出建立"中国共产党",阐述有关建党理论和组织原则。1921年冬蔡和森回国,加入中国共产党,在党中央从事理论宣传工作,任《向导》周刊主编,在中共"二大"、"三大"当选中央执行委员。作为中国共产党卓越的早期领导人,杰出的马克思主义理论家和宣传家,蔡和森还同时兼任上海大学教授,在上大讲授"社会进化史",从一个侧面体现出中国共产党对造就革命与"建国"人才的迫切需要。

1923年4月23日,《民国日报》刊载了一则消息:"本埠上海大学,自于右任先生接任校长以来,为整顿校务起见,特聘邓安石为总务长。"这个邓安石就是邓中夏。此时他化名邓安石,寓学习宋代名相王安石锐意改革之意。邓中夏任上大总务长(即校务长),是国共合作办学的开端。瞿秋白于1923年7月30日在给胡适的信中说:"既就了上大的事,便要用些精神,负起责任……我们和平伯都希望上大能成为南方的新文化运动中心。"在上大的初创和发展中,邓中夏、瞿秋白悉心筹划,制定学校章程,确立办学宗旨,规划学科发展,改革行政建制,为推进上大的发展做了开拓性的工作。

首先,是制定学校章程。在邓中夏主持下,1923年12月制定了《上海大学章程》。"章程"明确规定:"本大学以养成建国人才,促进文化事业为宗旨。"对此,邓中夏解释说:"我们在这国际紧迫和国内扰乱的时代和环境之场合中,使我们大家都觉得建国是中国今日唯一的出路。我们的教职员和学生,没有一个事前的会商和协定,却是不谋而合地凝成了一种共同的意志和希望。所以上大的宗旨便不客气地把'养成建国人才'六个大字规定下来。再有一项是'促进文化事业',这是建国方略中应有的而且必要的一种手段。"由此可见,上大是以"促进文化事业"为手段,来"养成建国人才",以期推进国民革命,最终达到"建国"的目的。《上海大学章程》规定,在组织与行政方面:设校长一人,统辖全校事务;设校董会,规划学校经济,辅助学校建设;设行政委员会,决策学校大政方针。在学制方面:采用学分制。学生以每周上课1小时或实习2小时历1学期者为1学分,修满140学分并经考试合格者方得毕业。

其次,是规划学科发展。1923年8月2日和3日,瞿秋白在《民国日报》副刊《觉悟》上发表《当代中国所当有的"上海大学"》,拟定了上海大学的发展规划。他提出上大办学的首要职责,是引导学生学习社会科学理论,调查研究中国社会,促进中国社会的改造。上大办学的另一个职责,是改革旧的文学艺术,创立新的文学艺术。"切实社会科学的研究及形成新文艺的系统——这两件事便是当有的'上海大学'之职任,亦就

是'上海大学'所以当有的理由"。邓中夏在于右任校长的支持下,多次与教职员讨论学科发展规划,根据社会需要和学校实际,拟定在大学部设社会科学院和文艺院。社会科学院下设社会学系、经济学系、政治学系、史学系、法律学系、哲学系、心理学教育系等;文艺院下设中国文学系、英国文学系、俄国文学系、德国文学系、法国文学系、绘画系、音乐系、雕塑系等。由于计划庞大,分为三期扩充办理,每期定为两年,第一期从1923年秋起至1925年夏。1923年9月秋季开学,"根据暂行校则,改'国文组'为'中国文学系','英文组'为'英国文学系'。并新招中国文学系、英国文学系、社会学系各一班。附设之'普通科',改为'中学部'"。尽管这个三期扩充规划后来因"四一二"政变,学校被封闭未能完全实现,但其精神,在上大历史上不可磨灭。在所办的社会学系、中国文学系、英国文学系中,以社会学、中文两系颇有生气和特色。

再次,是改革行政建制。在邓中夏实际运作下,学校革新行政建制。上大重大事务的决策,最先是通过教职员全体会议议决,接着是成立大学评议会议决,最后改为行政委员会议决。1923年8月8日学校建立评议会(后改为行政委员会),作为学校最高会议,负责议定办学大政方针和处理全校一切重大事务。随后上大评议会议决组成校董会,拟请孙中山任名誉校董,蔡元培等20余人为校董,以提高学校声誉,争取办学经费,促进教育发展。同时还制定了《行政委员会议事细则》《学务处办事细则》《教务处办事细则》等各项规章制度,把学校行政建制上的改革,用章程、细则等规范性文件确定下来,使各项工作有条不紊、有章可循。

在邓中夏、瞿秋白等努力下,上海大学做了大量开创性和奠基性的工作。

一是广揽贤才,充实师资。在校行政委员会支持下,邓中夏、瞿秋白刷新师资队伍,延揽思想进步、学识渊博的各方才俊加盟上海大学。先后聘请恽代英、张太雷、蔡和森、萧楚女、任弼时、蒋光慈等到社会学系任教,聘请沈雁冰、俞平伯、田汉、周建人、朱自清、郑振铎、傅东华等人到中国文学系任教。在社会学系,由瞿秋白讲授社会学、社会哲学,施存统讲授社会思想史、社会运动史、社会问题,蔡和森讲授社会进化史,安体诚讲授现代经济史,张太雷讲授政治学、政治学史,萧楚女讲授现代政治,李季讲授通俗资本论,萧朴生讲授辩证法唯物论,彭述之讲授社会进化史、经济史,周建人讲授生物哲学。尽管这些教员政见不同,经历各异,但在当时他们都学有专精、术有专攻,颇能把握各学科的前沿问题,并多有研究心得和体悟。上大的教师群体名流云集,群贤毕至,英才荟萃,吸引了众多的青年学子慕名投考上大。经过短短一年多时间,把原来东南高等专科师范学校的烂摊子,改造成为颇有知名度的高等学府,入学人数从百余人激增至三百人。当时的职员姚天羽回忆说:"中夏同志那时还只是一个二十七岁的人。他是一位革命活动家,在办学方面,也同样表现了惊人的魄力与毅力。他改变了学制,刷新了教师的阵容,当时许多著名的学者和思想家都被聘请来担任各系的教职。"

二是开启用马克思主义社会科学理论占领大学讲坛的先河。上海大学是继沪江大学、厦门大学、燕京大学后较早设立社会学系的高校。当时各大学都以孔德系的社会学理论教育学生,而上海大学的社会学系,则独树一帜。中共早期从事理论工作的瞿秋白、施存统、彭述之先后担任该系的系主任。在社会学系执教和讲学者中,汇集了一批中共早期领导人和理论家,诸如瞿秋白、蔡和森、邓中夏、李大钊、恽代英、张太雷、萧楚女、杨贤江等。他们的许多讲课稿,经过修改编成讲义,对马克思主义的社会学理论在中国的传播,起了奠基的作用,推动了马克思主义理论与中国具体实践相结合的研究和探索。据社会学系学生阳翰笙回忆:"我到了上大才知道,以前读过的一些马列主义的书,都是一知半解、似懂非懂的,实际上就是不懂。到了上大,觉得一切都非常新鲜,许多理论和道理是闻所未闻的,所以就拼命地学习、研究。"

三是坚持理论联系实际的学风。瞿秋白在社会学系注重理论与实践相结合,一方面,秋白热情负责地、通俗明确地和丰富实际地讲解革命原理和马克思列宁主义理论,学生们就都特别喜欢听他的讲课,其他学校的学生也有从远处跑来听的,课堂里每次都挤满了人。当时喜欢听他的课和阅读他的著作的青年们,成为发展党和团组织的重要对象。另一方面,秋白领导着学生们直接投入革命的热潮,在工人群众中,进行各种工作。在邓中夏、瞿秋白等人的倡导下,上大无论上课、讲座或讲演,都结合形势,联系实际,提高思想认识和阶级觉悟。并根据不断变化的形势,

批判当时的各种错误思想。例如恽代英讲授心理学时,就经常结合批判"醒狮派"的谬论。张太雷讲国内外时事时,要求学生事先阅读各种有关报刊材料,再进行讨论、辩论和归纳总结,以培养学生用唯物史观分析问题的能力。在理论联系实际学风的感染下,广大学生深入社会实际,了解中国现状,唤醒工人觉悟。如上海大学平民学校,专门为青年工人和店员讲授文化知识;在沪西小沙渡和沪东杨树浦举办的工人补习学校,以提高工人文化知识和思想觉悟为主旨。当时亲历者回忆说:"上大立校精神,着重在理论与实际结合",平时教学"特别强调使学生读活的书,把读书与社会生活打成一片"。

邓中夏在上海大学期间,还担任中共上海地委兼区执行委员会的委员长,负责上海、浙江和江苏党的工作。他是《中国青年》的创办者和初期的主要编辑,在繁忙的工作中,邓中夏发表了一系列关于工人运动、农民运动、青年运动、兵士运动的文章,指导当时的革命运动。瞿秋白在上大期间,还参加了1924年1月在广州召开的国民党"一大"的筹备工作,当选为国民党候补中央执行委员。邓中夏、瞿秋白筚路蓝缕,荟萃群英办上大,积累了中国共产党创建时期管理大学的经验,演绎着教育与革命的双重变奏。

二、传播马克思主义学说

中共早期领导人在上海大学的突出贡献,是在大学教育中传播马克思主义学说,尤其是社会学系,汇集了一批中共早期的理论家,通过课程讲授或学术演讲,灌输马克思主义的社会科学理论。其中,上海大学社会科学会编辑的《社会科学讲义》,包括瞿秋白的《现代社会学》和《社会哲学概论》,施存统的《社会思想史》《社会运动史》和《社会问题》,安体诚的《现代经济学》等,1924年由上海书店出版。另有一些著作、讲演,或专门出版或发表于报刊。如蔡和森的《社会进化史》,李大钊的《社会主义释疑》,邓中夏的《中国劳工问题》,恽代英的《中国政治经济状况》,萧楚女的《中国农民问题》《外交问题》,董亦湘的《唯物史观》《民族革命讲演大纲》,杨贤江的《青年问题》,施存统的《劳动问题讲演大纲》,瞿秋白的《社会科学概论》《现代民族问题》等等。如此集中地以唯物史观探究社会问题，奠定了马克思主义的社会学理论基础，在中国高等学府可谓独树一帜。

综合分析中共早期领导人李大钊、蔡和森、瞿秋白在上海大学的授课或讲演内容，在传播马克思主义学说方面主要涉及如下问题。

首先是坚持马克思主义的唯物史观。瞿秋白在社会学系开设社会学（唯物史观）和社会哲学（辩证唯物主义）课程，后来编著成《现代社会学》和《社会哲学概论》，这在当时是比较系统又通俗地阐述马克思主义理论的两本教科书，上大学生几乎人手一册。《现代社会学》，把社会学定义为"研究人类社会及其一切现象，并研究社会形式的变迁，各种社会现象相互间的关系，及其变迁之公律的科学"。从对社会学的对象及其与其他科学的关系，到对社会科学的原因论与目的论、社会现象的互辩律详加剖析，使学生对社会学有比较清晰的把握。《社会哲学概论》，深入浅出地把马克思主义哲学观点与社会现实结合起来，强调"研究社会现象的时候，尤其应当细细的考察这唯物主义的、互辩律的哲学，它是一切社会科学的方法论"。另外，瞿秋白的《社会科学概论》演讲稿，对社会定义、社会现象、社会基础、社会制度、社会心理、社会结构逐一阐释，普及了社会科学知识，宣传了马克思主义的社会学观点。以上著述，坚持唯物史观和辩证法思想，便于人们从中了解马克思主义的基本原理，得到认识中国社会的指导线索，从而奠定了中国马克思主义社会学的理论基础，使上大成为中国马克思主义社会学产生与成长的摇篮。

在用唯物史观阐述社会发展方面，蔡和森的《社会进化史》，以恩格斯《家庭、私有制和国家的起源》（当时还没有完整的中译本）为蓝本，构建起比较科学的社会发展史系统。蔡和森高度赞扬恩格斯"将摩尔根和马克思两人的意见联合一致，至此摩氏不朽之业才发扬光大于世，而历史学亦因此完全建立真实的科学基础"。蔡和森认为，随着生产力的发展，社会不断地由低级向高级、由野蛮向文明发展。在谈到资本主义为社会主义所更替，是不以人们的主观意志为转移的社会发展规律时，蔡和森强调："无产阶级民主共和国，为国家演进之最高形式，亦即为国家消灭前之最终形式。从此以后，人类将复为生产之主人而还复到自由平等的共产主义的广大而丰富的生活。然将来共产社会与原始共产社会有很不相同之异点：即原始共产社会建立在人类生产力极低的凹线之下，而将来共产社会则建立在人类生产力及其发达的水平线之上。"蔡和森认定："无产阶级民主政治所达到的沸度必比资产阶级民主政治为最高。"对于马克思的阶级和阶级斗争的理论，蔡和森指出，阶级的产生是经济的原因引起的，在原始共产社会，"经济上没有分成阶级，所以也没有阶级对抗"。随着私有制的产生，"按照新的经济条件的总和刚在铸成的新社会，她开始便把人们划分为自由人与奴隶，富的掠夺者与贫的被掠夺者。这样的社会不仅不能调和阶级抵抗，反而使阶级抵抗愈增严重而达于极端"。总之，"有史以后的社会莫不是阶级争斗的社会；而有史以前的社会，既没有阶级，更没有阶级争斗"。阶级斗争是推动阶级社会发展的直接动力。

其次是传播马克思主义的国家观念。蔡和森以马克思主义的国家观念，作为观察国家命运的武器。他指出，国家"不是社会以外的强制权力"，也不是"理性的现象和现实"或"道德的实现"；国家"是社会进化到一定程度的产物。当社会分裂为几个不可调的阶级抵抗与经济上发生利害冲突的时候，社会自身不能克制或医治这些冲突与抵抗，然而这些冲突与抵抗决不能自作自息；社会无穷的罹受这些无益的争斗，便自然而然要求一种显然统治社会的势力来平息各种冲突，而纲维一切于'秩序'的界限之内。这种势力是由社会产生的，但是建立在社会上面，并且渐渐与社会隔离。这种势力是什么呢？就是国家"。由此推断，"国家是由于控制阶级争斗的需要产生的"。在此基础上，蔡和森强调："国家乃是在经济地位上极占优势的阶级的机械，这个阶级借着国家的设立又成为政治上的支配阶级，并且由此又造成一些掠夺被压迫阶级的新工具。"上述论断是蔡和森对马克思主义国家观的基本理解，表明了国家是支配阶级掠夺被压迫阶级的工具，是阶级对抗和经济利益冲突的产物。确认国家的阶级本质，是马克思主义国家观同一切超阶级的国家观的根本区别，蔡和森认同国家具有阶级统治的政治属性，抓住了国家的本质。然而，马克思主义并不否认国家的社会性。先进中国人在开初理解马克思主义国家观念的时候，忽视国家也有管理社会公共事务、构建和谐社会的一面,湮没了国家在调和阶级利益、缓和社会矛盾、协调社会发展、为发展经济和公共福利而进行干预的职能。这种偏向在风雷激荡的国民革命年代,完全可以理解,但并不能说,这种片面理解就是全面和科学的。

对于国家消亡的理论,蔡和森认为,国家不是永远存在的。当"经济发达的程度到了自然惹起社会阶级分裂的时候,才有这种分裂形成国家的必要。现在生产发达的程度已使我们大踏步的接近了这样的时代:即阶级的存在不仅不必要,而且成为生产上的大障碍。阶级必致于消灭也和其必致于发生一样。随着阶级的消灭,国家也必致于消灭"。当然,"这不是一朝一夕可做到,要待世界无产阶级革命后才能做到"。蔡和森从社会进化的角度,比较自觉地接受和传播了马克思主义的国家观,给正在寻找救国真理的莘莘学子提供了锐利的思想武器,激励人们为振兴中华而顽强奋斗。

再次是宣传马克思的社会主义学说。1923年11月7日,上海大学学生成立社会问题研究会,李大钊应邀作了"社会主义释疑"的讲演。针对当时社会上有些人对社会主义的误解,李大钊释疑解惑,剖析了三个问题。其一,有些人"以为在社会主义制度之下,是穷苦的,不是享福的",因而反对社会主义。李大钊分析说,在资本主义制度下能够幸福安逸的唯独少数的资本家,社会主义就是对资本主义制度实行改造,改变"少数的富人"、"大多数是穷的"不合理状况,是"使生产品为有计划的增殖,为极公平的分配,要整理生产的方法,这样一来,能够使我们人人都能安逸享福,过那一种很好的精神和物质生活"。总之,"社会主义是要富的,不是要穷的"。李大钊关于社会主义"要富不要穷"观点,无疑内含着"贫穷不是社会主义"的思想理念。其二,一些人"以为社会主义制度成立之后,人民就要发生怠工"。李大钊解释说,产生这种误解的人,目睹了资本主义制度下做工"同那牛马一样,得不到一点人生的乐趣",因而不知道"在社会主义制度底下做工,是很愉快的,很舒服的"。在社会主义社会,劳动成果归劳动者自己享用,"日常生活中的喜悦,也多从工作中来"。工作就是为了"免除苦痛","发扬喜悦",而不会发生怠工的现象。其三,一些人"以为在社会主义制度底下是不自由的"。李大钊强调指出,"经济上的自由,才是真自由"。在资本主义制度下,唯有少数资本家

的自由,"我们如牛马的劳苦终身,而衣食住反得不着适当的供养";只有推倒资本主义制度,实现社会主义,劳动者才会"得到真的自由,极平等的自由"。李大钊传播社会主义学说的讲演,能够登上大学讲坛,说明了上海大学秉承着五四以来思想自由的精神,有着宽松的学术环境。这个讲演,不仅增强了上大社会问题研究会的同学对社会主义的向往,而且刊载在《民国日报》副刊《觉悟》上,扩大了社会主义思想在各地的传播。

瞿秋白在上大期间,还致力于党的理论宣传工作。他撰写了《现代文明的问题与社会主义》,阐述现代文明与社会主义的关系,辩证地分析了现代文明问题。文章认为,资产阶级文明比封建宗法时代的文明要先进,它在历史上起过巨大的进步作用;同时,资产阶级科学文明也存在弊端,资本主义特别是发展到帝国主义时代,"事实上因人与人之间的关系反因此新文明的影响而更不平等,所以思想上的民权几乎等于纸上谈兵,——科学使人享法律上的平等而消失事实上平等的可能,科学文明使人类社会的阶级分划得更清楚"。因此,资本主义时代的科学文明,不能"解脱人类之一切痛苦",只有"无产阶级的社会主义运动实际上来解决"文明问题,"彻底变易人类之经济、社会和文化的生活";社会主义取得胜利,"那时便能克服社会现象里的'自然性',求得各方面谐和的发展,——那时才能真正的对于自然之解放"。

以上概述远非全面,但从中已不难看出,中共创建时期领导人对马克思主义学说的基本信仰和倾心传播。很多上大学生在马克思主义学说中获取了精神力量,看到了中国社会的出路和前途,坚定了革命的信心和意志,积极投入社会革命活动。马克思主义学说不仅启导上大青年学子,而且通过讲义的发行影响到其他学校和社会上的人们。据李维汉回忆,1924年他在湖南读到了瞿秋白编的《社会科学讲义》,"这个讲义对马克思主义的历史唯物主义作了比较系统的介绍和阐述。正好这时湖南有个专门学校要我教社会学,我就用这份讲义去讲,很受学生们的欢迎。学生们受到一次马克思主义的启蒙,我也从中得到不少教益"。当然,中共初创时期传播的马克思主义及对其的阐述,基本上是运用了世界其他国家和地区的历史材料,对中国社会的历史实际还联系不够紧密,其中有些问题也不免概念化。然而,先驱者的探索,自有其思想的贡献,也成为后来者摸索中国具体国情、不断深化认识作了理论铺垫和奠定了基础。

三、久远的历史影响

上海大学虽然没有巍峨的校舍、完善的设备和充足的经费,只存在了不到五年的时间,但她却以超乎寻常的魅力,汇集了中共早期领导人和许多著名人士,吸引了数千为追求社会进步而发奋学习的青年学子,造就了一大批职业革命者和杰出的专业人才,在近代中国革命史和教育史上,谱写了不可磨灭的绚丽篇章。

在中共创建时期,邓中夏、瞿秋白、李大钊、蔡和森等领导人,或执掌校务,或执鞭教坛,或慨然讲学,使得这所"弄堂大学"为中国共产党培养了一大批职业革命者和理论工作者。诸如王稼祥、秦邦宪、杨尚昆、李硕勋、刘华、何秉彝、何挺颖、郭伯和、顾作霖、杨之华、张琴秋等,英才济济,都在上大学习并走上革命道路,产生了久远的历史影响。其中,王稼祥、秦邦宪、杨尚昆对后来的中国革命影响颇大。

王稼祥在上大附中确立了终身为革命奋斗的信念。他在1925年9月27日给堂弟王柳华的信中说:"来沪即入上大附中,人生地疏,乏善可述。……上大为革命之大本营,对于革命事业,颇为努力。余既入斯校,自当随诸先觉之后,而为革命奋斗也。"秦邦宪于1925年9月考入上大社会学系,不久加入中国共产党。瞿秋白、恽代英在上大所作的"国民革命与阶级争斗"、"孙中山主义与戴季陶主义"讲演,均由秦邦宪记录,分别发表在上大中山主义研究会出版的《中山主义》周刊第1期和第2期上。1926年7月,秦邦宪已撰文阐述唯物史观,认为"经济的变化一定要影响到一切社会、文化、政治、学术与风俗习惯的";"每一个思想的发现,都是因为经济基础的变动而发生的";"世界潮流,一定要促动中国的变动;中国的变动,一定要影响到其所包含的各处"。杨尚昆于1926年5月一到上大就经受了社会大课堂的锻炼,参加纪念五卅周年的集会游行,通过参与街头演讲,散发传单,宣讲工人起义的意义等活动,在社会实践中加深认识社会学理论。

王、秦、杨三人先后从上大到莫斯科中山大学留学,回国后先在白区

从事党的地下工作,后又相继到苏区承担党和军队的重要工作。在中央苏区,王稼祥一直是中央革命军事委员会总政治部主任,杨尚昆曾一度为总政治部副主任,秦邦宪在遵义会议后也担任过总政治部代理主任一职。这种安排也许巧合,但似乎与他们都曾在上海大学和中山大学接受过马克思主义的理论训练有关。更耐人寻味的是,王、秦、杨共同出席了1935年1月在遵义召开的政治局扩大会议,在会议上为党和红军的命运展开思想交锋。秦以中共中央政治局委员、党的最高负责人身份主持会议,并作了关于第五次反"围剿"的总结报告,强调红军失利的种种客观原因,认定中央在政治上和战略上的正确性,却不认真检查"三人团"军事指挥上的错误;王以中共中央政治局候补委员、红军总政治部主任身份与会,与秦针锋相对,认为第五次反"围剿"失败,其根本原因是军事指挥上的错误,要求取消李德、秦邦宪的军事指挥权,并提议富有实际经验的毛泽东指挥军事。杨以红三军团政治委员身份与会,从自己的实际感受批评了李德、秦邦宪军事指挥上的错误。会议经过热烈讨论,增补毛泽东为中央政治局常委。会后不久在常委中进行分工,由张闻天替代秦邦宪在党内负总责;以毛泽东为周恩来在军事指挥上的帮助者。毛泽东后来还念叨,王稼祥在遵义会议上投了"关键的一票"。

在中共早期领导人培养的济济英才中,李硕勋在上大迅速成长为全国学生运动领袖,后来成为浙江、江苏、广东党组织领导人之一,为中国革命鞠躬尽瘁,英勇献身。刘华成长为早期工人运动的杰出领导者,在五卅运动中更是深受工人群众爱戴的工运领袖,献身于民族解放事业。何秉彝在上大以满腔热忱投身社会革命活动,在五卅惨案中遭英国巡捕枪杀,为民族解放事业献出了年轻的生命。何挺颖在上大加入中国共产党,后来参加湘赣秋收起义,随毛泽东进军井冈山,任红一师一团党代表,为保卫井冈山作出不朽贡献。郭伯和在上大加入中国共产党,后来参与领导上海工人第三次武装起义,旋任中共江苏省委组织部长,在"四一二"政变后被捕英勇就义。顾作霖在上大附中加入中国共产党,参加上海工人三次武装起义,1931年与任弼时、王稼祥同赴中央苏区,任苏区中央局委员,1934年在党的六届五中全会上当选为中央政治局委员。杨之华经受上大"熔炉"的锤炼,确立和坚定了政治信仰,以中国共产党妇女运动的杰出领导人蜚声女界。张琴秋在上大加入中国共产党,投身妇女解放运动,与沈泽民(曾任上大教员)喜结良缘,后来成为红军著名的女将领。

  沧海桑田,斗转星移。中共早期领导人在上海大学演绎的教育与革命的双重变奏,从一个侧面展现了中共创建时期变革中国社会的历史风貌,不管经验或者教训,都是一笔遗产,颇耐人总结和寻味。

养成建国人才：上海大学教育宗旨缘由分析[①]

罗　敏

　　1922年10月，国共两党在统一战线旗帜下创立了一所革命文科大学——上海大学。随着革命浪潮的推进，它在第一次国内革命战争期间崭露头角，成为独具神舟的革命摇篮。但长期以来学界对它的研究仅关注其马克思主义传播和学生运动，教育学角度的几乎没有，教育宗旨更无人问津。1923年末《上海大学章程》指出"本大学以养成建国人才，促进文化事业为宗旨"。此时正值后五四之际，宣传和促进新文化的传播毋庸置疑，所以它们看似两项，实为一项。但上大为何以"培养建国人才"为取向？它如何能在救亡图存的民族大业中于教育界脱颖而出？本文不再囿于上大教育内容——马克思主义的宣讲，而就上大价值取向、定位、组织特点等与旧教育理念的对比入手，凸显其如何另辟蹊径，以马克思主义为指导构建一种积极革命的、以大众为导向的大学教育。

一、从空漠教育理念转向积极救国

　　以培养"建国人才"为宗旨并非上大首创。辛亥以降，中国大学教育的宗旨就是培养建国人才，以挽救中华民族于生死危亡之际。其间出现了学术救国、技术救国等各种教育宗旨。

　　民初大学教育价值取向为学术救国。1912年临时政府规定大学"以教授高深学术、养成硕学闳材、应国家需要为宗旨"。"专门学校以教授高

[①] 原载《学术探索》2012年第1期。

等学术、养成专门人才为宗旨"。无论是培养硕学闳材的大学,还是培养实用人才的专门学校都强调学术训练,为国家社会服务。它的出现一方面与蔡元培等批判当时大学教育一味追求功利相关。当时大学教育法政专业发展过于蓬勃,学子预科毕业后对法政类趋之若鹜,皆想借此实现做官发财梦。蔡元培认为大学生不能一味图升官发财,不能放荡冶游地混三四年,不能将书籍束之高阁,不能对学术研究漠不关心。他说:"大学者,研究高深学问者也。……入法科者,非为做官;入商科者,非为致富。"只有学法学的不为做官,学商学的不为致富,而一心进行高深学问研究,才能成为建国的栋梁之材。另一方面,与辛亥革命后士绅阶层对自由的诉求相关。辛亥后共和大行其道,文化上儒学逐渐退场,代之以讲求个人的自由主义思想。故大学教育抄袭德国。德国大学生在学问追求有完全的自由。他们可以自行选定课程、教授、授课时间,可以争辩,随便争多少,随便争什么。蔡元培将这种崇尚学术的自由主义理念引入中国,认为教育家必须"循思想自由言论自由之公例,不以一流派之哲学一宗门之教义梏其心,而惟时时悬一无方体无始终之世界观以为鹄"。目的是让学生不受学派拘束,自由研究高深学问。

  然而学术救国理念只能是纸上谈兵。随着新文化运动的继续,自由主义在中国政治舞台上渐渐丧失吸引力。且其实现还需诸多条件。第一,学术条件。学术救国的授课方式重学生讨论研究。这要求学校营造一种宽松的思想火花不断碰撞的学术环境。但环视当时国内大学唯北大勉强做到。同时,此授课方式需要学生有一定的学术基础。而刚刚起步的中国大学如何能提供一批具有一定学术素养的学子?第二,经济条件。学生自由研究需大量参考资料,故需资金充足。但此时政局动荡,民生凋敝,大学教育经费紧张以致窘迫不堪。政府对教育的拨款随着学生人数的增长,增加的并不多,有时还在减少。比如民国三年,全国各类学生为400多万人,财政支出为3 909万元。到民国四年,全国学生人数增长了20多万人,财政支出为3 740万元。到民国五年,降到2 150万元。政府对教育的投入微乎其微,且常被截留。捉襟见肘的资金让充实图书馆的承诺沦为空头支票,任何大学理念都不可能付诸行动。第三,实施条件。学术救国大学教育宗旨提出后,没能制定任何相应的执行方案和步骤。

所以学术救国"在理论上不能不说是比较高超,同时也可见民国初成立时一般知识分子对未来社会的憧憬;然而实际上因为仅有目标而没有方法,结果是对于教育与社会丝毫不发生影响,而仅在中国现代教育史料上表现蔡氏个人的哲学见地而已"。

为救亡图存,五四后大学教育转向"抄袭"美国,以图教育救国。1920年,当实用主义教育思想风头正茂,是教育界最时髦的术语时,汪懋祖从教育理念角度深究其不足。他认为实用主义的"用"不好确定。沧海桑田,随着人类知识的积累,彼时有用的东西未必此时有用,试图一劳永逸地解决问题是不可能的。实用主义教育让人热衷于满足外界要求,而不顾内心的发展。它重实际经验,忽视思想淬炼;重应用科学,以工厂为核心、招工为向导,却漠视"人"的需求。这是育物而不是育人。实用主义认为知识不在多,而在专精。但一旦工作岗位变化,他们不成为"无用"之人?所以一切以实用为目的会导致设定的要求太低,不能产生更高级的欲望,最终无利可得,无用可言。故"今日实用主义之趋势,恐专求外界之效率,而与内界的发展不能接应。其方法蹈于机械,两者同病。故教育上基本原则,贵在扩充吾人动的智识,发展其动的能力,使能愈知其需要而求足焉"。

金岳霖掀开了教育救国面纱后的真实面貌:"美国最大的危险,是逃不出资本世界的环境,是造就保存现在制度的人才。美国的环境,是实业特别发达的环境,是资本世界的环境。如果学堂逃不出这种环境,无形之中已经被社会中强有力的人所利用。……如果使学堂长此替实业界预备保存现在制度的人才,资本家不必另外出钱,已经得了利用的事实了。"可见辛亥后各种大学教育都是在缔造清高学府的有学之士,为中国的士绅、资产阶级和地主官僚等阶层服务,都是不适用于中国的方法。邓中夏一针见血地指出了其实质:"他们只是吃的教育饭罢了。有的贩卖了一些零零碎碎的科学知识,有的搬弄了一些空空漠漠的哲学思想,其实并没有指示学生一条应走的道路和一种应受得训练。"因此上大不卖弄令人眼花缭乱的教育理念,而为学子指出一条切实可行的实现"国家独立"和"民族自由"的道路。

上大宗旨如何才能不落窠臼?上大师生的回忆让我们一窥端倪:"他

们秉着刚毅不拔的勇气,从很远很远的地方赶到这上海大学来,不是来享福,不是来顶大学生招牌。他们是能忍苦求学,预备做建设新中国的工人的。"他们来自五湖四海,集聚于这所"弄堂大学",不是为做学识渊博的学者,不是为当仰资本家鼻息的工程师,不是来任为虎作伥的政客。不只是消极地救国,而且要进一步积极地救国。这就是转向苏俄式的方法去改造中国与世界,去投身于改造社会的运动。

二、从政治上的冷漠转向革命救国

五四运动掀起了一场以反帝爱国为宗旨的全国性民族主义政治运动。五四后一年,旧大学教育理念的主要倡导者就认为学子应疏远政治,一心求学。他们不希望大学生过多参与政治,更多的精力应放在专心研究学问上。如蔡元培称赞大学生在"五四运动"中为了"唤醒全国国民爱国心起见,不惜牺牲神圣之学术",担当起了他们的责任。他们已经完成自己的任务了,再继续参加大多数国民运动,就是绝对的牺牲!"养成模范任务之资格,则推寻本始,仍不能不以研究学问为第一责任也。""把科学看重些,切实去研究;对于外界的事情,尽可能少管些。"

蒋梦麟和胡适也表达了类似观点。他们称赞大学生经历五四后产生出了好效果,引起学生对社会国家的兴趣等。但"如果学生能享安心求学的幸福而不受外界的强烈刺激和良心上的督责,他们又何必甘心抛了宝贵的光阴,冒着生命的危险,来做这种学生运动呢?"学生运动是逼不得已的举措,是"非常的事",是"变态的社会不得已的事",更是不经济、不幸的事。罢课是自己的最大损失。"我们希望学生从今以后要注重课堂里、自修室里、操场上、课余时间里的学生活动。只有这种学生活动是能持久又最有功效的学生运动。"在课外之余可以适当参加服务社会的活动,比如办平民夜校、通俗讲演、破除迷信等事业,但要注意度。

在国家局势紧张、民不聊生之时如何救国?近十年大学教育,两代教育宗旨设计者都规避政治,呼吁学生回到课堂,以读书为主,少从事社会运动。他们身上还有或多或少的书生气,妄图通过传统的读书人方式解救天下。他们奉德美的大学教育理念为圭臬,试图以一种妥协主义

的——"非革命"的方式曲线救国。这是一种消极的建国方式,一种冷漠地对待当下政治的态度,一种寄希望于自由主义的救国方式。所以邓中夏认为,"更可恶的,是他们把教育事业当做外交事业,认贼作父,为虎作伥,简直是把中国的学校替外国人造奴隶,于是博得外国人种种名誉的馈赠,以为莫大的荣幸,这真是亡国的现象呵!"

上大如何对待政治?茅盾曾说,五四以来学生救国声浪日益高涨,但国内教育界受学阀、名流蒙蔽,趋于苟且偷安,认为不应卷入政治漩涡。所以各名校的教职员大多数始终不曾积极地参与过救国运动,甚至还要用种种方法压抑这种运动,设法使他们沉寂下来。而上大独树一帜,提倡师生和各界一同起来救国,提倡积极救国。

上大积极救国的建国人才培养体现在三个方面。首先,它拒绝"学而不做"的书呆子。上大教师不用读书救国、科学救国等思想束缚学生,更不赞同"君子不党"说法。他们"鄙弃那讲坛上高谈阔论的教授和学而不行的大学生,认为那只是把学问储藏起来作为自己个人生活的资本的凉血行为"。所以上大学生可以说没有一个是只读书不做事的。不像当时别的大学学子多来自于小康、中富、大富三类家庭。上大学子多来自于社会底层,他们节衣缩食来听课研究,绝不苟且偷安于教室、图书室。

其次,它以民众为主体。不同于旧教育宗旨聚焦于社会精英和资本主义经济,以悲天悯人之姿俯视民众,始终和群众有隔阂。上大师生的眼光并不是仅为着个人,更重要的是为中国和中国的大众。他们是为做建国的工人,为20世纪的人民谋幸福的。他们认识到其重要性不在自身,而在与劳苦群众结合。上大教师经常带领学生去参观工厂和农村,去切身体验下层人民的生活。上大的教育最终目的是要让学生认识到,他们"在民族革命中的地位和任务,就是在于宣传民众、组织民众,而自己处于附属劳苦群众的地位。……我们去宣传工人,组织工人,我们便应该以工人为主体,一切言论行动均须合于工人的利害与要求;我们去宣传农民,组织农民,我们便应该以农民为主体一切言论行动均须合于工人的利害和要求"。匠心独运地定位为"附属"于民众,从此中共开始了向群众学习、以民为师的探索,在当时可谓耳目一新。

再次,它注重革命实践。上大的"行"是读书与生活,特别是社会、民族生活打成一片,投身于刻不容缓的救国大业。上大学生激情澎湃,时刻关心政治形势的发展。他们"知道吸收知识的方法不仅靠在课堂上和书本上用功,而且还得从革命实践中去加强锻炼,要边干边学,边学边干,才能学到真本领"。他们积极宣传革命理念,到中学和大学中去教课,带去革命的理论和反帝的热情,星星之火也引发了各省各地青年革命的狂焰。他们前赴后继地参与并组织各种革命活动:1924年底上海国民会议运动蓬勃发展中上大成为上海影响颇大的革命力量;1925年组织参与五卅运动等。

综上所述,学术救国、教育救国等在理念上空漠,政治上冷漠。上大尝试规避建立一种体现了五四后中国社会危机情势与中共民主革命纲领相符合的崭新教育模式,一种服务社会底层,革命理论和实践融为一体的教育模式。它不仅与当时各种教育宗旨相区别,而且为后来苏区教育模式、抗大教育模式铺垫了基础,并成为新中国成立后主要的教育资源,深刻影响了20世纪中国大学教育乃至普通教育的发展。

从瞿秋白上海大学课程设计看其新文化建设思想[①]

罗 敏

1923年7月瞿秋白在给胡适的信中提及"希望上大能成为南方的新文化运动中心"。瞿秋白为何要加上"南方"一词？仅仅为了从地缘上区别于新文化运动中心的"北方"，还是以上海大学为中心的"新文化"在内容上与北方的迥然不同？为解决此问题，我们以上海大学课程设计为例一窥以瞿秋白为代表的中国共产党人在新文化运动后期的探索。长期以来，学界对上海大学的研究多关注社会学系的贡献，但文学系还可深入挖掘。我们认为，中国共产党人以苏俄为师，选择了社会主义，以社会学系、文学系和艺术系为基础，无意识地建立一种科学的、民族的、大众的教育体系，引发了以辩证唯物论为核心的马克思主义传播的第二次高潮。同时，准确理解上海大学课程设计背后的思想渊源、文化动机及其贡献，对我们今天高校的"思想政治理论课程建设"和"社会主义新文化建设"大有裨益。

一、上海大学课程设计背景

中国现代大学教育从产生初始就不是西方的为求知识而追问知识，而包含着救亡图存、重塑人生等道德诉求。所以中国现代教育的课程是"主持教育者依社会的现在和未来需要，将本国先民经验和世界先进经验，经选择后依不同的教育阶段和教育性质，做有系统的组织和分配，为

[①] 原载《思想战线》2012年第3期。

各级教师编制及选择教材的依据,并按一定的方法和步骤传授于后代,以充实其知识,培养其才能、技艺、生活能力、兴趣、理想和态度,帮助其改进个人及社会的现实生活,或个人未来所追求,社会所期待的生活"。课程有广义和狭义之分。狭义课程指被列入学校教学计划的各科目,包括它们在教学计划中的地位以及开设顺序。广义的指学校有计划地为引导学生获得预期的学习结果而付出的一切努力。我们仅探索上海大学狭义的课程。

1922年10月,上海大学在国共两党扶持下成为一所革命大学。当时的校长于右任觉得,这所弄堂大学经改组后仍余留许多棘手问题,其中急需解决的是物色办学得力人才的问题。1923年瞿秋白从苏联回国不久,被聘任为上海大学教务长和社会学系主任;7月,他撰写了《现代中国所当有的"上海大学"》,为上海大学制订教学计划和发展规划。他的课程设计围绕着在反帝反军阀的全国性民族主义政治大潮中让学子从模仿的急功近利的政治制度摆脱出来,"切实社会科学的研究及形成新的文艺系统——这两件事便是当有的'上海大学'之职任,亦就是'上海大学'所以当有的理由"。

瞿秋白确定此目标是因为:

第一,后五四时期建立科学的"社会主义"之必要。新文化运动在五四前重除旧,摒弃传统,涤荡违背时代的、保守的旧文化。五四后则重立新。伴随着"改造社会"的政治诉求,社会主义思潮渐渐后来居上,成为"一个时代精神"。因为社会上有一种模糊认知,觉得"社会主义"同"社会"、"改造社会"相关。以往学界对社会主义兴起的原因分析很多,但只有少数学者发现它与"社会"思想背景及其价值的关系。瞿秋白认为他们没注意到辩证唯物论引入不是简单模仿俄罗斯文化,更包含着将它作为解决社会问题的根本研究方法,以求"科学"化,体现"社会主义"平民价值的最终哲学根基。

中国四五千年的文化史从没产生过真正的社会学,甚至连基本术语都没制造出来。随着中国被卷入世界资本主义大潮,社会现象愈加复杂。但总的说来,还很幼稚,只能照搬国外的。在如此浅薄的社会主义理论武装下的简单头脑,在面对瞬息万变的社会现象时,如何能不恐慌?所以当时"社会主义"面临的迫切问题是"科学化"。幸而以"社会"为研究对象的马克思主义在欧战后数年由空想慢慢科学,有了整套理论,已具系统性。因此通过社会学系引入马克思主义,以完善中国的社会科学,彻底了解中国社会成为可能。

第二,瞿秋白苏俄之行为独树一帜的上海大学课程设计提供了可能。1920年10月瞿秋白离开中国远赴苏俄。此时的苏俄还处于饥寒交迫之中,却是世界上第一个社会主义国家,是世界革命的中心,是东西方文化的接触地。甫至苏俄,他一方面积极投身于文化的考察体悟。他深切感受到当时苏俄文化两种潮流的搏击:资产阶级文化逐渐显露其"市侩气",正渐渐地走向衰亡,"根本方就干枯,——资产阶级经济地位动摇,花色还勉留几朝的光艳。新芽刚才突发,——无产阶级经济权力取得,春意还隐于万重的疑雾"。新的俄罗斯文化——无产阶级文化将要展露其蓬勃生机。所以他认为可以静待俄罗斯文化灿烂庄严的将来,来领受新俄罗斯民族文化的甘露。

另一方面瞿秋白"理智的研究侧重于科学的社会主义"。赴俄途中他对如何进行社会学研究有了初步体会,认为必须转向实际的社会生活和经济生活。经过一年的亲身体验,1922年3月,他提出社会主义学说真正科学的研究方法"在于现实社会问题的解决"。现实生活是活生生的,所有的主义都是从"生活中流出"的。社会学不应采用西洋的用现实就"理想"的方法,不再拘于"主义"和死的抽象词。据此,历史唯物主义有了现实的根基,文化也寻找到了"动"的源泉——生活的现实。1921年秋,莫斯科东方劳动者共产主义大学开办中国班,瞿秋白做翻译和助教,开始了他系统学习和研究社会科学的过程。对瞿秋白而言,苏俄就是一座琳琅满目的革命宝山。而中国的社会科学太过浅薄,中国文学园地太过贫瘠,他甘当一个引水送肥的"农夫",把革命的宝贝更多的运回祖国。

第三,苏俄教育的发展为上海大学课程设计提供了现实模板。1921—1922年,苏维埃联邦的教育当局稍微得到些自由的余地,适用了一些能适应新社会秩序的特殊方法来解决他们的教育问题。在教育规模上,十月革命将大学校门敞向所有人。革命前俄国只有91所高等学校,11.2万名学生。学生主要是富裕阶层的子弟。譬如在1914年,俄国大学的学生中贵族与官僚子弟占38.3%,资产阶级与僧侣之子弟占43.2%,乡村富农子弟占14%,工农与下层知识分子的子弟占4.5%。苏俄高等学校废除了帝俄时的民族、阶级等种种限制。苏俄的教育机关不是乐园,只是战场,是全民向无知作战的战场。

教育宗旨上,苏俄旨在养成有生产能力的公民。学校教育导向不再是灌输智力,而是养成个人性质,培养全俄人民的责任心。这种责任心不是被动的接受,而是建筑在自由创造和活动上面。同时苏俄开始开设实验中心,创办劳工大学,以实地练习为主要教学法。这种大学强调实践性、实用性,强调紧密地与生活相结合,与无产阶级革命斗争相结合。它同时开设政治常识,"目的是使劳动社会得一个共产主义的概念。在很短的时间内教以一般最新的科学上的发现,使他们得应用新的科学方法。启发人民,使实际生活与科学相接近。养成他爱读书及爱做功的习惯。引导人民创造的活动建立在科学的基础上面"。1926年夏,胡适途经苏俄往欧洲,切身体会到苏俄"真是用力办教育,努力想造成一个社会主义新时代",培养一代新国民。瞿秋白近两年的生活、工作经历,令他深切感受到苏俄文化的大众性、实践性和革命性,这为设计上海大学课程,建设新教育模式提供了丰富的"模板"资源。

二、上海大学课程设计的内容及其价值取向

1923年7月,瞿秋白为上海大学制定了一整套办学方案。秉承着让上海大学"切实研究社会科学和建立新的文艺"的宗旨,他计划设立两个学院:社会科学院和文艺院,以解决迫在眉睫的"社会"和"文化"两大主题。社会科学院包括社会学系、经济学系、政治学系、法律系、哲学系和史学系,文艺院下设文学系和艺术系。文学系有中国文学系、英文系、俄文系、法文系和德文系,艺术系下有绘画、音乐、雕刻三系。

社会学"科学"化的进程就是社会主义"科学"化进程。当时国内社会学幼稚,偏重"叙述的,描写的"。瞿秋白认为它们仅是"社会学的一部分,或者简直不是社会学,甚至于写来写去只是几篇通俗的社论,新闻记者的通信稿"。社会学应该是"研究人类社会现象及其一切现象,

并研究社会形势的变迁,各种社会现象互相间的关系,及其变迁之公律的科学"。社会学研究的应是整个社会一切现象,而不是截取某一类来描述其变迁。它研究的是流变不居社会现象背后隐藏的统一性公律,而不是罗列事实。所以瞿秋白对社会学系课程设计偏重于理论化、系统化。他根据苏俄莎洛经和蒲哈林(即布哈林)的见解,构建课程系统:"社会学——理论的——(一)社会的分析,(二)社会的构造,(三)社会的生机,或称'动律',或代以'变律'。实际的——社会政策。"这令庞杂的社会科学有了一个从抽象理论到实际应用的完整结构。社会学系课程有社会学、社会进化史、社会学史、社会问题、经济学原理、政治学大纲、法学通论、历史哲学、心理学及社会心理学等17门专业必修课和2门外语必修课。同时还有涉及经济学、政治学、法律、哲学4个门类13门选修课。

自新文化运动提出"文学革命"以来,白话文替代文言文势头强劲,所以上海大学责无旁贷地担负起整理中国旧"文学"系课程的重任。瞿秋白认为大学在学术方面能有助于养成文学家的不是围绕着无系统的文学作品转圈,重点应在文字学或言语学。所以他在设计上海大学文学系时,以文字学为重以锻造精炼的工具。同时文学系还必须学习一些新文学运动的基础——社会学方面的基本理论。故文学系必修科目有:文、诗词、戏曲、小说、修辞学、语言学、文学概论、中国文学史、现代世界文学史、中国文化史、历史哲学、社会学概论等19门以及外语2门。另外开设了现代政治、艺术、哲学、社会学4个门类9门选修科目。同时,瞿秋白设计了英文系和俄文系的必修课,并强调所有文学系的"共同讲座制"。

瞿秋白设计上海大学课程时秉承着以下价值取向。

第一,量力而行。瞿秋白作为从红色故乡学习归来的正宗"老王麻子牌"马列主义者,明晰苏俄学科设置。但他在设计上海大学课程时却根据中国教育发展的实际状况,并非一味模仿和好高骛远盲目地设置。他根据国内学科、师资和学生状况量力而行。比如上海大学的社会科学院没设心理学系和教育学系。因为心理学在中国还是一门刚处于起步阶段的、更专业的、"介于自然科学和哲学之间"学科位置,还没确定的门类,而且国内当时还没有能够教授这门课程的人才,所以不设立。再比如对英文系、俄文系,他并非一味抬高要求来培养真正的"文学士",而定位为"预备赴英俄等国入人文学科",最终目标还是希望对中国文学作出贡献。考虑到当时中国学过俄文的人太少,提出俄文系只有降低要求,从字母教起,且不知是否能请到中国人中精通俄文文法的教员,提出只能"试办"的计划。所以瞿秋白在设计课程时,重点在社会学系和文学系,合理配置师资力量。

第二,理论扎实。以社会学系为例,瞿秋白课程设计理论体系完善,从研究方法的养成到各领域的具体应用都有所涵盖。课程门类远高于国内课程种类最高的文哲专业平均数15.4门,周学时数远高于国内文哲专业平均的16.4学时。故上海大学社会学系培养出的学生经过高强度的理论知识培训,具备了坚实的辩证唯物主义和历史唯物主义素养。同时,瞿秋白提出文学系和艺术系也必须学习社会科学和哲学常识。这为中国共产党在文化战线上培养出一大批深具马克思主义理论素养的斗士。

第三,视野开阔。瞿秋白对学子的定位不同于当时自由主义强调的重学术研究,回到图书馆、实验室。他提出,在中国现在研究学术,必须掌握两种外国语才行,才能保证能流畅阅读外文书报。同时人是政治生活的动物,还得关注国内国外现状,必须理论联系实际。上海大学面向全校学生开设"现代政治"选修课,这是一门开放式、学生自由讨论式的研究型课程,是一门关注当时中国政治、世界大势的课程,是一门"自动教育"课。目的是让学生"(一)不是搬着死教科书背的;(二)学生自动的以其现在所知科学方法应用到实际生活中去;(三)全校学生共同一堂可以锻炼青年的'集合意识';(四)不是'书房里的'少爷生活,而是社会里的公民生活"。通过这门课程的学习,上海大学学子能主动参与政治生活,为后来参与到如火如荼的"反帝爱国"革命浪潮做了政治理论的准备。

三、上海大学课程设计的意义

瞿秋白在设计上海大学课程时没有明确提出文化纲领,但是他以上海大学为基地,以《向导周报》为喉舌,已开始着手建立一种不同于五四时北方的文化——以自由主义为核心的文化,而是以唯物辩证法为核心的科学的、民族的、大众的文化。这是瞿秋白等中国共产党人在激情澎湃

的反帝爱国运动前夕对新文化建设的无意识探索。

第一,上海大学课程设计体现出瞿秋白等中国共产党人摸索建立一种"科学"的新文化。他们令社会主义价值背景从"平等"扩展到"科学",开启了马克思主义"科学化"进程。

首先,瞿秋白上海大学课程设计和文化上的探索推动了社会科学的系统化。"社会学之所以能成科学,全在于他能够解释明白人之社会的目的何故发生;社会的目的是社会发展过程之必然的果,追寻他最后的原因,却在于经济发展。"社会学以经济现象为起点,研究社会变化发展的规律。它是社会科学中最抽象、最综合的学科,是研究各种具体现实、历史问题的方法。故瞿秋白开的"社会学"课主要讲辩证唯物论,授予学生分析社会问题的根本方法。在此基础上,社会经济、政治等各门关注社会具体结构和各种现实问题的课程得以建立。"社会主义"理论获得了整套概念,与其他叙述性社会学泾渭分明,并由此构建了中国社会科学的理论框架。与此同时,瞿秋白以辩证唯物论为"汤头歌",针砭时弊,在《向导周报》上发表了大量极具战斗性的政论文章。

其次,瞿秋白等对"社会学"的传播为社会科学提供了研究问题的根本方法。瞿秋白认为,社会学是揭示人类发展公律的学科,它能彻底地将因果律应用之于社会现象。科学的公律就是在变动不居的许多各种各样的现象中求得的统一性,它包括"唯物论"、"一切现象间的关系之动力观"、矛盾观、"社会科学中的突变论与渐变论"等。"研究社会现象的时候,尤其应当细细的考察唯物主义的,互辩律的哲学,——他是一切社会科学的方法论"。它们是研究社会现象的方法论里的根本问题,是最基本的公律,是马克思主义理论体系的基石。

最后,辩证唯物论奠基于蓬勃发展的自然科学,顺应了科学作为"新生活哲学"的潮流。进入20世纪,科学在国内几乎获得了至高无上的地位,它的传播成为一种独立的运动。瞿秋白正是在此汹涌澎湃的浪潮中为"社会主义"理论找寻到了不容置疑、不可辩驳的基石——自然科学成果。辩证唯物主义公律是对宇宙现象"根本属性"揭示的成果,故国内首部介绍辩证唯物主义的著作——瞿秋白1923年写的《社会哲学概论》,哲学部分以"宇宙之起源"开篇,介绍星云学说进而到"生命之发展"、"细胞—生命之历程"等自然科学成果。在这些自然科学蕴藏的公律——"因果律"的基础上,他指出:"宇宙间及社会里一切现象都有因果可寻;——观察、分析、综合,因而推断一切现象之客观的原因及结果,并且求得共同的因果律,便是科学。"所有的东西都可置于因果关系内,通过辩证唯物主义方法就能认识宇宙一切现象。它对时代的要求和事件之间矛盾的解释独具特色,颇合时宜,成为唯物主义哲学流派中占主导地位的观点。这种辩证唯物主义具有典型的"唯科学主义"倾向,作为一种新的意识形态取代了旧的文化。

第二,瞿秋白通过上海大学课程设计和对"无产阶级文学"的提倡,试图建立一种"大众"的新文化。首先,瞿秋白等上海大学教授重视文化大众化工具——语言学。新文化运动对旧秩序的首要攻击体现在提倡白话文。白话文是启蒙的工具,是平民主义的象征。故瞿秋白在设计文学院的课程时,重视培养精良的传播工具语言学。他根据国内外语言学状况,提出应包括语音学、字形学、训诂学、字法、句法等7个门类。其次,上海大学强调对文学无产阶级化。瞿秋白认为,新的文化革命必须是劳动民众自己的文化革命。当时上海大学的社会学系和文学系,特别是英文系之间有些隔阂,认为他们是贵族、少爷、书呆子。瞿秋白提出了文学的无产阶级化,他"教育我们不要轻视文学,指出文学有无产阶级的文学,有资产阶级的文学,无产阶级的文学对革命是有推动作用的,要我们去听听文学课。秋白又对文学系的同学说:在阶级社会里,文学是有阶级性的,学文学的人应该有革命的立场,不能脱离政治"。所以,文学系和艺术系都必须学习社会学、伦理学等社会科学常识,用科学的社会主义理论来指导文学艺术创作。再次,提倡无产阶级文学。瞿秋白针对当时文学远离民众,没有劳作之声的状况感慨道:"唉,中国的新文学,我的好妹妹,你什么时候才能从云端下落,脚踏实地呢?这样空阔冷寂的荒漠里,这许多奋发热烈的群众,正等着普通的文学工具和情感的导师……"。他强烈呼吁"劳工的诗人"出现。

第三,瞿秋白对上海大学课程设计展示出他正在摸索建立一种"民族"的新文化。

首先,瞿秋白强调课程的民族性。他提出所有文学专业都参加"共

同讲座",学习用中文讲授的文学概论、美学概论、伦理学、心理学、历史哲学、社会学等8门社会科学基础理论。因为"教员可以与学生共同用出一种优美的中国的'科学的用语'出来,不致因用外国文教科书而主张彼此之依赖性"。尤其对英俄两系学生而言,这是训练他们将外国术语应用于中国语言来分析社会问题的途径。同时也可使各系学子相互贯通交流,而不致使学外文的抛弃中国文字,荒芜中国文化。同时上海大学独具特色的自动教育课——现代政治,是一门让学生主动关注国家政治事务,反思"反帝爱国"社会运动的课程。

其次,上海大学教师自编教材讲义。当时许多大学直接选用外国成书作教材,甚至引用的例证和教师指导学生研究的课题都大多采用西洋的。"中国大学教学之计划,若不参照中国之实际生活,反参照外国大学教学之情况,则民族文化必然堕落,仅有模仿而无独创之研究与思想,则其所产生之后一代人才,亦必缺少适当之准备,不能各负其责,以解决中国当前之问题"。当时国内社会学系作为时髦的学科,采用的教材几乎全是外国各门各派的社会学专著,但"上海大学中的社会学教授,都是社会学研究者。他们将自己编的讲义给学生,这比较那些用外国人教英文本的社会学,毕竟谁切实些啊?'我们研究我们的社会学知识,参考外国的社会学说,预备实用于中国社会'"。1924年瞿秋白的《现代社会学》《社会哲学概论》,施存统的《社会思想史》《社会问题》《社会运动史》和安体诚的《现代经济学》6种讲义被上海大学书报流通处编辑为《社会科学讲义》出版,并售往全国各地。这是中国共产党将学自苏俄的马克思主义与中国现实相结合,开始马克思主义中国化的开创性举措。

综上所述,上海大学课程设计在完善社会学理论时,将辩证唯物论引入中国,开启了中国马克思主义传播的第二波高潮。在此进程中,中国共产党开始无意识地构建一种科学的、民族的、大众的文化体系,标志着五四运动之后中国现代文化开始由"启蒙"进入"革命"。"反帝反封建"的民主革命纲领亟须科学的社会理论支撑,这既奠定了之后马克思主义理论中国化的路径和走向,也对中国现代文化建设产生了深远的影响,以致影响到今天中国共产党的文化建设。

20世纪20年代上海大学精神的传承与弘扬[①]

胡申生

新上海大学的建立已经有18个年头了。每到新上大校庆,总有人,包括我自己会想,我们为什么不能将新上大和20世纪20年代的上海大学联系在一起?

1922年成立的上海大学,是当时国共合作创办的一所大学,存在的时间从1922年到1927年,总计不到5年的时间。但她却如鹤鸣九皋,在中国高等教育史上写下了辉煌的一页。当我们在90年以后的今天,回顾老上海大学整个办学历程,有以下几点值得我们很好地关注和继承:

一是不图虚表,务求实效,艰苦创业。

上海大学校舍仅仅是石库门2层楼的10余房间,教学设备也极其简陋,遂被人称之为"弄堂大学"。但于右任、邵力子、邓中夏这些校领导和瞿秋白等名教师一点也不因校舍的简陋、经费的短缺而气馁而自卑,而是以一种使命感积极筹措办学经费,制定办学章程,延揽各方贤才,规划学科发展。而报考学生也是纷至沓来,入学人数从最初的百余人激增至上千人。上海大学一时名师云集,学生盈门,在极短的时间里,这所不起眼的"弄堂大学"就成为一所正规高等学府,成为名震遐迩的培养国民革命人才的红色学府。

说到"弄堂大学",有几点需要说清楚:第一,上海大学是在原私立东南高等专科师范学校的烂摊子上建立的,办学条件简陋是历史形成的;第二,随着办学时间的推移,办学条件一直在改善,1923年4月,上大

[①] 原载《上海大学校报》2012年5月28日。

决定在宋公园(宋教仁墓地,今上海闸北公园)建造新校舍,并决定由校长于右任亲自负责新校舍筹建事宜。会议同时决定由邓中夏等负责制定学校扩充后的章程以及在新学期拟增设的系科。第三,当时上海人往往把"弄堂大学"和"野鸡大学"等同起来,有人诬称上海大学也是"野鸡大学",这种说法是完全站不住脚的。"弄堂大学"和"野鸡大学"是两个不同的概念。前者是指大学的外表、办学条件,后者是指学校的性质、规范性及办学的态度、质量等。上海大学是一所经当时的国民政府正式注册批准的高等教育机构,正因为如此,在1927年"四一二"政变后上海大学遭国民党当局查封,校长于右任为争取上大学生的大学学籍资格,与国民党当局一再交涉,终于至1936年3月,也就是学校被当局查封9年之后,在国民党中央常务委员会第8次会议上,通过追认上大学生学籍、与国立大学享有同等待遇的决定。因此,上海大学和所谓"野鸡大学"完全是不沾边的。从上海大学的创建、运转、发展的过程来看,恰恰可以凸显出当时的上大人敬业、执着、自强不息的办学精神。

二是心忧天下,追求光明,爱国图强的革命精神。

上海大学是国共合作的产物,从建校伊始,就具有强烈的革命色彩和倾向。首先,这是由当时的历史条件决定的。20世纪20年代初,还是一个风雨如磐的黑暗社会。北洋政府无能,列强环伺,而以孙中山为代表的国民党人,因在军事上和政治上屡遭挫折,遂倾心于教育事业,冀通过教育积聚培植革命力量。而中国共产党成立不久,也急需培养革命干部,国共两党合作成立的上海大学所具有的革命性这个本质特点是不言而喻的。其二,主政的校领导和一大批教师本身就是革命者。校长于右任乃共和元勋,亲身参加过辛亥革命和反袁斗争。总务长(即校务长)邓中夏、社会系主任瞿秋白等本身就是中国共产党早期的领导人,其他一些教师如蔡和森、恽代英、张太雷、萧楚女等也都是杰出的中国共产党人。其三,慕名到上海大学求学的大多是热血青年。这些因素决定了上海大学必然是一所革命学府,红色学府。

上海大学的革命性,首先体现在教学内容上。上海大学开启了用马克思主义社会科学理论占领大学讲坛的先河,引导学生学习社会科学理论,调查研究中国社会,促进中国社会的改造。其次,体现在教师和学生亲身参加革命活动上。许多学生"都参加了组织和发动工人、学生、妇女、青年进行斗争的群众工作，碰到什么运动，他们不分白天黑夜地忙着"。上海大学革命精神的集中体现，就是五卅运动。上海大学师生从运动开始发起，到后来迅猛发展，始终站在反帝斗争前沿。上海总工会副委员长刘华和全国学联主席刘一清都是上大学生；社会系学生、共产党员何秉彝在五卅惨案中惨遭杀害。时人赞誉，北方的北京大学和南方的上海大学是遥相呼应的两座革命堡垒。

上海大学的学生积极参加当时的革命斗争，并不等于说不安心于书斋读书求学。事实上，那些冲锋在斗争第一线的学生，如刘华、何秉彝、李硕勋等，都是品学兼优的好学生。上海大学的教师、学生，以他们参加革命运动的实践，体现了上大师生心忧天下、爱国图强的革命爱国精神。

三是理论联系实际的办学理念和教学实践。

大学教育历来有两种理念，一种是埋头书斋，另外一种就是坚持将课堂教育和社会实际结合起来。上海大学从办学一开始，就坚持开放办学，结合实际办学。上海大学的学风就是理论联系实际，学校鼓励学生参加各种社会活动，而不提倡"死读书"、"读死书"。校长于右任不赞成学生闭门读书，不问国家兴亡盛衰。他积极支持学生关心国家大事，参加党派组织，集会结社，开展各种社会活动。1924年，上大学生社团孤星社成立，以"研究学术，讨论问题，彻底了解人生，根本改进社会"为宗旨，于右任欣然接受该社邀请担任名誉社长。社会学系主任瞿秋白是师生公认的名教师，此外，他还领导着学生们直接投入革命的热潮，在工人群众中进行各种工作。上海大学学生陈企萌曾回忆说："'上大'社会系是十分活跃的，上课时学习革命理论，下课后参加实际斗争。校内墙报林立，相互争鸣。"社会学系的学风是整个上海大学学风的一个缩影。另一位上大学生薛尚实回忆说："一般同学，特别是高年级的同学，知道吸收知识的方法不仅靠在课堂上和书本上用功，而且还得从革命实践中去加强锻炼，要边干边学，边学边干，才能学到真本领。"正是这样的学风，造就了一大批政治上成熟、社会活动能力强、专业水平高的学生英才，上海大学的精神正是在他们身上体现出来。

90年前成立的上海大学，虽然立校只有不到5年的时间，但取得的成

就是惊人的。单在人才培养方面,就走出了王稼祥、秦邦宪(博古)、杨尚昆、丁玲、李硕勋、刘华、何秉彝、杨之华、阳翰笙、施蛰存、戴望舒、孔另境、李伯钊等。他们中有的是中国共产党的卓越领导人,有的是名垂千古的革命烈士,有的是著名的社会活动家,有的是第一流的学者、作家、剧作家、诗人等。在促进学术发展方面,上海大学的教师和学生为中国马克思主义理论的传播、为中国学术的研究、自然科学的普及,达到了相当高的水平。从上海大学在人才培养、促进学术文化发展取得的成就看,确实应了当年清华大学校长梅贻琦讲的那句话:"所谓大学者,非为有大楼之谓也,有大师之谓也。"

有人说,现在的上海大学和当时的上海大学仅仅是校名上一致,两者并没有任何血缘关系。这一说也有道理。但是我要说的是,新上海大学和上一世纪的上海大学之间,重要的不是血缘联系,而是大学精神的一致性。回顾新上海大学18年的办学经历,无论在办学理念、教学实践等方面,都和90年前的上海大学有一致之处。如两个上海大学都各自有一个德高望重的老校长——于右任和钱伟长;办学基础并不好,但都以自强不息的精神使学校在短时期内得到长足的发展,在社会上享有很高的声望;都教育学生要心忧天下,爱党爱国,钱校长明确将"先天下之忧而忧,后天下之乐而乐"作为新上海大学的校训;都秉承开放办学的理念,老上海大学将课堂教育与革命实践紧密结合,与钱校长提出并在新上海大学充分实践的打破"四堵墙"等教育思想都已经成为上海大学精神和文化的重要组成部分。根据以上所述,我们完全可以自豪地说,今天的新上海大学是20世纪20年代的老上海大学这一所"红色学府"大学精神的继承者、传播者、弘扬者。

20世纪20年代上海大学美术教育浅析[①]

张玉荃

鸦片战争后,中国被迫打开国门,一些知识分子开始寻求救国之路,随着蔡元培美育教育思想的影响,一批留学生回国从事美术教育,于是中国大地出现了前所未有的艺术教育学校建立的井喷期,上海大学美术教育作为20世纪20年代美术教育的缩影,同时又是中国共产党领导中国美术教育的开端。它的教学理念和办学模式为近代中国美术教育积累了宝贵的经验,本文将围绕上大的建立、发展状况以及它的美术教育特色加以论述。

一、近代中国美术教育的发展状况

1840年鸦片战争爆发后,在西方列强隆隆的枪炮声中,近代中国被迫打开厚重的国门。在殖民者的枪炮威逼下,一部分先进的中国人开始把目光转向西方,带领中国向近代化迈开了蹒跚的步伐。从洋务运动到维新变法,从枪炮制造术到西方政治制度,学习在不断深入。在向西方学习的过程中,"图画手工"的美术教育也被纳入"声光化电"等"格致"之学的"实学"范围,在1866年左宗棠开办的福州船政局中,内设船政学堂,就已开设画法方面的课程。1904年清政府颁布的《奏定学堂章程》(又称《癸卯学制》),图画和手工课程已经成为学堂教育不可或缺的内容。《癸卯学制》确定了在师范教育和中小学教育中进行美术教育的制

[①] 原载《上海革命史资料与研究(第12辑)》,上海古籍出版社2012年版。

度,为中国近代美术教育的发展奠定了基础。

1912年蔡元培出任国民政府第一任教育总长,将美育列为国民教育五项宗旨之一,并在学校教育中积极倡导美术教育,为学校美术教育的发展营造了良好的环境。与此同时,辛亥革命后,共和国的建立为中国民族资本经济的发展提供了一个短暂的黄金时期。经济的发展使社会对工商美术人才的需求增加,加之此时大批留学国外的美术青年教育者的归国,以及国内有志于艺术教育的知识分子,使得在上海这类工商业发达的城市中,许多艺术教育学校纷纷成立。如周湘在1911年于上海创办的中西图画函授学堂(后来先后更名为布景传习所、上海油画院、中华美术专门学校),是我国第一所私立美术学校,为上海地区美术教育带来了新风气,也培养了一大批近代有名的美术家。刘海粟则于1912年创办了"上海图画美术院",即后来著名的上海美术专科学校。中国美术教育由此进入了一个新的阶段。

20世纪20年代,近代中国美术教育迎来了两个发展契机。一是五四前后,各种主义、思潮风起云涌,社会观念发生转变,使西方美学和美术地位得到很大提高。1917年4月8日,时任北京大学校长的蔡元培在北京神州学会上发表演说,首次提出了"以美育代宗教说",后《新青年》第3卷第6号发表了《以美育代宗教说》一文,认为新式教育应当从宗教垄断和封建迷信中解放出来。1922年诞生的"壬戌学制"把美育应出现在课堂内容中作为新式教育方针固定下来。而1918年出版的《新青年》6卷1号刊登的吕微和陈独秀的通讯——《美术革命》,要求借鉴外来美术的优点,对中国传统的美术加以变革,被视为举起了"美术革命"的旗帜。蔡元培对美育的提倡使美育地位在制度层面得到确立,而"美术革命"旗帜的高扬,又使西方美学思想得到了大力传播,这对该时期美术教育在中国的发展产生了极大影响。二是大量留学生回国从事美术教育,使许多近代美术教育机构在社会知名度和社会地位上得到了很大的提升,也使美术教育者社会地位与影响得到相应提高,这对知识分子群体职业道路的选择起到了相当的表率作用,吸引了更多知识分子投身于此,因而形成良性互动和循环。因此,经过五四新文化运动这几年的发展,近代中国美术教育在20世纪20年代初开始充分借鉴西方发达国家美术教育中的成功经验,并由此开始步入繁盛时期。上海大学的美术教育就是在这样的背景中,揭开了它的帷幕。

二、上海大学美术科的开创和发展

上海大学前身是私立上海东南高等专科师范学校,创办于1922年春。由于创办人以办学名义中饱私囊携款私逃,1922年10月23日,学校改组,迎请国民党人于右任为校长,改名为上海大学。1923年,学校又请共产党人邓安石(即邓中夏,在上海大学使用邓安石名字)出任总务长,后来又聘瞿秋白任社会学系主任,邵力子任代理校长,还曾聘请沈雁冰、陈望道、郑振铎、蔡和森、张太雷、恽代英、施存统等共产党员、国民党员和进步人士来校任教。上海大学吸引了全国各地思想比较进步的青年,为中国革命成功培养了一大批干部。1927年"四一二"政变后,上海大学被白崇禧用武力封闭。

上海大学美术科的前身可以追溯到1922年春吴梦非等创设于闸北的上海专科师范学校,该校延请艺术名家吕凤子、王济远、王仲山、李超士、仲子通等为教授,专事培养中等学校图画、音乐和工艺教员。不久,校内发生风潮,舍监陈太汉率领一部分同学另组上海东南高等师范专科学校,内设文学与美术两科,美术又分图音、图工两组。上海东南师范专科学校是挂名谋利的学校,设备方面,"仅美术科有钢风琴及石膏模型等"。1922年10月改组为上海大学后,总务长邓中夏和教务长瞿秋白对学校章程、学制、师资、课程等方面进行了详细规划和布置,美术教育一开始就受到了重视。

上海大学以"养成建国人才,促进文化事业"作为学校宗旨。正如前文所述,当时美育教育已经被教育界所重视,因而设置艺术系进行美育教育,也是"养成建国人才,促进文化事业"的重要一环。在瞿秋白眼中,20世纪20年代初,"中国旧式的文化生活渐次崩坏","文学艺术方面发生许多新要求——个性的发展,学术的民众化等",因此艺术如同"文学革命"中的文字一样,作为"工具的改良",成为"中国新式社会生活的必要条件"。"切实社会科学的研究及形成新文艺的系统——这两件事便是当

有的'上海大学'之职任,亦就是'上海大学'所以当有的理由"。因而艺术系的教育是构成上海大学两大职任的当然部分。瞿秋白1923年7月23日所制定的计划中,有8个系别,其中"社会学系、文学系、艺术系三系最重要,所以今年就预备开办"。

在瞿秋白的计划中,上海大学艺术系归在大学部文艺院中,下设绘画、音乐、雕刻三科。之所以再分这三科,在于三科之理论方面的主要科学相同,不同点仅在于技术方面的科学及实习。在邓中夏拟订的《上海大学章程》中,绘画系也归在大学部文艺院中。瞿秋白在《现代中国当有的"上海大学"》中,对艺术系课程及其目标进行了详尽的计划:

> 艺术系课目,其主要的理论科学如美学、美学史、艺术史、世界艺术史、中国金石学或书画史等,可以由绘画、音乐、雕刻三科用共同讲座制,其余各添其专门技术的科学及实习(音乐科的第二外国语最好能用意大利文,——这恐怕是梦想了)。此外文学课目当选几门作为必修课,因为他和艺术关系太密切了;社会科学及哲学的常识亦必不可少。艺术实习的设备最费,恐怕一时不能就添音乐系……限于经济,只得暂就绘画系认真办去,救救"月份牌艺术图"的恐慌。

上海大学美术科的课目表及教授详见下表,主任由洪野担任,并参与该校最高行政领导机构——评议会和行政委员会,还在附中兼教美术。洪野1922年在上海东南专科师范学校美术科以优异成绩毕业后,被聘为上海美术专科学校西画系教授、上海神州女子学校美术科主任,不久又应聘返母校东南专科师范任美术科主任。他擅长油画和水彩画,注重吸取法国印象画派的色彩表现。另外执教的还有陈抱一、李超士、钱病鹤、丰子恺、吴梦非、陈晓江、黄葆戉、何明斋、俞铸成、万籁天、俄国人宝特格尔司格等。陈抱一,1893年生于上海。自幼喜爱西画,早年追随张聿光习画。1913年和1916年曾两度赴日本学画,1915年与乌始光、汪亚尘等组织东方画会。1921年毕业回国后,曾任神州女子学校美术专科主任、上海艺术师范专科学校西画主任、上海美术图画院(上海美专前身)教授等职。积极主张改革西画教学方法,倡导旅行写生,受到当时西画界重视。

李超士，1893年生，浙江杭州人，1911年赴法国留学巴黎美术学院，因学业优异而几度获金奖。1919年学成归国，受聘上海美专任西画教授。为上海早期写实派油画代表画家之一。钱病鹤，1879年生，浙江湖州人，定居上海。早年加入中国同盟会，善漫画外，兼长中国画。历任上海诸报图画主笔，先后在上海《民权画报》《民生画报》《民国日报》及《申报》上发表漫画作品。其画作大多反映了当时的社会现实，为唤起民众反帝救国和促使清王朝覆灭起了推进作用。1913年创作的百幅组画《老猿百态》，形象而生动地讽刺了袁世凯的篡位阴谋，是中国早期漫画重要的长篇作品。丰子恺，1898年生，浙江桐乡人，近代书画家、文学家、翻译家、美术和音乐教育家。吴梦非，1893年生，浙江人，近代音乐教育家、中国美学界奠基人之一。1919年丰、吴二人曾合作创办上海艺术专科师范学校，同年倡立中华美育会，创办《美育》杂志。1922年11月17日，陈晓江与周勤豪创办东方绘画研究会，1923年1月，二人又在上海法租界举办"东方艺术研究会"。公开征求会员，声明"注重人体写生，备有中西模特儿多人"。黄葆戉，1880年生，青山下村人，别号青山农，在书法、篆刻方面造诣很深，1920年受聘任上海商务印书馆编辑，后任上海商务印书馆美术部主任20多年，曾任上海美术专科学校图画系主任。何明斋为上海商务印书馆编辑，曾著有《小学工用艺术科教学法》等书。俞铸成为中华职业学校教员。万籁天是近代中国话剧、电影导演。1919年赴东京日本大学学习。中共早期党员陈望道兼教美学理论。另外，美术科还和文学系、社会学系一样，有"现代政治"的选修课，这种选修课近似"研究会"的性质，主要由社会学系的中共党员教授担负，指导学生应用唯物史观的方法来探讨研究中国政治和世界大势。从这些教授的简历来看，这些教授多有中西结合的教育背景，而且大多在某一领域已经颇有建树，已经是有名的教授，可见其师资力量是非常雄厚的。

教授及讲授课目

教　　授	讲　授　课　目	聘　请　日　期
洪　野	西洋画、色彩画、远近学	1923年3月
丰子恺	乐理	

(续表)

教　　授	讲　授　课　目	聘　请　日　期
陈抱一	西洋画	
李　骧	油画	1924年3月
陈晓江	塑造	1924年3月
傅彦长	音乐、乐学	
万籁天		
钱病鹤	国画	
仲子通	西洋音乐	
何连琴	洋琴	1923年5月
李超士	西画	
吴梦非	艺术教育	
宝特格尔司基	西画	
何明斋	手工	
俞铸成	手工	
陈望道	美学	1923年5月
黄葆戉(青山农)	金石书画	1924年

资料来源：王家贵、蔡锡瑶编著：《上海大学（一九二二—一九二七年）》，上海社会科学院出版社1986年版，第144页。

  1922年10月以后，上海大学处在改组之中，原来的美术科继续存在。1923年7月1日，图音、图工两班学生毕业。举行毕业典礼时，由于右任校长率领全校学生到宋园，在宋教仁烈士墓旁合摄一影留念。"于校长并训话，略谓上海大学学生，应继承先烈遗志，挑起革命担子。这一番沉痛的训话，不仅给全体同学深刻的印象，亦给大家指示了努力的方向"。1923年9月开学时，仍使用"美术科"一名，承续改组之前的名字，但有些资料中亦称"美术系"。据《上海大学毕业生名册》，美术系共有三届毕业生。第一届为"上海大学文艺院美术系十二年度第二学期毕业生"，即上述1923年毕业生，有：石补、殷嗣仁、王显诏、徐石麟、范玉骏、田申、张守绪、周济、胡金培、王德庆、刘祖伟、唐凯、蔡吉光、方晓舲、刘培根、李莲芬、陈璞如、陈家楫、詹春三，计19人。第二届为"十三年度第二学期毕业生"，即1924年毕业生，有：郭昭、张大庚、褚鲁朋、李适中、廖湘波、涂竺筠、何纯青、孙为雨、储广泽、张学诗、孙君谋、彭其年，计12人。第三届为"十四年度第二学期毕业生"，即1925年毕业生，有：潘达青、龙家骏、史严、李安仁、王国九、朱其五、黄懋闿、许清涟、陈文华、周卜熊、雷仲山、卓尔黄、林新昌、胡策、穆光国，计15人。另据1924年5月27日印行出版的《上海大学一览》中"上海大学教职员一览表（职员之部）"记载，有美术科毕业生程永言曾充任学校庶事课主任及中学部教员和义务书记，金陵大学农林预科毕业、本校美术科毕业生戴炳宣担任书记员，但上述毕业生中并无这二人的名字。另有美术科1924年毕业生孙君谋、郭昭都亦担任过学校的义务书记。

上海大学教学形式丰富多样，注重让学生在革命实践中成长，学生怀有一种特殊的自觉"养成建国人才"的活泼的愿望和精神。既有各种社团成立，又经常开列讲坛，开设夏季讲学会，这种形式让学生感到新颖，愿意追求进步。1923年5月25日，第一届临近毕业的美术科学生成立了学术团体"美术科毕业同学会"，以"继续研究美术，增长上大精神"为宗旨。规定第一届34人全部加入，嗣后每届毕业生均加入。筹划做的事情有四项："1. 编辑中小学校所用之艺术教科书。2. 出版美术科毕业同学季刊（附各地实施艺术教育之状况）。3. 筹备上大美术科毕业同学成绩展览会（每年举行一次，时在暑假中）。4. 筹办上大美术科暑期义务学校。"这些拟订进行的事项，反映了美术科同学对于普及艺术教育的重视，从中可以看到他们用艺术教育来拯救国家民族的理想。1923年10月8日，美术科又成立了一个学术团体"探美画会"，该组织以"研究绘画，增进同学纯洁的艺术思想和感情"为宗旨，分为甲乙两部。甲部为中国画，乙部为西洋画。西洋画部又分室内写生和野外写生。有19人参加，拟做的事项是："不三阅月曾开两次自励会，陈列各会员作品，希同志之观摩，并拟不久出一杂志。"

三、上海大学美术教育的特色

上海大学是中国共产党与国民党合作创办的大学，但学校"校务实际是由共产党人主持"。上海大学实际上是一所在国共统一战线旗帜

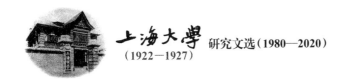

下,由中国共产党直接领导的培养革命人才的高等学校。这样一所学府,决定了其美术教育也具有鲜明的特色。

第一,上海大学美术教育是在中国新文化发展的基础上建立和发展起来的,以养成具有新文艺修养的建国人才作为培养目标。美术科的教师,都是具有社会责任感的教育家和艺术家,他们都极为重视提高国民素质的审美教育,注重把西方美术教育的模式引入中国并付诸实践。同时,他们又努力保留民族文化中的优秀传统,不废弃金石书画等传统书画技巧的传授。尤其是把以唯物史观为指导的"现代哲学"课程引入美术教育中,培养学生用马克思主义理论方法来训练思维,为摸索出一条有中国特点的现代美术教育发展之路作了有益的尝试。在当时各校都重视运用西方资产阶级绘画思想作指导思想的情况下,上大引入马克思主义美术教育思想,这在当时国内各大学中是开创性的。

第二,学校改组后逐步形成了关注现实、投身社会、反帝爱国、勇于奋斗的活泼的革命精神。这种精神同样在美术科同学身上体现出来。如美术科组织的探美画会给刚进入学校不过一个多月的施蛰存留下了深刻印象,他在《上海大学的精神》一文中详细记录道:"在美术上,我最不能忘记的,就是上海大学美术系同学的组织画会。在开课一星期之后,立刻就听到他们发起组织画会的呼声,再一星期后,他们画会居然成立了。天天我总看见美术学系同学拿着画具,从事工作,我也看见了他们好几种美丽的作品。"社会学系学生中发展出大量的党团员,并积极参加到革命实践中。在社会学系学生的带动下,美术系的学生们也参与进来,他们以画笔为武器进行战斗,开展览会为工人募捐,他们表示:"革命之手段不一,而假为艺术手段以从事革命,其收效亦大。但目下无产阶级被压迫之时,吾人尤不能不以艺术发泄和安慰被压迫者之痛苦。"

上海大学美术教育既是20世纪20年代美术教育的缩影,同时又是中国共产党领导中国美术教育的开端。它的教学理念和办学模式为近代中国美术教育积累了宝贵的经验;它所培养的新美术人才也为传播新文化新艺术思想,推动中国新美术的发展发挥了积极而深远的影响。今天,当我们纪念上海大学建校100周年时,不应忘记上海大学在美术教育方面所作的这些贡献。

瞿秋白与上海大学[①]

邵 雍

上海大学是第一次国共合作时期中国共产党的一个重要文化阵地,瞿秋白为建设这个文化阵地做出了重大的贡献。瞿秋白在上海大学期间的经历是他人生中的重要一页,是从文弱书生向中共领袖转变的一个中间阶段。瞿秋白在上海大学期间上课讲演,著书立说,指导学生群团活动,在传播马列主义,组织学生投入革命运动,为党培养青年干部等方面做出了重要贡献,其性格、才能、学识以及俄语翻译水平也得到了充分的展示。他在上海大学的教学实践是他尝试用马克思主义来研究中国历史与社会的一部分,而且是比较成功的。

（一）积极参加上海大学的创办工作

1923年8月,党的三大后,青年团在南京召开二大。团的二大闭幕,瞿秋白返抵上海,由李大钊推荐,积极参加国共两党党员合办的上海大学的工作。

上海大学是在国共合作的呼声中,在统一战线的旗帜下,于1922年10月由上海私立东南高等专科师范学校改组成立并发展起来的。东南高师学生约160人,极不满意学校的现状,组织十人团为核心,延请辛亥革命元老曾任靖国军总司令的于右任来担任校长,改组学校。他们还找到共产党,要党来接办这所学校。中共中央考虑,若请国民党出面主办,

---

[①] 原载《理论经纬(2013)》,黄山书社2015年版。

于学校的发展更为有利,而且筹款也方便些。在学生代表的热情邀请下,于右任答应出任校长,同时建议改校名为上海大学。于右任在政治上赞同孙中山改组国民党,实行国共合作,打算把上海大学的活动,纳入国民革命的政治轨道,但苦于没有办学经验,因此寄厚望于共产党人。1923年4月,与于右任私交很好的老朋友李大钊到上海,介绍邓中夏(安石)出任总务长。邓中夏到校视事不久,瞿秋白就来了,先任学务长,后任社会学系主任。同年8月8日,上海大学全体教职员在上海"一江春"聚会,决议组织评议会,校长于右任为主席评议员,瞿秋白等九人为评议员,负责处理全校一切根本重大事务。12月,评议会改为行政委员会,并依据新章程进行改组,于右任为委员长,瞿秋白等八人为委员。

瞿秋白是想在上海大学干出一番事业来的。1923年7月30日写给胡适的信中说:"既就了上大的事,便要用些精神,负些责任。我有一点意见,已经做了一篇文章寄给平伯。……我们和平伯都希望上大能成南方的新文化运动中心。"信中所说的文章,是指他写的《现代中国所当有的"上海大学"》。

8月2日和3日,《民国日报》副刊《觉悟》全文发表了《现代中国所当有的"上海大学"》,该文为上海大学制定了一套较为完整的办学方案。瞿秋白强调学习和研究社会科学的重要性和迫切性,指出:中国被称为"远东四五千年的古文化国,现在反而落后,学问艺术无不要求急速的进步,方能加入国际学术界的文化生活"。他认为中国当初"不但未发生什么真正的社会科学,并且连相当的术语多没制造出来"。因此"切实社会科学的研究及形成新文艺的系统——这两件事便是当有的'上海大学'之职任,亦就是'上海大学'所以当有的理由"。他要求引导学生学习社会科学原理,"确切的了解其所要改造之对象",投入"改造社会"的实际斗争中去,要求改革中国旧的文学艺术,创立新的文学艺术。在瞿秋白的办学方案中,上海大学设立社会科学院和文学院两个学院。社会科学院下设社会学系、经济学系、政治学系、法律学系、哲学系、史学系;文学院下分文学和艺术两个方面,文学方面设中国文学系、英文系、俄文系、法文系、德文系,艺术方面设绘画系、音乐系、雕刻系。瞿秋白还在他的办学方案中详细规定了课程的设置,列出了必修和选修的科目,规定了每周的教时,又对不同的对象作出不同的要求。这一教学规划博古通今,学贯中西,对于整顿改革上海大学的学务大有裨益。

瞿秋白《现代中国所当有的"上海大学"》还明确指出,创办上海大学的目的是要用进步的思想和丰富的知识,武装学生的头脑,使他们具有独立认识社会、改造社会的能力,担负新时代所赋予的神圣使命,担起革命的责任。因此,学校应鼓励学生组织各种类型的社团,提倡学生深入社会生活和革命斗争的实际,加强自我锻炼。瞿秋白指出上海大学各系都应当有"现代政治"的选修课——其实是每星期一各系共同的、自由讨论研究的集会。学生也可以自己组织其他的研究会。他说,这种研究会有几种好处:"(一)不是搬着死教科书背的;(二)学生自动的以其现在所知科学方法应用到实际生活中去;(三)全校学生共同一堂可以锻炼青年的'集合意识';(四)不是'书房里的'少爷生活,而是社会里的公民生活。导师要于中国政治、世界大势的当时问题作有系统的说明论断;要多给予学生机会自己发表意见,讨论答辩。"

(二)大力推动社会哲学和社会科学的学科发展

在瞿秋白主持下,上海大学社会学系实际开设了辩证唯物主义和历史唯物主义、私有财产及国家起源、通俗资本主义、科学社会主义等课程。通过这些课程,理直气壮地阐述马克思主义的基本原理,这在当时的大学中是罕见的。中国共产党初创时期的一些重要理论著作正是在上海大学教学中产生的,主要有邓中夏的《中国劳工问题》,萧楚女的《中国农民问题》,蔡和森的《中国进化史》,恽代英的《中国政治经济状况》,施存统的《社会思想史》,安体诚的《现代经济学》,董亦湘的《民族革命讲演大纲》,杨贤江的《青年问题》等。其中瞿秋白的著作最多,有《现代社会学》《社会哲学概论》《社会科学概论》《现代民族问题》四种。

其中《现代社会学》《社会哲学概论》被收入1923年瞿秋白在上海大学主编的《社会科学讲义》,该讲义于1924年1月至4月间由上海书店印行,同年3月至6月间再版,1927年1月由汉口长江书店重版。《现代社会学》论述了社会学的对象及与其他科学的关系、社会科学的原因论和目的

论、社会现象的有定论和无定论、社会现象的相互联系和相互矛盾、社会现象的偶然性和必然性等问题,宣传与介绍辩证唯物主义和历史唯物主义。作者认为:"社会学乃是研究人类社会及其一切现象,并研究社会形式的变迁,各种社会现象互相间的关系,及其变迁之公律的科学。"

《社会哲学概论》根据恩格斯《反杜林论》的基本思想,指出思维对存在、精神对自然界的关系问题是哲学的根本问题,由此划分唯物论、唯心论两大对立的派别。《社会哲学概论》探索了关于真理检验标准的问题,提出"'意识'的正确与否,全在乎他与自然界是否符合","一切科学及思想都应当时的和具体的现象相较对"。该著作还指出事物的矛盾及其互相转化的规律是唯物辩证法最根本的规律,质量互变规律和否定之否定规律也是客观事物发展的"公律"。

社会哲学和社会科学概论是瞿秋白讲授的两门课程,很受同学们欢迎。在闸北青云路上海大学旧校址上课时,"人都挤满了。房子陈旧,人多了,楼房振动,似乎要倒塌下来,但是人们还是静静地听,一直到下课为止"。后来改在西摩路(今陕西北路)敦厚里新校址上课。在一个最大的课堂里窗外和门口都站满了听众,其中除了社会学系的同学,还有中文学系、英文学系的学生,有时上海其他大学的党团员和积极分子也来听课。瞿秋白上课之前,先把讲义发给学生,让他们预习。"到讲课时,不是照着讲义念,而是在讲义的基础上补充了很多活材料"。当时的学生杨之华回忆说:"第一次听他讲课的时候,使我惊奇的是学生突然加多了。别的同学告诉我,大家都很喜欢听秋白的课。除了社会学系本班的学生,还有中、英文系的学生,其他大学中的党团员或先进的积极分子,甚至我们的好多教师恽代英、萧楚女、上大附属中学部主任侯绍裘等同志都愿来听听。……在他的讲话中,没有华丽的词藻和空谈。同学们的水平参差不齐,他为了使大家明白,引证了丰富的中外古今的故事,深入浅出地分析问题,把理论与当前的实际斗争相结合。同学们都很郑重地记笔记,万一有人因为参加社会活动而缺了课,非要借别人的笔记抄下来,才能安心睡觉。"

当时在上海大学也有国家主义派分子在蛊惑人心,欺骗青年学生。瞿秋白在讲课时,或者在党团员积极分子会议上,根据马克思列宁主义的原理,阐明了国家的起源及其作为阶级统治工具的实质。他针对国家主义派的言行,详细地剖析了国家主义的反动性和虚伪性,列举事实揭露那些国家主义的"醒狮"派头头,只是一小撮受国内外反动派豢养的狮子狗,他们狂吠"外抗强权,内除国贼",是企图利用青年单纯的爱国热情,玩弄"外抗苏联,内除共党"的勾当。同学们听了秋白的分析批判,认清了国家主义派的丑恶面目。不少受他们欺骗的人逐渐觉醒了过来。

除了上课之外,瞿秋白还多次在上海大学进行报告与演讲。

1924年5月5日,他在上海大学举行的马克思诞生106周年纪念会上发表演说,介绍马克思,宣传马克思主义,反对国民党右派的反共思想。报告结束后,与任弼时一起高唱《国际歌》,深深感动了台下的同学们。

瞿秋白任主任的社会学系的学生占全校学生的半数以上,起初有50多人,后来增加到400多人。由于社会学系逐渐成为上海大学最大的系,校中常常以社会科学为主举办课外学术活动。1924年7月6日至8月31日,学校举办暑期"夏令讲学会"。知名学者35人做了51个学术报告。其中就有瞿秋白的《社会科学概论》。在《社会科学概论》中,瞿秋白运用辩证唯物主义和历史唯物主义的原理,分析了现代社会的状况及其发展规律,论述了社会科学的研究对象、社会现象与自然现象的异同点及其相互联系、社会之意义,以及经济、政治、法律、道德、宗教、风俗、艺术、哲学、科学等意识形态方面的问题,涉及的范围较为广泛。最后要求革命者要努力学习和掌握社会科学,指出:"社会运动者——阶级斗争的倡导者,在思想斗争、经济斗争、政治斗争之中当然要具有真正的社会科学智识。"

1924年9月,瞿秋白从广州回到上海,先后给上海大学师生作了几次报告,详细分析了当前的政治形势,指出革命运动的蓬勃发展引起国民党内部的分化,揭露国民党右派加紧进行反对共产党,反对孙中山的革命主张,分裂革命统一战线等罪恶活动。

1925年12月,瞿秋白在上海大学社会学系大教室作了关于中国革命问题的报告,时间近三个小时。他以透彻的说理,雄辩的口才和善于掌握听众心理的才能分析了当前的政治形势,揭露了国民党右派林森、居正、邹鲁、张继等人破坏国共合作、反对共产党的活动。报告一开始就明确:该题目"是全国人都注意的问题。而且这不单是学理上的问题,是实际

的问题"。瞿秋白运用马克思主义的基本观点,结合中国革命的实际,阐述了阶级斗争的重要意义,批驳了戴季陶主义,指出:"我们要研究三民主义,要实现三民主义,就应当去实行阶级争斗;使全国的被压迫阶级联合起来,国民才可以成功。"此次报告由上海大学学生马凌山记录,后印成题为《国民革命与阶级斗争》的单行本散发。

1926年1月,瞿秋白又在上海大学作题为"现代民族问题"的讲演,运用历史唯物主义的观点,讲授了民族之定义、民族之经济基础、民族之发生及发展、民族运动之性质、民族问题的历史、帝国主义前的民族问题、帝国主义时代民族问题、无产阶级革命时代的民族问题。他揭露了帝国主义对殖民地的经济掠夺和文化侵略的罪行;认为现在世界上被压迫民族与帝国主义的斗争,是世界的民族问题;指出"各弱小民族的民族解放运动已经成了……世界无产阶级社会主义革命的强有力的友军",所以"无产阶级现时的第一革命职任,便是结合殖民地弱小民族的劳动平民,筑成一伟大的反帝国主义战线"。他认为民族解放运动只能由无产阶级来领导。因为"革命的进行真能解放一般平民的时候",资产阶级"要保持自己的阶级地位和利益,终竟要和帝国主义者妥协";"资产阶级大都只能在一定的期间一定的问题上参加国民革命,而国民革命最终的领袖总是无产阶级——这却是一个公律"。

瞿秋白卓有成效的教学活动赢得了校方与同行的肯定。1924年2月上海大学行政委员会先后召开第二、三次会议,瞿秋白先后被推举担任上海大学丛书审查会委员、经济学系筹备员等职。反过来,为了进一步增强上海大学的教学力量,瞿秋白也多方延揽人才,1923年夏瞿秋白聘请周建人来上海大学教授达尔文的进化论。1924年7月蒋光慈从莫斯科回国后,瞿秋白很看重这位中国早期的革命作家,聘请他来上海大学社会学系教授俄语,要他更多地发挥积极作用。

(三)在大学生中加强革命舆论宣传

瞿秋白还多次在上海大学的学生刊物上发表文章,加强革命舆论宣传,弥补课堂教育、讲座报告的不足。1924年3月15日,瞿秋白在上海大学学生编的《孤星》旬报第4期(追悼列宁专号)发表论文《历史的工具——列宁》(代社论)。文中正确阐明无产阶级革命领袖是时代的产物,指出无产阶级革命领袖在推进社会发展过程中的巨大作用。他高度颂扬"列宁不但是无产阶级革命的指挥者,并且是一切平民受压迫者的革命运动之组织者。列宁的伟大不仅在于他的共产主义理想,而在于他能明悉社会进化的趋向,振作自己的革命意志,指示出运用客观的环境以达人类的伟大的目的之方法。所以他是全世界受压迫的平民的一个很好的工具"。

同年5月4日,瞿秋白在《上海大学周刊》第1期又发表了《自民族主义至国际主义——五七—五四—五一》,指出1915年5月7日日本对袁世凯政府提出的"二十一条",是中国近年来爱国运动——民族主义运动的出发点;而五四运动成为"更广泛、更伟大的民族运动","五四运动的精神"正在于"学生群众虽然仍是知识阶级,却已不以上书运动自限,而且他们……破坏现在法制而制造'革命的法庭',确有几分革命的独裁制的意义"。最后他还指出中国的民族主义根本上是国际主义,认为:"中国的解放如果没有世界无产阶级援助,无论如何不能达到的。中国平民的民族民权主义,没有国际的民主主义是决不能实现的。"

众所周知,教师在学生刊物上发表文章既没有多少稿酬,也不会马上有太大的社会影响,对此瞿秋白在写给一个上海大学的学生的信中解释说:"我现在时时觉着为自己做事总不如为大家做事的好过。19世纪的俄国青年往往说要'为平民服务',我现在觉得——真正的良心的觉得,不仅是理论上的推想,这是真正的'生命'。"

出于这样一种崇高的精神境界,瞿秋白对没有丝毫报酬的学生课后辅导工作同样十分热情,尽心尽责。他循循善诱,使学生得到更多的知识,以补充课堂教学的不足。瞿秋白经常同施存统、蒋光慈等人到上海大学学生阳翰笙等人的宿舍,师生之间完全是同志式和朋友式的关系,不讲师道尊严。瞿秋白常常解答同学们提出的种种问题,有时与同学相互平等地辩论;有时大家一道饮酒,边饮边谈;有时大家一道唱《国际歌》《少年先锋队歌》等进步歌曲。瞿秋白教唱《国际歌》,师生关系非常和谐亲切。另有女学生丁玲回忆说:"最好的教员却是瞿秋白。他几乎每天下午

课后都来我们这里。于是,我们的小亭子可热闹了。他谈话的面很宽,他讲希腊、罗马,讲文艺复兴,也讲唐宋元明。他不但讲死人,而且也讲活人。他不是对小孩讲故事,对学生讲书,而是把我们当作同游者,一同游历上下古今,东南西北。我常怀疑他为什么不在文学系教书而在社会学系教书?他在那里讲哲学,哲学是什么呢?是很深奥的吧?他一定精通哲学!但他不同我们讲哲学,只讲文学,讲社会生活,讲社会生活中的形形色色。后来,他为了帮助我们能很快懂得普希金的语言的美丽,他教我们读俄文的普希金的诗。"

在学校里,瞿秋白既是一位有威信的教师,又是中共党组织的负责人之一。"追求进步的同学们,都愿意和他接近,把自己的希望、苦闷、困难和问题告诉他,希望得到他的帮助。他也经常主动地找同学谈话,了解他们的思想、学习、工作以至生活情况,帮助解决问题。"当时社会学系的绝大多数同学都参加了组织和发动工人、学生、妇女、青年进行斗争的群众工作,碰到什么运动,他们不分白天黑夜地忙着,很少能顾到书本。于是同学与教师就对学习和参加社会工作的关系问题发生了争论。在一次讨论会上,秋白详细地解释了为什么革命学校的教学方针和革命青年对待学习的态度,都应该贯彻理论联系实际的原则。他说:"书是要读的,但不能死读书,因为书不是为了代替你思想而写的,而是帮助你思想而写的,学习革命理论是为了指导革命的实践,一边学习,一边参加实际工作,有助于领会革命理论,改造思想和取得实际经验。"同学们钻研书本上的和实际工作中的问题,自己解决不了的,就去请教瞿秋白等革命教师。他们总是很乐意地帮助同学,有时还指导他们看有关的书。这样,同学们的进步就比较快。当时社会学系的同学大部分家境贫寒,政治上倾向革命,比较积极,但有些看不起文学系特别是英文学系的同学,说他们是贵族、少爷、书呆子;而后者则反唇相讥,说社会学系的同学是"挂名学生""空头革命家"。瞿秋白发现这问题后又对社会学系的同学说:"你们该首先打破成见,不要自以为进步而看不起人家,而应该主动去团结人家。革命靠少数人是不行的,应该带动广大群众去干。文学系也有要求进步的同学,你们应该积极帮助他们,培养发展党团。"秋白又对文学系的同学说:"在阶级社会里,文学有阶级性的,学文学的人应该有革命的立场,不能脱离政治。"经秋白和别的革命教师的教育,各系同学之间逐步取消了门户之见,文学系的同学参加社会工作的也多起来了,在他们中间也发展了不少党团员。

（四）强化党建工作的引领作用

中国共产党在上海大学的工作开展得好不好,关键在党小组的领导。在较长一段时间内瞿秋白的党组织关系就在上海大学的党小组（支部）内。而上海大学党小组是中共上海地方兼区执行委员会的四个党小组之一。1923年7月9日,瞿秋白和邓中夏、施存统、王一知、贺昌、张春木、严信民、黄让之、彭雪梅、许德良、林蒸等11人被编为第一党小组（上海大学),林蒸为组长。直到1924年1月13日先后被编入上海大学党小组的还有:陈比难、邵力子、刘拜农、向警予、刘剑华（刘华）、张景曾、龙康庄（龙大道）、沈泽民等。9月2日,中共上海地方兼区执行委员会召开党员大会,选瞿秋白、向警予、林蒸为候补委员。9月4日,上海地方兼区执委会第九次会议,指定瞿秋白等6人为党小组讲演员,每人每月讲演一次。9月20日,中共上海地方兼区执委会举行第十四次会议,决定改派瞿秋白等8人为委员。瞿秋白满腔热情,不辞辛劳地亲自做学生党员的发展工作,与之深入交谈入党动机,主动做入党介绍人。在上海大学党支部的向警予,时任中共中央妇女部书记,工作很忙,也常到上海大学女生宿舍看望进步学生,与她们"谈形势,谈学习,谈思想,谈工作",潜移默化,做了不少思想政治工作。

在瞿秋白、邓中夏、向警予同志的直接领导下,上海大学党支部的同志都是当时开展群众运动的骨干,在全国学生总会、上海市学联、妇女团体和工人组织中担负着领导工作。如杨之华就被分配到环龙路44号国民党中央上海执行部妇女部工作,曾经前往孙中山先生的苏联顾问鲍罗廷家介绍中国妇女问题。

1924年"双十节"的前几天,上海大学党支部召开会议,全国学生总会的负责同志汇报了筹备国民大会的情况和国民党右派的阴谋活动。"秋白听完汇报后,指示负责筹备国民大会的同志要密切注意国民党右派

的活动，随时揭穿他们的阴谋，团结群众与之进行针锋相对的斗争，并给准备参加大会的同志们布置了具体任务。"

10月10日在天后宫国民大会上，上海大学学生黄仁鼓掌赞成反帝反军阀的演讲，竟被控制会议的国民党右派童理璋和喻育之收买的暴徒殴打，生命垂危。除了殴打学生外，童理璋和喻育之还要假警察之手，企图逮捕瞿秋白等共产党人。11日零点以后，瞿秋白冒着危险前来看望被送往宝隆医院的黄仁。11日凌晨，黄仁因伤势过重，不幸逝世。当天，瞿秋白根据中共中央指示，组织反对国民党右派暴行的行动委员会，领导全上海人民起来抗议这种暴行。

上海大学是国共合作时期由中国共产党和国民党联合创办的，校内师生思想和成分复杂，政治上和思想上的斗争尖锐。但当时在上海大学任教的共产党员与校长于右任的关系不错。就学务长瞿秋白而论，他是中共三大、四大的代表，在四大上当选为中央委员。1923年12月23日，他出席国民党上海市党部全体党员大会。瞿秋白后来曾叙述对于这次大会的观感说："参加会议的人员是各式各样的……大家都情绪高昂地怀着过节的心情来开会"，其中，"上海大学的学生尤其多"，"到处都是佩戴着国民党徽章的管理人员……他们中大多数是共产党员、学生运动的代表"。在国民党一大上，瞿秋白当选为国民党中央候补委员，后来又历任国民党上海执行部候补执行委员、国民党中央政治委员会委员。而于右任校长在国民党内是上海执行部工农部部长，该部的调查干事又是上海大学总务长邓中夏。1924年10月10日国民党右派分子童理璋和喻育之受卢永祥指使制造"黄仁事件"后，何世桢纠集学生反对瞿秋白和国民党左派，称瞿"上海共产党首领"时，于右任对瞿秋白等人十分同情。13日，他在国民党上海执行委员会上以大会主席的身份报告了流血事件的经过，坚决主张开除童、喻二人。瞿秋白在会上提了提案，主张上海执行部认定凶殴反帝国主义反军阀的演说者和赞成者的行为，是"帝国主义及军阀奸细卖国卖民之反革命行动"，不论是否党员，"本执行部敢以国民党名义正式宣告其为国民之公敌，凡我国民甚速起而讨之"。具体的宣传方法要点有三："一、国民党各级党部立即召集党员会议，宣传上海执行部关于黄仁事件宣言的内容及其意义，二、本党党报应根据上海执行部关于黄仁事件的宣言,尽量登载有关的'消息和言论',三、国民党各级党部应根据宣言,向群众进行宣传鼓动,开展'反对一切军阀及帝国主义之大运动'。"总之,一定要为上海大学黄仁同学伸张正义。

10月27日,瞿秋白参加了上海大学等30余个团体发起的在上海大学举行的黄仁烈士追悼会,并发表演说,痛斥帝国主义和国民党右派的暴行。"会场演说极悲壮激昂之至,闻者色动"。上海大学一些原来不问政治的同学也参加了黄仁烈士的追悼会,齐声痛斥反动派的卑鄙罪行。

黄仁被害事件引起了连锁反应,致使上海大学共产党与国民党右派之间的斗争激化。校内社会学系学生反对英文系主任何世桢,英文系学生反对社会学系主任瞿秋白。结果,瞿秋白和何世桢同时辞职离开了上海大学,所遗社会学系主任、英文系主任职务后由施存统和周越然分别继任。

(五)校园的革命活动转入低谷阶段

瞿秋白等共产党人在上海大学的革命活动,引起了帝国主义势力的恐慌与警觉。12月2日,上海公共租界工部局《警务日报》记录称:"最近几个月来,中国布尔什维克之活动有显著之复活,颇堪注意。这些过激分子的总机关设在西摩路132号上海大学内,彼等在该处出版排外之报纸——《向导》,贮藏社会主义之书籍以供出售,如《中国青年》《前锋》。该大学之大学部分教授均系公开的共产党人,彼等正逐渐引导学生走向该政治信仰。"其中就有"社会学系教授瞿秋白,瞿系中国布尔什维克领袖之密切友人"。

12月9日,慕尔鸣路(今茂名北路)彬兴里306号瞿秋白寓所与西摩路(今陕西北路)上海大学遭到上海公共租界巡捕房的搜查。包探没有抓到瞿秋白,就把瞿秋白保存的《新青年》《向导》以及瞿秋白从苏俄带回的许多俄文版书籍等书刊搜索一空,付之一炬。工部局警务处认定"所发现的证据都明显地说明了该校的三百个学生的大部分是共产主义的信徒。他们所接受的训练,无疑地是企图使他们成为有智力的共产主义宣传家的"。租界当局还下令通缉瞿秋白。瞿秋白闻讯后气愤地说:"书可以被烧掉,但是,革命的理想是烧不掉的!"

遭到上海租界当局通缉后,瞿秋白虽然不再公开地到上海大学讲课,但"仍然经常在党团员积极分子会议上作政治报告,有时还来参加上海大学的支部会,传达贯彻党中央的决定",解答学生提出的各种问题,指导他们进行革命活动。中华书局的学徒刘剑华即刘华,考入上海大学后半工半读,生活艰苦。瞿秋白经常找他谈话,关心他的生活,帮助他解决生活与工作中的困难,从不定期的资助到病时送药,无微不至。

(六)总　　结

瞿秋白在上海大学期间的经历是他短暂而光辉的人生中的重要一页,可以说是从文弱书生向中共领袖转变的一个重要阶段。瞿秋白就义前写了《多余的话》,自称"是一个很平凡的文人","用马克思主义来研究中国的现代社会,部分的是研究中国历史的发端——也不得不由我来开始尝试"。笔者认为瞿秋白在上海大学的教学实践也是这种尝试的一部分,而且是比较成功的一部分。"他在这方面的业绩,文献事实俱在,将永远彪炳史册"。瞿秋白在上海大学期间所做的一切,符合他的"兴趣和性情",他上课讲演,著书立说,勤奋忘我。他的性格、才能、学识以及俄语翻译水平得到了充分的展示,得心应手,游刃有余。作为一个"有血有肉有个性的人",他热爱同志,关爱学生,以至于与心爱的学生结为伉俪,共同奋斗,其乐无穷。

瞿秋白在上海大学期间与邓中夏、恽代英、蔡和森、任弼时等人一道,志趣相投,道义相合,在传播马列主义、组织学生投入革命运动、为党培养青年干部等方面作出了重要贡献。"校内共产党和拥护共产党的力量不断增长。上海大学就成为我们党的一个革命据点,成为一座锻炼革命青年的熔炉。"1925年2月,上海沪西日商内外棉各厂的二月罢工,就是上海大学党支部奉上级党组织之命派人组织罢工委员会发动和领导的,在震惊中外的五卅惨案后,又有上海大学的优秀学生何秉彝血洒南京路,而受到瞿秋白亲切关怀的党员大学生刘华等成长为上海工人运动的领袖,这些都是历史的明证。

邵力子创办20年代上海大学的实践及理念[①]

罗 敏

20世纪20年代初期国共两党在统一战线旗帜下创立了一所独踞神州的革命大学——上海大学。这所被誉为"革命的摇篮"、20年代中国"民族革命运动的核心"的文科大学,是中共早期理论家、宣传家荟萃之地。时代的风云际会,将陈望道、瞿秋白、邓中夏、蔡和森、李达、恽代英等早期中共党人聚集于此,开始了中国共产党历史上第一次有目的、有计划、有针对性的大众化教育动员过程。在反帝反封建的时代背景下,在国共两党意欲合作的革命趋势下,邵力子身兼两党党员的特殊身份[②],令他成为"联络员",致力于协商创办革命学府。成立后他实际主持日常校务。秉着"救国难"的民族主义重任,无论在上大的发展历程中,还是在新式教育理念的探索过程中都做出过卓越贡献。

一、邵力子创办上海大学的实践

史界在定位邵力子时,认为他是"反对封建专制的民主战士",是

[①] 原载《学术探索》2013年第3期。

[②] 原文注:1920年5月,邵力子与陈独秀等在上海发起建立"马克思主义研究会",随即又以国民党党员的特殊身份跨党参加上海共产主义小组。为守《民国日报》这个阵地他没有参加中共和国民党一大,但拥有了双重党籍。由于主编《民国日报》副刊《觉悟》,平时邵氏也很少参加共产党的会议。1926年8月他与谭平山从上海到莫斯科参加第三国际第七次执行委员会议,中共中央为其开欢送会。会上瞿秋白说他"多年来为党做了很多工作。但是这次到莫斯科去,还是做个纯粹的国民党代表好",至此邵氏退出了中共(见傅学文《水流云在》,载《和平老人邵力子》,文史资料出版社1985年版,第15页)。

"中共的真诚朋友",是"一位坚持国共合作的和平使者"。笔者认为这些定位忽略了他在教育上的贡献。邵力子一生醉心教育,撰写并在《民国日报》上发表了140余篇短小精悍、针砭时弊的教育评论。他参与创办的上海大学是革命理论与实践融为一体的新型教育模式的初步尝试,更成为革命摇篮,成为早期马克思主义大众化的战斗堡垒。他作为国共两党的"联络员",多方斡旋令上大得以建立。在他的艰难维持下,上大得以在外国势力、军阀阻挠、干扰下培养了一大批理论精深、善于发动群众的优秀党员和著名社会人士。

(一)邵力子参与创办革命学府

20世纪20年代初中国大学教育困难重重。一方面武人摧毁教育罪行斑斑。首先,军阀割据导致学子失学严重。军阀混战导致民不聊生,平民四处逃窜,许多学校被迫关闭。其次,军阀割据,军费侵占教育经费。中央财政不统一,且年年入不敷出,学校只能望称霸一方的军阀拨款。但实际上教育经费常被挪用作军费。

另一方面,借着此时"教育救国"之风,上海"野鸡学校"不断涌现。上海教育发达,学校林立,其中内容优美者众多,但私立学校借名敛钱的也不少。所以邵力子深感痛心,认为这是上海的最大问题,也是上海各团体和全体市民的最大耻辱。邵力子提出解决方案:一方面提高内地学生的英文、数学成绩,令他们能考取好的学校。另一方面,上海必须多设立名实相符的专科学校。他认为"要使上海没有现在一般人所指斥的骗钱的滑头的学校,必须增加现在所谓好的学校,使能尽量容纳一切志愿入学者方可;要使上海没有现在一般人所看不到的骗钱的'商品化'学校,必须改造现社会经济组织,一切学校都不要收费,任何人都可自由入学方可"。

改组前的上海大学,即原东南高等专科师范学校就是这样一所"野鸡"大学。学校教学资源极端简陋,教师严重缺乏,令学生无不怒发冲冠。学生组织向学校当局交涉无果,校长反带着学生缴纳的学膳费到东京留学。忍无可忍的学生秘密组织十人团,以之为核心,拟推翻前校长,改造学校,迎接一个有革命声望的人——陈独秀或于右任来办一所革命的大学，使外地青年来沪求学有所问津。但陈独秀行踪不定，且政治色彩过于浓厚。此时又正逢中共二大做出与国民党内的革命民主派建立联合战线的决议，为筹款方便，中央告诉学生应请于右任出来担任校长。了解到邵氏与于关系密切，所以学生先去拜谒邵氏，请求支持。邵力子对学生遭遇深表同情，并答应一力劝服于氏。学生再去拜谒于氏，陈述东南有办一个革命最高学府的必要，如果于氏不出来挽救，全校160名学生不但失学，前途绝望，且有家难归，流离失所。于氏虽表示愿意支持学生办一所革命大学，但考虑到东南高师是个烂摊子，缺人缺钱，而自身贫穷，无法添补学校急需的师资图书设备，困难重重，故不允担任，一再推脱。

创办一所不为骗钱而传授真才实学的学校，是邵氏对改变教育现状的憧憬。他多方说服，不时与于氏晤面，商量如何接办。经多人劝说，后于氏觉原校名字多且狭隘，遂更名为"上海大学"。10月23日于、邵到校训话。在毛毛细雨中，邵力子提出了对学生的期望："现代青年病根在羡慕虚荣，骗钱学校亦即高等，或专门，或大学，诸君此次改组大学，只能视为悬一大学之目标而共赴之，万不可遽自命为大学学生……余望诸君切切实实地多求几年学问。"并任上大副校长。可见正是邵力子对这所革命大学的热诚奔走，多方斡旋，被后世誉为"南方新文化运动中心"的上海大学才可能在国共统一战线下诞生。

（二）逆境中的守望者：邵力子艰难维持上大

于右任虽掌上大，但常在北京充当国民党与冯玉祥的联系人，多不在上海，故"只是挂名，实际办事全靠共产党员"。邵力子作为"半隐身"的中共党员，将大量中共党人引介给于氏。上大成立伊始，师资力量薄弱。于右任认为"社会党乃吾国新起为政治活动之党。吾闻其党多青年，有主张，能奋斗之士，吾不能不有厚望于彼等"。经由李大钊举荐，邓中夏、瞿秋白进校。之后，邵力子在陈望道、邓中夏等中共党人协助下，实际领导并主持上大日常校务。

首先，参与学校改组。改组上大前身校长专权，设立评议会为最高会议，邵力子为评议员。之后，评议会第一次会议决定设定校董事会，按照当时潮流，请政界、教育界社会名流担任校董，邵力子被延请为该会顾问。上大原校舍过于湫隘,另外迁址,又因上海房租太高找不到合适房屋,故拟在宋园建筑新的校舍,邵氏被推定为"建筑募捐委员会"四委员之一。

其次,组织学生支持,召集国民会议。1923年6月曹锟贿选消息传到上大,学生情绪愤慨,发电给予谴责,指其为大民贼,并号召国民与军阀决一死战。反对帝国主义、打倒军阀的呼声日益高涨,以孙中山为代表的国民党提出召集国民会议的建议。闻听此讯,1924年11月28日邵氏召集教职员工和全体学生讨论孙氏建议。在邵力子等上大师长的率领下,上大反帝反军阀民族主义情绪高涨。

再次,反对帝国主义搜查学校。20世纪20年代初,青年学子经受五四运动的熏陶,自主意识加强,民族责任感炙热,学潮此起彼伏。"这一时期的学潮原是一脉相承的,对外要摆脱帝国主义的压迫,求民族的生存与自由;对内要肃清无能腐败的政治,改革内政,改造教育,革新社会",为应对学潮,有的学校借重警察权威武力维持学校秩序,更有学校将学生告上法庭。建在闸北区①西摩路的上大遭遇了上海公共租界工部局施予的各种干扰。1924年12月9日,数名英国人带着翻译、包探闯入上大,因有人看"社会"一类排外性质的书报搜查全校,并带走大量进步书籍。警务处认为该校学生大部分是共产主义信徒,他们所受的训练无疑是企图使他们成为有智力的共产主义宣传家。几天后工部局对邵氏起诉。邵氏平生最愤懑不平三件事:① 视学校如商店;② 用警察压迫学生;③ 控学生于法庭。他认为当教育被警察这些暴力机关介入时,教育已经破产了。在"公正"的法律面前,教育的权威没有削弱。"教育的能力超过于世间一切具有能力的东西。对法律和教育的论述:教育能指示人为善,法律只能防止人为恶;教育能感化人于未犯罪之先,法律只能惩戒人于既犯罪之后;教育能使人心悦诚服,法律只能使人勉强服从。此中效能相去不可以道里计。所以我向来只知以教育法律之长,从不知以法律补教育之缺。"所以法庭最后判邵氏交保证金1 000元并保证不得有共产计划和宣传共产学说,但他虽败犹荣。

---

① 此处有误:一则闸北当时不是"区",二则西摩路在公共租界而非闸北。

二、邵力子的教育理念

过去学界认为邵力子"并不是一位纯粹的马克思主义者,这也导致了他的社会改造思想内容繁杂,并不像真正的共产主义者的社会改造思想那样有条理和目标明确",其孙女邵美成的评价是"多少有一定成分的中庸"。笔者认为像邵氏这类深受五四新文化运动影响的知识分子,在"救亡图存"的民族主义精神感召下,兼容并包、思想自由的观念已深入骨髓。所以他参与创办、主持的上大海纳百川,融当时社会进步思潮,如孙中山三民主义、马克思主义等于一校,成为国共两党理论家、宣传家风云际会之地。的确,邵氏教育思想并不系统化,但他秉承着"为民众而牺牲"的理念,摸索创办一种"动"的、"平民"的、"革命"的教育。

第一,邵力子宣扬"动的教育"。中国现代教育发展已有二三十年,但大多数读书识字的人并不看报。当时以蔡元培为代表的、在教育界执牛耳的自由主义者们提倡"学术救国"。这种教育方式要求学生重学术研究,将研究学问视为第一责任,外界的事情则要尽可能少管些。"我们希望学生从今以后要注重课堂里、自修室里、操场上、课余时间里的学生活动。只有这种学生活动是能持久又最有功效的学生运动"。他们不关心世界大势,不注意国内政治,也不关注一切新的学术和新的文艺。这种人对政治冷漠,对时局冷淡,对国民的困苦冷然。这种教育理念上空漠、政治上冷漠的学术救国思想并不能在列强环伺、军阀割据的状况下及时解决问题。这些教授们"身上还有或多或少的书生气,妄图通过传统的读书人方式解救天下。这是一种消极的建国方式,一种冷漠地对待当下政治的态度"。

故邵氏认为:"从前的教育是怎样的教育?是死的教育。我们要希望受过教育的人有不能不看报的程度,不能不提倡活的教育,动的教育。"在他看来,世界上最大的力量无过于人民的集合,我们现在应当努力的就是唤起一般人民。所以他希望学生求学时不忘为社会服务;要更努力地求高深学问来增加为社会服务的效率。故邵氏参与创建的上大"以养成建国人才,促进文化事业为宗旨"。上大学子不闭门造车,而把

读书和生活打成一片。上大的课堂生动活泼,注意引导学生对现实问题的思考。邵氏热情号召青年如果真愿改造社会,唯一要做的是"到民间去"。"现在最应矫正的观念,是除了读书便无学问、便无教育的观念,我们不愿再有什么事都不知道的书呆子,更不愿养成专等别人盛饭来吃的大少爷。"他提出要奋勇地做先驱,要刻不容缓地从事实际的运动,才能引着多数人前进。所以上大学生一面学习,一面工作。社会学系的学生经常由老师带领去参观工厂和农村,这在当时的教育界是独一无二的。

同时邵力子通过《民国日报》副刊《觉悟》这一青年的喉舌,引导青年关注时局。他主编的《觉悟》副刊发表了抨击北洋军阀的卖国、帝国主义的侵略,宣传马克思主义的政论文章950余篇。他还开辟专栏,刊登上大师生编辑的《非基督教特刊》《社会科学特刊》等。所以"那时,以共产党的《向导周报》、国民党的上海《民国日报》及各地报纸为阵地,曾经共同宣传了反帝国主义的主张,共同反对了尊孔读经的封建教育,共同反对了封建古装的旧文学和文言文,提倡了以反帝反封建为内容的新文学和白话文"。

第二,邵力子重视平民教育。到20世纪20年代初,中国采用欧美式教育已达二三十年,但仍处在半开化状态。此时的教育"始终是少数人的,不是全体的,是贵族的,不是平民的"。所以邵氏反对胡适等重"提高"的学术型、实用型教育理念,重视"普及"。他提倡广办义务教育,把少数人的教育扩充为全体的、贵族式的变为平民的。他认为:"贵族式的大学如金玉锦绣,而'市民大学'则如菽粟水火。菽粟水火自然不如金玉锦绣的名贵,而适应于人生的需要则且远过之。所以市民大学,在实际上可谋平民智识之进步,在形式上亦可破贵族垄断之局面。"他在《民国日报》上发表了30余篇评论平民教育的、短小犀利的文章,并参与建立了平民女子学校和工人补习学校。而上大建成后,其中一项重要活动就是开办平民夜校。

应该采用何种技巧给平民上课?邵力子认为白话文是普及教育的利器;白话文更是新文艺的工具。所以上大开展平民教育的学生们多采用工人听得懂的语言来讲解,以宣传对象为中心。"我们去宣传工人,组织工人,我们便应该以工人为主体,一切言论行动均须合于农民的利害与要求;我们去宣传农民,组织农民,我们便应该以农民为主体一切言论行动均须合于工人的利害和要求,其他都应如此。"不仅如此,邵氏认为还应该深入民众中,消除与民众的隔阂。"我敢信:中国的教员、学生、文学家,如果不把爱奢侈,求淫泆的心理革除,不肯丢弃都市里的安乐,深入祖国腹地的地方去,不愿为民众牺牲掉自己,不努力排除文学和民众隔绝的困难,真要使中国在全人类中变成可怕的地狱了。"所以上大师生在给工人上课时并不用一套套抽象理论,而是以他们切身的问题为突破口,少用专用名词,把理论和实践相结合。"讲大道理时要说明具体情况,不然他们就不懂。比如讲帝国主义,从东洋人如何欺负中国人讲起,他们就懂了。另外,所有的大道理最好能用上海话说,要深入浅出。三是要耐心,不要发脾气,要和气,不懂就反复讲,不能急躁。要使他们感到你是他们的朋友,好像亲人一样,这样他们才接近你。"

第三,邵力子号召革命教育。仅仅改造教育,多办大学、平民学校、女子学校无法根本解决教育不平等问题。邵力子提倡的新式教育不是对社会进行改良的教育,不是用迂回方法消极救国的教育。在他看来,不能人人有平等读书权的根本原因是社会组织的不良。他告诫参加办义务学校的同志,社会不根本改造,教育最终都不可能成为全体平民的。他大声疾呼:"做革命旗下的走卒吧!"

改造社会就要唤醒群众的觉悟。为此,陈望道、瞿秋白、邓中夏、蔡和森、李达等早期中共党人聚集于此,开始了中共历史上第一次有目的、有计划、有针对性的大众化教育动员过程。正是在这里,以辩证法为核心的唯物论找到了传播向大众的平台。上大教育重在引导学生参加到反帝反军阀的革命浪潮中,并将革命思想传播给工农生产者。上大学生中的许多人在国家危亡时刻,到中学和大学中去教课,从他们的网篮里带去革命的理论和反帝的热情,星星之火引发了各省各地青年的革命炙焰,他们传播革命的理论,唤醒民众起来反抗军阀,打倒帝国主义。"于是,课堂是殚精竭虑的讨论,街头巷尾是如火如荼的讲演,舞台上是民族的血泪魂灵,刊物与传单是成堆地从印刷所的机口中吐出来,成捆的运送,各地的青年与工人与妇女的通信,忙碌、热烈、爱,不分彼此一条心要唤起民众,组织民众,反抗军阀,打倒帝国主义!"在这一教育理念影响下,上大师生积极

参与工人运动。援助二月罢工、参加公祭顾正红、成为五卅示威的先锋、参加上海三次武装起义,这些如火如荼的工人运动中都可找到上大师生的身影。

邵力子摸索创办的关注时政的"动"教育、以民众为中心的"平民教育"、以唤醒群众觉悟来改造社会的"革命教育"这一教育理念,在一大批卓越的中共理论家、宣传家的传播下,以马克思主义大众化为主要内容,通过农民运动讲习所、抗大得以传承,也为今天的大学教育、大学思想政治理论课的改革提供了理论资源。

上海大学与第一次国共合作①

杨婧宇

20世纪20年代,中国共产党成立,国民党改组,学生运动进入"后五四时代"。在这个大的时代背景下,上海大学(以下简称"上大")因学潮而立,并存世于风雷激荡的国民革命时期。这里汇集了国共两党的重要人士,不可避免地打上了浓厚的政治色彩和革命烙印。以往大陆学界对上大的研究也多以党史校史为主,相关期刊也多为回忆录或校史介绍性质。近年来,有关大学与社会的研究成为学界热点,上海大学因其独特性也逐渐纳入研究者的视野。2012年"上海大学与近代中国"研讨会的召开又涌现了不少相关研究成果,涉及上海大学成立的背景、发展的经历、所应有的历史地位,还有文章考察其办学理念、上大精神及对现今的借鉴意义等。另外,关于上海大学与中国第一次大革命运动也有数篇文章,却不见关于上大与国共合作的专门研究。这其实是非常值得深入探讨的,正如上海大学教授张元隆②在2011年底的一次讲座"关于20年代上海大学的几个问题"中提到的第一个问题就是"上海大学与国共合作",他认为"上海大学的起落与第一次国共合作从酝酿到破裂的过程相始终,从一定意义上说,没有国共合作就没有上海大学"。

---

① 原载《华中师范大学研究生学报》,2013年第3期。
② 原文注:在现有的关于上海大学的研究成果中,上海大学历史系教授张元隆在2011年出版的《上海大学与现代名人(1922—1927)》无疑是这一领域的最新成果。而张教授本人由于占据得天独厚的地利优势,还发表了数篇有关上海大学的学术论文,如《中共早期领导人与上海大学》《于右任执掌上海大学》等,这些成果对本文有所启发,在此特作说明。

上海大学尽管有一定基础，并非凭空而建，但与其前身私立东南高等专科师范学院并非一脉相承。经历了学潮和改组后的上海大学在国共两党的合作下，吸引了社会各界名流，以最新的办学理念和更为丰富、更具革命理念、更注重理论与实践结合等崭新的特色面向广大的有志青年。从最初该校的办学者"希望上大能成南方的新文化运动中心"，到后来人们对其"文有上大，武有黄埔"的赞誉，无疑是对这所学校的肯定。取得如此成绩自然不乏国共两党合作办学的共同努力，然而上海大学的存在时间仅不到五年，也令人不免遐想纷纷。其实，学校内部的党派之争早就存在，国共第一次合作由最初的互帮互助到摩擦不断也在上海大学这个小圈子里体现得淋漓尽致。随着1924年黄仁惨案的出现而逐渐激烈，至1927年"四一二"事件爆发后上海大学终遭封闭。

因缘际会，上海大学作为国共合作的产物和见证者，既因汇集各党派要人而声名鹊起，又累于政治色彩过浓而在一定程度上造成了其被迫关闭的悲剧结局。不管怎样，梳理国共两党在上大的活动，可以以小见大，从这个典型鲜活的视角、这个缩小的社会来考察国共两党对青年、对教育资源的争夺，从而进一步探讨第一次国共合作期间两党的合作与矛盾摩擦以致最终分道扬镳的复杂关系。

一、国共合作办学

提及国共合作创办上海大学，还得从上大的前身私立东南高等专科师范学院（以下简称"东南高师"）讲起。东南高师可以说是名副其实的"弄堂大学"（弄堂，上海土话，即北京所谓胡同，这个名称是外边人嘲笑上海一般的"野鸡"大学的，他们也用来嘲笑"上大"）。其具体存在时间也只能大致确定为1922年[①]，校址在闸北青云路，教学设备极其简陋，师资力量也很薄弱。然作为校长的市侩文人王理堂（公弢）不仅不去改善现状，还将学生预缴的学费拿到日本去留学，此举激怒了学生。当时所

---

① 原文注：据上海大学学生周启新在《上海大学始末》中回忆称，1922年春有吴梦非等创设上海专科师范学校于闸北，不久，学生发生风潮，舍监陈太汉（常熟东乡人）率领一部分同学另组东南专科师范学校。

有学生人数虽然才160人,但其中不少人接受了五四运动的洗礼,具有较强的反抗精神。学校的诸多弊病愈积愈多,终于在一次因"午饭夹生"引起的罢课风潮①后,部分学生发出再组学校另请校长的呼声。

学生因意见不一,大致分为两派势力。一派是周文学、汪钺、陈荫楠、孔庆仁、陈子英、王德庆、余益文、程嘉咏(永言)等人秘密组织的学生自治会,又称十人团;另一派则是部分学生组成的维持会,主张维持原状,"除以请愿江苏教育会维持外,再电王校长,望其即日回国"。两会相互对峙,最终以自治会的胜利告终。当然,关于改组后学校的归属问题,原校势力包括王公燮在内并未善罢甘休,因本文篇幅所限,在此不详细讨论。这里需要说明的是国民党要人于右任是如何接手这所学校的。

起初,十人团一致认为要推翻原校长,推举一位有革命声望的人来当新校长。而当时最具革命性的则非国民党和共产党莫属,不出意外,他们准备推举的新校长三位人选中共两党各占一名,分别是于右任和陈独秀,外加国学大师章太炎。但事实上,"大家对他们都不相识,仅慕其名,崇拜其人而已"。几经打听,学生们"得知陈独秀的行踪不定,章太炎在苏州消极,于右任住上海黄河路大铁滨,并了解到邵力子先生与于氏关系密切"。于右任最初也犹豫不定,并没有贸然接受学生们的请求。虽然他对学生的处境深表同情,愿意伸以援手,但更清醒地认识到自己面临的是一个"破烂摊子",将原来的弄堂学校改组成真正的大学是需要花费巨大人力财力的。而当时革命正处于低潮,于氏自身尚需卖碑帖维持生计,在资金方面实在难以有可靠的保证。学生们则锲而不舍,四处奔走求援,"安徽柏烈武②先生处也去陈述,他曾两次向于氏促驾,在于宅所遇到的柳亚子、杨杏佛、叶楚伧等先生,也请求他们从旁代为促驾"。而之前对学生深表同情并"允力劝于氏"的邵力子更是"不时与于氏晤面的"。在学生的

---

① 原文注:关于东南高师的学潮,王家贵、蔡锡瑶编著的《上海大学(1922—1927)》指出发生在1922年10月15日。同月,《申报》有持续报道,指出是"午饭夹生"引发的学潮,《民国日报》亦提到是"因吃饭问题酿成巨大风潮"。不过,十人团的成员之一程永言的回忆中,并没有提及吃饭问题,只是强调东南高师是骗钱的学店,徒有虚名。可见吃饭问题只是导火索,更重要的原因是学生的求知欲和革命诉求无法得到满足。正如吕芳上在《学生运动与运动学生》中提到的,"学潮的原因往往不单纯"。
② 原文注:柏烈武,即柏文蔚,国民党元老,与胡汉民、李烈钧并称"党人三督"。

恳求和国民党同人的支持下,于右任终于同意出任校长,并与学生代表商议后将新校名拟定为"上海大学",以改原校名"字多又狭隘"的弊端。

另外,据曾经在上海大学执教的茅盾先生回忆,"学生团结起来,赶走了校长,就来找党(指中国共产党),要党来接办这所学校。但中央考虑,还是请国民党出面办这学校于学校的发展有利,且筹款也方便些,就告诉原高等师范风潮的学生,应由他们派代表请于右任出来担任校长"。因适逢中共第二次代表大会做出与国民党内以孙中山为首的革命民主派建立联合战线的决议,故中共建议学生请于右任担任校长也是情理之中的。同时,国民党人对合作办学亦持肯定态度。"当时孙中山先生从广州蒙难脱险,留驻上海,在中国共产党推动下,筹划改组国民党,重新培养革命人才,对上海大学甚为关注"。于右任先生也十分赞同国共合作,认为"社会党(指中国共产党)乃吾国新起为政治活动之党。吾闻其党多青年,有主张,能奋斗之士","不得不寄厚望于他们",一针见血地指出"合则两益,离则两损"。正因如此,才形成了国共两党精诚合作、共同办学的良好开端。

于右任因为政务在身,不可能主持日常校务,于是发动国民党的力量协助办学:请杨杏佛草拟上大招生简章;延聘叶楚伧为教务长,张君谋、何世桢、洪禹仇、陈德徵、杨明轩等人分别为主任、会计等要职。并于1923年8月12日,亲自主持上大第一次评议会,会议推举孙中山为名誉校董,蔡元培、汪精卫、李石曾、章太炎、张继、马宝山、张静江、马君武等二十多人为校董。在资金方面,国民党"第一次代表大会,曾决议每月补助'上大'一千元"为办校经费,虽然革命政府财政困难,未能按期支付,但于右任仍"在国民军方面筹款维持"。孙中山本人对上大亦是非常重视,在黄埔军校和国民革命军中启用上大师生担任要职,视上大为"以贯彻吾党之主张,而尽言论之职责"的革命学校。校舍的扩建也多次受到国民党的鼎力支持,如1925年在江湾建筑上大校舍,广东革命政府第十五次委员会会议专门议决由财政部拨款两万元;1926年5月,总务主任韩觉民赴广州领取校舍建筑费一万元。

中共方面,陈独秀虽因政治色彩过浓、行踪不定等原因未能出任上大校长,却也积极参与筹划上海大学的相关工作。据陈望道回忆,当时上大才创立不久,还没有多大规模,发展前景尚不明朗,当他"正在踌躇不决是否进去时,陈独秀写给一张很小的条子(署名'知名')说:'上大请你组织,你要什么同志请开出来,请你负责。'"于是,陈望道随即抛开疑虑,受聘为上大中文系主任,并从1923年至1927年一直担任该职,为中文系的发展壮大作出了卓越的贡献。"五卅惨案"之后,陈望道还兼任代理校务主任,主持行政和教学工作,成为上大实际工作时间最长的领导人。

事实上,国共合作办学期间,各自的分工并未因党派不同而各自为政。相反,从办学理念到开会讨论以及具体实施阶段,都合作得亲密无间。这与于右任的包容豁达、知人善用有直接关系。前面已经提到,关于上大的成立,同为国民党元老的邵力子功不可没。邵氏对教育极为重视,认为"国民今后欲立足于世界,首宜认识教育事业的重要,而严课其责任"。同时又有丰富的教学经验,与于氏交好,故于右任离校期间,放心交由邵力子代理校长,兼行政、教学、办报于一身,可谓不辞辛劳,虽然在上大只有两年多时间,但任劳任怨,深受广大师生的尊敬和爱戴。

于右任和邵力子并不满足现状,而是尽可能地招揽人才,虚心听取各界名流的意见。邵力子虽然是国民党元老,却参加了筹建中共,是中国最早的共产主义小组上海共产党的发起人之一,如此特殊的身份为国共合作办学增加了一份保障。1923年4月,共产党领导人李大钊因国共合作南北奔走来沪期间,受到热情款待,并一同商讨上大校务。因为于、邵两位校长的极力邀请,在繁忙的革命活动之余,李大钊仍抽空亲临上海大学,作了多次精彩的演讲。不仅如此,李大钊还推荐了邓中夏、瞿秋白等人,给上大带来了马克思主义真理和青春活泼的气息。

二、党派之争

上大成立的初期,由于正值国共第一次合作酝酿期,两党还能友好相处,共同办学。可一旦合作产生间隙,之前在上大表现出的亲密无间也就不复存在了,各派各系为自身的利益争夺学校这个资源,不惜牺牲学生的利益。有学者精辟地指出:"政治流毒引入了学界,对学生的直接影响:远则抱文凭主义作晋身之阶,近则启动了政治势力渐入校园之渐。"国共

两党的同时介入使得上海大学的情况复杂化,随着局势的发展,上大还能同时受到两党的青睐吗?这所崭新的被寄予厚望的革命大学又将何去何从?我们可以通过梳理考察各派势力在学校的消长,从上大这个小社会来看党派之间的争夺。

于右任虽然在1922年10月23日即应学生邀请,成为上大校长,但由于诸事缠身,并没有到学校办公。而共产党方面,经李大钊介绍,邓安石[①]于1923年被聘为总务长并及时来到学校,负责整顿校务。"名义上,学校的校长是于右任,代理校长是邵力子,但在实际上,一切校务都由邓中夏同志具体掌管。"

同样由李大钊介绍来到上大工作的还有瞿秋白[②],担任校务长兼社会学系主任。值得一提的是,正是在李大钊的建议下,于右任欣然接受在上海大学增设社会学系,并由邓、瞿规划设计,将其办成迥异于同期中国其他高校的社会学系,以传播马克思主义为主要特色。这个系一直由中共控制,瞿秋白、彭述之、施存统、李汉生相继担任该系的系主任。由于社会学系不论在学生人数还是影响力方面都在上大占绝对优势,中共对社会学系的控制使得其在上海大学此消彼长的派系之争中能够有长期的优势。另外的两大专业,英国文学系由于是国民党右派何世桢担任系主任,整个专业学生中右派也自然占多数。而中国文学系的主任陈望道,虽然脱离了共产党的组织,仍与党有着密切的联系,学生中也有不少共产党员和国民党左派,整体而言这个系属于中间偏左的状态。

尽管中共在上大的影响不容小觑,学校的领导人员中,并不全是共产党人,甚至最初共产党的人数不占优势。如1923年8月成立的评议会为上大当时最高会议,委员长是于右任,委员有邓中夏、瞿秋白、邵力子、陈望道、洪禹仇、周颂西、冯子恭、叶楚伧、陈德徵9人,这里面共产党员

---

① 原文注:邓安石,即邓中夏,1920年以北大青年学生的杰出代表身份参与共产党北京发起组,1922年当选为中国劳动组合书记部主任,富有革命斗争经验。他到上大的时候化名为邓安石,寓效仿宋代名相王安石锐意改革之意。

② 原文注:瞿秋白,1924年5月在莫斯科经张太雷介绍加入联共(布)党组织,次年2月转为中共党员。此间,还担任莫斯科东方劳动者共产主义大学中国班教员。刘少奇、罗亦农、任弼时、萧劲光都曾是中国班的学员。1923年回国后来到上海,担任中共中央机关刊物《新青年》季刊和《前锋》杂志的主编,又兼任《向导》的编辑。

只有邓、瞿两人，国民党人却有于、邵、周、冯、叶、陈六位，远多于共产党人。1923年12月评议会改为行政委员会，委员长于右任，委员邓中夏、瞿秋白、邵力子、韩觉民、洪禹仇、曾伯兴、何世桢，这时也只增加了韩觉民一位共产党人。到了1925年，行政委员会除了以校长邵力子、总务主任韩觉民、学务及中国文学系主任陈望道、英国文学系周越然、社会学系主任施存统为当然委员外，还有从教职员中选出的沈雁冰、刘大白、朱复、恽代英四人。这个时候共产党员增加到韩、施、沈、恽四人，从人数上看终于与国民党人旗鼓相当。不过，由于当时正值国共第一次合作期间，虽然有些人是国民党，却倾向国共合作，与共产党接触频繁、交往甚密，如邵力子、冯子恭等人。尤其是邵力子最为复杂，他本来是国民党元老，却又参与了中共最初的发起人之一，后又因多方面的原因退出共产党，成为纯粹的国民党，故前面还是将其归入国民党。所以以往有些研究者在划分上大党派关系时，大致分为左、中、右三派，其中共产党人、国民党左派、赞同国共合作或者说倾向国民党左派和中共的无党人士均被划为左派，中间派则是只问学术、不问政治的，右派主要指国民党中反对国共合作者。如此以来，左派的力量无形中增加了许多，但真正追究起来，中共党人在上大领导成员中所占的优势并不明显。

既然在学校领导人员中，中共所占比例并不高，那么除了邓中夏、瞿秋白掌握比较重要的职务外，中共还做了哪些努力让其势力进入上大呢？且看上大的党员发展情况。早在1923年7月，邓中夏担任中共上海地方委员会兼执行委员会委员长时，曾将上海范围内的党员分为四组，上大即为第一组，党员十一人，占全市党员人数的四分之一，主要都是上大教授。是年11月，人数增至十四人，增加了刘华、张景增、龙康庄等学生。到了1924年11月，人数更是增加到二十三人，并且上大小组的新增人员依旧以学生为主。1925年，中共四大后，上海大学支部建立，并成为当时全市学校系统中唯一的一个党支部。不过党员人数并未增加多少，至五卅前期也只有二十五人。五卅之后，各地的党团员都到上大来了，1925年8月开学时，恽代英甚至发出"各地都集中到这里来怎么办"的感慨，1926年3月中共上海区委不得不让上大支部成立独支，由区委直接领导。之后上大党员人数不断增加，至1926年底达到一百三十人。由此看来，

中共在上大的势力是不断壮大的。反观国民党,虽然在上大也有组织,但党员大部分是共产党员跨党的。大多是开共产党的会解决问题,国民党很少开会。另外,社会主义青年团即后来的共青团也极力扩张,以至于五卅时期,"整个学联受'民校'(指国民党)党团的指挥,'民校'受我们(指C.P.中共、C.Y.共产主义青年团)党团的支配"。

五卅运动固然是一个重要转折点,国共两党在上大的实际冲突与交锋,则可以追溯到1924年邵力子被殴事件。事情的起因是同年8月1日,周颂西、喻育之等人在南方大学召集各区党部代表会议上因对"容共""分共"而发生分歧,次日,主张"分共"的喻育之等人在致电上海执行部其主张的同时,殴打了"跨党党员"邵力子。而当时主持执行部的叶楚伧则态度骑墙,招致以恽代英、施存统、邓中夏等跨党党员的不满。紧接着,在是年9月爆发的江浙战争中,孙中山意欲趁机北伐,联合军阀卢永祥,推翻直系中央政府。中共中央却表示反对,拒绝与任何军阀结盟。10月10日,在"双十节"国民大会上,上海大学学生、社会主义青年团团员、跨党党员黄仁等则根据中共中央指示,提出反对支持任何军阀,与喻育之等人发生冲突,结果,黄仁被殴伤,推堕台下至死。黄仁惨案,导致左右派矛盾彻底白热化。此后,左派进行反击,《民国日报》解聘了叶楚伧,上海大学赶走了何世桢。同样是1924年,瞿秋白、邓中夏也相继离开上大,不过接任瞿社会学系主任的施存统仍旧是共产党员,而新上任的总务主任韩觉民亦为共产党人。

由此可以看到,最初国共两党还能在上大相安无事,共同为学校的创办献计献策。但到了国共合作正式开始的1924年,因为国民党内"容共""分共"的意见并未达成一致,与合作中的共产党人产生矛盾,后愈演愈烈,直至水火不容。

三、暴力的结局

1925年之后,中共在上大的人数激增,左派的反击又使得1924年底学校的主要领导人包括各专业系主任主要由左派控制,1926年又在江湾购置新校舍。上海大学似乎正走向正轨。然而,1927年4月中旬的一个下午,就在江湾的新校舍投入使用才几周后,白崇禧的部队源源不断地涌入学校,严格执行"清党"的指令,强行搜查,到处破坏,大肆逮捕学生。随后,上海大学遭到封闭,学校很快改组为"国立劳动大学",江湾的校舍也被新成立的劳大"鸠占鹊巢",曾经生气勃勃的上海大学不复存在。

不论是上大教授还是学生的回忆中,都提到"四一二"事件是重要的转折。4月12日当天下午,中共上大支委立即召开紧急会议,动员全校学生奔赴工人纠察队总指挥部,参加群众大会,严重抗议国民党右派的血腥暴行。上大学生和工人纠察队员的鲜血一起流在宝山路上,更是遭到右派的忌恨。国民党右派认为"上大是赤色大本营,是煽动工潮、破坏社会秩序的指挥机关",故蒋介石特指令当时的淞沪警备司令杨虎和陈群进行"查办"。"到4月12日一夜之间,左的学生差不多都被捉光。学校此时已开不起来,我们动员一些中间的学生去探听消息,及动员一些与右派有关的学生去找叶楚伧等人,想要他们出来活动一下(意思是要他们设法营救被捕学生),但他们都不见了,躲了,怕人去找他们。"可见,当时国民党的"清党运动"对上大的破坏是极大的。

上大解体的时间正值南京国民政府成立之际,这个新成立的政府与继续保持国共合作的国民政府教育部一直不承认上大学生的学籍,可以说对上大进行了"封杀",这意味着曾在上大就学的近两千名学生在就业、晋级方面将受到不公平的待遇,可以说对上大的打击是毁灭性的。近十年的时间,在上大学生和以于右任为首的国民党人士的奔波活动下,1936年3月国民党中央常务委员会第八次会议才终于通过追认上大学生学籍、与国立大学享有相同待遇的决定。这与当时日本步步紧逼,广大爱国人士希望共赴国难,上大师生追忆昔日国共合作的背景有巨大关系。

四、结　语

关于教育与社会,邵力子曾有独特的见解:"没有良好的教育,决不能有良好的社会;但不幸已有了极恶劣的社会,便须竭力设法把彼推倒,否则,良好的教育也决难实现。"可惜的是,尽管"1927年4月上海大学在北伐军占领之下关闭,宣告了民国以来中国高等教育一个新的纪元的到

来"。这个"新的纪元"却是以新成立的南京国民政府强制推行党化教育为特征,带给上海大学的只能是"暴力的结局"。

上海大学存在的时间尽管短暂,却培养出不少人才,涉及政治、经济、文化等各个领域。这与办校伊始国共两党的精诚合作密不可分,同时却又因国共合作破裂,学校的革命色彩过浓而遭到国民党右派势力不满,难逃被关闭的厄运。可以说,上大是第一次国共合作的特殊见证,其命运也与国共的关系有着千丝万缕的联系。1922年,上大建立之初,恰逢国共酝酿合作之际,故尚能联手培养学生,其实已有培养各自的储备人才之意,但在实际操作中并没有分得那么清楚,都为上大的发展尽心尽力。到了1924年,国共宣告正式合作后,国民党内部因为"容共"、"分共"问题纷争不断,邵力子被殴事件使得上海大学也牵涉进来,并愈演愈烈。虽然在上大,左派人士一度获得胜利,不论是传播的马克思主义思想受欢迎程度、师生们的政治倾向,还是左派对学校领导职务的控制,1925年后均占绝对优势。也正因如此,上海大学招致以蒋介石为首的国民党右派忌惮,在大的背景是蒋一方取得胜利,中共惨遭捕杀的情况下,上大也不可避免地被强行关闭。

同时,上海大学作为国共合作的产物,反映出第一次国共合作时期两党在教育领域的合作并非一帆风顺,充满了曲折性和复杂性。上大成立后不久,孙中山分别于1924年1月24日和2月4日颁布大元帅令,下令创办陆军军官学校(即黄埔军校)和国立广东大学,如果说黄埔军校还有共产国际与中共党人的帮助,国立广东大学则主要为培养国民党人才而建,这两所学校一武一文,国民党人倾注了大量心血。而上海大学由于后期被中共掌控,遭到国民党右派敌视,最终被迫关闭。由此可见,国共合作办学之初即各有偏重,两党的信仰、理念与最终目标不同,国共合作破裂也是有迹可循的。

总之,作为"革命的烘炉",上海大学因风潮而立,恰逢国共合作之契机,在国民大革命运动中蓬勃发展,后随着国共关系的破裂而受到影响,这所与政治休戚相关的学校也最终成为党派之争的牺牲品。透过上海大学反映出的民国时期大学与政治的密切关系,不得不引人深思。

上海大学与中国共产党人的教育观[①]

韩 晶

上海大学(1922年10月改组—1927年5月被封)是第一次国内革命战争时期国共合作的产物,也是中国共产党培养革命干部的高等学校。其在办学方向、教学内容、教育方式和师生关系等方面,与传统的旧大学有本质区别,教育效果非常显著。本文试就这一问题做一探讨,分析上海大学所体现的中国共产党人的教育观。

一、上海大学教育宗旨的确立

1922年10月,因不满原校长的办学无方,东南高等专科师范学校的学生爆发学潮,提出"改造学校"的要求,延请主张教育救国的老同盟会会员于右任出任校长。于右任接受了学生的请求,并将学校改名为"上海大学"。当时正值国共酝酿合作之时,于右任与来沪的李大钊共商上海大学校务,李大钊推荐了邓中夏、瞿秋白二人。后邓中夏任校务长,负责行政,瞿秋白任教务长兼社会学系主任。因于右任常住北京,校务实际上由共产党人主持。

为实现反帝、反封建这一政治目标,中国共产党自成立后即已明确提出民主革命的教育纲领和教育方针。1922年5月,中国社会主义青年团一大所通过的团的纲领提出,"要发动改革学校制度……建设普遍的义务教育",学生参加"学务管理"。1922年7月,中共二大的宣言提出:"改良

[①] 原载《上海党史与党建》2013年6月号。

教育制度,实行教育普及"的革命教育纲领,女子在教育上"享受平等权利"。接手上海大学后,中国共产党人将其作为探索民主革命教育实践的基地,倾注了极大心血。

邓中夏到上大后,起草《上海大学概况》,规划学校未来发展的步骤;又参考中外学校有关文件,写就《上海大学章程》。《章程》言明上海大学的宗旨是"养成建国人才,促进文化事业"。从中可见,既要积极地建国,又不忽视对青年学生的人格养成,是上大实施教育的着力点所在。

二、培养学生养成多方面学识

1923年7月,教务长瞿秋白撰写《现代中国所当有的"上海大学"》,较为详细地拟定了上大的院系规划、课程安排等。瞿秋白意图通过语言文字改革,打破由语言造成的社会等级、偶像崇拜、地域隔阂以及上层精英对文化的垄断,从而开启建立现代民族国家之路。他"希望上大能成为南方的新文化运动中心"。

瞿秋白认为文字学(或言语学)是"语言文字的科学",其不仅有助于文学,也有助于社会科学和自然科学的发展。在白话代文言而兴的时代,"整理中国旧有的这种科学,却是大学的重任"。秉持这种思想,瞿秋白在上大的中文系课表中开列了中国传统的金石考据学、音韵学、训诂学等。同时,瞿秋白也赞同吸收外国文化,认为学习外国文化是"中国文化命运之转机,中国新文化生活(复生)的端倪"。他提出:"切实社会科学的研究及形成新文艺的系统——这两件事便是当有的'上海大学'之职任,亦就是'上海大学'所以当有的理由。"在瞿秋白的引领下,上海大学的教学既重视外语和历史知识的学习,也注意吸收外国的进步文化和"批判继承中国的古代文化"。

1924年2月,因学生的增加,上海大学迁至公共租界西摩路的新校舍。与此同时,学制也有了改变,分设"大学部"、"专门部"和"中学部"。专门部应社会所需设有美术科、英数科和新闻科。从改进后的院系设置可见,上海大学不仅关注中国文艺的"复兴",也关注学生未来就业技能的培养。如美术科的学生,将编辑中小学校所用的艺术教科书、筹办上大美术的暑假义务学校视为分内之事；而英文系的学生，以"上海为中外交通之枢纽，英语之需要颇为急切"，免费为低年级学生教授英文。

三、开展马克思主义理论教育

上海大学的社会学系，是该校独具特色的一个院系，由邓中夏、瞿秋白等创立，在宣传马克思主义、引导学生掌握改造社会的科学理论方面，发挥了重要作用。

五四运动后，伴随着"改造社会"的政治诉求，社会主义思潮渐渐后来居上，成为"一个时代精神"。1922年3月，经过在苏联一年的亲身体验，瞿秋白提出社会主义学说真正科学的研究方法，"在于现实社会问题的解决"。而马克思主义是将社会为研究对象的具有系统性的科学理论，将马克思主义引入社会学系，可以完善中国的社会科学，有助于学生彻底了解中国社会。1923年暑假，上海大学成立社会学系，课程有：社会科学、社会进化史、马克思主义、哲学、政治经济学等，其基本特征即为"教马克思主义"。系主任初为瞿秋白，后为施存统，教员大都是中共在上海的领导成员和理论家，如瞿秋白、恽代英、萧楚女、张太雷、杨贤江、侯绍裘、陈望道、施存统、沈雁冰、郑振铎等。从已经开设的课程及任课的教师来看，"中国共产党把在中央、中共上海地委、团中央从事理论工作的干部，几乎都派到上海大学社会学系任教"。共产党员教师与学生共同讨论自己对社会主义、对历史发展的最新认识，从而形成具有一定科学意义的专门研究。这是中国共产党人将学自苏俄的马克思主义与中国现实相结合，开始马克思主义中国化的开创性举措。

上海大学的课程设计，从研究方法的养成到各领域的具体应用都有所涵盖，"上海大学课程设计在完善社会学理论时，将辩证唯物论引入中国，开启了中国马克思主义传播的第二波高潮"。

四、实行灵活多样的教育方式

上海大学除课堂讲学之外，每月还开设1—2次自由讲座，以报告政

治形势和解答时事问题为主,主讲人均为在社会上享有声誉的"硕学"、名人。李大钊的"演化与进步"和"史学概论"、马君武的"国民生计政策"和"一元哲学"、胡适的"科学与人生观"、章太炎的"中国语音统系"、戴季陶的"东方问题与世界问题"、恽代英的"中俄交涉破裂原因"、沈泽民的"欧洲形势与东方民族之关系"、杨杏佛的"从社会方面观察中国政治之前途"等,都曾在讲座上展示;吴稚晖、刘仁静、胡汉民、杨贤江、施存统、高语罕等也都做过主讲人。这些讲座为学生提供了认识社会、解决社会问题的各种学说,便于其鉴别选择。1924年夏,上海学生联合会举办"夏令讲学会",上海大学教师担任了一半以上的主讲,邓中夏、瞿秋白、恽代英、萧楚女、邵力子、何世桢、叶楚伧等均做精彩的讲学。这次讲学会达到了中国共产党"宣传马克思主义和中国革命的有关问题,发动和团结更多的青年及广大群众投入反帝反封建的国民革命,以迎接革命高潮的到来"的要求。

上海大学成立各种类型的学生社团,既有专业的学术团体,也有同乡会,开展活动的方式灵活多样,不拘一格。1924年4月,上海大学已有美术科毕业同学会、探美画会、社会问题研究会、三民主义研究会、孤星社、春风文学社、平民教育委员会等十余个学生社团。学校通过这些社团,把学生紧紧地团结在学校党组织的周围。社团活动带动了教师和学生所办刊物的涌现,如校刊《上海大学周刊》、孤星社的《孤星》、上大中国文学系的《文学》、上大学生会在五卅运动爆发后创办的《上大五卅特刊》等。学生们在刊物中提出"探讨学术真美,培养高尚情绪;适应社会需要,灌溉革命精神",借助这些刊物,上海大学将革命思想传播出去。

五、引领学生投身革命实践

1923年7月,上海大学建立党小组,成员有邓中夏、瞿秋白、张太雷、施存统等党中央和团中央的领导人,"这就使上大的党组织不同于一般党的基层组织,党中央的方针和任务由他们直接带到上大小组贯彻执行"。随后,学校的青年团支部也建立起来,很多优秀青年在上大加入了中国共产党。中共通过在上大开展的组织生活,对党团员进行较为严格的训练,以增强其革命意识,严格的组织纪律使人感受到"革命不是浪漫主义的行动"。据1926年入上大的杨尚昆回忆:"上海大学,党的组织生活很严格。每逢星期六都要开一次党小组会,由组长讲形势,每个党员都要汇报自己在这个星期读了什么书,有什么缺点,检查小资产阶级习气、是不是无产阶级化了、在斗争中是否勇敢等。那个时候倒是受了点训练,要保守秘密,要绝对服从党的组织。"无产阶级革命作家丁玲曾在平民女校学习,后在瞿秋白的动员下进入上大。有学者指出,丁玲的思想变化同她"与瞿秋白、向警予等共产党人的密切接触,特别是上海大学那段难忘的学习生活"有密切关系。

上大既是党培养革命干部的学校,也为社会输送革命人才。"外面需要党团员,就由上大调去。"1924年11月,上海大学组的党员增加到23人;五卅运动后发展更快,1926年12月,党员发展到130人,"是上大建立党组织以来党员人数最多的一个时期"。党团员在革命实践中发挥出积极的作用。1925年五卅运动时的"全国学联和上海学联,是由'上大'学生林钧、刘一清、朱义权等主持的"。"在各校学生的反帝斗争中,上海大学最为突出"。

"把上大经营成革命干部养成所的计划使大批激进的内地青年在短时间内集中到上海这座当时中国现代化程度最高的城市中成为可能。1922年10月改组前的上大仅有学生160多人,而到了1924年初,已达400多人"。可见,上海大学在进步青年心中已经成为革命的熔炉,成为接受国民革命教育的必然选择。

六、中共在民主革命时期的高等教育观

中国共产党人在上海大学的教育实践,展示出其在民主革命时期举办高等教育的教育观:

一是培养全面发展的革命者的教育观。共产党人合理利用大学平台,培养学生养成多方面的学识,促进其思想的开阔性和创新性,完善人格的修养,从而培育出全方位发展的"建国人才"。共产党人对中外学术采取较为科学的态度,不狭隘,不盲目排斥,更有益于学生的全面发展。

二是重视唯物主义世界观的教育观。共产党人在课堂上讲授辩证唯物论,授予学生分析社会问题的根本方法,澄清其思想上的模糊认识。在与学生的讨论中,共产党人也不断完善自身对马克思主义的理解和研究,从而推动马克思主义在中国的传播。

三是注重革命纪律约束的教育观。上海大学在共产党人眼中不仅是一所普通的高等教育学校,更是培养革命干部的摇篮,因此严格的党团组织纪律教育是一项不可缺少的内容。对青年学生严格的组织训练,增强了学生的革命意识,也为培养优秀的革命干部奠定了基础。

四是注重革命实践的教育观。共产党人将培养革命火种作为检验学校教育成果的重要方式,重视学生与工人的结合,引导学生走出学校,积极参与革命斗争,号召人民大众推翻封建军阀和帝国主义的统治,掀起了革命斗争的高潮。学生的活动也扩大了学校的影响,鲜明地树立起上海大学的革命形象。

革命实践证明,共产党人立足这些教育观培养改造社会所需要的"建国人才",其探索和实践弥足珍贵,并获得了成功。

上海大学与吉安地区党组织的创建和发展[①]

叶福林

江西吉安地区是中国革命的摇篮。1927年大革命失败后,中国共产党人在该地区相继创建了井冈山革命根据地和东固革命根据地,不仅为探索中国革命新道路指明了正确方向,而且为毛泽东思想的初步形成奠定了实践基础。吉安地区能够具备这些条件,与当时中共早期领导人1922年创办的"红色学府"——上海大学紧密相连。

一、上海大学开明的办学宗旨与革命人才培养

1922年10月,国共两党在统一战线的旗帜下,创办了一所著名的文科大学——上海大学。上海大学作为一所新型革命大学,办学富有创新精神,形成了自己独特的办学风格,发挥了重要的作用。

其一,成为当时国内宣传教育马克思主义的基地。于右任担任校长后,请李大钊举荐办学人才。李大钊便介绍邓中夏、瞿秋白等人来上大。在邓、瞿到任后,蔡和森、张太雷、恽代英、任弼时、沈雁冰、陈望道、杨贤江等也陆续来校执教或主持工作。1923年,大量中共党人进入上大执教,开始全面、系统地宣传马克思主义。据阳翰笙回忆:"瞿秋白讲社会学就是讲马克思主义的辩证唯物主义和历史唯物主义的哲学,蔡和森讲的社会发展史就是讲恩格斯的《家庭、私有制和国家的起源》,张太雷讲列宁写的《帝国主义论》(英文版)。除任弼时教的俄文是工具课外,其他人都

[①] 原载《上海党史与党建》2013年6月号。

是讲马列主义经典著作。邓中夏讲工人运动,就是讲工人阶级与资产阶级斗争的历史,讲十月革命和巴黎公社的情况。以上课程对我们的启发很大,他们的学术水平都是第一流的,而且又是党中央的领导人,各方面的水平都很高。""上海大学的社会学系主要是学马列主义经典著作,其他系也都受马列主义的影响。"

其二,培养师生理论与实际相结合的工作能力。上海大学注重独立思考,不拘泥于常规的教学理念和模式。如在社会学上,瞿秋白不赞成美国学者把"一切杂七杂八无所归的东西都推入社会学"的做法,对德国、苏联学者的观点也坚持一分为二,批评传统的社会学"偏于叙述的、描写的",他鼓励"抽象研究"。他说:"欲了解一国的生活,决不能仅单凭几条法律、几部法令,而要看得见那一社会的心灵。"为了看见"社会的心灵",上大师生走出校门,到工人居住区和街道兴办平民夜校、工人子弟学校、识字班等。上大还联合复旦大学、东吴大学等校举办夏令讲习会。据阳翰笙回忆,当时我们党工人运动领袖邓中夏"不仅在课堂上讲马列主义,而且还带着我们帮助办工人夜校,学生轮流到工人夜校去教书……在罢工时期帮助工人写传单,写标语,写口号,并且还教工人自己写。""总之,学校一方面在课堂上讲马列主义,从理论上武装我们,另一方面又引导我们理论与实际相结合,到群众中去开展工人运动、学生运动,在实践中锻炼我们。"

其三,输送了大批组织工农运动的革命骨干。在反帝反封建斗争中,上大师生前赴后继,谱写出许多感人的篇章。1924年轰动一时的黄仁事件,是上大学生献身革命的首次尝试。1924年春,中共上海地方党组织在上大建立了基层组织——上海大学党支部,有党员11人,占全市党员数的四分之一。支部成员中的蔡和森、邓中夏、瞿秋白、张太雷、恽代英等都是中共中央或团中央的领导人。由于上海大学的学生不仅有文化水平和理论水平,而且还有丰富的实践经验,所以在当时上海革命斗争中非常活跃,重要的革命组织都有上海大学的学生。1925年,五卅运动中为国捐躯于南京路的何秉彝,以及五卅运动领导人之一的刘华、瞿秋白的弟弟瞿景白,都是上大的学生。据《上大五卅特刊》记载,仅在五卅惨案的当天,上大学生受伤的就有13人,被逮捕关押的达131人。五卅运动期间,上海有20万工人起来了,各行业都成立了工会,迫切需要干部,我们党就从上海大学调学生去这些组织工作。同时,上海大学先后为国共双方都培养了许多革命骨干,并不断向外输出人才。黄埔军校第一期在上海招生,就是由上海大学代招的,招考官就是戴季陶和施存统。据阳翰笙回忆:"哪里需要干部就从上海大学调学生,所以上海大学成为当时我们党的干部'储蓄部'。"

二、上海大学培养了吉安地区最早的一批共产党员

上海大学为江西吉安地区培养了最早的一批共产党员,并由他们进一步传播马克思主义、发展共产党员和创建党的组织。罗石冰和曾延生就是这一使命的担负者。罗石冰是吉安县塘东人,曾延生是吉安县锦源人,他俩曾是江西省立第七师范学校(设在吉安,以下简称"第七师范"或"七师")的同学。

为了探求革命真理,他俩于1923年考入上海大学读书。在瞿秋白、恽代英、张太雷、蔡和森等人的悉心教导下,罗石冰和曾延生开始认真系统地攻读了社会进化史、马克思主义哲学和政治经济学等课程,并积极参加社会斗争实践,逐步树立起共产主义信仰,并于1924年秋加入中国共产党。当时上海大学的共产党人设立了"书报流通处",向全国销售学习宣传马克思主义的进步书刊。罗石冰和曾延生在上大求学期间,也经常把一些党的刊物,如《向导》《新青年》《唯物史观》等从上海寄回第七师范。因为第七师范是他们的母校,校长李松风等又是靠拢革命的国民党左派分子,经常与罗、曾保持密切联系。同时,考入第七师范的学生大多数是农村劳动人民的子弟,从小便受到封建豪绅阶级的压迫剥削,过着食不果腹、衣不蔽体的痛苦生活,愿意接受新鲜事物和革命真理。这样,在第七师范传播马列主义就有了群众基础,也为他们在吉安进行革命活动提供了大本营。

罗石冰、曾延生入党后,为了广泛传播马列主义革命真理,经常由上海秘密回到吉安,在先进知识分子中进行广泛深入的宣传。1924年2月,第七师范成立了中国社会主义青年团吉安临时支部,5月正式成立了中

国社会主义青年团吉安特别支部。团组织建立后,积极领导工人运动和学生运动,使之更加蓬勃地开展起来。到1925年8月,吉安先后成立了米业、染布、染纸行业工会,接着又成立了吉安总工会和其他一些手工业工会。吉安团组织、工会组织的建立,为吉安党组织的创建奠定了坚实的组织基础。

为了深入发动群众、扩大革命影响,罗石冰、曾延生在城市中创办业余夜校,秘密组织工会,在农村中进行个别联系,培养建党建团对象,使马列主义迅速与工农群众紧密结合起来,并动员群众开展各种反帝反封建斗争。通过广泛深入的宣传活动,提高了群众的思想觉悟,为吉安党组织的成立作好思想与组织准备。

1926年初,罗石冰奉中共中央的指示,回江西工作。他于1月22日来到吉安,考察社会主义青年团吉安特别支部升格为团地委的有关事宜。经过深入考察,他认为按照"党团分化的原则",吉安团员中的重要骨干都应转为党员,尤其是工界的团员大都到了"大学"(即中共)的年龄。为此,他于1月26日召集郭化非、刘承林、谌光重等人,创建中共吉安小组,设在第七师范,隶属于中共南昌支部。经过党的培养教育,团员中的积极分子如陈正人、梁一清、梁明哲等人也先后在第七师范加入了中国共产党。

1926年2—3月间,中共吉安小组又将团员中的积极分子和在"大学"年龄的工人团员30余人转为中共党员。除工人党员外,其余几乎都是七师的学生党员。3月下旬,在中共吉安小组的基础上正式成立了中共吉安特别支部。特别支部成立后,大力在吉安城发展党员和扩展党的组织。从此,吉安的党团组织发展就如火如荼地开展起来了。

吉安地区党组织的发展,主要以第七师范为策源地,以各县在七师读书的学生党员为传播者,以迎接大革命高潮,支援北伐军入赣为契机,利用假期回家的机会,大力发展共产党员,积极创建各级党组织。由此,吉安地区各县党组织就如雨后春笋般地发展起来了,主要有12个支部:罗石冰、胡庭铨等领导的中共延福支部,梁一清领导的中共吉安总工会支部,周鉴清领导的中共桐坪支部,赖经邦、刘经化等领导的中共东固小组,郭承禄、李景玉等领导的中共陈坑口小组,欧阳洛、刘真等领导的中共永新县支部,陈正人、刘万青等领导的中共遂川县特别支部,朱绳武、朱亦岳等领导的中共莲花支部,李精一等领导的中共安福县委,宋大勋、薛佐唐等领导的中共永丰支部,康纯、翁德阶等领导的中共泰和支部,廖子清领导的中共梅元支部,党组织负责人均为七师学生。

可以说,第七师范为吉安早期建党工作在思想、组织和干部等方面作出了巨大贡献,是吉安地区建党的策源地。

三、上海大学与吉安地区建党关系的几点启示

从以上论述可以看出,上海大学与吉安地区马克思主义的传播有着深厚的渊源关系,为吉安地区党组织的创建和发展作出了重要的历史贡献。从中我们可以得出以下启示:

第一,传播马克思主义科学理论,为建党做好思想准备。列宁说:"没有革命的理论就没有革命的行动。"吉安地区党员的发展和党组织的建立,首先是以马克思主义革命理论在这一地区得到广泛传播作为前提的。而这一革命理论传播的根源,就是罗石冰和曾延生等人在上海大学读书时受到马克思主义的教育,通过他们将各种革命书刊寄回吉安以及利用假期回家乡后的大力宣传,使得当时一批热血青年接受了马克思主义革命理论,并由此发散传播到吉安地区的各个城镇、乡村,产生了最早一批接受共产主义信仰的积极分子。所以上海大学对吉安地区建党的贡献,首先是一个科学理论和革命真理发散源的作用,它对马克思主义的宣传和传播为吉安地区建党做了充分的思想理论准备。

第二,培养和输送优秀革命骨干,为建党做好干部准备。上海大学的举办正值大革命高潮时期,当时中共在上海开展了许多运动和成立了许多组织,党就把上海大学的学生调去担任这些组织的骨干和领导。不仅如此,为了革命的需要,上海大学还向全国各地输送了大批的革命干部,据阳翰笙回忆:"当时上海大学的学生,党是向两方面输送的:一方面就在上海范围内工作,一方面调到全国各地去工作,去各省、市负责一些工作,还有一部分送到苏联去继续培养……总之,哪里需要干部就从上海大学调学生,所以上海大学成为当时我们党的干部'储蓄部'"。吉安地区

党组织的创建,一个重要因素也是罗石冰、曾延生等人,受中央的指示和派遣,回到江西开展建党工作。在考察原有团组织的基础上,提出将团员发展为"大学",创建党组织的建议,从而使得吉安第一个党小组成立。可见,上海大学也为吉安地区建党培养和输送了优秀的革命骨干。

第三,坚持与工农相结合的原则,为建党奠定群众基础。上海大学坚持"开门办学"的方针,鼓励广大师生走出校门,到工人、平民居住区开办平民夜校,组织工会,发展党组织。这种与工农相结合、与社会融为一体的原则,不仅在上海掀起了工人运动的高潮,而且为中共培养了一批善于做群众工作,与工农打成一片的革命干部。这些革命骨干回到吉安后,把这些优良传统进一步发扬光大,培养的一批知识分子党员,能深入到货运码头,帮助工人搬运货物,广交朋友;深入到田间地头、乡村旮旯,与贫困农民同吃、同住、同劳动;同时向他们宣传革命道理,启发思想觉悟,开展革命活动,从而使吉安地区的建党一开始就走上与工农运动相结合,与广大群众紧密相连的正确轨道。

第四,以第七师范作为发展基地,播撒革命星火的种子。在吉安地区的建党过程中,江西省立第七师范学校发挥了非常重要的作用。罗石冰、曾延生等人首先在七师学习的一批进步知识分子中宣传马克思主义,使之接受革命理论,加入中国共产党。随后再通过这些有思想、有文化的知识分子,散入到吉安地区各县的城镇和乡村,传播革命思想,积极发展党员,开展组织创建。这种以七师作为发展基地和苗圃的做法,使得吉安地区能够形成一批既有理论水平又有文化知识的党员骨干,并迅速将革命星火的种子在该地区广袤的乡村中播撒和扩散,形成星火燎原之势,所以在短短的几年之内,吉安地区各县都建立了党组织,工人和农民党员也得以迅猛发展。

第一次国共合作与上海大学的创建[①]

王 伟

一、上海大学的创办

上海大学前身为东南高等专科师范学校,原为安徽人王理堂创办。王理堂仅仅是"想用办学的名义来发财,方法是登广告宣传他这个学校有那些名人、学者(如陈望道、邵力子、陈独秀)任教职,学费极高"。而实际上,学校"设备方面,仅美术科有钢风琴及石膏模型等,外有几本杂志,二三份报纸,非常简单。各科虽都有课程名目,但无教师,即或有之,亦都不称职",所谓的名人学者更是招生的幌子。1922年"双十节",学生们假借伙食问题发难。之前秘密成立的十人团决议,"在陈、章、于三位先生中欢迎一位来当校长,办一所革命的大学"。

据茅盾回忆,学生们赶走原校长之后,学校十人团找到中共,"要党来接办这学校,但中央考虑,还是请国民党出面办这学校于学校的发展有利,且筹款方面也方便些,就告诉原高等师范闹风潮的学生,应由他们派代表请于右任出来担任校长"。于右任在邵力子等人的力劝之下,同意担任上海大学校长。1922年10月23日,于右任应允往校中一行,陈藻青先生致词,"此次改造学校,可谓公理战胜强权,于校长为革命伟人,共和元勋,言论界之前驱,教育界之先进,敬为本校前途表示欢迎……于先生谦言愿为小学生以研究教育,余望诸君亦本此精神,切切实实地多求几年学问云"。此日,便是上海大学正式成立之时。

[①] 原载《社科纵横(新理论版)》2013年12月。

二、国共合作整顿上大校务

上海大学成立后,于右任认识到仅仅依靠国民党的力量是不够的,他对中共也寄予了厚望。在《东方杂志》上他曾撰文《国民党与社会党》,"社会党乃吾国新起为政治活动之党。吾闻其党多青年有主张,能奋斗之士,吾不能不有厚望于彼等"。很快,中共便积极回应了于右任的邀请,国共两党共同将上大校务进行了卓有成效的整顿。

首先解决的便是前东南高等专科师范学校的虚报名人学者问题,觅求办学人才。于右任本人是国民党内较为开明的左派人物,不但在国民党内广泛地发动党内力量,请张君谋、何世桢、洪禹仇、陈德徵、杨明轩等人担任要职,更向共产党人发出邀请,觅求得力助手。"于、邵两氏为商量'上大'的校务,在福州路(前四马路)同兴楼京津菜馆内邀约李大钊、张继两先生中午便餐……李先生即介绍邓中夏先生(安石)出任总务长,瞿秋白先生任社会学系主任。"中共对上大十分支持,陈独秀也鼓励陈望道等人赴上大教学,"上大请你组织,你要什么同志请开出来,请你负责"。"邓中夏一到上大,就起草《上海大学概况》,后来他又参考中外学校有关文件,拟写了《上海大学章程》;瞿秋白也在1923年8月撰写发表了《现代中国所当有的"上海大学"》,为上大的发展制定了宏伟的规划。他们设想把上大办成为'南方的新文化运动中心',并着手制定学校章程、整顿师资队伍、贯彻理论与实践相结合的方针、提高教学质量以及建立共产党基层组织等项工作"。

在组织系统方面,建校之初学校最高权力机关为评议会(1923年8月),由于右任为主席评议员,叶楚伧、陈德徵、邓中夏、瞿秋白、洪野、陈望道、周颂西、冯子恭、邵力子九人为评议员,陈德徵担任评议员书记。1923年12月25日,改评议会为行政委员会为本校最高议事机关,"除校长学务长及各系部主任为当然委员外,于右任(校长)为委员长,邓安石(校务长)为秘书,何世桢(学务长兼英文系主任)、瞿秋白(社会学系主任)、洪野(美术科主任)及叶楚伧、邵力子、曾伯兴、韩觉民(皆教职员)为委员"。在组织系统内,国共两党力量一直处于均势,并且无党派人士占据一定的地位,较为民主开明。

在教职员聘请方面,学校曾先后聘请叶楚伧、何世桢、洪野、蔡和森、安体诚、施存统、朱自清、田汉、俞平伯、任弼时、张太雷、彭述之、周建人、刘大白、丰子恺等等,为上大学生授课。在教职员构成上,国共两党形成了不相上下的局面。而教职员派别方面,主要可分为三派:左派、右派、中间派,虽然彼此之间政见或利益方面有所不同,但都能以传道授业为要务。

而在课业设置上,常设课程则以马列主义课程、三民主义以及各种学说并存,呈现出兼容并蓄的态势。而在课业之外,上海大学还不时邀请各界名人学者来校演讲,其中不乏学术讲座及国共两党各自的主张。

在学校经费问题上,以国民党为主要筹谋力量,在国民党一大,曾议决每月补助"上大"一千元为办校经费,而由于当时广东国民政府财政困难,曾很长时间未按国民党第一次全国代表大会决议案的要求为上大拨款。为此,于右任、叶楚伧、侯绍裘等人曾分别致函中执会,请求予以拨款,中常会在两年之后回复称"前据贵校请每月发给经费一千元等情,当经提出本会第二十六次会议议决,应函财政部,无论财政如何困难,须照第一次全国代表大会议决案,月给贵校补助费一千元,在财政部未发给以前,暂由本会特种宣传费项下借拨,除函财政部外,相应函复查照"。于右任等人终于为上大争取到宝贵的经费。而在上海大学另建校舍时,也得到了国民政府的财政支持,"去年本党第一次全国代表大会,曾议决每月补助一千元。因本党经费支绌,停寄已久,校务困难万状,全恃于同志在国民军方面募款维持……当经提出第十五次委员会议,议决补助两万元,由财政部筹拨。""本埠上海大学系国民党巨子于右任氏所创办,近该校以于氏远离沪渎,经费维持困难,特于3月间推送该校总务主任韩觉民赴粤筹募款项。韩抵粤后,与政府及各界接洽,颇得各方之赞助,国民政府业已允发特别费二万元,以后按月给款一千元,韩君已于昨晨由粤返沪,携有现款一万元。闻该校全体师生闻此佳音,均甚稍庆,特拟于日内开会欢迎。"而中共由于处于建党幼年期,经费往往捉襟见肘,对于上海大学经费问题爱莫能助。总的来说,经费上以国民党方面为主要来源。

由此可见,以教职员聘请、课程设置、组织系统的组建及经费问题等

为主要内容的校务问题,都是在国共合作通力合作之下进行的,并处处彰显着两党合作的精神。

三、结　语

上海大学成立于一个非常特殊的时期,即国共合作酝酿阶段,她的成立既是国共正式合作之前的重要表征,同时也是国共合作的重要见证者。大量国共两党的顶级人物和各界优秀学者云集上大,为上海大学的发展奠定了良好的基础。同时也应该指出,上大由于大量国共要员的任职,使得学校一开始就有着浓重的政治色彩,这既是上大得以迅速发展为全国知名"红色学府"的先天优势,也是上大后来遭受劫难的致命要害。

1927年蒋介石发动了"四一二"政变,国共合作难以为继终于破裂,由于上海大学在历次革命活动中的激进活动,早已引起了国民党右派的注意和不满,他们认为"上大是赤色大本营,是煽动工潮、破坏社会秩序的指挥机关"。当然,上大的激进的革命活动只是一方面原因,最主要的原因在于上海大学中有大量中共领导人,以及众多被"赤化"的学生,为国民党右派所不能容忍。4月19日,南京国民党中央发出通缉令,通缉包括在上海大学工作和学习过的恽代英、邓中夏、李硕勋、蔡和森、彭述之、侯绍裘、沈雁冰、瞿秋白、施存统、张太雷、高尔柏、杨贤江、杨之华、萧楚女、高语罕等人。4月25日淞沪警备司令部杨虎、陈群对上大进行"查办"。5月3日,上大被查封;4日,上大校舍被白崇禧部驻扎,后改为国立劳动大学。

《上大五卅特刊》对五卅运动的总结与反思[①]

谢忠强

1922年10月,国共两党在统一战线的旗帜下,共同创办了上海大学。上海大学自成立之日起就站到了革命的最前列,尤其在五卅运动中,上海大学发挥了重大的阵地作用。当前学术界关于上海大学参加五卅运动的研究多着墨于相关史实的梳理,而鲜见上海大学对五卅运动自我认识与反思的专论。有鉴于此,笔者不揣浅陋,拟以《上大五卅特刊》为视角,就上海大学对五卅运动的自我总结与反思进行大致的梳理,权充引玉之砖。

一 关于五卅运动性质的认识

时至今日,五卅运动"反帝爱国"的性质已经深入人心。然而,五卅运动爆发后,面对帝国主义对五卅运动所谓"乱民暴动"、"破坏和平秩序"以及国内反动阶级"赤化暴乱"等颠倒性舆论的污蔑,如何向广大市民及社会各界宣传五卅运动的正义性,争取团结一切可以团结的力量,进一步推动革命形势的发展,就成为《上大五卅特刊》必须要面对的重要课题。

为了向广大青年学生及社会各界民众说明五卅运动的"反帝爱国"性质,《上大五卅特刊》在发刊词中即开宗明义,对五卅运动爆发的原因进行了分析:"中华民族被帝国主义的侵略和压迫,已越八九十年了。我们被压迫民族的积愤和忍痛,到现在始普遍的共同的表现其忍无可忍、

[①] 原载《中国国家博物馆馆刊》2014年第1期。

一发而不可遏的现象"。"从寻常的见解看来,这是被小沙渡工人的鲜血,青岛工人的鲜血和南京路上学生、工人、市民的热血所鼓荡而浸染起来的"。

除了发刊词从中华民族反抗外来压迫的角度分析外,署名为"小立"的作者还从五卅运动中英、日、美等帝国主义的侵略行径入手,进一步肯定了五卅运动是一场"反帝爱国运动"。文章指出,"帝国主义者在中国开火屠杀,并不是一个偶然的事",同时"各帝国主义者的侵略弱小民族,是一致的,不过有时方式上有显明和隐密的不同"而已。此次五卅运动中,"英国是这次五卅事件的正凶,因为它要在上海保存其固有的权威,特殊的利益,而且从前受了南方国民运动(沙面罢工事件)的打击,所以对于这种反帝国主义运动,不惜首当其冲地施其屠杀政策";"日本是五卅事件的首犯","它国内劳动阶级的勃兴,不得不使横暴之帝国主义者翻然改计,利用其在华特殊势力(亲日派的段执政),欲以五卅的罪恶,单独嫁祸于英,而于上海日纱厂的风潮,更愿单独办理,以延长其在华经济侵略的寿命";"美国在这次五卅事件始终施其挑拨、引诱、诬蔑、敲诈的手段,初则帮同英日帝国主义者行凶,继则以空言买好我中国一般浅见的市民(美领事释放被捕市民),一面要引起中国人民对英日之恶感,一面欲利用此机会,以平均在华劫夺之权利"。

毫无疑问,上述关于五卅反帝爱国运动性质的分析,代表的是革命者、爱国者、参与者的坚定立场。但五卅运动发生后,整个上海乃至全国上下除了正义的声音外,也有一些帝国主义及国内反动阶级的污蔑之词,对五卅运动的正义性造成了严重的歪曲。因此,除了从正面阐述五卅运动的反帝爱国宗旨外,革命者还必须要对那些污蔑之词做出有力的回击和反驳:

署名"稽天"的作者即对帝国主义将五卅运动污蔑为"赤化运动"的言论进行了驳斥:

> 我们每一个忠于民族革命的人——抱了以铁血染成民族革命史的人,对于一切谣言,自无"闲情逸致"去理它,决不会因我们的敌人加我们以一个不好听的名词,便放下我们神圣的工作,而"奔走骇

汗"的去做那无谓的辟谣的勾当。这次帝国主义者于大屠杀之后，轻轻地送了些"过激"、"赤化"的头衔给我们，惹得我们窝里炮，闹个翻！而一般高等华人，更像罪孽深重似的哭哭啼啼的大发其冤卑，一若中国若犯"赤化"嫌疑，则"臣罪当诛"一般。

"稽天"进而引用鲁迅的话语，对"赤化惹祸"论进行反击：

> 我们的市民被上海的英捕击杀了，我们并不还击，却先来赶紧洗刷牺牲者的罪名，说我们并非赤化，因为没有受别国的煽动，说我们并非暴徒，因为都是空手，没有兵器，我不解为什么中国人如果真使中国"赤化"，真在中国暴动，就得听英捕来处死刑？记得新希腊人也曾用兵器对付过国内的土耳其人，却并不被称为暴徒，俄国已赤化多年了，也没有得到别国开枪的惩罚。而独有中国人，则市民被杀之后，还要皇皇然辩诬，张着含冤的眼睛，向世界搜求公道。

署名"鹤鸣"的作者更以亲身参与五卅运动被捕的经历和感悟，对帝国主义污蔑五卅运动是中国人"排外"行为的无耻谰言进行了有力的揭露：

> 我们因受帝国主义者八十余年之压迫，故不得不起来作民族解放运动，反帝国主义运动。我们所要打倒的对象，只是压迫我们的帝国主义列强；至其他以平等待我们的民族，我们不但不去排斥他，而且极愿意亲密的和他们携手。乃帝国主义者动辄加我们以"排外"的名目。其实说来也好笑：比方我们当着印度、土耳其、俄罗斯或英美法日的劳动者面前，高喊着打倒帝国主义的口号，他们值得慌张么？只有真正的帝国主义者，听到这种口号，才会吓得手忙脚乱的。

除了帝国主义的污蔑之外，国内反动阶级也对五卅运动颇多指摘，并造谣说五卅运动实为"共产党煽动之祸"。对于此等谣言，署名"稽天"

的作者撰文指出,"此次南京路的惨变发生,实是帝国主义者压迫中国八十余年之必然的结果,决不是少数的人可以挑拨起来的","乃帝国主义者大肆其卑劣的造谣手段,说这是出于共产党人的煽惑的,像这样抹煞历史的因果,公然替共产党人捧场,真是愚昧得可笑"。

二 关于敌友问题的认识

认清敌友问题直接关乎斗争之持续,因此五卅运动中的敌友问题也是《上大五卅特刊》关注的焦点之一。

署名"鹤鸣"的作者撰文呼吁:"我们应当将战线划清。这战线一面是属于帝国主义及其走狗;一面是属于我们被压迫的群众。我们的群众当中,应当小心谨慎,不要让他们的走狗混入。同时我们切不可去哀求帝国主义的走狗出来,想他们去打倒他们的主人;能真心帮助我们的,只有全世界被压迫的民众。"

与"鹤鸣"的观点相同,署名"光亮"的作者对斗争的敌友问题进行了更加详尽的阐述:

> 我们要联合我们的朋友,反对我们的敌人。帝国主义是掠夺我们的,压迫我们的(不论英、日、美、法,本质上都是一样,不过是程度与形式或有不同),是我们全国民众的敌人,我们誓死要打倒它;一切军阀、官僚、政客、绅士、名流、大商等中国人,如果是供帝国主义利用,牺牲全民族的利益,压迫或阻碍反帝国主义的民族解放运动的,亦是我们全国民众的敌人,我们亦要誓死打倒他。同时,全国人民,不论他属于哪一阶级,不论他是工、农、商、学,只要是努力于民族解放运动的,只要是反对帝国主义的,只要是争全民族的生存与自由的,都是我们的同志,我们都要亲爱的强固的团结起来;即外国平民,不论是英、日、美、法等国的无产阶级,或是印度、朝鲜等地的弱小民族,或是苏俄的工农,只要是与我们处在同一的地位(受帝国主义压迫的地位)同情及援助我们的,亦都是我们的朋友,我们亦要与他们一致的联合起来。

除了对敌友问题的深入阐述外,"光亮"还进一步就斗争对象辨别及斗争策略的选择进行了分析:

> 我们这一次反帝国主义运动,提出打倒一切帝国主义,废除一切不平等条约的口号,是不错的。英、日帝国主义对于我们的压迫特别利害,我们在这一次反帝国主义运动中,特别用力反对英、日帝国主义,亦是不错的。可是我们要注意:第一,我们反对一切帝国主义国家,并不是反对一切外国人民,国家实际上是阶级的,现今各帝国主义国家都是资产阶级的,所以我们反对列强,原只是反对资产阶级及其政府。第二,我们特别用力反对英、日二国,并不是忘记美、法等国,更不是要联络美、法来反对英、日。美、法既是帝国主义国家,亦必然地要剥削及压迫我们,我们绝对没有同它联合的可能,亦不能停止我们的反对行动。第三,我们的反对帝国主义运动,是一种确有势力的国际运动。因而我们对于此次爱国主义运动应取的战斗方略,第一,应该作普遍的反对一切帝国主义的宣传;第二,应该特别反对英、日帝国主义(不论在言论上或行动上),绝对不应放过日本;第三,应联合全世界被压迫民族及阶级,一致反对帝国主义。

在正面阐述敌友问题的基础上,《上大五卅特刊》还对一些貌似"革命朋友"实为"革命敌人"的言论、主张进行了无情的批驳和揭露。

自五卅惨案发生后,许多自居于社会指导者的名流学者,"都出来发表他们的名言伟论,确定作战的步骤(也可说乞和的方法)",如"丁文江和胡适之就分别写了《高调与责任》和《作战的步骤》",对五卅运动的斗争策略"指手画脚"。署名"凌山"的作者对丁文江和胡适的策略主张进行了批驳:

> 这次五卅惨案发生,是中国民族处在帝国主义之下必然的反抗,决不是谈判所能解决的。要根本解决,非打倒帝国主义,废除一切不平等条约不可。胡先生在几年前就劝人家多研究些问题、少谈些主义。现在丁先生又说:"这一次上海惨案发生,有一班人不去研

究经过的事实,具体的办法,来解决这件问题,却口口声声谈某某主义,骂人家是帝国主义、资本主义,我们是反帝国主义、反资本主义。"这样看来你两位先生是把主义与问题分开的,并且是重视问题而讨厌主义的。其实这都是错误的见解。本来主义和问题是不能分开的,世界上决没有不讨论问题的主义,也决没有一个问题不应有主义包含在内。帝国主义与反帝国主义,资本主义与反资本主义,是当前的两个大问题,我以为除了这两个问题以外,再也找不出比他更大的一个问题来。两位先生既重视问题,应把这两个当前的大问题研究研究,才不至为现在社会一个时代之落伍者。至于那种不负责任,不合逻辑的事后风凉话,还以少说为是。

继"凌山"对丁文江和胡适之的批驳之后,署名"姚天明"的作者亦对"国家主义派"的所谓"斗争策略"中"反俄、反共"之丑恶嘴脸进行了无情的揭露。他说:

"醒狮派"以为现在人人主张的"打倒帝国主义"的口号是共产党的标语,其实他们不曾懂得"帝国主义"是什么东西的缘故。在"醒狮派"的意思,好像以为凡是主张"打倒帝国主义"的,不管他们是共产党与否,一律以"共产党"三字之头衔加上去,所以他们对此次事件上海帝国主义工部局所硬指我们"赤化"亦同声附和;甚至侮蔑此次牺牲者之中也有梦想"赤化"者的分子在的话,这可见他们大有帮助帝国主义者之作用。其次,"醒狮派"以为"打倒帝国主义"的口号之能普遍全国及国民党主张打倒帝国主义是受苏俄利用的,这真是愚蠢无识之想,不值识者之一笑。此外他们说凡是倡"亲俄"及实行"亲俄"的,都是"国贼",和亲英、亲美、亲日等视同一律,那末现在国内倡"亲俄"及实行"亲俄"的大有人在,是否均要赐以"国贼"之头衔?这真是笑话!凡是世界上抛弃他侵略政策,取消不平等条约的国家,我们都可以和他引为好友;现在的苏联是第一个抛弃他侵略政策,取消不平等条约的国家,所以我们要和他亲善。

三 关于联合统一战线的反思

五卅运动过程中,出现了"工人罢工"、"商人罢市"和"学生罢课"的联合统一战线,一度使得斗争达到了高潮。但很快在外界压力和利益驱使下,上层资产阶级表现出了妥协,最终使得统一战线被分化,斗争形势急转直下。有鉴于此,《上大五卅特刊》也对五卅运动中的联合统一战线及相关问题进行了反思。

署名"小立"的作者首先对统一战线内各阶级的革命性进行了详细的分析和比较:

> 学生在五卅运动中,本来是站在重要的地位,但是从万国商团布防,机关枪在新世界轰击以后,反帝国主义的声浪,渐渐低落。一部分反被反动派所利用,以破坏学生会,即一般思想稍清楚的,也只闹了些什么法律问题。我们在五卅运动中可以知道学生在革命的行程上,多半只有散漫的行动,而且在各人的地位上,不能一致对外。小商人及小资产阶级的一般市民,在这次运动中,完全表现了有革命的倾向,上海各马路商界联合会,于五卅之次一日不待总商会之会议,已表示坚决的态度,命令罢市。现在罢市已将二十日,而反对帝国主义的决心,仍未气馁。总商会在六一被市民包围,答应罢市,已属勉强,近更修改工商联会之条件,拍卖国人之绝大牺牲,以讨好帝国主义者,一面采取固有的统治阶级的论调,以蒙蔽软弱的手段,笼络民众。工人方面在此五卅运动中充分地表现了反对帝国主义的奋勇的精神,罢工一月多的小沙渡工人,到现在还能态度坚决,有不达目的不上工之宣誓。一般度日为难的小工,到现在还精神奋发,依旧与凶恶之帝国主义相搏战,他们工会组织的严密,内部团结的坚固,真是使帝国主义者发抖。

对于上海总商会的妥协态度,署名"光亮"的作者表达了不满,并对其与敌谈判资格的合法性进行了质疑。他认为:"上海工商学联合委员会

是代表上海全市民的团体,上海总商会只是代表上海一部分大商人(闻总商会会员不满五百人)的团体,我国外交官吏若还知道上海市民除了总商会几百大商人还有几十万几百万工人、商人、学生等人,便不应该拿只能代表一部分大商人的总商会所提的条件做交涉的根据,而应该拿真能代表大多数市民的工商学联合委员会所提的条件为交涉的基础。"

对于资产阶级上层的软弱妥协,"凌山"也撰文进行了批评。他说,面对英帝国主义的色厉内荏,"许多怯懦驯良的中国国民(尤其是高等华人),一遇着英帝国主义者这种卑劣的行为,便都手忙脚乱起来,认不清自己的真正目的,遂至走入歧途,无理取闹,反给对方有充分准备的机会,在交涉进行中凭空添了许多障碍,这是何等可痛惜的事啊!总之,这次交涉停顿的原因虽多,然而最重大的原因,却是由于一般高等华人害怕的怯懦心理所致"。

在揭示了资产阶级上层的怯懦之后,"凌山"又撰文对"买办阶级"的本质和危害进行了较为详尽的剖析:

> 这次全国各地的大屠杀,激起了大多数的民众,都站到革命最前线上做反帝国主义的工作,这自然是我们中国民族解放运动中应有的现象。并且必须这样做,然后才能达到我们民族解放的目的。但是在这个伟大的运动中,却惊动了帝国主义的走狗——国内军阀与买办阶级,只怕这次的运动胜利了,他们的位置不能保有,所以对于这次的运动,不是用武力来压迫就是在暗中去破坏。……在这次运动开始的时候,上海的总商会就不愿意罢市,以后因为民众的包围,才把字签了。到了随后又鼓动无条件的开市;在上海交涉的时候,又把工商学联合会提出的十七条任意修改,以求交涉从速解决。这种一意破坏这次运动的阴谋,实与军阀的压迫是同样的狂暴!此外如虞洽卿、穆藕初、闻兰亭等为帝国主义者效力奔走,尤为国人所深知。全国民众声嘶力竭的喊着经济绝交,而上海,汉口,天津……等处的银行界却与外人勾结,大商人又定购大批英日货。前几天有三四万码头工人生活不能维持,总商会除发了五万元外一点责任也不负,并向总工会声明以后概不接济。总之,我们由以上的事实可以

认清买办阶级亦是民众的敌人,他们也是帝国主义的走狗,对于我们这次的运动,表面上虽然表示好意,而实际却在后面尽力破坏。

社会经济层面上"高等华人"的破坏作用值得批判,思想文化层面上的"高等华人"之危害同样需要揭露和抨击。署名"仕祥"的作者即对思想文化界的"高等华人"进行了揭露:

国内军阀之压制我们,买办阶级之破坏我们,本来他们是与帝国主义相依为命的,毫不足怪。最可恨心的反是使我们想不到的与我们同受压迫的人,却反而借爱国的名来压制爱国运动。过去的事实告诉我们:愈是高等的华人,其革命性愈是薄弱,甚而至于反革命。知识分子处这种情形之下,虽牺牲一部分的光阴去帮助最下层的无产阶级革命也是不可推却的责任,且不论是教职员或学生。但是在这次的运动中,并不见有学业已完成的教职员加入,临时成立的教职员联合会,不到三天就消失了,不但如是,反转一致的倒戈过来向我们进攻,尤其是大同大学的学校当局最告奋勇,拿了"学术救国"的假面孔来实行摧残学生的爱国运动。

四 关于五卅运动历史意义的总结

五卅运动中,上海大学的爱国师生表现出了坚定的斗争立场和毫不妥协的革命勇气,而且五卅运动在整个新民主主义革命的历史进程中产生了巨大的社会影响。因此,对于五卅运动历史意义的总结,也是《上大五卅特刊》重点着墨之所在。

首先,五卅运动极大地锻炼了爱国青年学生的革命精神和斗争意志。署名"光亮"的作者就青年学生在民族革命当中的地位和任务进行了分析和总结:

这一次的五卅运动,青年学生占一个重要地位,是谁也不能否认的。自从五四运动以来,几乎每一次大的民族革命运动都有学生群

众或知识分子参加,也是实在的事实。学生在民族革命运动中很显出勇敢的激进的精神。即在将来,他也是一支重要的劲旅。

我们要明白,学生的重要,并不在于他的本身,而在于与一般被压迫民众——劳苦群众结合在一起。此次五卅运动中学生的重要地位,便在于与工人结合一起,他的力量亦在于与工人结合一起。学生本身虽没有很大的力量,但他若与其他劳苦群众结合一起,加入一般被压迫的民众中去,便会发出很大的力量。这是什么道理?因为学生比较是有知识的,容易了解民族、国家的危险和帝国主义的性质,可以把他所晓得的这些道理告诉一般民众,使一般民众也一样地了解帝国主义侵略中国的真相,一同起来做反抗帝国主义的革命运动,成立强大的反帝国主义民众组织。换句话说,学生在民族革命中的地位与任务,就是在于宣传民众、组织民众,而自己处于附属劳苦群众的地位。比方说,我们去宣传工人,组织工人,我们便应该以工人为主体,一切言论行动均须合于工人的利害与要求;我们去宣传农民,组织农民,我们便应该以农民为主体,一切言论行动均须合于农民的利害和要求,其他都应如此。这样,才能造成真正的民众的革命力量,中国学生才能在民族革命中尽伟大的使命。不然,如果妄想以学生为主体,以学生去领导民族革命,结果一定会毫无所成。全国亲爱的同学们,我们要赶快认识自己的地位与任务,我们要赶快跑入劳苦群众中去!革命的真实力量是在劳苦群众身上,我们要投身到劳苦群众中去才能显现出我们自己的力量。

其次,五卅运动有利于国内反帝运动的深入开展。在充分肯定了五卅运动对于青年学生斗争锻炼的价值基础上,署名为"凌山"的作者则从"废除一切不平等条约"展望的角度,对五卅运动的历史意义进行了分析:

这次空前的五卅大惨案发生,除了几个丧心病狂的高等华人以外,大家都承认这个运动不仅是为着顾正红的惨死,是为着中华民族的解放运动,是一次反帝国主义的大革命!

我们既然是为民族解放的运动,则对于我们民族前途的障碍物,当然非先扫除不可,我们当前的大障碍,不是各帝国主义者所恩赐的一切不平等条约吗?而我们外交官在上海开始交涉时,所提出的十三条,毫没有废除不平等条约的精神,实在是一个很大的错误。

英日帝图主义者惨杀了我们的同胞,我们要誓死反抗,要废除压迫我们的不平等条约,这是极其应该的。但是我们若仅唤醒全国被压迫的四万万同胞,打倒英日帝国主义者在中国的势力,把压迫我们的不平等条约根本撕毁,否认英日帝国主义者根据那种条约所获得的任何权利,我们的同胞就不会被杀么?我们就能永远不受压迫么?不,决不会的。英日帝国主义者虽倒,还有美法等帝国主义者屠杀我们的同胞;一部分不平等条约虽废除,还有没废的不平等条约压迫我们。试把近百年来中国与各帝国主义所订的一切不平等条约,拿来比较一次,我们就知道各帝国主义者对于中国的压迫是一样的。我们五卅运动的精神,应该是要求废除一切不平等条约。

再次,五卅运动还在一定程度上推动了国际反帝国主义斗争的开展。署名"仕祥"的作者认为:

国际帝国主义不断的发展,造成社会上水火不相容的压迫与被压迫两大阶级之抗争,在殖民地或半殖民地的各阶级,都同受帝国主义的压迫(虽然有少数是依靠帝国主义营寄而生活的)而发生一致的民族解放运动;在帝国主义国家内的无产阶级,受不了残酷的剥削而起阶级斗争的主义,遂成为一切被压迫阶级及民族之共同的敌人,因而他们不得不互相携手而成国际的反帝国主义运动。国际间无产阶级与被压迫民族之互相结合,并不仅因为他们同病相怜,更有利害一致之重大的意义。六月卅日印度代表在北京民国大会中说得极其明白:被压迫的三万万印度人之援助中国国民运动一方面为的是要求印度脱离英国的统治而独立。帝国主义完全建筑在可以发展其生产之产业落后国家的身上,所以除了无产阶级革命以外民族革命也是它的致命仇人,只要这两种运动当中有一种成功,帝国主义立

刻就会崩溃。帝国主义之侵略既是带着世界性的,则同受压迫之各民族与阶级没有一个不希望把它打倒。没有一个不乐于互助以打倒他们共同的敌人,也是当然的事。所以任何地方只要一有反帝国主义运动发生,全世界被压迫阶级及民族一定不约而同的响应。五卅运动当然也不会例外。

五 结 语

反思是"一种思维活动,其明确目的是消除困惑,解决问题,促进实践,增强合理性",但反思需要良好的道德和坚强的意志,科学而正确的反思往往更要具备一定的知识素养。在五卅运动参加者当中,青年学生的知识素养和思维分析能力都较一般无产阶级要高得多,因此在经历了五卅运动的洗礼之后,他们站在理论的高度,对实践活动本身的得失进行总结和反思不仅充分体现了他们的知性特质,更体现了他们的责任意识。

《上大五卅特刊》是上海大学学生会在五卅运动爆发后创办的理论刊物,1925年6月15日创刊,前后共出8期。其目的是"以同学研究与活动之所为,说明五卅运动正确之意义,并纠正部分国人之谬误观念",同时"要以五卅运动中同学之努力与贡献报告给社会",亦"以同学此次参加五卅运动之史实留为母校永久的纪念并以勉励将来"。《上大五卅特刊》对五卅运动的自我认识与反思,从五卅运动的性质、策略、意义到联合统一战线,不但其内容涉猎非常广泛,内在分析逻辑严密,而且在理论观点上也体现出了鲜明的阶级立场和典型的唯物史观方法。

揆诸史实,《上大五卅特刊》对于五卅运动的总结与反思,不仅在很大程度上宣传了五卅运动的正义性,沉重打击了帝国主义和国内反动阶级,为后来大革命高潮的到来做了有力的舆论宣传和思想铺垫,更为今天的人们科学而深刻地认识这段历史提供了一个独特而鲜活的视角。

《20世纪20年代的上海大学》史料集的学术意义[①]

余子道

92年前的今天,即1922年10月23日,趁着五四新文化运动开辟的新的中国文化的思潮,迎着即将到来的国共合作的国民革命运动的曙光,上海大学在上海诞生。92年以后的今天,我们在这里祝贺这部记载上海大学历史的著作出版问世。所以,我觉得今天的会议既包含着学术意义,也包含着纪念意义,这双重意义使我们今天的会议显得更加可贵。

现在放在我们面前的这部《20世纪20年代的上海大学》,是一部大型的、综合性的、史料性的著作。这部如此大规模的著作,只用了短短三年多的时间就呈现在读者面前,这是很值得钦佩的。我个人感到,毫无疑问这是在上海大学党委、校长的领导和关心下,上海大学党委宣传部、文学院历史学系、社会学院、社会科学院和上海大学出版社,以及诸位专家学者和工作人员共同努力的结果,可以说是一个集体智慧和各方面合力的结晶。对于各位老师的敬业精神和工作效率,我非常敬佩,而且也值得我们很好地去学习。

复旦大学从2001年开始,也在着手整理史料选编,是关于复旦大学的历史资料的选编工作。我们从20世纪中期也就是1949年上海解放开始,到1952年底作为我们第一阶段的工作。很可惜,我们没有上海大学这么高的效率,从2001年到现在我们还没有打出清样来。我们的规模也没这么大,我们只有120万字左右,我们编这本书的时间要比你们长得多

[①] 原载《上海大学校报》2014年11月3日。原文注:本文据作者在《20世纪20年代的上海大学》新书首发式暨学术研讨会上发言的录音整理。

了。所以,我拿到这本书后,跟我们复旦大学做校史的同志讲,我们一定要好好向上海大学学习。我们做1949年至1952年这段时间的历史,如果要整理一百多年的历史可能要达到三千多万字的规模,但我跟他们说如果按照现在的速度,20年也做不出来。所以,看到这本书我很感动,上海大学的精神很值得我们好好学习。

我有机会首先得到了这部史料集。作为史学工作者,我抱着崇敬的心情和重温上海大学历史的态度来阅读,因为这部著作的分量很大,短时期内难以消化,我只是初步的浏览。对于这部书的学术价值和意义,我有一些初步的认识,分以下三点说一下我的看法。

第一点,《20世纪20年代的上海大学》是一部完整的、系统的反映上海大学历史的史料性著作。这部著作是迄今为止,90多年来唯一一部关于当年上海大学的大型史料汇编,它全面超越了在这以前已经出版的各种版本的史料性著作。比如黄美真同志为首的几位老师编过关于上海大学的史料(《上海大学史料》),王家贵同志为首的几位老师也编过关于上海大学的史料(《上海大学——1922—1927》),以及其他一些单篇性的史料文章,有些文章在报刊、杂志上也发表过和有所披露。

在这本史料集之前,我没见过完整的、系统性的如此大规模的关于上海大学的史料著作。这本史料集囊括了各种历史文献和史料,系统、完整地反映了历史上的上海大学从诞生到结束的历史发展过程。反映了上海大学的办学思想和教育理念、组织体制和系科设置、课程结构和教育模式、思想政治教育、社会科学理论和学术研究,以及当时发表的相关成果。上海大学党组织的建设和活动,学系中主要领导人物和中共学者以及教师的群像,特别是上海大学在当时反帝反封建运动中艰苦卓绝的奋斗等,各方面的历史状况无不在这本史料集中得到呈现。这部史料集中既有宏大的叙事,也有具体生动的情节,可以说为大家提供了一个真实、完整的历史上的上海大学。所以这部书的编辑和出版是一项关于上海大学历史研究的无可媲美的、不可或缺的基础性的工作,这部书的完成对于这个课题的研究具有基础性的意义,为老上海大学研究奠定了非常扎实的基础。

第二点,这部史料性著作在学术层面前来讲,既有传承又敢于创新。这部史料集将上海大学历史研究推进到了一个新高度,创造了一个新的局面。这部书的作者一方面忠实课题研究已经发表的各类史料,吸取了前人已经有的学术成果;另一方面这部书的作者更注重于从多方面深入挖掘新史料,开拓和研究了新的领域,可以说在传承工作当中取得了阶段性的突破。对大量的新史料加以精心的考定、梳理和研究,从而全面突破和重新归结了原先关于上海大学历史的几部史料的格局,无论在深度上还是广度上都达到了前所未有的高度。所以,可以说这是一个创新。

从史料的内容来说,这部史料集主要包括报刊史料、档案史料、图书史料、口述史料,这四类史料是这部史料的主体。史料有丰富、翔实的内容,许多史料有原始性,是第一手发掘出来的新史料,所以有原始性和连贯性的特点。

从报刊史料来说,集中收录的史料包括《申报》《民国日报》等,这些都是在当时上海著名的大报,也搜集了《中国青年》《热血日报》等相当数量的几类在当时革命运动中产生巨大作用的革命报刊史料。特别是发掘了抗战爆发前后《中央日报》上的史料,虽然《中央日报》中披露的史料是很少的,但是作者们也把它悉心搜集起来了,这部分之前是没人做过的。从报刊史料来看,可以感受到作者们对于史料搜集之勤、搜集之广,这种挖掘史料的精神值得钦佩。

从档案史料来看,这部书涉及的很多档案史料更是前人所没有做过的,许多是第一次公开发表的,在这方面取得了突破性的进展。比如收录的有关当时中共上海区委、上海大学党的特别支部、上海地委、上海大学支部等资料,可以说是研究上海大学历史的重要资料。这些资料过去大部分被放在仓库里,或供内部少数人参考,现在把这些史料收录在这本书中公之于众,有助于史学研究和社会各方面了解、认识上海大学的历史。

这里特别要提到的就是对于台湾地区国民党中央党史馆和台湾地区国史馆史料的发掘,这可以说是一项开创性的工作。上海大学的老师可以说是中国大陆的学者中,首次进入台湾的党内机构抄录和使用上海大学史料的人。今年8月,我和一些老师去台湾考察,上海大学的徐有威教授也同我一起去的。我们也到了台湾的"国史馆"和"党史馆"去查阅资料,这项工作是很辛苦的。"国史馆"的材料很多,不准我们复印,要一个字、一个字地抄,这是一项非常用力、用心的工作。上海大学的老师不辞

辛劳,不让它遗漏在史料集之外,这种精神很值得我们尊敬和发扬。

在这里我想特别提到,在这部史料集中,有一部分是"师生记忆中的上海大学"。收录在这个栏目中的回忆录和史料,具有其他史料所没有的价值和意义,它可以大大弥补档案史料、报刊史料中的不足。我看了其中的几篇,这些史料鲜活生动、有血有肉、见人见事,展现了不少当年上海大学的历史场景,从而大大丰富了史料的动态性和具体性,也提升了这部书的可读性。而且,它反映的历史细节,使读者体会到历史是动态的、立体的,弥补了档案史料比较枯燥、比较概括的缺点,这也成为这部史料集的一大特色。

虽然有些史料工作是前人做的,但是我们把它收录到这本书里,这项工作是需要的。这不仅使前人的工作得到了发扬光大,更使这部书提升了质量。

这部书还有一个重要的特色,我觉得是忠于历史,保存历史的真实性。现代中国的政治发展是非常复杂的,各种人物在历史上的变化、起落、曲折呈现了非常复杂的态势。在当时的上海大学,许多人物当时是革命者,后来变成反革命或汉奸或叛徒。我们尊重历史,当时某个人在上海大学做什么事、讲什么话、写什么文章,都是历史,至于这个人以后他怎么选择、怎么表现,那都是后面的历史。我们不能以后面这个人在政治上的变化,而改变今天对那个人的评价。所以,这部书是实事求是的,是用一种尊重历史、尊重历史真实性的态度来编撰的。这是我们历史研究和史料编撰应该遵循的一个原则。

第三点,《20世纪20年代的上海大学》这部书给了我们一个启示,就是我们应当对史料性的著作以足够的重视,把这类作品放到历史研究中应有的地位。一般来讲,这部书是一部史料性的著作,不应该归在专题性和通论性的学术专著系列里面。史料性著作是系统性的对史料的考订、梳理,可以说是让历史本身说明历史。不管哪一类历史著作都有它的价值和意义。一般来说,大学里往往重视学术专著和学术论文,不太重视史料著作,我觉得这是一个偏向。历史要是没有史料的发掘、系统整理,研究可以说是空中楼阁。史学工作者应该有的一个态度,就是要系统地整理史料,并以史料为基础,从这里开始。因此,现在的这项工作是很有价值的。我们现在的史学研究有一种浮躁和急功近利的心态,有一种炒冷饭、快餐似的学术研究心态,都是史学工作者应当警惕的。而这部史料集的出版,在这方面可以说是一个标志性的作品,具有标杆性的意义。我想若干年以后,有哪一位专家能写出一部关于上海大学的学术性专著或通论性的学术专著,我想他在写专著的时候绝对不能不依靠这部书。即使出现了学术性或通论性的专著,也绝不会降低这部书的价值和意义。况且这部书还有其他社会上的功用和作用,我在这里就不详细讲了。

我这是借题发挥,有感而发。很感谢上海大学在两周前提供给我这本书,我粗读了一下,只是有了一些肤浅的想法,请大家批评指教,谢谢大家。

20世纪20年代上海大学创办期刊研究[①]

刘长林　金诗铧

20世纪20年代的上海大学是在国共两党统一战线下诞生的一所文科学校,当时被人称为"文有上大,武有黄埔"。虽然它从最初建立到最后被封闭前后不到五年,但其一直站在时代的风口浪尖,为反帝反封建的民主革命做出了很大的贡献。在这短短五年中,上大师生不仅在《向导》《新青年》《中国青年》等知名刊物上发表了大量文章,同时自身也创办了许多期刊,包括《上大周刊》《孤星》《中山主义》《湘锋》等等十余种。这些上海大学自办期刊如实地记录了当时上海大学的情况,形象地反映了当时上大师生的思想。对上海大学创办期刊进行全方面的研究,无论是对上海大学校史还是对中共党史的研究,都有一定的助益。

一　上海大学所办期刊概况

上海大学在其立校的五年之中创办了许多的刊物,其主要刊物具体见下表:

期　刊　名	创　办　组　织	创办时间
《上大周刊》	校办	1924年5月4日
《上大五卅特刊》	学生会	1925年6月15日
《上海大学三周年纪念特刊》	学生会	1925年12月3日

[①] 原载《上海革命史资料与研究(第14辑)》,中共"一大"会址纪念馆、上海革命历史博物馆筹备处编,上海古籍出版社2014年版。

（续表）

期 刊 名	创 办 组 织	创办时间
《上大附中》	上大附中学生会	约为1925年
《文学》	中文系	1925年4月27日
《孤星》	孤星社	1924年2月5日
《中山主义》	中山主义研究会	1925年12月10日
《湘锋》	湘社	1925年12月
《新群》	陕西同乡会	1925年1月
《新晋》	晋社	1926年3月
《南语》	南语社	约为1924年
《台州评论》	台州同乡会	不详
《上海大学留沪同学会成立会特刊》	上海大学留沪同学会常务委员会	1936年9月

根据其创办组织的不同可以分为：

（一）校办《上大周刊》

上海大学于1922年10月23日由东南高等专科师范学校更名改组成立，并公举于右任先生为校长。至1924年初，上海大学已走上了正轨，并已开始展现其显著的特质。因此在1924年2月25日，校行政委员会第三次会议决定出版校刊，并推举文学系主任陈望道为编辑主任。4月24日，校刊委员会成立，5月4日，《上海大学周刊》出版第一期。

《上海大学周刊》主要供教员学生发表研究成果，以及传播校内消息，每周出版一次。据称，"该刊材料丰富，立论精确，其中如胡汉民之《知识分子与劳动阶级》，汪精卫之《对于学生运动之一感想》等文，均在当时不可多得。《上大周刊》售价每份仅铜元两枚，订阅半年收洋五角。全年收洋九角，邮票在内。外间订阅，寄费至该校出版部即可"。《上大周刊》具体共出几期不详，现在见到的仅第一期，为十六开本，共八版，内容有论著、时评、杂感、诗歌及校内大事记等。第一期文章的作者有上海大学校长于右任、总务长邓中夏、教务长兼社会系主任瞿秋白、国民党中央执行委员戴季陶等。而当时上海大学的教务人员不少是国民党以及共产

党的早期领导人,其文章往往展现其个人与身后的党派对时事的看法与对建国的想法。是以,《上大周刊》所登文章的内容与当时社会上流行的思想、政治蓝图息息相关。也由于其作者的社会地位和强大影响力,《上大周刊》在校内外均有较大发行力。此外,《上大周刊》也对如何进行学校教育、教育在救国中起什么作用、怎样建设上海大学进行了详尽的探讨,对上海大学成长为一所革命的学校起了不小的作用。

(二) 学生会所办特刊

上海大学在一些值得纪念的日子发行特刊,由学生会主办。

如在五卅运动爆发后上海大学学生会创办了《上大五卅特刊》。五卅运动爆发当天,上大师生组织38个演讲队到南京路演讲,"巡捕开枪轰击,惨毙多人,受伤被捕者不计其数",上大学生何秉彝罹难。6月1日,上海大学实行罢课,抗议五卅血案。6月4日,上海大学遭工部局武力解散,学生被"逐一检查并全体立即出校",将"各种有关系的书籍等物带回捕房","海军士兵则奉长官命令暂住校内"。6月7日,上海大学已租定临时校舍,学生会临时委员会成立,决议"发行《上大五卅特刊》,每三日出一次,由宣传股负责编辑"。该刊为八开小报,每期四版,第一期于6月15日出版,共出了八期。其宗旨为:"(一) 我们要以同学研究与活动之所为,说明五卅运动正确之意义,并纠正一部分国人之谬误观念。(二) 我们要以五卅运动中同学之努力与贡献报告给社会。(三) 我们要以同学此次参加五卅运动之史实留为母校永久的纪念并以勉励将来。"特刊出版后,"颇为各界欢迎","除由该会宣传股广为寄发外,连日各处去函索章程者日形发达"。"上海《民国日报》曾对《上大五卅特刊》作如下评价:'这份特刊是五卅惨剧中受伤最重的上海大学同学们本其平日研究社会科学及从事社会活动所积累的知识,对于此次惨剧,用历史的眼光,为彻底之评论的一种重要刊物。'"

上海大学在每年的校庆上均会举行纪念活动。其成立三周年,不仅在校庆当日(1925年10月23日)举行纪念会,"敦请教授演讲,并表现各种游艺,晚间且演新剧助兴",还于12月3日发行了《上海大学三周年纪念特刊》。该刊为十六开本,共十页,由学生会宣传部负责编辑。该刊主要回顾了上大师生在过去三周年的努力和成果,并明确了今后的责任以及展开对未来的希望。上海大学自成立之日起屡遭帝国主义和反革命派的压迫,尤其是在其成立之后的第三年里,无论是社会还是上海大学本身都有着巨大的变动。对此,上海大学师生做了大量的工作,如追悼中山先生,发展平民学校,成立演说会、中山主义研究会、女同学会等志在革命的青年团体,积极参加五卅运动,发行《上大五卅特刊》等等。是以,在这个时候出版纪念刊物,厘清上海大学遭受压迫的根本原因,总结上海大学所作所为,明确上海大学的使命,对上海大学今后的发展和斗争具有重要指导作用和借鉴意义。

以上两种特刊均主要由上海大学学生会编辑和发行。上海大学很早就有其学生会,上海大学章程就将"学生会对于本校改进之意见"作为上海大学行政委员会议决的重大事项之一。但这时的学生会组织化程度不够,尤其是不被共产党所领导。上海大学师生来自各方面背景,其中包括国民党右派等。"是以在校内实在很难活动,因为国民党的关系并歧视的缘故,时有暗潮"。但最迟至1924年5月,对于上大学生会,共产党已可"从中操纵"。但此时学生会中还有反对派存在,是以"为避免包办及恐分裂起见,对于学生会的支援,各系都分配有人,平时遇有重要事故,开大会解决,我们多可得胜"。《民国日报》报道上海大学学生会于1924年10月13日成立,其宗旨为"谋学生本身利益并图学校之发展,参与救国运动"。"选出委员十人:杨之华、王秋心、刘一清、王环心、郭伯和、刘剑华、李春蕃七君被举为正式执行委员,林钧、欧阳继修、窦勋伯三君被举为候补委员"。其中除窦勋伯背景不详外,其余人都为共产党员或青年团团员。此后学生会虽经几次改选,但其委员一直主要由共产党上大支部的成员担任[①]。鉴于在此之前上海大学学生会一直存在,《民国日报》报道的"成立"一说值得商榷。笔者认为,极有可能从此时起,中共开始领导学

[①] 原文注:1924年12月9日学生会开大会改选执行委员,选出陶同杰、林钧、刘剑华、朱义权、何秉彝、陈志英、黄竞成七人担任。1925年3月17日学生会召开集体大会改选郭伯和、林钧、何成湘、王艺中、李炳祥、黄竞成、何秉彝、张维祺、朱义权九人为执行委员,陶同杰、贺威圣、黄昌炜三人为候补委员。其中能确查的党员有林钧、刘剑华、朱义权、何秉彝、郭伯和、何成湘、李炳祥、贺威圣、黄昌炜。剩下的无确凿实证证明其为党员,可能为团员。

生会。在所能见的1926年上海大学特别支部的报告中,几乎均报告了上海大学学生会的工作情况,可见此时上海大学学生会已作为中共上大特支开展工作的重要途径。新学生会成立的目的在于使"对内对外一切"有"一贯之精神"。实质上是中共上大支部为了把学生方面的工作直接置于党的领导之下,从而通过学生会的改组,加强学生会中党的力量。自此,学生会在中共的领导下,作为上海大学的代表发动和组织同学参加各种社会运动,如欢迎孙中山北上、开展非基督教运动与国民会议运动、参加五卅运动等等。而前述两种特刊也主要由新学生会创办。是以《上大五卅特刊》的内容多是贯彻党中央和团中央的宣传理念,而《上海大学三周年纪念特刊》中上大三年来所呈现的成果也多是在共产党和共青团中央的指导下所作的努力。上海大学学生会作为深受共产党影响的重要组织,其所办刊物在校内外对宣传共产党的主张起了重要作用。

除上海大学学生会外,上海大学附属中学学生会也编有半月刊《上大附中》。1925年五卅运动之前,出版了三期,五卅运动后,因学校被封,一度停刊。1925年10月复刊。目前搜集到的只有四、五两期,为十六开本,内容有时评、论著、学校新闻等。

(三)中文系所办《文学》

《文学》由上海大学的中国文学系所编辑,并作为《民国日报》的文艺副刊之一,随报发行。开始为半月刊,自第三期起改为周刊。自1925年4月27日创刊至五卅事件爆发后停刊,共出6期。该报宗旨为发表作品,研究文学各种问题,并介绍外国文学。

该刊所登内容包括文学研究论文、诗歌、小说、小品文、杂文、演讲词等。其作者主要为中国文学系的师生。其所登文章基本不含政治倾向,但有很多却暗含当时社会所流行的思潮。

(四)社团所办刊物

为了活跃上大的学术氛围,发扬所谓的"上大精神",上海大学鼓励学生们创办各种类型的社团组织。一些社团为扩大自身的影响,宣传自己的主张,创办了自己的刊物。最有影响力的应该是孤星社所办的《孤星》旬刊。孤星社成立于1924年1月,校内外人士均可参加,博古就是通过孤星社从而进入上海大学社会系学习。该社以"研究革命科学,讨论社会问题,根本改进社会"为宗旨,倡导"路见不平,拔刀相助"和用"正义"同"暴力"作斗争的"大侠魂"精神,提出"救急的宣传三民主义,须热情地走入民间;彻底的鼓吹世界,必勇敢地身先向导"。该社"公推吴稚晖、于右任为名誉社长,请沪上各大学教授为名誉社员","社员达百余人"。为加强宣传,该社于2月5日创办了《孤星》旬报,孙中山先生为该刊第五期题写了刊名。《孤星》反映的思想较为庞杂,其中不少文章受吴稚晖无政府主义的影响。该刊为十六开本,每期约30页,内容为论著、时评、问题讨论、思想通讯等。此刊物影响较大,"每期销数在三千以上,每月印刷费及邮递费等约在六十元左右"。

除孤星社外,中山主义研究会也发行了他们的刊物《中山主义》。1925年3月12日孙中山先生逝世,国民党内西山会议派公开反对孙中山先生"联俄,联共,扶助工农"的三大政策,国民党右派又组织了孙文主义学会,鼓吹戴季陶主义,肆意歪曲中山主义。上大校内虽然没有孙文主义学会的组织,但上大学生中的国民党右派标榜戴季陶主义,联合校外的一些右派,对共产党和左派的活动进行捣乱。在此背景下上海大学师生于1925年4月24日发起了中山主义研究会,于11月19日召开成立大会,推选高尔柏、崔小立、江仕祥、马凌山、吴稽天为执行委员。12月10日发行刊物《中山主义》,由高尔柏编辑。同年12月27日和次年1月3日、10日分别刊出第二至第四期。事实上中山主义研究会是在中共的指导下创办的,其执行委员均是中共的党团干部[①]。而出版《中山主义》的目的是"协力掘发"孙中山"四十年结晶的经验所示的坦途,俾我们可以一直前进"。即进一步学习革命理论,"找求一个真正的中山主义",从而反对戴季陶等所歪曲的中山主义,与国民党右派作斗争。该刊从理论上驳斥国

---

① 原文注:《团上海地方各部委工作概况(一九二六年七月)》,《上海大学特别支部工作报告》中载:"他如社会科学研究会、中山主义研究会,此原来分配大学方面担任。"《上海区委召开各部委书记会议记录—各部委汇报工作情况和区委总结(一九二六年五月八日)》载:"青年团体现有三十余人……又中山主义研究会……",可见中山主义研究会确为党直接领导。

民党右派的反动观点,对上海大学同学的思想认识有一定帮助。《中山主义》"出版很好","在《民国日报》附刊"。后来一则因为"难能召集大会",二则"确实少人负责",中山主义研究会慢慢地沉没了,《中山主义》也随之停刊。

此外,还有一些以中文系同学为主的文学团体,其中有些文学团体也出版了一些刊物或是作为报纸的副刊出版。如孟超、冯润章、汤忠恒等同学组成流萤社,出版《流萤》文学专刊,要求它像萤火虫一样划破黑夜长空。1924年11月,蒋光慈、沈泽民等教师和中国文学系学生王秋心、王环心组织春雷文学社,以抵制"现代文学界'靡靡之音'的潮流","振作中国的文学界"。他们在《民国日报》"觉悟"副刊上出版春雷文学专号。

(五)同乡会所办刊物

在上海大学中,还有一个在联络感情和团结互助方面起着重要作用的组织,这就是同乡会。上海大学的同乡会除了在日常生活上的互相关心和帮助外,还进行思想上的交流和碰撞,将站在时代前沿的思想和主义做了推广和介绍。同时还联络校外的旅沪同乡,号召其一同反对地方上的封建主义和帝国主义势力,对团结同学投入革命斗争,起了很大的作用。为更顺利地展开宣传教育活动,以达到"要以小的组织达到大的组织;由省的组织达到国的组织,由国的组织达到世界的组织"的企图,同乡会也创办了刊物,以作为"引起大的喊声的嚆矢"。例如,湖南籍师生组织的湘社于1925年12月创办出版了刊物《湘锋》,现只见到第一期,封面由中国文学系教授李石岑题字,为十六开本;陕西同乡会主办《新群》半月刊,约于1925年1月创刊出版,现只搜集到第七期,为中山先生纪念专号,该刊为三十二开本,共十八页;上海大学山西籍学生焦有功、陈怀璞、阎毓珍女士等发起了晋社,以研究学术政治为宗旨,并出刊《新晋》半月刊,以供社会之参观,该刊于1926年3月1日发行第一期,发行处设在上海大学陈怀璞处。"内容除于学术方面有贡献外,对于晋省政治均有建论"。1924年广东①籍师生组织的南语社创办了《南语》季刊,第六、七期

---

① 原文注:当时海南岛作为一个行政区包含在广东省内。

合刊,每册一角;湖北同学会办的刊物,借汉口的《江声报》副刊发表,每周两次。上海大学台州同乡会主办《台州评论》,现在仅见到第四期,为三十二开本,共二十三页,内容大多为该会会员的政论文章。同乡会所创办刊物内容一般包括论著、时评、评作、文艺随笔、诗歌、杂感等。

事实上,这些同乡会多是由中共领导组织的。从中共1926年7月的统计来看,包括陕西同乡会、晋社、两广青年社、湘社在内的十余个同乡会均受党的领导。是以同乡会所办刊物绝大多数受中共影响颇深,通过同乡会创办的刊物进行宣传扩大了中共的影响范围和影响力度。

(六)《上海大学留沪同学会成立大会特刊》

1927年4月12日蒋介石发动"四一二"反革命政变。上海大学作为共产党势力占据主导地位的革命大学,于5月3日被国民党军警查封,4日,校舍被国民党军白崇禧部驻扎,之后改名为国立劳动大学。同时对上大进行清党,捕捉共产党员。直到1936年3月,经上海大学师生为学籍问题,再三与国民党中央交涉,前上海大学校长于右任也向国民党中央提出议案,最终国民党中央执行委员会常务会议通过追认上海大学学生学籍,与国立大学同等待遇的决定。于是各地上大同学纷纷成立同学会,以南京为总会所在地,联系散落学子,积极进行复校活动。其中,上海作为母校所在地,更是积极筹备同学会。三个多月内,"向会中登记的同学,已经有两百多人"。是以上海大学留沪同学会常务委员会议决开正式成立大会。为纪念上海大学留沪同学会成立大会,在同年9月出版发行了《上海大学留沪同学会成立大会特刊》。该刊上发表了《上海大学留沪同学会章程草案》,并表达了母校的怀念与对前上大人的殷切希望。留沪同学会成立的时候,正值日本侵略期间,"国难比之十年前更是严重,愈加迫切",是以发此特刊,是旨在怀念母校的同时,号召上大同学继承前上大"坚忍不拔的民族运动的精神","担当复兴重任","见义勇为献身救国"。

该刊所办之时上海大学已遭封闭十载,不能准确地算是上海大学所创办的刊物。但此刊文章的作者大都是上大的师生,且此刊延续了上海大学的一贯精神,对上海大学的历史功绩做了一定的评价,对展现上海大学特质,总结上海大学的贡献有着一定的作用。

二　上海大学创办刊物的特点

（一）数量众多，时间集中，具有阶段性特征

短短五年之中，上海大学创办的刊物竟有十数种之多。且绝大部分刊物的创刊和鼎盛时期都是在1925年。

以五卅运动为分界点，可以发现五卅之前和之后所办刊物有很大区别。五卅之前是上大创办校刊的第一阶段，创刊的刊物有《上大周刊》《文学》《孤星》《上大附中》。《文学》属于纯粹的文学性刊物，《上大周刊》《上大附中》属于综合性刊物，其上有各方面的意见以及校务情况。《孤星》则更多地表达了无政府主义的观点。五卅之后为第二阶段，涌现出来的刊物有学生会所办的特刊、《中山主义》以及同乡会所创办的《湘锋》等。上大在五卅之后所办刊物比之前具有更突出政治性倾向，而且更多地开始表现出受到中共的影响。这是上大刊物第二阶段的特征。

上大创办期刊的高潮出现在1925年，其一是因为这年正逢多事之秋，发生了孙中山先生去世、五卅运动等震动全国的大事。在这背景下，上大师生以号召团结更多人的需要而创办刊物，典型的如《中山主义》创刊以纪念中山先生和反对歪曲中山精神的反对派，以及《五卅特刊》创刊以讲述五卅运动的起因和意义等等。其二，这也是上大最为蓬勃发展的两年。1922年10月改组时的上大仅有学生160多人，而到了1924年初，已达400多人。人数的扩大使上大刊物有了一定的受众基础。同时此时的上大人才济济，各地有志于革命的学生慕名而来。因此正是在这两年，各社会团体如雨后春笋般成立，各样社会运动如火如荼地开展，众多的刊物被创办发行。

此后上海大学刊物的停办和逐渐衰退也有其原因，接连遭受压迫和打击是其第一阶段刊物停办的主要因素。五卅运动后上海大学第一次严重受挫，校舍被封闭，从而对上大师生的正常学习和研究产生了阻碍。许多五卅前所办的刊物，尤其是规律出版的非政治性刊物因这场挫折而停止或中断运行，如《文学》《上大附中》等。《孤星》在五卅运动之后也没有继续发行的记录。

政治性刊物的衰落主要是负责人和撰稿人的离开。上海大学所办刊物对部分活跃的撰稿人的依赖性很大，尤其是政治性刊物。其中最活跃的撰稿人如下表：

姓名	进校时间	离校时间	离校去向	系别	在校参与团体及参与职务	所发表文章的期刊
马凌山（光亮）	1924	1927年前①	不详	社会学	孤星社委员，中山主义研究会执行委员，陕西同乡会的中心组织人员	《上大五卅特刊》《上海大学三周年纪念特刊》《中山主义》《新群》《孤星》
崔小立	1924	1926	莫斯科中山大学	社会学	浙江同乡会执行委员，中山主义研究会执行委员，上大演说练习会委员	《上大五卅特刊》《上海大学三周年纪念特刊》《中山主义》
高尔柏	1924	1926	黄埔军校	社会学	中山主义研究会执行委员，上大社会科学研究会主席、执行委员，上大附中工作人员	《上大五卅特刊》《上大附中》

从上表可以看出这些活跃分子在多个团体中均担当重要职务，在多个期刊发表文章，甚至对一些期刊起着重要的支撑作用。例如马凌山在8期的五卅特刊中共发表了17篇文章，几乎占了该刊文章的三分之一。而在五卅之后，由上大培养的许多师生干部因需要被派往全国各地，更大范围地展开动员和宣传，或是被派往国外他方学习进修，以便更好地承担革命任务。其中就包括上大期刊的活跃撰稿人。从上表来看，崔小立和高尔柏都在1926年离开上大，马凌山也极有可能在这一年离开。上大创办的刊物因缺人负责，也逐渐萧条下来。

---

① 原文注：马凌山具体离开上海大学时间不详，但其在1927年3月，以国民党党务特派员的身份到达兰州，整顿了国民党甘肃省党部。同年4月，为适应斗争的需要，成立了中共兰州特别支部，是以其极有可能在1926年离开上海大学。

(二) 创办刊物的团体不一,规模影响大小不同

上海大学刊物的创办团体涵盖了各种组织,有学校、学生会、院系、社团、同乡会等。从这之中我们可以发现上海大学内部所起作用的各种组织,都在以不同的方式团结着同学们。刊物是组织宣传和动员的重要渠道,许多组织都通过这个载体,增强团体内的认同感和凝聚力。这个组织和宣传过程,促进了更多的上大师生成长为有能力的革命干部,也使更多人了解国家时局,鼓舞更多人投入到革命洪流中去。

组织方式不同影响了其所创办期刊的规模和影响力。《上大周刊》因是校刊,影响力颇大。1924年11月9日,工部局将《上大周刊》同《新青年》《社会进化史》一道,全数收尽,可见其影响力。而由学生会主办的各种特刊因其以当前时事为出发点,趁势宣传,故也影响颇大。《孤星》等社团刊物的影响力,因其社团的影响能力决定。因孤星社有会员百余人,且也容纳校外人员,故也在上海大学内外,产生了很大的激荡。同乡会所创办刊物一般在同一地域的人员手中传播,或扩展到同乡其他上大外的旅沪同乡,以及同学们的家乡。"办刊物用费是大家捐献的,这种刊物多半不持久,印数也不多,一二百份,不是出售,而是赠送,范围不限本市,也分寄往外埠,报道些活动情况,宣传些革命活动"。虽流传不是非常广,但因其借助了乡土情结和地域文化,这对其增加团体内凝聚力大有助益,是其他团体不具备的。而《文学》《流萤》等以系为单位或是少数同系的同学所创办的文学刊物,因其缺少政治倾向,且内容偏于学术研究,除《文学》作为《民国日报》的副刊之一,传播面较大外,其余刊物传播面较窄且影响力小,在有关当时上大的资料以及上大人士的回忆录里都不曾提及。

(三) 内容多样,多含政治性倾向

一种刊物内涵盖多种形式的文章,文章同样也涉及许多方面。多数刊物中均含有诗歌、论著、时评、译作、杂感、文艺随笔等文体中的好几种。

但上大所办期刊中含政治性倾向的文章占绝大多数。许多期刊创办团体就有较重的党派色彩,并将其所办期刊作为宣传主张的主要载

体,如《中山主义》等。不仅如此,由于上海大学是由国共双方共同创办的一所学校,其校刊《上大周刊》上的许多文章也含有强烈的政治意味。这些刊物也涵盖了多种政治思想,所刊登文章既有宣传马列主义,肯定工人的力量的,也有扩大三民主义影响的,还有无政府主义的思想掺杂其中。

(四)大多受中国共产党影响

上海大学五卅以后所办刊物大部分都是在中共的直接指导或思想影响下创办的。这些刊物包括学生会所办刊物,以及各社团和同乡会所办大多数刊物。上海大学拥有大量的党团成员,而且这些党团成员通过各种组织来开展工作。党中央和团中央强调,"要特别注意党团的工作,整顿并扩大其组织,以增进我们在学生群众里的实力",并倡议"每个同学要深入各方面去活动,不论何社团,到处参加,无孔不入。同时在各种社团活动时,就须时时刻刻留心抓住优秀分子,尽量拉他出来做事,多与他接近谈话,为感情上的联络,进而为政治上主义的讨论,逐渐逐渐地引他进来"。在此思想的指导下,上海大学中受中共影响的青年团体纷纷出现。其中一些团体发表刊物,这不仅是团体联络感情,交换意见的手段,更是中共扩大宣传,反对反动派的一种重要方式。

上海大学短短五载,却做出了卓越的贡献,在近代史上留下了光辉一页。其中,上海师生创办了许多刊物,这些刊物是我们研究历史上的上海大学的重要的第一手材料。

通过对这些刊物创办时间、创办背景、创办组织、影响力的梳理和分析,可以了解上大的组织形式,和上大师生是怎样传播他们的思想的。其中需要尤其引起注意的是,上大的中共党员和青年团员们很好地利用了期刊传播这一途径,从而开展其宣传工作。这些期刊中更多地表现了中共的思想观点,创办和宣传的方式也体现了中共的宣传策略。第一,发挥积极分子的骨干作用,撰写大量代表中共意见的文章,加之以推广发表。第二,通过各种团体的成立,使上大师生以不同方式组织起来。在组织中进行宣传,达到了以点及面、事半功倍的宣传效果。第三,联合拥有一致目标的各种力量,其中最重要的是国民党的力量。中共在这一时期指出

"本党以后一切宣传、出版……凡关于国民革命的均应用国民党的名义，归为国民党的工作"。因此，上大各中共领导团体及其创办期刊均遵循了这一思路，在必要时以国民党的口径发声。

同时通过期刊的研究，也可以看出共产党在上海大学发展壮大的历程。在1925年前，中共上大党组织缓慢发展。直至五卅运动，上大党组织趁势展开工作。在五卅之后通过各组织推出了大量由党员或团员发起、代表中共意见的刊物。这些刊物的盛行时间正是中共在上大最蓬勃发展的时候，党员人数急剧上升，直至1926年3月成立上大特支。1926年以后上大期刊逐渐萧条。这个时期也正是上大向其他地方输送其所培养的革命人才的时期。大量由上大培养的中共党员离开上大，进行更深一步的学习或在更大的范围内展开工作。上大所办期刊的兴衰和上大中共党组织力量的发展息息相关。

对这些期刊的内容进行分析，可以了解到20年代上海大学的状况。上大师生积极参与各种社会活动。上海大学在当时上海市的妇女运动、非基督教运动、平民教育等活动中都发挥了极其重要的作用。同时上大师生也在上大自创期刊上发表了这一系列运动的理论依据，以及所做工作的总结和发出的倡议，通过期刊推广宣传以在校内获得更有力的支持和营造更有利的舆论环境。

对期刊的文章主旨进行归纳，可以发现20年代的上海大学的独特性。从期刊来看，上海大学具有很强的政治化和社会化倾向。政治化倾向体现在：第一，各种政治性党派在上大发展组织创立团体，并发表刊物宣传各自的意见主张。第二，参与分析当下各种政治事件，撰写文章为某一政治目的声援或论证。社会化倾向表现在：第一，上大师生积极参加社会运动，且一种社会运动发起活动的同时均有说明其理论依据或概述其运动实况的文章出现。第二，在文学作品主旨里展现出当下社会所流行的思潮，且其表现形式也与社会的推进息息相关。

上海大学与五卅运动[1]

王长流　徐云根

1925年5月30日,震惊中外的五卅运动在上海爆发,并很快席卷全国。五卅运动是中国共产党直接领导的以工人阶级为主力军的群众性反帝爱国运动。它的爆发标志着大革命高潮的到来。在这场运动中,上海大学发挥了十分重要的作用。

一、五卅运动的爆发

上海是帝国主义势力对华经济侵略的中心,也是中国产业工人最集中的地方。第一次世界大战爆发后,日本帝国主义趁机加快对中国进行资本输出。1925年,上海日商的纱厂数、纱锭枚数、附设布机台数均已超过全市总数的一半。日商企业的剥削极其残暴,不但工资低,工作时间长,资本家殴打、开除工人更是家常便饭。

1925年2月2日,上海日商内外棉八厂日本领班毒打一个因疲劳过度而打瞌睡的12岁女童工,其姐上前理论,也遭拳打脚踢。日方的暴行激起了全车间工人的抗议。工人们要求厂方严惩凶手,日本资本家见工人竟敢向厂方抗议,借机将50余名工人开除。被开除工人要求结算存工,这一合理要求被厂方拒绝,并将带头工人送入公廨。早中班工人也因此受牵连,不准进厂。日本资本家的蛮横行为激起了工人的强烈愤慨。

---

[1] 原载《上海革命史资料与研究(第14辑)》,中共"一大"会址纪念馆、上海革命历史博物馆筹备处编,上海古籍出版社2014年版。

沪西工友俱乐部得知这一情况后，立即向中共上海地委和中共中央汇报。中共中央为此专门成立了罢工委员会，指定邓中夏、李立三等负责，号召上海全体党员支援日商内外棉厂工人的斗争。在罢工委员会的领导下，全市22家工厂近4万名工人参加了这次罢工。日本资本家为避免重大经济损失，被迫答应了工人的部分要求，承认了工会组织。杨之华、张琴秋等半数以上上大女生在中共上大支部的领导下参加了女工工作，并受到她们的热烈欢迎。

为了巩固和扩大工人阶级的组织，加强对全国工人运动的领导，1925年5月1日至7日，第二次全国劳动大会在广州举行。大会决定正式成立中华全国总工会，以统一领导全国的工会。就在全国劳动大会闭幕的当天，上海日本纺织同业会宣布拒绝承认工人组织的工会，并撕毁2月的劳资协议，继续虐待工人，克扣工资。5月15日，日本内外棉七厂张贴"因故停工"的布告，不准夜班工人进厂。工人顾正红扯下布告，率领工人冲进工厂，要求复工和发工资。日本大班（相当于厂长）率领打手向工人开枪，造成10多人受伤。顾正红身负重伤于5月17日不治身亡。日本资本家的暴行激起了上海内外棉各厂工人的愤怒，工人们当天宣布举行罢工。顾正红事件成为五卅运动的导火线。

事件发生后，中共中央高度重视，及时提出指导斗争的方针和策略。5月16日和19日，中共中央先后发布第三十二号和第三十三号通告，指示各区委、地委、独立支部，号召工会、农会、学生会以及各种社会团体，发表宣言或通电，反对日本资本家枪杀中国同胞，并筹集捐款，支援罢工工人，掀起反日爱国运动。上海工学界35个团体响应中共中央的召开，成立了"日人残杀同胞雪耻会"，发动群众投入斗争。

为了响应共产党的号召，上海学生率先走上街头揭露帝国主义的暴行，募集捐款支援罢工工人。学生的爱国行动遭到租界巡捕的阻挠，部分学生被拘禁。而此时，上海公共租界工部局准备于6月2日召开纳税人会议，通过此前提出的四项提案①，并打算越出租界筑路。帝国主义这种无

---

① 原文注：四项提案是指"增订印刷附律案"、"交易所注册案"、"增加码头捐案"、"取缔童工法案"。

视中国人民的利益和领土主权的行径进一步激起了社会各界人士的义愤。5月28日,中共中央和中共上海地委举行联席会议,决定以反对帝国主义屠杀中国工人为中心口号,将斗争定性为明显的反帝性质,以争取一切反帝力量的支持。会议决定5月30日在租界内举行大规模反帝示威活动。反对工部局提出的压迫华人的四项提案,援助罢工工人。

5月30日,上海各校学生2 000余人按照计划进入租界,散发传单、讲演和示威游行。到下午2点,先后有100多人被捕,关进南京路老闸捕房。广大学生、工人见大批人被捕,纷纷涌往巡捕房,要求释放被捕者。早有准备的英国巡捕房突然开枪,打死13人,数十人受伤。这就是震惊中外的五卅惨案。

二、上海大学在五卅运动前后

(一) 开办夜校、建立工会、发展共产党组织等一系列活动,为以工人阶级为主体的反帝革命高潮准备了条件

1924年国共合作的实现使革命力量从四面八方汇集起来,形成了反对帝国主义和封建军阀的革命新局面。上海大学在革命斗争中走在了时代的前列。

为了宣传革命道理,提高民众的文化水平,以唤醒民众的觉悟,上海大学决定开展社会教育。1924年春,在邓中夏和瞿秋白的倡导下,上海大学在西摩路校内开办了平民学校,由上大师生担任教职员。这个学校是专为平民和平民子弟而设的,宗旨是"普及教育,提高国民程度"。学员主要是附近工厂的工友、商店的职员和街道妇女及青少年。该校属于义务性质,不仅不收学费,连书籍用品也由学校免费提供。由于学校多在夜间上课,学生的年龄较轻,并且有女生,为防止发生事故,学校规定每晚放学时,教师们必须负责学生的安全。由于采取这些人性化的措施,"报名学生异常踊跃,每晚有数十名之多"。到11月,平民学校学生已达460余人。平民学校的开办,为广大民众接受文化知识,提高阶级觉悟创造了良好的条件,受到社会的高度赞扬,同时也大大提高了上海大学的声望。

在创办平民学校的同时,上海大学进步师生受中共"上大"组织的委

派,在统一战线的旗帜下,以国民党的名义分别在小沙渡、杨树浦、浦东、吴淞等工人集中的地方办起了工人补习学校、工人夜校等,目的是向工人们宣传革命思想,组织工人,发展党团员,以扩大党的力量和政治影响。1924年夏,又在补习学校的基础上成立了沪西工友俱乐部,这成为沪西工人运动的中心。到年底,已有19家中外纱厂秘密建立了俱乐部,会员近1 000人。在这过程中,邓中夏还把学生派到工人中秘密组织工会,培养工人运动的领导干部,社会学系何秉彝、杨之华等都是学生中的积极分子。在党组织的领导下,上大师生经过不懈努力,在工人中培养了不少领导工运的骨干,顾正红就是沪西工人夜校的学生。

上大师生在党组织的领导下,通过开办夜校、建立工会、发展党组织等这些活动,提高了工人的文化水平和斗争觉悟,使他们认清了革命的道理,并将工人中的积极分子培养成为工人运动的领导人才。这为以工人阶级为主体的五卅运动做了重要的准备。

(二) 上大师生发动演讲、散发传单、组织游行,成为五卅反帝爱国运动的先锋

顾正红事件发生后,日商纱厂工会、店员联合会、印刷工人联合会等工人团体联合学生总会、沪北商学会等35个团体响应中共中央的召开,成立了"日人残杀同胞雪耻会",发动群众投入斗争。

5月24日,上海共产党组织决定发动群众在潭子湾为顾正红开追悼大会。当天,上海大学大部分同学从西摩路(今陕西北路)校内出发,经北站前往参加。有少数同学带着旗帜、传单,拟经戈登路(今江宁路)、普陀路前往潭子湾。但这部分同学在普陀路遭到英国巡捕房的阻拦,当即有四名同学被捕。这是五卅运动中最早被关入巡捕房监狱的中国人。据《英国委员戈兰之报告》记载:"下午十二时五十分,上海大学学生组织游行;约四十人,在上海大学门首前往追悼会,游行者执旗,并散发有排日性质之小册子,均被拘押,其中四人并(因)散发小册子起诉处罚。"

5月30日,工人、学生按照5月28日中共中央和中共上海地委联席会议的精神上街演讲。指挥部设在望志路(今兴业路)永吉里34号国民

党江苏省党部,由恽代英、侯绍裘负责指挥。上大学生会组织了由400余人参加,共计38组之多的"学生讲演团",进入南京路新世界至抛球场一带,与工人宣传队一起,向市民、店员散发传单,揭露日商纱厂工人罢工和顾正红遭枪杀,学生援助工人而被捕的事实。下午3时45分,帝国主义武装巡捕竟向手无寸铁的群众开枪,制造了血腥的五卅惨案。上大社会学系学生何秉彝就倒在血泊中。

当天深夜,中共中央举行紧急会议,决定由瞿秋白、蔡和森、李立三、刘少奇和刘华等组成行动委员会,建立各阶级的反帝爱国统一战线,组织上海民众罢工、罢市、罢课。第二天,上大继续组织学生来到南京路,冒雨继续散发传单,奔走呼号,向各商店宣讲五卅惨案的经过,呼吁"请各本天良,一致援助"。上大学生会发表通电,宣布"本校亦于6月1日起实行罢课,誓达惩凶雪耻之目的"。这样,从6月1日开始,上大投入到轰轰烈烈的三罢斗争行列,"一时沪上各报都竞载该校消息,上大威名遂震惊全国。此一时期,学生个个生龙活虎似的,各种文化运动,各种革命集会,以及一切反军阀反帝斗争,无不以该校学生为台柱"。

上大学生的爱国热情引起了帝国主义的极大仇恨,他们在记录中写道:"鼓动此次引起扰乱之学生或学童皆来自过激主义之大学——即西摩路之上海大学。"6月4日,万国商团和英国巡捕闯入学校,强行搜查,赶走在校师生。随后,美国海军陆战队强行将上海大学校舍设为驻地。面对镇压,上大学生会毫不畏惧,郑重声明,坚决表示,"努力与抗,决不退让"。第二天,上大师生借老西门勤业女子师范学校建立临时办公处,负责处理善后事宜。

在艰苦的斗争环境里,上大师生不畏暴行,坚决站在工人阶级一边,与帝国主义继续进行不屈不挠的斗争。人们将上大与北大相提并论,认为"北有五四的北大,南有五卅的上大,而后者尤能使民族运动深刻化,直接掀动从事生产的大众的反帝狂澜,成为我民族运动史上最光荣的一页"。

(三)配合中共中央的决策,将五卅运动扩展到全国

1925年6月1日,为了加强对各阶层人民斗争的统一领导,中共中央

决定,由上海总工会联合全国学生联合会、各马路商界总联合会等,组成联合战线性质的上海工商学联合委员会,作为运动的公开指挥机关,决定把斗争扩展到全国。为了响应中共中央的号召,将帝国主义的暴行公之于众,上大学生发表通电,创办报纸刊物,揭露五卅运动的真相,号召全国各界人民行动起来,反对列强侵略。

1925年6月3日,《民国日报》刊发上大学生会通电:"全国各学校各团体暨各界人士鉴:万急! 5月30日上海各校学生在南京路一带讲演,意在引起国人注意,并无越轨行动,不料巡捕开枪轰击,惨毙多人,受伤及被捕者不计其数,本校同学何秉彝,亦被枪杀。前昨两日,工商人士及学生续遭惨毙者,为数益多,本校亦于6月1日起实行罢课,誓达惩凶雪耻之目的,还望各界一致响应,实所至盼。特此电闻。"当天,上大四川同学会又起草了《为何秉彝惨遭英人枪杀泣告全国同胞》,泣告向国人揭示了五卅事件的真相,痛斥帝国主义列强在中国土地上"飞扬跋扈",肆意"屠杀我爱国青年",呼吁国人"速协力同心,为自身生存而奋斗,为国家存亡而牺牲"。

除了发表通电外,上大还发行五卅特刊,向全国同胞及时传递五卅惨案真相和上海人民反帝斗争的动态。1925年6月15日,《上大五卅特刊》创刊,贺威圣、朱义权负责编辑。该刊为八开小报,每期四版。特刊发刊词总结了发行此特刊之"要议":(一)我们要以同学研究与活动之所为,说明五卅运动正确之意义,并纠正一部分国人之谬误观念。(二)我们要以五卅运动中同学之努力与贡献报告给社会。(三)我们要以同学此次参加五卅运动之史实留为母校永久的纪念并以勉励将来。

上大等上海学生的爱国行动激起了全国人民的同情和声援。6月3日,北京学生3万多人罢课示威游行,援助上海学生、工人的斗争,向北京政府提出收回全国英日租界、收回领事裁判权、撤换上海英日总领事等九项建议。除北京外,广州、南京、重庆、天津、青岛、汉口等几十个大中城市都举行成千上万人的集会、游行和罢工、罢课、罢市。据统计,五卅运动期间,各地约有1700万人直接参加运动,到处响起"打倒帝国主义"、"废除不平等条约"、"撤退外国驻华的海陆空军"、"为死难同胞报仇"的怒吼声。

三、上海大学在五卅运动中的作用原因解析

20世纪20年代的上海大学自创立到停办,前后只有不到5年的时间。然而,就是这样一所没有巍峨的校舍,没有完善的设施,也没有充足的经费,被戏称为"弄堂大学"的学校,却以超乎寻常的魅力,凝聚了一大批不为功名利禄的名师贤达,吸引了数以百计怀抱理想的热血青年,他们在这里,在中国革命史,特别是五卅运动史写下了光辉的篇章。这个"貌不惊人"的大学之所以能在中国革命运动中独树一帜,主要有以下原因:

(一)组织基础:中共上海大学党组织强有力的领导

上海大学是在国共统一战线旗帜下,以共产党人为骨干创立和发展起来的。中国共产党对办好上海大学十分重视。1923年4月,中共中央委员,具有丰富工作经验的邓中夏被推荐出任上海大学总务长。7月,中共又派出了对马克思主义理论有较深造诣、熟悉各国无产阶级革命历史的瞿秋白出任教务长,负责全校教务。在此前后,沈雁冰、蔡和森、安体诚、施存统等著名共产党人也来到上海大学任教。

1923年夏,中共上海地方兼区执行委员会改选,对全市党员实行重新编组,上海大学组为上海地方委员会五个组中的第一组,组长为林蒸,组员有严信民、许德良、瞿秋白、张太雷、黄让之、彭雪梅、施存统、王一知、贺昌、邓中夏。随着革命形势的发展,在实际斗争过程中,上海大学组又把一批政治素质好、工作能力强、革命立场坚定的青年学生吸收到党内。1924年底,上海大学党组织由原来的党小组发展为党支部,成员发展到20人,由中共闸北部委领导。在五卅运动期间,中共上海大学党支部在中共上级党组织的领导下,积极组织和发动学生上街讲演、散发传单,揭露帝国主义侵略中国、镇压中国人民的可恶行径,为五卅运动的发展和推进提供了重要的组织保障。

(二)思想基础:马克思主义在上大的广泛传播

上大是一所统一战线性质的学校,教师中既有共产党员,也有国民党

员,还有无党派人士,根据当时的政治态度,可将他们划分为左、中、右三派。左派以共产党人瞿秋白、邓中夏以及国民党左派邵力子、无党派人士陈望道为代表,他们努力将上大发展成为宣传革命理论、培养革命人才的阵地。中间派以无党派人士居多,他们一般对政治斗争不感兴趣。右派以叶楚伧、何世桢、陈德徵等国民党右派为代表,他们反对共产党人,反对马克思列宁主义。随着革命斗争形势的发展,在共产党人的努力下,左派势力占据绝对优势,引领着上海大学发展的方向。

上海大学的共产党人,充分利用学校这个良好的平台,向学生介绍和传播马克思主义。1923年,在李大钊的建议下,上海大学开设社会学系,瞿秋白任系主任。瞿秋白等改变同时期其他各校社会学系以孔德的社会学理论为主要教学内容,而以马克思主义的科学理论武装学生。社会学系开设的马克思主义理论课程有辩证唯物主义和历史唯物主义、私有财产及国家起源、通俗资本主义、科学社会主义等。许多讲课稿经过修改编成了讲义,如瞿秋白的《社会哲学概论》、施存统的《社会运动史》、安体诚的《现代经济学》、蔡和森的《社会进化史》、李大钊的《社会主义释疑》、邓中夏的《中国劳工问题》、恽代英的《中国政治经济状况》、萧楚女的《中国农民问题》、董亦湘的《唯物史观》、施存统的《劳动问题讲演大纲》等等。这些著作和讲义,对马克思主义的社会学理论在中国的传播发挥了重要的作用,推动了马克思主义与中国实际相结合的研究和探索。此外,上海大学还向师生提供介绍马克思主义的报纸刊物,供他们学习研究。上海公共租界工部局《警务处日报》就曾记载:"过激分子的总部机关设在西摩路132号上海大学内,彼等在该校出版排外之报纸——《向导》,贮藏社会主义书籍以供出售,如《中国青年》《前锋》。该大学之大部分教授均系公开共产党人,彼等正逐渐引导学生走向该政治信仰。"上海大学对马克思主义的传播也引起了日本帝国主义的恐慌,日本报刊曾带有煽动性地指出:"一般人看不起中国上海大学,那是十分错误的。这所简陋的大学,将是东方共产主义的宣传所,共产党诞生的摇篮。在这所大学里,将会涌出洪水,跳出猛兽。"日本报刊的预言的确没有错,在五卅运动期间,上大所迸发出来的反帝怒潮在中国共产党的引流下很快席卷全国,唤起了广大人民的反帝反封建的热情。

(三)人才基础:各地有志青年汇集上海大学

上海大学的前身私立东南高等专科师范学校创办之初打出试验"男女同校",提倡"新文化"的旗号,这吸引了许多历经五四运动洗礼的有志青年慕名而来。但当面对这样一所"经营式"的"学店",满怀期望的学生无不深恶痛绝,他们借着五四运动的余波,自觉行动起来,要求改变现状。最终,他们以"十人团"为领导核心,经过周密计划,并在国共双方的大力支持下,上海大学以一种崭新的面貌加入教育队伍的行列。

1923年,在瞿秋白、邓中夏等共产党人的努力下,上海大学实行改组,一批优秀的共产党人和社会名流纷纷加入上大的教师队伍,使得上大焕发了勃勃生机。在以"养成建国人才"为共同志向的召唤下,各地有志青年纷纷慕名而来,上大学生一下子从百余人增加到三百人。有的来自四川、湖南、安徽、云南、贵州、广西、陕西等省,有的是从菲律宾、新加坡、印度尼西亚、日本等地归国的华人,还有的脱离名牌大学转入上海大学。很快,上海大学从一所不知名的"弄堂大学"发展成为新型的"革命学府",担负起时代所赋予的使命和革命责任。在反帝反封建的革命道路上,上海大学的学生身先士卒,以生命的代价践行自己建国的责任。黄仁、何秉彝、刘华等就是他们杰出的代表。正是有这样一批有理想、有抱负、勇于奉献的优秀青年汇集上大,使得上大在五卅反帝爱国运动中成为一面旗帜,鼓舞和激励着各界人民为反对列强暴行,维护国家主权而奋斗。

中国共产党领导上海大学经验探析[1]

张玉菡

上海大学前身为私立东南高等专科师范学校,1922年10月改组为上海大学,迎请国民党人于右任为校长。它是在国共统一战线旗帜下,由中国共产党直接领导的培养革命人才的高等学校。上海大学为中国革命成功培养了一大批干部,在此后的中国革命征程中,发挥了重要作用。可以说,上海大学是当之无愧的中国红色干部的摇篮。上海大学从1922年10月诞生到1927年"四一二后"被封闭,短短四年多时间就取得这种成就,对于年轻的中国共产党,是非常难能可贵的。中国共产党是采用什么样的指导思想、工作方法和途径,来把握住上海大学的领导权的?今天来回顾和总结其中的经验,是很有意义的。

一、从学校领导层面来看,邓中夏、瞿秋白等共产党员成为学校管理层中的核心力量,在学校的办学宗旨、教师队伍、学校体制、课程设置等方面尽心尽力,基本掌控了学校的根本发展方向。

上海大学尽管由国民党出面主持、于右任出任校长,但学校"校务实际是由共产党人主持"。于右任一开始本想把上海大学发展成为国民党在教育方面的一块阵地。但是,学校开办之初,困难重重,既缺经费、师资,于右任本人也缺乏办学经验。此时正值国共双方正在商讨合作之时,于右任首先邀请时在上海的李大钊商量上海大学校务。李大钊由于负责北方党务走不开,"经过上海党讨论决定,把上海大学作为党的干部

---

[1] 原载《上海革命史资料研究(第14辑)》,中共"一大"会址纪念馆、上海革命历史博物馆筹备处编,上海古籍出版社2014年版。

学校",李大钊就介绍了邓中夏(安石)来办上海大学。邓中夏北京大学哲学系毕业,1920年3月起就在长辛店开展工人运动,北京早期党组织成员,在中共二大后成为中共中央委员,具有丰富的工作经验和很强的办事能力。1923年4月下旬,邓中夏出任上海大学总务长。由于于右任忙于国民党事务,并不经常到校任事,实际由邓中夏负责主持学校行政工作。7月,中共又派瞿秋白出任学校教务长,负责全校的教务,同时兼任新开设的社会学系主任。瞿秋白是中共早期著名的政治活动家、理论家,1920年初到俄国考察,1923年初才回国,熟悉世界无产阶级革命运动史,还具有很高的文学修养。邓中夏、瞿秋白二人到校后,首先围绕学校的办学宗旨、教师队伍、学校体制等方面大胆改革、积极探索,进行了规划和布置。

邓中夏到校后,就忙于起草《上海大学概况》,拟订学校的暂行学制。后来又参考中外学校有关文件,拟订《上海大学章程》,确定以"养成建国人才,促进文化事业"作为学校的宗旨,对学校的组织、行政、学制等方面也作了详细规定。瞿秋白刚到上海十天,就在给胡适的信中表示"希望上大能成南方的新文化运动中心",并于1923年8月发表了《现代中国所当有的"上海大学"》,对上大的发展目标、院系设置和课程设置等作了详尽的规划。关于教师队伍,邓、瞿二人除了自己任课外,又聘请了一支具有真才实学、各有所长的教师队伍。这些教师既有中共党员,也有国民党员,还有无党派人士。中国文学系主任由陈望道担任,英国文学系主任何世桢,美术科主任洪野,中学部主任侯绍裘。按政治态度来分,教师可分为左、中、右三派。共产党人邓中夏、瞿秋白以及国民党左派邵力子、无党派人士陈望道[①]为左派代表,注重宣传马克思主义革命理论;国民党右派叶楚伧、何世桢、陈德徵为右派代表,注重宣传三民主义,反对马克思主义;无党派人士为中间派,不问政治。陈望道回忆说:"在中文系,左的右的(有西山会议派)各一半,沈雁冰、郑振铎教过书。外文系

---

① 原文注:陈望道是1920年加入中共的早期党员,1922年由于"同陈独秀意见不合,做法有距离"自动退党,但还是"一切严守机密",忠诚于党的事业,并遵照陈独秀的意愿,到上海大学任职任教。见宁树藩:《陈望道与中国共产党的创建——〈关于上海马克思主义研究会活动的回忆〉一稿的回顾》,《安徽大学学报》2011年第6期。

完全洋腔。社会系教马克思主义，系主任初为瞿秋白，后为施存统，教员大都是中共在上海的领导成员和理论家。色彩淡的公开当教员，色彩浓的以讲演方式出现。"学校改组之初，教师们不论政治态度如何，在研究学问、传授知识方面都兢兢业业、各展家学，都为养成建国人才而不惜精力。正如邓中夏所指出的那样："上大学系虽杂，而各欲以所学从各方面企图建国目的的完成则一。只此一片耿耿孤忠，是我们大多数教职员和学生所不能一日忘的。所以努力从事的这便是和别的大学不同的地方，也便是上大的使命。"随着国民革命运动的深入发展，师生中左、右派之间的矛盾和斗争逐步发展和凸现出来。1924年，随着国民党右派陈德徵被学生们驱逐出校，学校的右派教师也自觉立足不住，相继离校。学校局面为左派师生所掌控，尤其在北伐前后，"非马克思主义学生大都相率去校，国民党教员更无插足余地，因此该校获有清一色的'共产党大学'之称"。

二、从组织上来看，在师生中建立上大支部，并以此为中坚力量拓展开去，在进步学生中发展党团员，扩大组织基础。

中共从一开始就很重视上海大学这块阵地，学校改组之初，陈独秀、李大钊都参加了学校工作的筹划和安排。不仅派遣邓中夏、瞿秋白、蔡和森、恽代英、任弼时、萧楚女、张太雷、杨贤江、侯绍裘、沈雁冰等中国共产党内一批有名的政治家、理论家、教育家或文学家来任教，而且自邓中夏、瞿秋白进校后，还秘密建起了中国共产党的基层组织，并以此作为开展活动的核心，领导党团员进行马克思主义学习和开展革命实践活动，并在活动中逐步吸收进步学生入党，壮大力量，确保了党在组织上对师生的领导。

1923年7月，中共上海地方委员会兼区执行委员会改选后，将上海的党员重新编组。全市43个中共党员按居住相近的原则，编为四个小组。其中，上海大学组编为第一组，有党员11人，占全市党员的四分之一。林蒸为组长，成员有：邓中夏、瞿秋白、张太雷、施存统、王一知、许德良、黄让之、彭习梅、贺昌、严信民。上大党小组成立后，在各项革命斗争中，党团员冲在前面，发挥了领导作用，同时积极发展党团组织，把进步学生吸收到团的支部中，培养考察一段时间后，又把一些政治素质好、工作能力强、立场坚定的好苗子吸收到党内。到1924年11月，上海大学组已经扩大到23人。第一支部上海大学的团员也达到90多人，占上海青年团员195人的46%。1925年1月中共四大后，上海大学组根据党章规定建立上大支部，成为全市学校系统中唯一的一个党支部。1926年，中共上海地方委员会改组为中共上海区委，上大支部扩组为独立支部，直属上海区委，由区委书记罗亦农直接领导。此时，中共上大独立支部已发展到党员60人。这一年，支部发展非常迅速，大批经过五卅运动考验的同学和各地参加革命活动的积极分子纷纷转到上海大学加入党组织，到12月，党员已发展到130人，共编为12个小组。上大支部的党团员有着很强的组织能力和活动能力，都是当时开展群众运动的骨干，他们分散到全国学生总会、上海市学联、妇女团体和工人组织中担负领导工作，不轻易暴露党员身份，尽量利用公开合法的阵地开展反帝爱国斗争和革命宣传，在川流不息的革命洪流中发挥了骨干作用。随着革命形势的发展，上大又把一些党员调离到其他急需的阵地上，为革命事业输送了大量血液。

三、从课程内容上看，用马克思主义理论作为方法论和指导思想，吸引了大量关心国家民族命运的学生，指引着他们走上革命之路。

1923年以后，上大大学部共聘请教员80多人。其中在校任教的共产党员，占到教员人数的近一半。他们是中国最早接受马克思主义的一批知识分子，具有较高的马克思主义理论水平。尽管从总体上来看，上海大学的课程内容兼容并包，既有马克思主义理论课，又有戴季陶、叶楚伧等国民党要人宣传国民党政纲和三民主义的讲座，还有马君武、章太炎、胡适等当时著名的学者所作的学术性质的精彩演讲。但共产党员加上无党派人士的课程和讲座加起来，远远大于国民党右派的课程比重。再加上经过五四新文化运动的洗礼，马克思主义思潮的影响力逐步扩大，国共合作推动大革命的浪潮逐步向前发展，很多青年学生产生了革命要求，对马克思主义产生了浓厚兴趣，共产党教员的课程和讲座注重马列主义基本理论的教育，大多又理论联系实际，紧扣国家民族的命运或是国内外时事，因而对学生们产生了强大的吸引力。

上大全校以社会学系为主，学生最多。以马克思主义理论作为指导

思想的课程也主要体现在社会学系中。"旧中国的大学中成立社会学系，本系上大首创，而一切规模皆由瞿氏手订"。瞿秋白为系主任，"当时中央主要负责人都在上海大学上课"。瞿秋白为社会学系拟定的课程思路是："我们现在当然已可不偏于那叙述的社会学，亦并不遗忘它（社会进化史及社会学史）；然而必以一有系统的为基础，方能为真正的各方面之比较研究。研究之后期，并当以此社会学的方法整理中国史料（所谓'乙部'国故——直至于志书等），以期切于实际。"瞿秋白讲授社会哲学（即辩证唯物主义）及现代社会学（即历史唯物主义），为社会学系主要课程。同时，所著《社会科学概论》小册子，成为当时最通俗的马克思主义教科书，上大同学几乎人手一篇。蔡和森讲授"社会进化史"，以恩格斯著《家庭、私有制和国家的起源》作为编撰讲义的蓝本。安体诚讲授现代经济学，以日本人称为"日本陈独秀"的河上肇博士的《经济学讲义》作为编撰讲义的蓝本。张太雷讲授国内外时事文体，嘱咐学生以唯物史观为方法观察、分析国内外形势。恽代英讲授心理学，以当时比较流行的行为主义心理学者郭任远所著《人类的行为》作课本，但讲课时时常针对醒狮派曾琦、李璜的言论从理论上批驳。萧楚女讲授"什么是帝国主义"，取材于列宁著作《帝国主义论》，讲述扼要详尽。高语罕讲授"西方革命史"，讲授时往往旁征博引，无所不谈。李季五卅运动后由德国回来，讲授社会主义史。瞿秋白、安体诚离开上大后，施存统接任社会学系主任，并讲授经济科学及社会意识学。彭述之、郑超麟亦曾作短期授课，采摘《新青年》等杂志论文，宣讲唯物论及唯物史观。即使是原为"不问政治"的学者，在学生要求下，讲授内容也结合社会学课程。如在社会学系讲授英文的朱湘，其授课选材都系世界马克思主义学者名著。而戴季陶曾在校讲演《孙文主义之哲学基础》，为孙中山的三民主义披上封建外衣，次日墙报栏则贴满瞿秋白、恽代英等撰写的驳斥论文，后汇订为《反戴季陶的国民革命观》，更是一次生动的马克思主义之宣传。至于其他科系的哲学课程，也多由社会学系教授兼任。

除了课程上的安排外，上大还在校内设立了书报流通处，它实际上是中国共产党早期出版发行机构——上海书店的沪北分销处。通过它，大量马列主义著作和革命书籍流通到了上大师生手中。如《中国共产党五年来之政治主张》《共产党宣言》等,这些著作和书籍,从不同角度宣传社会主义,为学生们提供了认识社会、改造社会的理论武器。

四、从培养方式上看,邓中夏、瞿秋白等共产党人注重理论联系实际,指导并带领学生从事校内外各项革命活动,引领学生们在革命斗争中快速成长。

邓中夏、瞿秋白等共产党人不仅在课堂讲授中注重联系社会现象来剖析社会问题,加强理论说服力,而且还指引学生们在校内组织了各种类型的社团组织,如参与管理学校、注重自治的上大学生会,探讨社会问题的各种研究会,专业性质较强的学术团体,以及地方性质的同乡会等等。在这些社团组织中,他们自己管理自己、共同探讨问题,各抒己见,创办刊物,开辟墙报,撰写文章发表观点,把所学理论知识与改造社会结合起来。正如上大学生凌山在《我们的纪念》中所说:"我们上大的精神,与普通的学校不同。他不是一个学院式的清高学府,而是一个革命的战士养成所。……我们应该负起改造的责任,养成革命行动的骨干,领导中国的民族解放运动,促进世界革命的成功。"

他们还重视社会的和革命斗争的现实需要,走出校门,走向社会,开展各种群众性、政治性活动。1924年春,上大针对附近工厂的工友、商店的职员和街道妇女以及青少年组织了平民学校。上大师生有41人参加了该校的工作。在创办平民学校的同时,上大进步师生受中共上大组织的委派,还分别在小沙渡、杨树浦、浦东、吴淞等工人集中的地方办起工人补习学校、工人夜校等,在工人中间培养了不少领导工运的骨干。为了反对帝国主义利用基督教侵略中国文化,中共领导中国青年学生开展了非基督教运动。1924年到1925年间,上大青年团发动本校师生联合各校进步学生,发起组织了全市性的非基督教同盟,成为上海非基督教运动中的一支重要力量。在国民革命运动中,上大师生坚决站在广东革命政府一边,积极参加国民会议运动,组织学生欢迎孙中山北上。上大女学生也积极参与到上海女界国民会议促成会中,把国民会议运动和妇女解放运动结合起来,为争取妇女的政治权利而斗争。五卅运动中,上大师生更是发挥了巨大作用。他们组织"学生讲演团",发传单,写标语,走上南京路进行反帝示威大游行,投入到轰轰烈烈的反帝爱国运动中。在帝国主义

的枪声中,上大学生何秉彝中弹倒地,用鲜血书写了壮丽人生。上海工人第三次武装起义时,上大又组织了学生军,配合工人纠察队作战。经过这些革命斗争的严峻考验,上大年轻的党团员们快速成长为党的有生力量。而在他们的带动下,校内大量的进步学生快速完成了思想转变,加入党团组织中,壮大了革命队伍。

总之,在党的领导下,初期的上海大学无论是在领导核心、办学宗旨、师资力量、学校体制、课程设置,还是在学生队伍和开展的课内课外活动等方面,相对于初期的外国语学社、平民女学,已经有了一定程度的提高,反映出经过一段时间的摸索后,党对如何办好干部学校、如何培养干部、培养什么样的干部已经有了一定程度的认识。党在领导上海大学中的探索为中国共产党在后来的发展中如何培养革命干部提供了可贵的经验。

中国共产党在上海大学(1922—1927)的思想宣传及其启示[①]

杨卫民

1922年至1927年的上海大学,是中国共产党参与领导的第一所培养高等干部的大学。它既是国共教育合作的重要文化舞台,也为中国共产党进行思想宣传提供了良好园地。在共产党的领导下,学校的革命和民主气氛异常浓厚,为当时上海一般学校少见。中国共产党在上海大学的思想宣传成效显著。

一、中国共产党思想宣传力量在上海大学的聚集

于右任时任上海大学校长,是国民党中偏左人物,他虽在上海居住,但经常不在学校,具体负责人是具有深刻共产党背景的邵力子和陈望道。社会学系主任是瞿秋白(施存统、李季曾相继代瞿秋白该职位),中国文学系主任为陈望道,英国文学系主任是何世桢。瞿秋白和陈望道还先后兼任学校的教务长。由于与国共两党的密切联系,加上与北洋军阀政府的对立,学校的革命色彩比较浓厚。校务会议中共党人和国民党左派占多数。因此,其办学方向、教导方针、政治活动带有明显的共产党人特色。上海大学的红色革命力量在上海占有较大的比重。1924年1月,上海大学有中共党员18人,几乎占上海市党员总数的三分之一。1926年12月中共党员人数增加至130人,是全市党员最多的支部。成立于1926年

[①] 原载《中共山西省机关党校学报》2015年第4期,发表时题为《(1922—1927)年中国共产党在上海大学的思想宣传及其启示》。

3月的中共上海大学独立支部,直属中共上海区委领导,在上海大学任教的沈雁冰等人正是区委领导。其他还有与共产党关系密切的文化名人丰子恺、郑振铎、周建人、田汉和赵景深等,他们成为革命和进步思想建设的重要关节点。这些都为马克思主义革命思想宣传打下了坚实的基础。

上海大学聚集着中国共产党思想宣传战线上的中坚力量。《新青年》《向导》《前锋》等进步刊物,在上海大学流传甚广,不少同学从中吸取了政治营养,而他们的老师陈独秀、蔡和森、瞿秋白等正是刊物的负责人或编辑者。在社会学系,教师绝大多数是共产党人,瞿秋白、蔡和森、恽代英、邓中夏、张太雷、施存统、萧楚女、彭述之、任弼时、郑超麟、李达、任卓宣、安体诚、蒋光慈、沈泽民等都是中国共产党人,他们基本上都受过良好的国学教育,而且不少人在日本、法国、俄国等不同地方,接受、学习乃至钻研过马克思主义、社会主义思想。因此,思想宣传主体实力雄厚、人才济济,很大程度上指导着中国共产党在该校的思想宣传活动。

学校各个系都设有现代政治选修课。社会学系成为马克思主义思想宣传的重要阵地。因此,以马克思主义科学理论武装学生头脑成为上海大学的特色。它是适应中国革命形势发展的需要的产物,也是上海向现代性发展的一个反映。在教材方面,有马列著作,孙中山作品,中国国民党第一次全国代表大会宣言,瞿秋白《现代社会学》《社会哲学概论》《社会科学概论》《现代民族问题》,瞿秋白、施存统、安体诚编著的《社会科学讲义》,蔡和森《社会进化史》,恽代英《中国政治经济状况》,萧楚女《中国农民问题》,邓中夏《中国劳工问题》等。上述讲义除在学校油印分发给学生外,还由上海书店出版活页本,供校外爱好社会科学的青年选购。上海大学亦出版有《上海大学周刊》《上大五卅特刊》《上海大学三周年纪念特刊》等,进行马克思主义等革命思想的宣传。中国共产党在上海大学的聚集,大大充实了思想宣传的主体,同时丰富了思想宣传的主题,更明确了思想宣传的方向。

二、丰富的思想宣传渠道

中国共产党非常重视思想宣传的渠道。无论在学校教育教学中,还是学生课外阅读中,作为教育者的中国共产党人都非常重视思想宣传。

中国共产党也很重视思想宣传的方法和路径,而且主要借助了文化的力量。上海大学与上海书店关系密切。中共创建并领导的上海书店成立于1923年秋天,主要任务是印行《新青年》季刊、《前锋》月刊、《向导》周报等重要刊物。上海大学与当时《民国日报》的亲密关系不能不提及。以1923年5月至8月为例,上海大学几乎连续地在《民国日报》头版做广告,说明国共合作大背景在上海大学中的重要作用。还有,上海大学在中国共产党公开的社会联系方面,《民国日报》也在版面上给予支持。上海大学还是中共中央机关刊物《向导》周报的通讯处,同时北京大学也是《向导》周报的另一通讯处,这样上海大学和北京大学也紧密联系起来。借助革命的力量,加上《向导》周报的传播声势,当时就流传的"南有上海大学、北有北大"的说法也不足为奇了。

此外,中国共产党在对社会生活关注的基础上还重视社科会学理论研究和文学艺术创作。1923年夏天,刚到上海大学不久的瞿秋白在对学校提出的要求中,也正好反映了他对社会生活认识的两种路径或两个重要方面:"切实社会科学的研究及形成新文艺的系统!——这两件事便是当有的'上海大学'之职任,就是'上海大学'所以当有的理由。"即社会科学和新文艺。上海大学学生在此方面的组织很突出,宣传文化的有"书报流通社",研究学术的有"社会科学研究会"、"三民主义研究会"、"湖波文艺研究会"、"春风文学会"、"孤星社"等,增进平民知识的有"平民夜校",还有演讲练习组织。可以说,在如何进行思想宣传上,中国共产党结合自己的教学和革命传播实践作了诸多有益的探索。

三、思想启蒙和人才成长的摇篮

上海大学的思想宣传影响较为广泛和深入。据上海大学学生张士韵回忆:"上海大学的教授们将素日研究的成果,从历史上推演下来的结论,从实际社会现象与社会活动中抽出来的理论,编辑成书,印发全国……"上海租界当局《警务日报》,曾重点在出版上描述了上海大学的思想宣传情况,从中可以看出中共红色革命宣传者的集群力量,以及中国

共产党走进校园的力度。上海租界当局对此现状表示担忧,更重要的是因为中国共产党持续的反帝宣传令租界当局感到恐惧,曾重点描述了上海大学的思想宣传情况:"最近几个月来,中国布尔什维克之活动有显著之复活,颇堪注意。……至目前为止,尚无足够可以进行法律控诉之煽动性文件,但最近一期之内容中似有超过范围之处,现在翻译中。"从中可以看出,中共红色革命宣传者的集群力量,以及中国共产党走进校园的力度,更重要的是因为中国共产党持续的反帝宣传令租界当局感到恐惧,并采取了野蛮行动。1924年12月9日,公共租界当局借口上海大学出售《向导》周报等刊物,闯进学校,肆无忌惮地对学校中学和大学图书室、讲义室以及书报流通处的进步书刊、讲义进行搜查和抢劫,涉及《社会科学概论》《社会进化史》《新建设》《孙中山先生十讲》《民族主义》《上海大学周刊》等百余种。事后,会审公廨又拿传票来传代理校长邵力子。《向导》周报在第97期"读者之声"继续对租界当局这一暴行进行揭露。社会学系学生何秉彝在《向导》周报所发的文章中,不仅严厉谴责了帝国主义的野蛮行径,还坚定地认为:《向导》是我们中国唯一有价值的报纸,它唤醒了中国人民的觉醒。帝国主义的野蛮搜查,"不但未将我们的尖兵——《向导》——丝毫未得加以妨害,反转提醒许多人,作为你的劲敌了"。

1924年夏,上海大学的进步师生在沪西、沪东、浦东等工人区开办夜校,进行革命教育活动。在上海工商学各界举行市民大会或游行示威,反抗帝国主义和封建军阀时,上海大学总是走在前列。1925年五卅惨案引发的革命运动期间,上海学生联合会等团体在宣传鼓动领域非常努力,其中上海大学颇为突出,《字林西报》还特别指出该校受共产党影响。可以说,在推动工人运动和学生运动及两者的结合方面,上海大学的师生工作甚丰,而其中的中国共产党人以教师身份进行活动,又使自己的思想宣传工作更上层楼。良好的革命氛围,使上海大学成了培养革命和进步人才的宝贵园地。学生秦邦宪、陈绍禹、王稼祥、杨之华、丁玲和阳翰笙等很快成为中国共产党思想宣传战线上的佼佼者。后来成为马克思主义宣传家的张仲实在陕西三原上学时,遇到在上海大学读书的老乡李子建回家,发展共青团员,他就加入了组织,并在1926年夏天也考进了上海大学。在上海大学中文系学习过的文学家、出版人施蛰存回忆道："上海大学是一所新创办的貌不惊人的'弄堂大学',但它的精神却是全国最新的大学。在中国新文学史和中国革命史上它都起过重要作用。"而其中共产党宣传工作者的努力功不可没。

上海大学也吸引了当时社会上的进步青年。1924年3月29日,"南社"成员柳亚子的儿子柳无忌曾给父亲去信,商量自己高中毕业上大学的问题。柳无忌选择了上海大学作为自己的奋斗目标。他认为在上海大学学俄文很有趣,不是教会学校,不读圣经、做礼拜和早祷等令他讨厌的事情。进一步说明了上海大学对社会青年的影响之大。

综合上文分析,可以发现以下启示:一是中国共产党宣传工作者在上海大学的聚集,不仅自觉加强了在大学中的宣传力量,还充分利用中国共产党的高度组织性和诸多宣传机构,不断传递着健康向上、追求进步的文化精神。二是中国共产党在上海大学的思想宣传手段丰富多样,还富有层次,推进了课堂宣传、课外宣传以及思想宣传与社会生活实践的结合。由是,中国共产党使青年学子在革命的热情中接受了马克思主义和社会主义。新生的青年革命力量又进一步传播了马克思主义的革命种子,在思想启蒙、社会运动和政治斗争中引起了革命的链式反应。三是中国共产党在上海大学的思想宣传其实已形成了一个较为完善的革命传播系统。如果用现代传播学中的"5W"模式(即谁、说了什么、通过什么渠道、对谁说、取得了什么效果五要素)来分析,上海大学被视为一完整的思想宣传系统都不为过。中国共产党在上海大学的思想宣传,贯穿于学校创办的始末,其目标明确,主体和主题皆鲜明,在宣传者青年学子的密切联系和交流中,成就斐然。

论陈独秀在上海大学创建中的作用[①]

刘长林　刘　强

在共产党的力量介入上海大学之前,陈独秀作为五四新文化运动的领军人物,早已受到上海大学的前身东南高等专科师范学校学生的追捧。一方面,对陈独秀等文化名人的景仰和崇拜,是青年学子选择进入东南高师的重要原因;另一方面,陈独秀和五四新文化运动为改组派师生提供了精神资源。上海大学成立后,陈独秀以其政治领袖和文化名人的双重身份,继续影响着上海大学的建设和发展。然而,陈独秀主要通过哪些途径与上海大学发生关联呢?这些因素之间又有怎样的关系呢?学界已有的研究比较笼统。然而这些问题与我们如何看待中共与上海大学的关系,如何看待党团员作为整体和个体与上海大学的关系,是相互勾连的,也是回答以下两个问题所应积极解决的:上海大学在中共教育史上的性质,陈独秀的政治领袖和文化名人这双重身份如何影响青年学子。本文就目及史料,试为一探。

一、陈独秀在上海大学改组过程中的作用

东南高等专科师范学校假借陈独秀的名义吸引学生,不料却播下了改造自身的种子。研究表明,虽然北洋时期学潮频发,传统师生关系出现严重危机,"学生目空一切,却又表现出明显的崇拜领袖、追随精英的倾向"。陈独秀担任北大文科学长后,借助其教育权威和文化资源重版《新

[①] 原载《安徽史学》2015年第5期。

青年》，很快提升了自己在新文化运动中的地位，受到青年学子的追捧。东南高师便"把提倡新文化作为幌子来办这个学校"，鼓吹学校聘任了陈独秀等名人学者。学校对外宣称已"续聘"陈独秀担任教员，说陈是"新文学家"、"一时知名之士"。这一消息登载《申报》，全国各地不少"思想比较进步的青年"纷纷"慕名而来"。然而开学之后，学校的谎言不攻自破。奔着陈独秀和新文化"招牌"而来的学生，"将'五四'运动的经验用上"，做出了周密的谋划，首推陈独秀为校长，并得到了大多数学生的支持，数日内即促成了学校的改组。显然，陈独秀在五四新文化运动中倡导的新文化新思想，为学生在学潮中，将东南高师改组为上海大学提供了精神资源。

同时应指出，除了作为新文化人的名人效应，在东南高师学潮及改组为上海大学期间，以陈独秀作为领导人的新成立的中共及社会主义青年团组织，也可能发挥了一些作用。茅盾回忆，东南高师学潮发生后，"学生中有与党有联系的，就来找党，要党来接办这学校"，又说"中央考虑"之后提出请国民党出面办学的意见。当时的"中央"主要是陈独秀、张国焘、李达三人。但由于这一说法与亲历者嵇直、王秋心、程永言的回忆有不太吻合之处。且有材料显示，如果东南高师学生知晓陈独秀的政治身份，有可能不会提议他做校长。所以，当时的中共党、团组织如何发挥影响及作用要做些具体分析。

嵇直自述曾在东南高师就读，1922年1月入学，次月即因看不惯学校的虚假作风，发动学生组织了学生会，并被选为会长，随即采取措施推动学校的改造。他说，东南高师"是个'野鸡'大学，是一些无聊文人，冒充教育工作者，欺骗想上大学而又未能考取大学的青年人，为收学费搞投机买卖而办的。我到该校一个月，看看这个学校实在不像话，就发动一批同学，反对学校的领导，要学校改组。我们召开了全体同学大会，成立起学生会。在这个大会上大家一致选举我当了学生会会长"。由于在行动中的突出地位，使得嵇直有机会结识更多具有革命思想的人，并在当年3月即由张秋人介绍加入了社会主义青年团。嵇直回忆说，"入团后，我的主要任务，一是改造学校，一是积极参加社会工作。改造学校，首先是撵走那一批开学店的人。这一批人走了，学校怎么办下去呢？邓中

夏同志来了。邓中夏是北大学生,少年中国学会的发起人之一,参加了'二七'大罢工。他来了以后,做了不少工作。为了把这个学校办下去,最初请的是于右任来任校长,校名也改为上海大学"。这段回忆显示,原来东南高师学生自主改造学校的活动,在秸直入团后受到了青年团的影响。

1937年10月,秸直在联共(布)清党运动中写于莫斯科的一份回忆材料显示,所谓"改造学校"的活动发生于1922年5月,这次行动因学校放假没有成功。而且,在10月份以程永言等"十人团"为主的罢课行动发生前,秸直已经离开学校。他自述道:"1922年5月我联合学校里的同学王环心组织了一次学生罢课,目的是改组学校。但是,由于学校提前放假,这次罢课没有得到圆满的结果。不久,根据中国社会主义青年团的指派,我转到南方大学。校长江亢虎是一位社会民主党人。我在这所大学从1922年9月待到1924年5月。"秸直在东南高师的好友王秋心也有相关回忆。不过,王秋心的回忆没有指出事情发生的时间,显得十分"混沌",且有将5月事件与10月事件相混淆的嫌疑。

1922年5月是否发生过罢课?除了秸直的回忆,别无佐证材料。如果秸直在时间上搞错了,那么他所说的5月份的事件是不是与其后10月份的事件本为一事呢?

首先,从史料产生的时间上看,秸直写于1937年的材料,在每一事件发生的时间上都标注得非常明确。而建国后,秸直写于莫斯科的俄文材料并未带回,他再回忆便只笼统地说"1922年秋",表现出记忆模糊的倾向。研究者可能因未见秸直写于莫斯科的材料,通常根据秸直晚年的回忆,将他到小沙渡开展工作的时间写作"1922年秋"。王秋心晚年的回忆,对相关事件发生时间均不能明确表达,有将各种记忆混杂在一起的嫌疑。但这些也表明,秸直等人确实开展过一次活动。既然王秋心和秸直是好友,为什么可能将5月事件与10月事件混淆起来呢?第一,王秋心并不完全了解秸直的行踪。秸直离开学校时距10月事件发生不足一个月,且秸直因团员身份,活动需注意保密,可能没有将自己的行踪告知王秋心。第二,由于暑假的原因,对于不完全知晓真相的王秋心而言,在观感上很可能觉得10月事件就是5月事件的继续。

其次，现存史料明确可知的是，《民国日报》和《申报》都对10月份事件做了一些报道，这些报道与程永言的回忆比较贴近，而从程永言与嵇直、王秋心等人的回忆可明显看出他们不是熟人，即不是一个"圈子"里的人。程永言的回忆里有明显的圈子"十人团"（周学文、汪钺、陈荫楠、孔庆仁、陈子英、王德庆、余益文、黄吉羽、郝某、程嘉咏即程永言），相对地，嵇直、王秋心的回忆中则展现出另一个共同奋斗和抗争的圈子。

可见，分析亲历者的行动，有团员身份的嵇直，在5月份参加了改造学校的学潮活动，这应该是受到了青年团组织的影响。但由于放暑假，放假后他离开了。10月份程永言等人继续开展的学潮，没有直接的证据显示有青年团组织的影响。这些学生主要是受新文化、新思想的影响才要求改造学校。在这些学生眼中，陈独秀的新文化人的身份是吸引他们的主要原因。程永言在回忆中说，十人团"决定改组学校，拟推翻前校长，迎接一个有革命声望的人进来，办一所革命的大学，使外地青年来沪求学有所问津"，并"内推陈独秀、章太炎、于右任三先生，拟在其中延请一位。但大家对他们都不相识，仅慕其名，崇拜其人而已"。

与嵇直和王秋心类似，程永言讲述的也是关于学生自己结群斗争的故事。他们厌恶老学究，追求新思想，崇拜宣传新思想的文化教育界名人。学生们不认识陈独秀，但乐意把陈独秀找来做校长，崇拜他，表明陈独秀在这群青年学生心目中具有相当的地位。

周启新认为，东南高师"在改组升格之际，原拟推举陈独秀为校长，因陈氏政治色彩过于浓厚，未成事实"。这恐非无中生有。上海大学成立后，程永言等改组派学生加入国民党。1924年，在国共合作与斗争并发的政治氛围下，程永言等16人又向国民党中央提出检举案，表达其"反共心声"，"请取缔共产党"。可见，若当初程永言等人知道陈独秀的政治身份，可能不会将其列入考虑邀请的名单，表明即便改组派真的有意建立一所"革命学府"，也不可能是"红色学府"。尤为值得注意的是，此事在程永言的回忆中并没有写出，并且实际上从他回忆于右任、邵力子邀约张继、李大钊共商校务一事起，程永言便转向讲述上海大学如何在中共的领导下进行斗争，如何受到马列主义的影响。可见，程永言的回忆也有特殊时代的意识形态的烙印。但是反过来看，这样一份极力突出上海大学

"红色学府"性质的回忆,却没有在学校改组一事上花费笔墨谈论中共的影响,一定程度上表明,茅盾关于学生找中共和"中央"考虑的回忆,还有待进一步的史料来证明。

这样看来,陈独秀通过中共组织影响上海大学的创建及教师的选派应该是上海大学成立之后的事情。相对于茅盾回忆里的"中央"而言,乐嗣炳说李大钊在受到于右任的邀请之后,因北方工作走不开,经中共上海地方组织的讨论,"把上海大学作为党的干部学校,李大钊就介绍邓中夏来办上海大学"。这种说法存在一定的合理性,但这已是于右任主持改组学校之后的事了。

二、陈独秀在上海大学开办期间的角色

现有材料表明陈独秀干预过上海大学事务的有以下几条。

首先,关于上海大学成立不久,陈独秀指派陈望道主持上海大学的材料。

亲历者陈望道说,陈独秀曾直截了当地表示过让他"组织"、"负责"上海大学。于是1923年秋,陈望道被聘为中国文学系主任。陈望道回忆说自己"正在踌躇不决是否进去时,陈独秀写给一张条子,很小很小的(署名'知名')说:'上大请你组织,你要什么同志请开出来,请你负责'"。在另外一次回忆中说,上海大学"是在党领导下办的","有保护色","起先我不愿去上海大学,陈独秀写了一张小纸条给我,要我去工作,说教师全力支持,署名'知名'"。

中共在上海大学已有邓中夏和瞿秋白两人担负要职,而且这两人是李大钊举荐给于右任的。那么,为何陈独秀还要特别让已经和自己闹僵、愤然脱党的陈望道来"组织"和"负责"呢?瞿秋白批评社会学系中共党团员一事(详见后文),表明中共党团员在学校里有自己的圈子,而这个圈子却不是陈望道这位"组织"和"负责"人的圈子,甚至这位受陈独秀"嘱托"的人,遭到中共党团员的排斥。

曾在上海大学就读的毛一波指出:"陈是当时复旦大学的教授,所以拉了很多复旦同事来校。"这是比较中肯的,瞿秋白和邓中夏当时只是两

个缺乏社会知名度的青年而已。按许纪霖的划分法，瞿、邓二人只不过是"'五四'中的学生辈"。《民国日报》在报道上海大学聘请邓安石（即邓中夏）一事时，特别补充说明，"闻邓君前为北大文科毕业生"。陈独秀不计前嫌，请陈望道到上海大学做教授，应是综合考虑到陈望道虽和自己有矛盾，但终是一个马克思主义信仰者，而且有一定的社会知名度。陈望道在上海大学可算中间派。纵观上海大学的历史，陈望道这类中派在上海大学待的时间通常是比较长久和稳定的，而国共、左右尖锐的斗争，党团员的组织生活和工作需要，使得具有明确党派身份的师生很难在上海大学保持稳定。虽然我们无法确定陈独秀的意图，但客观上，陈望道这样一位虽脱党却信仰共产主义、能为各方所接受的中间人物，无疑有利于中共在上海大学的发展。

其次，关于陈独秀通过中共中央干预上海大学人事安排的材料。

刘锡吾回忆说："上大的系主任都由中央决定，如瞿秋白走后，中央决定史群同志去担任系主任，但学生反对，结果学生去找陈独秀反映，陈独秀说：'中央决定的。'康生当时顶了他一句：'你不要家长制，学生最欢迎的是瞿秋白、恽代英。'李汉俊第一天去讲课，全部人也去了，但第三次课时，就没有人去听。陈望道讲课，也不欢迎。那时社会科学系与中文系、英文系不团结，瞿秋白就批评社会科学系，说你们都是党团员，团结搞不好，要由你们负责。"所谓"学生去找陈独秀反映"中的"学生"，显然是指具备中共党团员身份的学生，并不能将其推演为上海大学的一般学生。1925年2月18日，任弼时在写给罗亦农和王一飞的信中说，"秋白现不管上大事，一切由存统主持（CP指定的）"。表明陈独秀最终还是认真地考虑了党团员反对史群担任系主任的意见。

再次，关于陈独秀直接干预青年学子进入上海大学的材料。

陈碧兰入学一事较为典型。该案例显示，通过中共组织关系进入上海大学的学生，原则上需要得到陈独秀的认可。1923年暑假结束，包惠僧带陈碧兰一起去上海，陈碧兰说，"他带我到上海把我交给党中央，也是他这次去上海的重要任务之一"，表明作为一个党员，她到上海不是一项个人行为，是北京的党组织派她到上海。到达上海后，包惠僧先带陈碧兰见邓中夏。邓中夏以前并不认识陈碧兰，经包惠僧介绍后，便建议陈碧兰

"在他所主持的机关工作",对此陈碧兰"当时未置可否",她心里想,"我要等待党中央的决定"。其实即便陈碧兰同意邓中夏的意见,从程序上讲,事后邓中夏也需将此事向中共中央报告,获得中共中央的追认。

据陈碧兰回忆,次日,包惠僧约好陈独秀在宝山路三德里瞿秋白家里会谈。陈碧兰这样描述自己第一次会见陈独秀的情形:"陈独秀不但是人所共知的'五四'运动的权威领袖,而且也是中国共产党的创立者和总书记。这位在中国历史上起过巨大作用而且正在起着作用的人物,每一个革命的青年,对他自然发生一种敬仰。我一见面,对他便肃然起敬。他的头部,顶平额宽,头发到顶,两眼放射着光芒,表现他有充分的智慧;他的精神饱满,风度潇洒,谈吐饶有风趣。当包把我的履历和在武汉的一切斗争过程择要介绍之后,他们对我这次来沪,表示欢迎。"陈独秀与瞿秋白就如何安排陈碧兰一事进行了商议。陈独秀认为陈碧兰"最好一方面学习;同时做点女工运动"。瞿秋白则明确提议"还是让她在上海大学读书;另一方面学习俄文,将来再送她到苏联去学习一个时期,那么,将来的作用还会更大些"。据陈碧兰回忆,陈独秀对此"毫不犹疑地"表示:"这样很好,暂时她就住在蔡和森夫妇那里比较方便,生活费用由中央负担;学校方面就由你(瞿秋白)负责去办好了。"

但需要注意的是,我们不能因为某个人与陈独秀有密切关系,便断定他到上海大学读书是受陈独秀和中共中央的指派。陈独秀的外甥吴熙①在上海大学读书,发生在他身上的一个事件为这一点作了注脚。1924年6月29日,青年团上海地委就卜士畸②泄露留俄消息一事向团中央作了报告。这份报告特别引用了"上海大学一个学生非同志给秋白同志的信"作为证据,信中写道:"今年2月,忽然来了赴俄留学的消息——这个志向已久——大家喜个不了,以为将来可以遂志,我同陈钧、吴熙(都非同志)

---

① 原文注:现知其在上海大学读书期间所用名字有"吴熙"、"吴稽天"、"吴稽夫"。相关资料有:"吴熙(安徽人,曾任'上大'CY书记,陈独秀外甥,后为托派)。"(高尔柏《回忆上海大学及其他》,《党史资料丛刊》1982年第3辑,第49页);"吴季严(原名吴稽天)。"(郑超麟《怀旧集》,东方出版社1995年版,第6页);"吴季严,原名吴稽夫,陈独秀的外甥。早年曾在上海大学学习,参加过'五卅'运动。1926年去苏联学习。"(唐宝林《中国部分托派人物简介》,《革命史资料》1986年第3期)。

② 原文注:也作"卜士奇"。

去见卜世畸先生,他是很诚恳,很快活的告诉我们。"其中,"都非同志"应是青年团在引用时标注的,非原信内容。这表明中共党团员在上海大学的活动原则上是秘密的,党团员的活动对吴熙也是要保守秘密的,并不因他是陈独秀的外甥而不同。1925年5月15日吴熙才正式被批准加入青年团。

总体而言,陈独秀对上海大学事务的干预,主要是通过行使其党内职权实现的。而且由于中共早期许多党团员集中在上海大学,所以陈独秀对上海大学中共组织的事务也很关心。据高尔柏回忆,"罗亦农与'上大'单线联系。陈独秀也重视'上大'",又说"罗亦农曾带我去见陈独秀谈了一次话。陈对我说,需要党大力支持些什么?他给我留下的印象很深,看问题深刻、个性倔强"。

但是,上海大学和中共是两个组织、两套系统,从制度、人事到整体运作都不相同。显然,中共中央的秘密决议,也是通过中共在校内的党团员活动来实现的,中共不可能以党的名义直接干预上海大学的事务。当学校面对社会质疑时,邓中夏曾明确强调,"政党自政党,学校自学校"。针对共产党及一般教育的关系,陈独秀曾说,社会上赞成和反对党化教育的人"都是闭着眼睛瞎说","苏俄共产党,只有在党内对所有党员的教育与训练,厉行布尔什维克化;对于党外一般教育,并没有什么'党化教育'这样丑陋的计划和这样丑陋的名词。至于党员在学校中,在一切民众中,为党努力宣传,和苏维埃国家教育设施乃是两件事"。还原历史现场,我们不能从今日的立场,简单地把这种说法视为中共的托词。叶文心说现在存在"档案记载"和"私人回忆"两个版本的上海大学,上海大学的实际情况并没有充满那么多的革命理想和浪漫主义。事情不止于此,即便是回忆中的上海大学,也存在姓国、姓共和偏左、偏右的版本问题。有两次最集中的形象塑造,很能说明这一点。20世纪30年代,上海大学部分学生向国民党中央提请恢复学籍时,在呈文中大篇幅讲述国民党与上海大学"血肉相连"的故事。恢复学籍时期建立的同学会在《上海大学志》里这样写道:

上大开办之初,各方来学者,多为富有热情之革命青年,而教授

之中,亦有少数马克思主义研究者。及国民党十三年北伐,中央采用联俄容共政策,一时共党分子,公开活动,上大学生群中,或不免为其所潜伏,然在马派教授中之坐而论道者,固经我上大绝大多数同学所反复驳诘矣;即其阴谋渗透者,亦无不为我上大在学同学中所清除,故在数年之间,如文运、学运,以及妇运、商运,无不由我上大在学同志所领导,所主持,盖当时虽无公开反共抗俄之口号,而实有反共斗争之事实,甚至原在五卅以前,上大同学本身,即有一般所称左右派口舌之争,与流血之争(曾死同学黄仁一人,重伤陆某一人)。如持志大学之成立,即由上大产生者也。缘以上大当时一部分同学(约二百人)鉴于共党之宣传活动,影响学业,乃自甘右派,公开起而斗争,并愤而离校。然留校者仍大多数为国民党同志也。至我上大绝大多数同学,一致参加上海特别市党部及第四区党部,并领导全沪各界,从事革命斗争,始终未为异党所乘,不殊于三面作战(对军阀、帝国主义及共党)。

抛开其用词上显示的政治色彩不论,其所述基本属实。共青团也承认,即便是五卅运动后期,上海乃至全国许多向往革命的青年学生掀起了转学上海大学的高潮,中共的发展也进入了高峰,但上海大学的国民党学生党员在300人以上,占学生总数四分之三弱,其中八分之五不是中共党员,且国民党在复旦大学、大夏大学、南洋大学等校也"颇占势力",甚至有时共产党和青年团也"只有联合它才可以做事,不能取指挥的地位"。而20世纪70年代末80年代初,乘着党史研究勃兴之风,研究者采访了"当年上海大学的教职员和学生上百人次",值得注意的是,"他们中不少同志,已是党和国家、军队及各民主党派的领导人,尽管工作繁忙,仍拨冗接待,热情地介绍他们在20年代参加斗争的情况"。这就不难理解,为何他们的回忆里展现的上海大学,就是一个中共培养党团员的基地。

无可否认,党内合作的形式及国民党可以公开活动,而共产党需要保持秘密状态的事实,导致其上生发的各种历史现象都显得"剪不断,理还乱"。或许共产党自己人高尔柏和羊牧之的经历、体悟和看法,大体可以总结中共与上海大学看似清晰、实则朦胧难辨的暧昧关系。

高尔柏说:"'上大'学生来源与别校不同,有共产党员、青年团员或思想进步者,即使不参加组织的学生,也有种种特殊原因考入'上大'的,如有的因不满于家庭或其他学校而来的。这些青年来学校后,受到进步教授的教育和CP、CY的同学影响,进步较快。"

羊牧之则坦率地自述其体会,他说:"学校中共产党员和青年团员是在一起过组织生活的,每学期次数不多,而且总是在晚上,因当时上海由军阀孙传芳统治,共产党和青年团都处于秘密状态。我在中央宣传部工作时,似乎未听说中央对上大工作有过专门研究,有什么特别的看法。但是上大的许多教师先后在党中央工作,有什么事情很可能他们就直接带下去。又由于上海大学的学生是非常活跃的,而在党中央工作的秋白、张太雷等也都不过是二十多岁的青年人,也是搞学生运动的,这样很自然就会重视上海大学学生这支力量。当时整个革命运动,无论五四还是五卅,学生都是起了很大作用。上海大学党团员又多,贯彻中央精神自然很快,中央也就会重视上大这支力量。"

陈独秀没有直接参与过上海大学的教学与管理工作。刘锡吾说:"中央很多负责人都在上大教书,只陈独秀未去教书,我是当时教职员党小组的小组长。"的确如此,即便多次来校演讲的李大钊,也没有在上海大学担负教职。只是校长于右任有过这样的想法。王秋心说:"于右任来校后,曾邀李大钊、陈独秀来任校董,他们此时都负有革命重担在身,当然不可能来。"对于李大钊,学校公开表示过盛情,报纸也有相关记载。1924年8月20日《申报》报道说,上海大学"经济学系已聘定李守常为主任,戴季陶、蒋光赤、彭述之等为教授"。只是李大钊不曾实际到校任教,所以学界通常并不重视这样的史料。陈独秀没有任过教职,那是否来演讲过呢?张开元列出的特设讲座担任者名单中有陈独秀。30年代时,也曾有人这样说过。但是很遗憾,现存材料还不能证明这一点。

但我们不难发现,陈独秀的思想和主张在学校里有广泛传播的载体。一是中共刊物在上海大学的自由流通,客观上传播了陈独秀的思想。青年团成员在上海大学以学生自治的名义组织了书报流通处,公开销售《向导》《新青年》等。二是上海大学所用教材,其中就有不少采编自陈独秀的文章,如"上海大学附设平民夜校之国文讲义,系刻字油印本,除课

文外，还插有漫画。课文除第一篇《劳动者底觉悟》署名陈独秀外，其他各篇均未注明作者"。陈独秀这篇文章曾发表于1920年5月1日出版的《新青年》第7卷第6号"劳动节专号"上。三是中共教师在课堂讲授中，讲述社会主义、国民革命、帝国主义等内容时，基本都会提到陈独秀，且持褒扬态度。那些个人层面便敬仰陈独秀的中共教师，在课堂上赞扬陈独秀的倾向更明显。周启新在分析上海大学的教职员时曾这样描写彭述之和郑超麟："彭述之、郑超麟，皆《向导》周报负责人，曾先后代瞿秋白讲课，因系短期性质，不作系统讲授，只是采摘《新青年》等杂志论文，宣讲唯物论及唯物史观，嘱学生提出问题，随时讲解。两人都追随陈独秀，上课时每谈及陈独秀，必称仲甫先生。"

  上海大学的办学理念与陈独秀的"新教育"思想也是十分相近的。于右任初次向上海大学学生作公开演讲时便抱着十分谦虚的心理，他说自己将"辅助诸君，力谋学校发展"。在办学期间，于右任又放手让邓中夏、瞿秋白等青年教师做事。这些为上海大学开创了平等、自由的新氛围。瞿秋白要把上海大学办成"南方的新文化运动中心"，进一步明确了学校要传承和发扬新文化运动的精神，引领社会发展新潮。这可以看成是陈独秀领导的新文化运动的继续，开辟的新文化运动的新阵地。《上海大学章程》写明学校的宗旨是"养成建国人才，促进文化事业"，希望学生不要死读书。总之，上海大学的教育是以学生为本、注重实际应用的，这与陈独秀的"新教育"思想相似。民国初建，新式教育获得了长足的进步，但人们对"新教育"和"旧教育"的认识很模糊，一般人通常看到教学形式和教材种类的不同。陈独秀认为这种认识是表面的。1920年他在武昌高师演讲时说，新教育的"新"体现在三点：要趋重社会不能趋重个人，要以学生为本位注重启发的教育，要讲究实际应用而不拘泥于形式。1921年他在广州高等师范学校演讲时做了非常系统的论述，他认为，"新教育"和"旧教育"的本质不同在于旧教育是主观的而新教育是客观的。具体讲，旧教育持个人的教育主义，而新教育持社会的教育主义；旧教育的教授方法是教训的，而新教育的教授方法是启发的。当然，我们不能依据这种相似性断定上海大学的办学理念是陈独秀促成的，但是反过来看，上海大学在某种程度上让陈独秀的思想变成了现实，这也可能是上海大学引起陈独秀重视的原因之一。至于陈独秀的"新教育"思想与上海大学的办学之间究竟有什么样的关联,应当进一步研究。

综上,还原历史现场,站在当时社会一般局外人的视角,陈独秀对上海大学的影响不易看出来。在秘密组织状态下,中共组织特殊的运转模式,使得即便党团员也不一定能把陈独秀乃至中共对上海大学的影响说清楚。在学校大闹风潮的改组初创时期,陈独秀的名字曾以文化名人的形象出现过,但是昙花一现,报纸关于学校改组的报道中大量充斥着有关于右任的消息。学校发展时期,国民党在上海大学处于公开状态而共产党始终处于秘密状态,当年发起学校改组行动的学生竟也加入国民党并主动反共。这些事实促使我们不得不回头反思,改组派师生以前所以有想请陈独秀做校长的想法,应与陈独秀为共产党的最高领导人无关,主要是看重他的新文化学者的身份。有关改组派师生曾去寻找中共的说法,有待进一步的史料印证。上海大学和中共毕竟是两个组织体系,由于中共许多党团员在上海大学任教或上学,所以陈独秀作为中共领导人,通过行使其党内职权,无疑会在涉及上海大学中共相关人员时,对上海大学造成实质性的影响。同时,陈独秀虽未直接参与学校的教学与管理工作,但不可否认,他的思想通过中共刊物和党团员的教学与学生活动等途径和方式,有意无意地在学校里传播开去。由此可见,显性的文化名人效应与隐性的政党组织运作,是陈独秀影响青年学子的两条重要路径。但无论陈独秀的影响有多大,中共其他人物在上海大学的影响有多大,都不能成为我们将学校和中共混为一谈的理由。有研究者梳理了民主革命时期中共干部学校史研究的状况,指出,"干部学校"的界定标准其实是一个首要的问题,当时中共中央及主要领导人,并没有对此做明确而全面的规定,就连"干部"一词的频繁使用也是抗战时期的现象,现在的研究者主要采取"政权决定"论、"党性决定"论、"实效决定"论三种方式进行区分。照此区分法,有关上海大学历史的研究,大多采取了"实效决定"论。如有人将上海大学归入中共主持或创办的高校,说中共在其中对学生进行系统的"主义"教育和"团体"训练,一度成为中共培养青年干部的主要基地。也有的回忆是从实效角度说的,"当时上大的学生,党是向两方面输送,一方面就在上海范围内工作,一方面调到全国各地去工作,去各

省市负责,还有一部分送到苏联去继续培养,秦邦宪、张琴秋就是从上大去苏联中山大学学习的。王明也许在上大听过课,他的老婆孟庆澍是上大学生,王明常在上海大学跑来跑去。总之,那里需要干部就从上海大学去调,上大成为当时我们党的干部储蓄部"。但现在看不到当时中共中央有将上海大学作为干部学校或党办学校的文件或决定的史料。显然,若按"政权决定"论(学校在国民党政权下立案)和"党性决定"论(1924年定学校为国民党党办大学),就另当别论了。但今天回顾历史,自不应非要为上海大学的政治属性下一个定论。正如陈独秀与上海大学的种种关联一样,中共早期发展史中的种种复杂历史面向,都值得我们细加考索,才能使人们明了中共成长的艰难性和曲折性,明了"历史选择了中共"的深切内涵。

论国民党与上海大学的关系[①]

刘长林　刘　强

对于上海大学(1922—1927)(后文简称"上大")的历史,已有的研究主要涉及中国共产党与上大的关系,对于国民党与上大的关系,则研究不够。然而这是不可回避的问题。在当时国共合作、共产党不能公开活动,国民党人于右任担任校长的背景下,理清国民党与上大之间的关系,对于全面理解国共两党在上大创建与发展中的作用与影响,以及上大在中共发展初期中的重要性,是非常必要的。本文依据新发现的史料,考察国民党在上大创建过程中的角色、地位与作用,以及国民党对自身与上大关系的认识,希望借此进一步认识国共合作、上大创建与中国共产党早期发展的关系。

一、国民党在上大成立中的角色

以往研究侧重从国共酝酿合作的背景认识上大的成立。其实,上大是在东南高等专科师范学校发生学潮后改组而成,有必要先从学潮视角重新审视上大的成立。

在五四新文化、新思潮的影响下,学生自治和自动主义引领了教育界改革的新潮。在全国发生的多起学潮中,东南专师学潮是其中之一。1922年10月15日,周学文、孔庆仁、吴怀民等学生组织自治会,不日即"宣布改造学校,请陈独秀或于右任为校长"。学生仰慕陈独秀这位新文

[①] 原载《上海大学学报(社会科学版)》2015年第4期。

化人,却寻不到他的踪迹,便去邀请他们景仰的"革命伟人、共和元勋、言论界之前驱、教育界之先进"于右任。因为不认识他,"仅慕其名,崇拜其人而已",于是想方设法与众多国民党要人接触,力促于右任出任校长。

程永言回忆说,邵力子、柏烈武、柳亚子、杨杏佛、叶楚伧等国民党要人帮助劝说于右任,于氏征询周学文、汪钺以及他的意见后,认为"东南高等专科师范学校"校名,不仅文字太多,且涵盖范围非常狭隘,建议改名为"上海大学"。10月21日,《民国日报》称"惟东南专师之性质,于君尚未明了,即其校址在何处,亦非于君之所知。故对于该校学生之请求,今尚在考虑中。昨有以此事讯于君者,于君即以此意为答"。在于氏犹疑时,10月22日,《申报》发表《上海大学启事》:"本校原名东南高等专科师范学校,因东南二字与国立东南大学相同,兹从改组会之议决,变更学制,定名上海大学,公举于右任先生为本大学校长。"次日改组派师生即以隆重的仪式迎接他到校演讲,促使其"自然就职"。于氏虽感勉强,但他热心教育,在上大成立的演讲中,说自己"少年时代,曾做过小鞭炮竹,今后要制造炸弹、地雷,不仅在中国落地开花,还要炸得全世界开花结果"。表明要推动上大按国民党奋斗目标办学。而在茅盾的回忆中,于右任出任校长,是共产党人推荐的。这种说法虽没有更多的史料支持,但上大成立不久,李大钊应于的要求,举荐了邓中夏、瞿秋白协助办学,这也表明了共产党人对他的支持。在学潮中成立的上大及于氏出任校长都有偶然性,而上海大学成立则因于氏这位"革命伟人"出任校长而受舆论关注。

学生看重于氏的名人效应,也与国民党在政治上对青年学生的影响有关。这从上大成立之初,程永言等改组派学生就参加了国民党也可看出来。1924年,在国共合作与斗争并发的政治氛围下,程等16人又向国民党中央提出检举案,表达其"反共心声","请取缔共产党"。这说明当初考虑邀请陈独秀做校长,主要被他的新文化领袖身份所吸引。

虽然上大开办不久,国民党定其为党办大学并提供一些办学经费,但在上海仍处北洋军阀统治的背景下,并没有公开声明上大是党办大学。1925年邵力子被捕后,称上大"系个人私立,校长为于右任。于曾任陕西长官,刻在北京,正欲向教育部立案"。但随着革命形势好转,也将党办大学公开化了。1926年12月19日上大附中"函致国内各省国民党部特约保送投考学生,并向本埠及武昌、汉口、九江、南昌各地各大报馆遍登广告外,另约定本埠国民党特别市党部及杭州省教育会、蚌埠皖北中学、武昌军事政治学校等处为报名之所"。程永言回忆,学校虽"是从五色国旗下诞生的,但从未使用五色旗,所用的是国民党党徽和蓝底白字校旗,以示与其他大学的区别,而反对当时的反动统治"。外界印象是"上海大学是一所由国民党津贴的大学"。

上大建校初期,对外宣传办学方针与立校精神时,常以笼统的革命精神和服务社会为基调。虽然社会上有人认为上大政治氛围浓厚,"不是超然派",也"不是和平派",但学校不仅发文反驳这些看法,且始终强调上大"企图建国的目的的完成","只此一片耿耿孤忠"。于右任主持制定了《上海大学章程》与办学方针,运用自己在国民党的影响力及人脉关系,聘请当时国民党要人参与上大的管理工作,请他们到上大兼任课程、开设讲座。国民党高层在上大创办初期,不但全力支持办学,而且在学校的组织管理上注重国民党的领导。如校董及校评议会成员几全为国民党人。后于氏忙于政务、军务之际,校中大事仍向其汇报请示,如向国民党申请经费需其出面,重要的交涉、声明与谈话,也需其亲力亲为。而于氏出面时,都强调上大由国民党创办,在办学方针上是以三民主义为指导的。

二、国民党组织在上大的发展

上大成立后,国民党注重上大的组织工作。上大党务初由周颂西负责,叶楚伧、邵力子为学生入党介绍人。后由陈德徵负责党务。陈离校后,周颂西于1923年11月12日致函彭素民、张秋白等,推荐曾伯兴为上大国民党党务筹备主任,不过结果却是"已决议缓"。1924年3月,国民党上海执行部成立后,筹组上海区党部、区分部,拟划上海为七个区,每区设若干分部,作为基层组织。原定上大为第二区分部,但石克士致函胡汉民,建议更改作第四区分部。1925年时,"国民党已公开组织党部,由林钧、朱义权等主其事"。

国民党最初在上大发展较快。1924年于右任在总结党务方面的成

就时说:"就学生入党方面言之,此半年内先后加入本党者已有一百四十余名之多,占全校三分之一以上。沪上诸大学大都禁止学生入党,即无禁例而入我党者,数亦寥寥,决未有如本校之发达者。且此等党员,因熏陶渍渐之功,类能充分明了党义,热心为党服务,于党务之发展上,皆可为主动而有力之分子。苟假以时日,使本校完全党化,固亦意计中事也。如此数载,益以党员之滋生不已,吾党又何难于短时期内,得数千明了主义之党员及热心党务之青年生力军,深入民众,鼓吹革命,使吾党二三十年来未竟之功旦夕立现耶。"青年团的报告也显示,即便是五卅运动后期,上海乃至全国许多向往革命的青年学生掀起了转学上大的高潮,中共的发展也进入了高峰,但上大的国民党学生党员也在300人以上,占学生总数四分之三弱,其中八分之五不是中共党员,且国民党在复旦大学、南洋大学、大夏大学等校也"颇占势力",甚至有时共产党和青年团也"只有联合它才可以做事,不能取指挥的地位"。

但是国民党的组织力渐显涣散。这固然与党内合作名义下共产党仍保有自己的组织活动有关,也与国民党组织"因无绝对对校负责之人,故除已入党之同志尚有训练外,对于一般同学,绝少训练,故我党中坚分子,不能十分推广"有关。彭素民向国民党上海执行部报告奉命到上大指导组织国民党第一区第一沪分部会议时反映,会前国民党人林昌泽,对主席施存统提出异议,认为国民党的上大组织有筹备人,他越俎代庖了。彭素民告诉他,国民党第一区分部可以划分若干分区,可以自动组织,当晚的会议施存统等人发起,是尽义务。上大有同志106人,签名的40余人,实际在场者只有30余人,是有隔阂,需留商量的机会。"嗣经瞿秋白同志提议:'论本党纪律,不到会者只好以不愿在党论。惟现当改组之时,或可通融,请执行部代表会同施君等下一通告,限彼等明日(指廿六)定要到会,否则则认为非党员。'当经素民说明展缓最佳,惟素民不便会同施等同下通告",后瞿秋白提议明晚七时开会,"不到则认为放弃,当即决议通过"。这次到会的人,主要是甲派中人,乙派希望仍由原上大分部筹备人(指周颂西等)负责,施存统属甲派中人。可见,"甲派"主要由共产党和国民党左派构成,乙派则主要为国民党右派。彭素民还谈道:"该两派前因举分部长,曾发生极大风潮。前日举代表,又开发生争执。"因此,国民党上大区分部开会时,其中的国民党左派尤其是共产党人在其中占了很大比例,右派人士不愿参加会议。

国民党上海执行部对上大的组织建设是重视的。上大国民党员刘移山、谢硕等23人曾致函国民党上海本部执委会,报告上大区分部的干事会不作为,"中国国民党上海大学区分部从去年开过一次大会以来,除了几个热心同志介绍几个新同志入党外,不但没有干过什么工作,就是例有的两星期一次常会也没有开过一次",对国民党党务工作敷衍塞责,不采取积极措施召开上大区分部大会,平民学校也没有办一所,想入党的人连填誓约书的地方都没有。报告指出国民党是革命党,但区分部执行委员屈服于"反动派",不配做革命事业。他们要求推动上大区分部的工作。国民党执行部的上大执行委员曾伯兴、周颂西、冯子恭等对此表示敬意,并传达上大分部委员,令其即日召集全体会议,推进党务。

1924年黄仁事件发生后,10月13日,上海国民党第一区党部致电孙中山等,呈请惩办喻育之等并悼恤被殴伤毙者。20日,中执会致函上海执行部,要求查明上大学生等被殴真相。23日,上大学生会致电中执会,陈述黄仁事件的惨痛遭遇,声讨帝国主义与军阀。31日,中执会又致函上海执行部,传达孙中山总理批发的决议,催上海执行部详细报告,请"吴稚晖、戴传贤两同志,查明事实,详细报告"。事件发生后,各方都很关切,但即便一致表示批判的言论,其微小的差异也耐人寻味。共产党人借机猛批右派。陈独秀著文道:"这是右派的行动吗,还是反革命?"邓中夏明确地说,黄仁"死于国民党反革命的右派"之手。但需注意,邓中夏的文章发表在《中国青年》上,他作为一个共产党员而非"上大人"发表言论。国民党上海执行部发表的宣言,只提"反革命"。叶楚伧则只是称赞黄仁对国民党如何"极能尽职",在国民党青年中"成了一个为主义而牺牲者,成了一个青年的模范",不仅不提"右派",更没有使用"反革命"这样的词。因为他本就被中共视为右派,所以他自己选择了离开上大。代表"上大态度"的上大学生会也只是斥责打人者为"帝国主义者与军阀走狗"。显然,上大学生会没有完全依照中共的宣传方式发表言论,不提"右派",是因为使用"右派"就象征了发言者的政治身份,而中共对上大学生会的领导是"隐性"的。

五卅运动时期，上大在这方面的表现更加明显。虽然攻击上大的势力总把上大推入"共产革命"的历史轨迹，上大师生却极力塑造学校"革命"、"爱国"的崇高形象。1925年6月15日上大学生会创办《上大五卅特刊》，宣称其目的之一，就是"要以同学研究与活动之所为，说明五卅运动正确之意义，并纠正一部分国人之谬误观念"。其中针对"赤化"攻击的文章，一方面指出"赤化"是"谣言"，是帝国主义压迫中国人的借口，所以中国人不"赤化"（显然非本义）就只有"软化"；另一方面则强调上大是为国家独立和民族复兴而奋斗，并非受到共产党的"煽动"；甚至说"原来共产党不知政治"，"共产党在中国本来是没有什么声色的；自经他们——帝国主义者一再竭力的宣传，把稍为有价值一点的事都归功于共产党，于是共产党倒真成了能引起民众同情的党了"。

三、按国民党党办大学的要求办学

国民党在加强组织发展的同时，也强调上大要按党办大学的要求办学。1924年7月，于右任致函中执会时讲道："同人不敏，亦曾竭其棉薄，并创上海大学，迄今已有两年矣。今年春，改归党办。"这表明国民党曾通过决议，将上大改为党办。此后，凡国民党人，皆视上大为国民党在上海的一个机关。上大附属中学主任侯绍裘在呈中执会的《整顿上海大学计划书》中说："上海大学，是我党在上海的一大机关，其于吾党之利益有三：（一）可以灌输革命的学理，建设的学术，以造就革命的领袖人才；（二）可以训练实际活动，造就革命的中坚分子；（三）可以做上海活动中心。"

于右任致函中执会时也反复强调，建设上大，实为国民党迫切之需要。他首先说明上大创立两年的情况："计去年春，敝校学生尚只一百六十人，入秋便增至三百人，今年春又增至四百余人。一年之间，几增三倍。即此一端，已足证明敝校颇有进步。此后如再发育孳长，不难于海内大学中让吾革命党所立之大学屹然独占一席也。"接着提出，国民党要想早日完成国民革命，需要留意三个事项："一曰阐明主义提高学说也。吾党之三民主义与总理所发之学说，其陈义至为博大精深，皆应经精密之研究与讨论,使深入显出,方易引起民众之深切了解。二曰养成人才资为党也。吾党革命至今尚未成功,其原因虽夥,而人才不敷要即其一。应多量养成尽瘁主义有抱负而又热心党务之党员,使吾党势力日益充实。三曰创为风气树之范则也。方今风气萎靡颓废极矣,不为遁世之隐君子,则为祸世之反革命派。吾党应力求挽救,凡党中人格高尚信仰坚固之领袖,得于事业之外,对品格学问与国内有志青年作坛坫之周旋,不难收兴感之大效。如俄、德大学之所为,使国民思想界有一中心之势力。"而要完成这三件事情,便需要一个必要的机关,"机关惟何？曰党办大学是也。旷观各国政党,凡欲有所建树以造福民生者,莫不以此为念",只有阐明主义、养成人才、创为风气,才能完成国民党勘平大难、建树宏业的重任。

于右任在阐明设立党办大学必要性后,便以改组广东大学为例,说明上大的重要性:"夫吾党于此既有所筹及矣,如改组广东大学,即其一证。惟同人等默察形势,有不得不为进一步之希望者。窃以广东僻在东南,人才所聚究只限于一方。若规抚全盘以收巨效,则上海党办大学之设立,实更迫切于广东。盖上海为全国之中心,舟车四达,交通称便,莘莘学子,咸萃于斯。现今沪上大学虽有十余所之多,而或则为孵育帝国主义之机关,或则为反革命派绅士阀之势力。处全国重要之地,当才俊荟萃之区,吾乃拱手让之敌人盘据利用,而不急起设立大学,以抗敌势,以张吾军,使青年误入迷途陷阱,岂非失计之甚者乎。此所对党立上海大学更有更迫切之需要也。"1924年春已决定上大是党办大学,于的上书就不仅是要求上大为党办大学,而且进一步说明上大的区位优势及反帝反军阀斗争中的重要性,请国民党重点办好上大,以寻求国民党中央的支持。

为了强调上大是党办学校,于特别指出学校在教学内容的设置上很注意宣传国民党的思想:"本校教授完全以宣传主义为中心,故所设科系虽杂,在在留意以党义导掖学生。社会学系固勿论矣,即中国文学系所授之国文一门,亦曾采本党此次大会宣言为教材。英国文学系之散文一门,亦曾采本党总理所著之发展实业计划英文原著为读本。此外并添现代政治一门,为全校共同之选科。半年来由本党同志胡展堂、汪精卫诸先生担任讲演、宣传党义,其效果益甚佳也。"但是,一些人回忆说,上大社会

系为共产党所把持,宣传的是共产党的思想和理论。这种看法,乃是国共合作破裂后的一种敌对性言论。当时孙中山已重新解释了三民主义,国民党已确立了联俄、联共、扶助农工三大政策,所以社会学系的课程设置和当时国民党的整体要求是一致的。

国共关系是一个动态的过程。国民党"一大"召开前,社会学系的课程用马克思主义的观点宣讲的比较多,有的课程教材就是直接依据马克思主义原著编辑而成。这在当时的高校开了先例,在吸引向往革命的青年同时,也引起了各方面的注意。在国共合作确定后,这种情况虽然还存在,但于右任开始在上大贯彻国民党的意图,试图扭转这种状况,使学校课程尤其是社会学系的课程设置符合党办学校的要求,宣传国民党及孙中山的主张。所以,从这时开始,强调加入孙中山新三民主义及国民党"一大"宣言主张的一些内容,加强国民党在上大的影响,回应国民党右派对上大的攻击。

自上大归为党办之后,国民党曾推荐学生免费入学。1924年4月22日,国民党中央青年部致函上海执行部转上大,"顷由总理交下安徽学生联合会代表王步文等函一件。该生等以反对国贼、惩戒议员,致被当道驱逐,流离上海,不能回该省原校就学,又无力转学他校。请求转致上海大学,破格免费收录"。由于这是孙中山直接交办的事情,王步文等顺利入学。随后,10月,安徽逃亡学生党员皮言智等致函孙中山,讲到他们在安徽抗议曹锟贿选,34人在皖遭通缉,废学逃亡,流离失所,请求援王步文等先例,免费进入上大,以正式生插入社会学系二年级学习,以待报国。中执会随即致函于右任,请妥善办理:"总理发下安徽逃亡学生党员皮言智、谢嗣蘷、王同荣等邮电一件……本会第五十八次会议决议,转上海执行部及上海大学斟酌办理。"1926年8月12日,国民革命军第二军政治部致函国民党中央党部秘书处,请函上海党部转至上大,准予录取国民党湘籍女生凌峻琪。18日,中秘处遂致函国民党上海特别市党部,要求函告上大,准予入学,"以宏造就"。

既是国民党党办大学,上大对于国民党中央的要求一律照办,所有被推荐的学生都顺利入学。从函件往来看,每次推荐都要经过国民党中央开会讨论决定,或孙中山交办,十分正式。而被推荐的学生,又为国民党年轻党员,或在反对北洋军阀中受迫害者,都与国民党的目标一致。接受他们入学,作为人才培养,也是为了赢得年轻学人对国民党的支持。

四、争取国民党给予办学经费支持

上大在创办与发展过程中,曾多方筹集办学经费。于右任通过自己的关系筹到一些经费,也曾派张继到海外筹款,只是后来没有成行。上大设立校董会,也主要是要他们帮助筹集经费。上大成为国民党党办大学后,国民党是资助了少量经费,但因为处于战争时期,经费异常困难,虽然多由校长于右任出面申请,反复述说上大是党办大学,办好上大对国民党非常重要,并想方设法运用自己与国民党高层之间的关系进行疏通,其批准过程仍然曲折复杂。

国民党"一大"决定月给上大千元津贴。1924年7月,于右任呈函国民党中央执行委员会时说:"本年1月起,虽承中央准予每月津贴洋一千元,建设诸端,颇资挹注,究竟但杯水车薪,无济于事。"同年6月,叶楚伧致中执会电文中也提道:"上海大学5月份千元请分汇。"最有力的证据是,1926年5月8日,中执会致函财政部,"查本会二十六次会议,秘书处提出上海大学要求月给经费壹仟元案,决议应令财政部无何财政困难,需照第一次全国代表大会决议案,月给该校补助费壹仟元"。并于12日复函上大,保证发给经费:"在财政部未发给以前,暂由本会特种宣传费项下借拨。"

可是每月一千元的津贴,对于发展中的上大而言,越来越显得不足。于是1924年7月,于右任呈函中执会,请求增加上大津贴为5 000元,还附带了详细的预算书。于右任首先谈到,为了国民党能够得到多方面的人才,需要增设学系:"为吾党养成多方面人才计,尤应广开学系。学生毕业后,出而任事,可以散处四方分布各业。学生多一方面之活动,即吾党多一方面之势力。"接着便以三民主义为指针,认为应当增设政治、经济、教育、商业四系。以实现国民党"供献于国利民福"的目标。他说,国民党的主张:"一方面宜为普遍之宣传,一方面宜从国民教育下手,使深切种根于少年人之心脑,而对于党义根本信仰,不易催拔。欲达此目的,盖有二

途,或多收教师为本党党员,或由本党大学设科施教,造就教育人才。则出而服务,其效方宏"。他指出,近年教育界教会势力与反动势力,"借口教育独立,置身事外,苟安自全,不问国难之风方渐滋而暗长。力矫颓风,本党大学于此实负有全责焉"。而要应对世界经济的侵略,国民党要培养工商业人才,"使本党大学不预为施教,则颓流所趋,惟有资寇媚敌之奸商,而无抱负主义洞明政策之商业人才,其危险孰大于是!故商业一系,实与政治、经济教育处并重之地位,而宜同时开办者也"。

要实现国民党的教育目标,便要解决经费问题。于氏认为,国内大学都渐有贵族化的趋势,导致上大学者大多是殷富子弟,而贫困学生很难入学。贵族子弟接受的贵族教育,使其意志脆弱,志趣卑微。"以革命救国为责职之本党,岂可步武此辙,自毁基础。故上海大学应宜减少学费,以便多量吸收贫寒子弟,期以艰苦之身,肩艰巨之任"。这一条做不到,则培养人才的目标就会落空。"本党为善选人才计,尤不可不于此点再三致意。案本校学费,大学部每学期四十元,专门部每学期四十元,高级中学每学期三十二元,初级中学每学期二十二元,其他杂宿诸费,所取亦不在少。以与国内各大学较,虽不能说超过逾量,然寒士当此,已觉奇重不堪矣。故减少学费,实万不容缓也。"据相关研究,上大的学杂费与那些条件较好的知名大学(如圣约翰大学及北大)相比并不低。显然,于右任注意到这一问题,不过他是从减轻贫寒子弟的角度论述的。

同时,于右任要求增加教职员的薪水,使教职员"专于所事",一心一意为扩大国民党的影响而服务:"教育为清高事业,本党大学又为宣传主义培养人才之机关,其间教职员宜如何清苦自励,以求教育之实效。然现当外资之势力日涨,货物之价格日高,有志革命而任职大学,诸同人多系中产之资,一家数口,生计维艰。即就校长而论,前不支薪,本年上期方支月薪百五十元,教务长兼主任仅支一百元,总务长仅八十元,其余职员月薪益少。更就教职员言之,大学部每小时一元五角,专门部每小时一元二角五分,中学部一元。全校教员之月薪,无一过百元以上者。以此教员,为个人生计所迫,遂不得不在他处兼事而精力于以分散矣。使能经济充裕,以重价聘请专任教授若干人,其他讲师月薪至少每小时二元。如是则教员无生计之虑,而能专于所事,校务日进可预卜也。"教务设施的改善则以图书馆建设为主,因为"口耳之学,昔人病之。大学生研习必广,尤非师生授受之间所可尽意。故大学设备,应以图书为首要。且吾党人才,非仅求其广博炫学已也,尤贵能抽绎思绪,独创有为。各国大政治家宏成其学说思想者,端赖数年之图书馆生活。凡我同志,于思想方面,尤宜取多用宏,力资深厚。是则图书馆之设,不仅借学生之阅览,实亦便党员之研究,其可缓图之哉"。有利于提高学生的整体素养。总之,这些计划是为"发挥党义、造就人才、树成风气",为国民党革命事业服务。

但是,由于国民党经费困难,9月19日,中执会函复于右任:"本会第五十四次会议决议,现在党部经费尚未充裕,不能增加。"于右任只好另想办法。他曾通过瞿秋白以个人名义向鲍罗廷借款。1924年10月21日,瞿秋白致信鲍罗廷:"于右任请您以私人方式借给他一万或八千元,作为上海大学经费,因为中央没有按照预算给他资金,他只好个人负债。如没有这些钱,则大学在右派的打击下必将解体。他保证在明年内归还(这是他个人的意见)。"

次年7月份,侯绍裘上呈中执会《整顿上海大学计划书》,请求经费支持。侯绍裘认为,上大难以进步是因为缺经费:"考该校所以不能发展及整顿之症结,第一在经济。因经济之缺乏,不能请得理想中所欲请之教员,并欲在得一专任该校完全负责之人,亦因不能维持其生活而不可得。……历年负债,往往寅吃卯粮,移划挪借,颇费经营,周转于焉不灵,而进行上又蒙莫大影响,故在经济上,非有整顿方法不可。"而上大为何经济困难呢?侯绍裘认为"上大现有大中两部学生四百余人,每年学费等收入亦不为小,所以目下情形,每年亏欠不及万元,而此项亏欠,全为房租的缘故。盖因上海房租既很贵,且因所租房屋不适于用而生之靡费,亦复不赀;有时因学生增减,而必需迁移一次,之费亦须一二千元"。

国民党中央虽然给上大补助,但处在紧张的北伐战争时期,本身经济困难,如果一次性补助太多,这也是一件难事。于是侯绍裘提出了自建校舍的建议,并请求国民党中央给予适当补助,他说,如能自建校舍,则不但房租可省,一切靡费也可省不少,每年可不至亏欠。学生人数也可增多。现在学生有四百多人,而要求入学者很多,"因有特殊色彩,虽为一部分人所恐怕,也为一部分人所特喜,以中国之大,革命青年,闻风而慕,

其数极多",多招一些,收入也可增多,就有余力改良学校的事务,如请著名的教授等,校舍问题解决了,经济问题就解决了,别的问题也容易解决。在他看来,上大之症结虽然不完全在校舍,但能自建校舍,有利于其他问题的解决,而自建校舍也不需要巨款:"盖上海房屋,所贵在地,不贵在材料、工程,尽人所知。今宋公园地,已允给上大建筑校舍,故地已无问题。至建筑之费,预计建屋六十幢,容学生六七百人,建筑费较高度约需八万元,最低度则需五万元,若再减省,暂时先造四十幢,则需三万。此三万元者,亦可设法做到先付一半,其他一半,则以造成之房屋抵款偿还,是则一万五千元,亦可暂行措手。为此呈请中央讨论。"虽不敢奢望国民党中央能够一次性给予很多补助,但侯绍裘仍然强调"此为维持上海大学之目前最急不可缓之问题",因为"上海帝国主义者甚注意于上大,目为过激机关,时加干涉及搜检,在租借上迟早必被其摧残。……总之,上大建屋一事,如中央任上大为于我党有助而欲维持之,则此事实非靡费中央经费,实为节省中央经费也。盖一劳可以永逸,以后该校,至少可以维持现状,无代价为我党工作,而节下应补助之费,以谋发展或用之于其他有利于党之事业矣"。在下学期开学急需用房的情况下,他希望国民党中央早日定夺,以便暑假建成后开学用。

于右任、侯绍裘都从壮大国民党、反对帝国主义的革命事业为上大申请经费。国民党中央却有心无力,中执会第88次会议决议,补助的时间与数目视该会经济情况而断。

1925年6月4日上大被工部局封闭后,"觅定宋园为该校最新地基"。并决定"先建筑五十亩两层中式房,并建筑能容千余人之大礼堂"。6月14日,上大学生会决定组织募捐委员会,及"建筑校舍募捐团"。12月28日,募捐团赴广东募捐,由邵力子任团长,于1926年1月3日到达广州,得到了统一广东各界代表大会支持。1926年1月12日,募捐团在广东大学招待广东各团体,出席会议各团体一致议决,组织"援助上海大学建筑校舍募捐团委员会",积极帮助劝募。1926年1月23日,统一广东各界代表大会致信国民党中央青年部,表示上大"确是我们革命军中一支有力的先锋,确是真能实行孙中山先生主义,以领导群众从事打倒帝国主义、打倒军阀的工作,确是值得我们革命的广州各团体的援助"。27日,由致函中执会,送上一百元捐章两人。然中执会第107次会议议决,补助上大建筑费两万元,所以送还捐章。此外,"校长于右任已允于一月内捐出两万元,并赴各地募集巨款汇沪"。

其实,早在1923年4月22日,于右任主持教职员会议,便已议决由张继和自己一同筹办在宋园建筑新校舍,分三期建成。1924年2月25日,上大行政委员会开第三次会议,议决组织"建筑募捐委员会",并推定于右任、邓中夏、何世桢、邵力子四人为委员。3月12日,第四次会议,议决校舍建筑计划及募捐办法并组织了校舍建筑费保管委员会,推定汪精卫、张继、张静江、王一亭为委员。为了尽快筹得款项,上大特向国民党中央求助,并派丁郁负责办理此事。4月20日,国民党中央执行委员会秘书处复函,请丁郁前去接洽上大请求拨给筹办经费之事。

1925年五卅运动中上大被工部局封闭,学校再次请求国民党中央拨付办学经费,却历经波折。先因陈炯明事件,广东方面财政困难,接着又因筹备北伐之事,一拖再拖;北伐开始,军需甚多,请款一事又入僵局。从1925年7月于右任申请经费至1926年10月拨款到位,上大催款函件甚繁。在以校长及校方名义向国民党中央申请的同时,请求国民党上海执行部、汪精卫、林伯渠、毛泽东、恽代英、张静江等与上大有关的国民党组织和要人协助,还亲派代表前往交涉,最后经中执会介绍,前往谒见蒋介石、谭祖安、宋子文等,终于将事情落实。

1925年6月18日,于右任致函国民党中执会,痛陈帝国主义罪行和上大遭遇的劫难。指出在这强权的世界,要抵御强敌,只能依赖于革命教育,培养革命人才。为"巩固革命教育之根基",决定在宋园自建校舍,"俾校舍早观厥成,免使数千学子流离失所,则不独革命之教育得以维持,即吾党革命之前途亦当受不少之帮助矣"。7月10日,中央秘书处复信表示同情,但因"经费异常拮据,暂难帮助","第九十次会议决议,俟经济稍裕,再给答复"。上大可能又向国民党上海执行部求援。上海执行部于7月15日向中央呈递函件,建议津贴上大建筑费,酌量津贴上大建筑附设师范,以便培养小学教师到乡村从事宣传,只招收国民党人,不收学费,膳宿费自理。向中央申请开办费五百元,并每月补助三百元。

8月23日,于右任再次呈函国民党中央,请恢复原有津贴或帮助建造

校舍。但这次是先将信递与汪精卫转交,显然是看重汪在国民党高层的影响。信中力陈上大"自开办以来,即以养成建国人才,实行国民革命为宗旨","校内一切进行,莫不依先总理之革命精神而从事,成绩昭然,有目共见。即党校亦不过如斯"。并称国民党如欲养成建国人才,实行国民革命,"则对于本校,宜如何尽心爱护,竭力维持,俾得造就人才,速成革命,以竟先总理未竟之事业"。接着说中央曾议决每月津贴上大一千元,这也是应该的,并非对上大格外恩惠。后政府财政被反革命把持,党内重要事务因遭掣肘,财政困难,对于本校无暇兼顾,此款停寄,本校亦能原谅。"近者政府改组,反革命势力尽数扫除,财政亦已统一,事权规划措置裕如。本校适于此时因遵行先总理遗训,作反帝国主义运动,死伤者已数十人,被拘者更不胜计,复遭帝国主义者暴力驱散,以致数百名学生流离失所。此固本校之痛苦,系吾党之光荣,吾党自应怜惜,此数百名为主义牺牲之学生,以诚挚之维护。况此次建筑校舍,外人之与本校绝无关系,帮助巨款者,颇不乏人。以吾党与吾校关系之深,乃竟无一毫实力之帮助,能使此数百学子,对于本党之信仰,毫不发生动摇者,实系彼等觉悟之彻底,意志之坚强,要非吾党维护怜惜之同情,有以致之也。顷者,本校策划进行,在在需款,如能恢复原有之津贴,固属吾党扶植革命势力所应为,即令不能,则对于校舍之建筑,亦应有巨大之帮助。"此函陈述上大与国民党的密切关系、上大在五卅运动中所做重大牺牲,意在情感上打动国民党中央。

终于,在9月8日的复函中,国民党中执会决定"补助建筑费二万元,并催财政委员会提前办理"。同日,财政委员会便收到了中执会的办理通知。可财政委员会却迟迟不拨。上大派代理校长邵力子呈函面交中执会,称其补助上大二万元的决议"因培植人才,固奠基础,早为同志诸公所洞鉴,钦佩之心,诚无涯际,当因建筑在即,需用极殷",请"转催财政委员会,速汇来沪,以应急需"。中执会第117次会议决议,候"领得经费时,即行拨付"。1926年2月22日,上大又致电国民党中央党部,催拨建筑费,言"本校校址购定,开工在即,请将津贴洋二万元速即汇来"。中央党部即请国民政府速办。而国府常委复函中央秘书处"催汇补助经费一案,已令催财政部如数筹拨"。

上大见经费拨不来，而建筑事宜紧迫，遂于4月9日派在粤学生丁郁向国民党中执会催款。国民党中执会秘书处复函称，国民政府已催财政部筹拨。4月10日，上大致函林伯渠、毛泽东、恽代英，再次强调中央补助的建筑费二万元，"迭函催取，延展经年，迄未汇下。现地基正在江湾购定，于前日付款立界，正式成立契约，刻正进行建筑计划。惟经费奇绌，未便开工，深盼中央疾将此款汇来，以便资接济。特再致函执行委员会，并派敝校在粤学生丁郁女士为代表，催汇此款。深恐执行委员会再事迁延，使经年筹备之功中途废弃，有负各界热心诸士喁喁之望，敢请诸先生鼎力赞助，敦促执行委员会将此款克日汇来，以便开工"。在林伯渠等人的帮助下，4月26日，中执会致函政治委员会，请"迅予照案催拨"。同时给予上大回复。政治委员会于4月30日复函中执会，表示已"函饬财政部酌办"。

在得到中执会4月26日回复之前，4月24日，上大行政委员会致函中执会，催拨两万元助款，并请再一次性补助一万元。其一，上大此次建筑校舍需费在七万元以上，现除中执会指拨的两万元，以及向社会募得的捐款一万二千元外，还差很多。然而上大反抗帝国主义者最烈，去年受祸亦最酷，校舍落成后学子安心学业，可以备为救国之用。其二，上大自成立以来，经费年年亏损，均由于校长捐募借垫得以维持。历年积亏，已达一万余元。预计本学期又将亏损四千余元，以前赖有中执会应允每月补助一千元，中途因财政困难而又停拨。但现在国民政府财政统一，经济状况较佳，特提出此申请，以解上大之困。中执会第25次常务会议议决同意，致函政治委员会即刻办理。不过，在此后的函件中，再不见此一万元的踪迹，只提及先前应允的两万元助款，不知是何原因。

为了帮助上大尽快获得拨款，5月6日中执会介绍上大代表韩觉民前往蒋介石、谭祖安、宋子文处接洽上大校舍建筑费事。同时，再请上海特别市党部帮助催款。5月12日，中执会复函："业经提交本会财政委员会会议决议，已转致该委会办理在案。"5月18日，中执会再次致函国民政府，催办拨款事宜。经过多次努力，事情终于出现了转机。6月9日，韩觉民携带国民党中央助款一万元返沪，6月11日到达上海，上大师生"闻此佳音，均甚稍庆，特拟于日内开会欢迎"。

然而，仍有一万元未得，6月26日于右任致函张静江，请转国民党中执会催拨建筑补助费余额，"惟敝校建筑校舍，筹备经年，尚未实现，内受学生之监责，外招各界人士之怀疑。今当千钧一发之际，若再令其停顿，敝校亦无以自解。务望贵会诸公下体敝校之苦衷，催促财部早将补助费全数拨下，实为公便"。张静江如何周旋不得而知，但中执会第41次会议决议"军糈紧急，暂行缓拨"。7月26日，上大又致函中执会催款，这次乃请何子渊代呈。经中执会第49次会议决议，致函国民政府，催其速拨，并复函上大。1926年9月7日，国民政府表示已饬令财政部速办，上大方面随即收到中执会的答复："令财政部迅为筹拨。"10月27日，韩觉民写了一张便条给邵力子："十四年发文函，财政委员会送邵力子呈该补助建筑费二万元。"国民党中央应允的两万元助款，终于全部落实。是年12月，江湾新校舍落成，并预计于次年初举办落成典礼。

五、追认学籍：重新认定上大为党办学校

1927年上大被封之后，学生的学籍不被承认，他们的工作与生活遇到了很大困难。九一八事变后，上大学生目击时艰，为学籍问题，一再向国民党交涉。而认定学籍，意味着再次确认上大是国民党所办，并将学校与中共之间的关系定位清楚。此时西安事变尚未发生，国共尚未再次走向合作。因此，上大学生也是从上大是国民党所办这个角度提出申请的。

先是上大学生代表马文彦、程永言、郑仲武等向于右任发出请求："呈请转呈中央，请求追认上海大学学生学籍事。窃上大在民国十一年创办之初，曾请命于总理组织校董会，推请先生出任校长，叶楚伧先生为教务长，廖、胡、汪、孙、戴、张、邵诸公为讲授，全国革命青年云从景附，先后来学者达两千人，上大隐然成为本党革命宣传之中心。五卅运动与北伐时期，我校同学行艰历险，成仁取义，始终秉承本党命令，努力国民革命。十六年五月，本党厉行清党，我校不幸，竟以少数共党分子杂糅，致受全部休学之处置。时先生督师西北，叶、邵二公随北伐军参赞戎机，校务主持乏人，乃从此停顿。而今日教、铨两部，对于我同学学籍不予承认，以致我校同学有欲升学而不能升学者，有欲服务而不得服务者。且有既升

学或服务而又退学去职者。全国高等考试,而我毕业同学即投考资格亦不能取得,此就荦荦大者言之,余则不忍为先生陈矣。夫上大之为本党党校,无论从其组织历史、主持人物、经费来源诸大端言之,实均与黄埔军官学校、中央政治学校同其性质。请分陈之:(一)上大创办既经请命于总理,总理且亲任该校之董事长,本党先进诸公多曾担任校董、讲授,即先生之出任校长,亦为总理所任命;(二)上大经费经中央党部决议,由国民政府按月拨给;(三)上大之成立,曾在国民政府立案。总上所陈,我上大实为党立与国立之学府,乃迄今竟不能享有普通大学之待遇,生等默念前途,几无以自致于党国,且无以对总理及诸先进创办上大之初衷。前以大会期间,各地同学来京之便,经数度集商,一致决议,恳请先生转呈中央追认上海大学学生学籍,并与国立大学同等待遇,以副党国养育人才之至意。"

于右任遂向国民党中央上呈提案:"谨查上海大学在广州政府时代实为本党培育革命人才之最高学府,领导青年民众拥护本党及政府,北伐期间尤尽宣传联络之责。中间虽经共党之窃据,然本党忠实同志仍葆贞亮,克制鸱张。现在服勤本党之诸生,皆有事功之表现,且革命历史上之一段事迹,亦未便长使湮没,更使忠纯学子身份难明,永无湔祓之期,遂绝奋庸之路。该生等所呈各节,均属实在情形,爰谨提案请予追认上海大学学生学籍与国立大学同等待遇,送国民政府令行主管院部遵照办理。"

接到中央委员于右任的提案后,常务委员汪兆铭、丁惟汾、邹鲁、胡汉民、冯玉祥、孔祥熙、蒋中正、叶楚伧、陈立夫等,召开中执会第八次会议讨论通过,1936年3月致函国民政府:"希查照转行主管院部遵办。"国民政府于4月2日训令行政院和考试院等遵照办理。文官处复函中执会秘书处,言所交事情已奉政府令照办。行政院等通知相关部门制定详细办法妥为处理,并于5月28日呈报国民政府,已转饬教育部遵照办理,该部复称:"奉令自应遵办。除函请该校负责人,将该校办理经过情形、已毕业及未毕业学生名册、毕业及肄业证书式样等项,造具表册,连同学校钤记及校长私章印鉴,一并送部以资遵办"。国民政府接函后,6月4日再令行政院对办理情形鉴核。文官处函复中执会,称教育部已复函遵照办理,行政院、考试院转饬遵办,完成了各项程序。

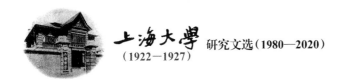

上大学籍问题解决后,1936年5月18日,在南京的上大学生汇聚一堂,成立了同学会筹备委员会,并组建学籍审查委员会,"并函王陆一、吴企敬、刘道行、郑仲武等为委员"。在《上海大学留沪同学会成立大会特刊》的前言中,表明了恢复学籍和组织同学会的目的:"我们必须认清目前的国难,比之十年前更是严重,愈加迫切,于校长所以为我们力争学籍,赞助我们组立同学会,决不在替我们扩大升官发财的途径,使我们有享受荣幸的余地,他的真意,乃在使我们从此以后,更易获得为国牺牲、复兴与民族的机会。凡我上大同学,都要体察于校长的这个用意,大家继续过去的革命精神,肩负复兴民族,打破国难的重任,以完成当前的使命。惟有这样,才不愧为真正的上大同学!"

在当时国共关系僵持的情况下,上大学生请求国民党中央追认学籍,也只能按当局关于国共关系官方说法来申请,认可国民党对上大性质的认定。但从这份宣言看,上大学生主要强调对国家民族的责任,并没有提到与共产党之间的关系。说明国民党对上大性质及国共关系的认定,也是特殊历史条件下的产物。

综上所述,国民党为上大发展贡献很大,但由于不能面对共产党在上大的影响,在制造上大短命历史的同时,也为自己留下了一段不堪回首的历史记忆。上大是在国民党低谷时期、中共成立初期,双方力量都很弱小,需要联合起来共同反帝、反军阀背景下成立的,并在正式的国共合作中发展起来。因此,说国共合作创办上大也是可以的,但两党并无任何决议或正式文件,只是凭领导人之间的关系商定办学的有关问题。于右任接手上大,很强调国民党的领导地位。国民党重视上大的建设。但是,由于国民党在国内斗争中处于劣势地位,经费非常困难,办学经费与人才缺乏。在孙中山寻求外部力量支持,与中国共产党人及苏联合作的背景下,在上大的共产党人有了活动余地。共产党人在一些课程及讲座中宣传马克思主义,吸引了很多青年学生,共产党的组织在上大也发展起来,在参与社会活动方面突出。青年学生之所以选择上大,是因为主持上大的主要领导人与教员主张反对军阀与帝国主义,主张在中国进行社会改造与社会革命。上大的课程中鲜明的"主义"内容,都给青年学生以极大的吸引力。

但由于共产党组织及其宣传的主义影响越来越大,国民党在上大加强了思想宣传,明确宣称上大是党办大学,在经费困难的情况下,拨给上大办学经费。随着孙中山的逝世,国民党右派势力抬头,在上大的国共两党力量冲突增多。但在反对帝国主义与军阀的过程中,上大的共产党组织又发挥了主导作用,直至国民党新军阀蒋介石认为上大是共产党的活动基地,为了击垮共产党的势力,不惜强行将上大关闭。到1936年,国共关系仍处于敌对状态,国民党再次借认定上大学生学籍之际,强调他们当时关闭上大的合法性及上大为党办的正统地位。这显然是国共关系仍处于敌对状态下的产物。

国共合作时期的上海大学

马建萍

在国共合作的呼声中,上海大学于1922年10月成立,它是由原上海私立东南高等专科师范学校改组发展而来的,直至1927年"四一二"后被强行查封停办。上海大学是中共实际领导的第一所高等学府,俗称的"弄堂大学",它的建校历史短暂坎坷,但却展示其顽强的生命力。上海大学成立不足五年的时间里,正值国共合作的国民革命时期,可谓收效甚宏,为国共两党造就了大批栋梁之材,在当时享有"武有黄埔,文有上大"的盛誉。数千追求社会进步而奋发求学的有志青年就学上大后,或成为舍身忘我的职业革命家,或成为学有专精的理论家……在中国近现代史尤其是革命运动史上,留下了不可磨灭的一页。

艰难改组　合作办校

上海大学创办于1922年10月,其前身是设于闸北青岛路(后改为青云路)的私立东南高等专科师范学校。该校创办于1922年春,时任校长的王理堂以男女同校、提倡新文化相号召,刊登广告宣传学校有名人、学者任教,于是全国各地的青年纷纷慕名负笈来学。开学后学生们发现"各科虽都有课程名目,但无教师,即或有之,亦都不称职",更不见名人学者。当时来校求学的学生中,不少曾经历过五四的洗礼,具有求知欲望,政治上也有一定的抱负,遇上这样一所名不副实的学店,无不义愤填

---

① 原载《都会遗踪》2016年第2期。

膺,而此时的王理堂又带着学生们上缴的学膳费留学日本了。忍无可忍的学生们成立"十人团"领导核心,并争取到了部分教师的支持,草拟宣言揭露学校黑幕,宣布改组学校。

校长人选,全校公决在陈独秀、章太炎、于右任三人中延请一位。可是他们对陈、章、于均素不相识,仅仅慕其名而已。"这时学生中有与党有联系的,就来找党,要党来接办这学校。但中央考虑,还是请国民党出面办这学校于学校的发展有利,且筹款也方便些,就告诉原东南高等师范闹风潮的学生,应由他们派代表请于右任来担任校长,改校名为上海大学"。于右任是老同盟会会员,参加过辛亥革命,曾与友人创办过复旦公学和中国公学,之前又发表过救国须先从教育着手的言论。经多方探寻的学生们得知于右任交卸西北靖国军总司令职务刚抵沪,于是决定请他来担任校长。经过大家的再三请求,于右任虽感"改组大学,前途艰巨",但仍答应了出任上海大学校长一职,并表示"自当尽力之所能,辅助诸君,力谋学校发展"。

当时,孙中山从广州蒙难脱险留驻上海,他和一些国民党人因军事和政治上的屡屡失败,开始将目光转向文化教育事业,以图重新培植人才,发展政治势力,因此他们对上海大学也颇为关注。当于右任在思考是否就任校长时,国民党内柏文蔚、柳亚子、杨杏佛、叶楚伧等都极力促驾,拟将上海大学纳入国民革命的政治轨道。孙中山重建革命政府后,"即亲自批准月拨万元资助上海大学"。当然,此时的中共尚处幼年时期,也想通过开办学校,进行马列主义理论的宣传,培养革命干部,以开拓各方面的工作,故而也十分重视上海大学的建立。

共产党要与当时的国民党合作,既要提出国民党能接受的口号,又要使这个口号不违背自己的革命纲领。鉴于策略的考虑,中共创始人陈独秀提出了和孙中山主张相应的"国民革命"这一纲领性的口号。"国民革命"一词,最早出现于孙中山1906年的《中华军政府宣言》中:"所谓国民革命者,一国之人皆有自由、平等、博爱之精神,即皆负革命之责任。"孙中山在其遗嘱中有言"余致力国民革命,凡四十年",可见他将自己从事的革命称为"国民革命"。孙中山重树的新三民主义,在反封建的基础上,明确提出了反对帝国主义侵略的主张,与中共二大制定的民主革命纲

领,即"联合全国革新党派,组织民主的联合战线,以扫清封建军阀推翻帝国主义的压迫,建设真正民主政治的独立国家为职志"的基本原则是一致的。陈独秀在《造国论》中指出:由于"中国资产阶级没有壮大的表征",无产阶级也未壮大,"所以无产阶级革命的时期尚未成熟,只有两阶级联合的国民革命(National Revolution)的时期是已经成熟了,这个时期的成熟是可以拿十余年来的政治史及眼前要求打倒军阀、建设民主政治的呼声可以证明的"。他的造国方案和造国实践,是在孙中山倡导的旧民主主义革命未成正果、中国政治社会日渐黑暗的状况下,伴随着年幼的中国共产党步入拯救民众的政治历史舞台而渐次拓展的。陈独秀领导下的中共三大正式发文将"国民革命"替代"民主革命",这也成为两党合作的基础。对于国共合作,于右任是非常赞同的,他认为中共有许多值得寄予厚望的青年,国共合作办学能很好地发展教育、振兴国家。于右任的洞察时务和豁达包容,为国共两党真诚合作、共同办学打开了良好的局面。

1922年10月23日,由于右任亲自书写的"上海大学"牌子挂在了学校门口。上海大学在大雨滂沱之中召开成立大会,于右任到校讲话并宣布就职。然而,留校的原创办人员因同学监视不严,逃出学校四处活动,欲夺回学校。年底,王理堂从日本赶回上海,向法院起诉,开庭数次均遭学生们义正词严的驳斥。次年1月下旬,原学校创办人员不得不请求和平解决,撤销讼案,无可奈何地宣布"所有校具及其他各种物件,均应归改组后之上海大学所有,同人等从此即脱离该校关系",这样,历时三个多月东南高师学生改组学校的斗争以胜利而告终。

由于东南高师的师资、设备、资金等均缺乏,尤其是缺乏干练的主事者,这令于右任颇为踌躇。1923年4月,当其友李大钊到上海后,于右任、邵力子设宴,专门与之商谈上海大学校务,希望李大钊能以在北大办学的经验来办上大,但李工作繁忙,无暇分身,于是就推荐了他的学生、共产党员、北大文科毕业的前直隶高等师范的教授邓中夏来参与上海大学的管理工作。是年夏,邓中夏到校任总务长,负责行政工作。之后,陈独秀又派瞿秋白担任社会学系主任,切实加强上大的领导力量和教学力量。

8月,上海大学特设校董会,孙中山为名誉校董,蔡元培、汪精卫、李石曾、章太炎等二十余人为校董。国民党一大后,明确其为国民党党立学校。同时,上大全体教职员成立学校最高决策机构——评议委员会,处理全校重大事务,于右任为评议主席,邓中夏、瞿秋白、邵力子、陈望道、叶楚伧等9人任评议员,委员中既有共产党员和国民党左派、又有国民党右派,国共两党合作办学已成必然。

当时,于右任主要从事国民党的政治活动,并不经常到校视事,许多工作尤其是校务方面的工作,均由邓中夏负责处理。瞿秋白不仅是社会系主任,还出任学务长,负责全校教务。他们到校后围绕着"养成建国人才,促进文化事业"的办学宗旨,着手制定学校章程、改革学校体制、建立教学秩序、整顿师资队伍,尤其是革新教学的内容和方法,使社会科学的教育与中国革命斗争的实践紧密结合。他们秉着"为应社会之需求",提出上海大学的职任是"切实社会科学的研究及形成新文艺的系统",并明确指出创办上海大学的目的是用进步的思想和丰富的知识,武装学生头脑,使他们能够独立认识社会,具有改造社会的能力,以担负革命的重任。

上海大学把整顿校务的重心,放在教师队伍的聘请上,许多学有专长的学者被请进校门,其中既有共产党员,也有国民党员和无党派人士。他们是:中国文学系的陈望道(主任)、邵力子、田汉等;英国文学系的何世桢(主任)、冯子恭、周颂西等;社会学系的瞿秋白(主任)、施存统、蔡和森等;美术科的洪野(主任)、陈抱一、丰子恺等;中学部的陈德徵(主任)、李未农、张石樵等。上大的教授们"不是以教授糊口的教授。他们很热心地聚集在上海大学,将他们所研究到的专长,指示给他们的学生……他们并不愿意一天到晚坐在讲坛上死教学生,他们也知道大学生——尤其是现在中国的大学生,在研究学问之外,还有很多事要做。所以在旁的大学中的教授以为应当阻止学生、压迫学生的事,上海大学的教授却偏偏都很热心地帮助学生、指导学生。有他们这样的精神,于是才生出上海大学全部的特殊精神"。

增设社会学系,是上大学科设置改革最主要的一环。社会学系与现实社会关系最密切,因此,中共特别重视社会学系的开办。瞿秋白为社会学系设置了近40门课程,称得上是一个学贯中西、博古通今的教学规划。

瞿秋白、施存统曾先后任该系系主任,这里执教的大多为中国共产党著名的领导人和理论家。他们自己编写课程讲义,由书局公开出版或由报刊发表,在社会上产生了很大的反响,由此吸引了其他科系的学生甚至是其他学校的学生都来选修和旁听。这里毕业的学生既是社会科学方面的通才,又是从事专业研究打下初步基础。后来,社会学系成为上大最大的系科。

此外,上大还开设全校学生参加的特别讲座和学术报告,有宣传马列主义的,有宣传唯心主义的,有学术性较强的,有联系当时社会实际的。一些观点并不一致,甚至互相对立,但对于学生了解不同思想观点、扩大知识面、开阔思路有很大帮助,培养了他们分析问题和独立思考的能力。

正是由于老师的指导和帮助,上大的学生"认定研究学术与从事社会运动,是不能分开的",为此,他们"抱着绝大的愿心,要竭力扫除一切,要将我们现在应当归依的真正救中国的目标指示给国民"。

站在前沿　血染风采

国共合作正式建立以后,大多数共产党员和青年团员加入了国民党。经过国共两党共同努力,国民革命的影响很快从中国的南部扩大到北部,从国共两党扩大到工人、农民、士兵、青年学生和中小商人,促进了工人、农民、学生、妇女等革命群众运动的开展,形成了反对帝国主义和封建军阀的革命新局面。

随着国民革命的深入发展,阶级矛盾的日益尖锐,上大教师队伍中不同政治倾向、派别的矛盾也自然而然地显现出来。1924年1月,国民党右派陈德徵纠集一部分人,反对共产党,反对共产主义,破坏师生团结。上大的共产党人旋即团结党外进步师生坚决反击,发动了一场"驱陈运动",最后于右任不得不将其解职。此后,一些右派教师自觉在上大无法立足,相继离校。此后,校内政治思想活动以共产党和国民党左派力量占绝对优势,国共双方真诚合作,上海大学成为东南革命的重心。

国民革命时期的上大是一所培养革命人才的新型学校。"上海大学的学生,党是向两方面输送的:一方面就在上海范围内工作,一方面调到全国各地去工作……上海大学成为当时我们党的干部'储蓄部'"。上大的师生也意识到"为发展中国的国民经济与建设民治主义的政治,势非人民结合起来用革命的手段将中国祸源之帝国主义与军阀铲除不可,然而此种国民革命之成功,决非一早一夕可以达到",因此,他们在唤起民众、组织民众、打倒军阀、反对帝国主义等方面做了很多工作。

中国共产党自成立以后,从中央到地方的各级组织都以主要精力从事工人运动,创办各种劳动补习学校成为他们的重要任务。中共上海地方委员会以上海大学学生为骨干,深入到工人中开展工作,创办识字班、工人夜校和补习学校等,从提高工人的文化程度着手,进而开展马克思主义的普及宣传工作,启发工人的阶级觉悟,培养领导工运的工人骨干。工人领袖顾正红就曾是沪西工人夜校的学生。

1924年3月,上海大学附设英文义务学校和平民学校相继成立。夜校纯属义务性质,不仅不收学费,而且连课本和文具都是由学校供给。初入学者共计六百多人,教员多数由上大师生兼任。不久,共产党上大支部又派遣进步师生分别在沪西、沪东、浦东、吴淞等工人集中的地方创办了七所工人夜校。这是在统一战线的旗帜下,以国民党名义举办的,对象均是男女工人。学校成为上大学生和工人之间建立良好关系的纽带。在此基础上,上大师生帮助工人建立起工会,并和各个产业工会逐步加强联系。年底,19家中外纱厂秘密建立工人俱乐部,会员近一千人。其中较为著名的就是沪西工友俱乐部,"党中央和劳动组合书记部的一些同志常去俱乐部讲演,邓中夏就是去得最多的一个。沪西工友俱乐部逐渐成为沪西工人运动的一个中心"。上大师生通过开办学校、建立工会、发展党组织等一系列活动,为上海工人运动的发展和工人政治觉悟的提高,为五卅运动的兴起做了重要的准备。

1925年5月"顾正红事件"后,中共中央多次召开会议,及时提出指导斗争的方针、策略和口号,进行大量的宣传和组织工作,并指示各区委、地委、独立支部,应即号召工会、农会、学生会以及各种社会团体,发表宣言或通电,反对日方枪杀中国工人同胞,同时筹募捐款,援助罢工工人,掀起反日爱国运动。上大师生积极响应共产党的号召,走上街头进行反对帝国主义暴行和支援受难工人的宣传、募捐活动,遭到租界巡捕拘禁。

5月30日,上海各界学生在公共租界各要道进行反帝宣传,约2 000余名学生汇集到南京路示威演讲,揭露日人枪杀顾正红、学生被租界当局逮捕的真相。上大学生会组织了由400多人参加共计38组的"学生讲演团",和工人宣传队一起,进入南京路新世界至抛球场(今河南中路南京东路)一带,慷慨陈词地向市民进行宣传。英国巡捕房竟调集通班巡捕,公然开枪屠杀手无寸铁的群众,血染南京路。当天共13人被打死,数十人重伤。担任上海学生联合会秘书的上大学生何秉彝是示威演讲指挥总部的联络员,他奔走于各演讲队之间,惨遭枪杀,牺牲时年仅23岁。第二天,上大继续组织学生来到南京路,冒雨继续散发传单,奔走呼号,向各商店宣讲五卅惨案的经过。据当时《上大五卅特刊》调查股报告,五卅这天,上大学生受伤者达13人,被捕者达130人。

6月7日,上海工、商、学召开联席会议,成立了上海工商学联合会,作为"三罢"运动的公开领导机关。无论在学联、总工会还是在工商学联合会,都能看到上大师生的身影,他们积极地投身于大革命的洪流中。时隔近六十年后,阳翰笙仍能清晰地讲述当时的情景:"上海大学的干部多,在工人运动、学生运动、包括工商学联合会都有上海大学学生参加工作。'五卅'运动时几乎全校师生员工都参加了。"在中国共产党的领导和推动下,五卅运动的狂飙迅速席卷全国,从工人发展到学生、商人、市民、农民等社会各阶层,并从上海发展到全国各地,成千上万人的集会、游行、示威和罢工、罢课、罢市,形成了全国规模的反帝怒潮。

在国民革命运动中发挥先锋作用的上大师生,招致了帝国主义的仇视。租界当局自1924年12月起就多次搜查上大。五卅后,他们就派出万国商团和英巡捕荷枪实弹闯进学校,武力驱赶师生,勒令学生于十分钟内一律出校,不许逗留,并由美国海军陆战队强占校舍。学校的书籍和财物被肆意毁坏,学生的图书和被褥被抛掷在地。几百名学生只得暂时被分别安置在各个学校,但即便在如此困难的情况下,上大学生依然不屈不挠,全心投入到轰轰烈烈的"三罢"斗争行列。那时沪上各报都竞相登载上大的消息,上大的威名可谓震惊全国。

从上大创办,中共一批著名的政治家、教育家和文学家们就先后到校任教,并开展建立党团组织的工作。1923年夏,中共上海地方兼区执行委员会改选后,对全市党员实行重新编组,统一划分为五组,上海大学组为第一组。1924年1月,上海党员共有50人,其中上大18人。1926年,上大发展为独立支部,党员61人,直属中共上海区委领导,同年底,党员发展到130人,是全市党员最多的支部。至于青年团,1924年10月,上海有团员195人,其中上大就有90多人,几乎占二分之一,成为当时上海革命活动的中心场所之一。黄埔军校成立后,上海大学作为一个基点,向黄埔输送了一批学生和教员。1927年3月21日,为了响应北伐军的胜利进军,上海工人在中共领导下,举行第三次武装起义。上大师生立即行动,组织慰劳队、宣传队和救护队等;一百多名学生奔赴前线和工人武装纠察队并肩作战,将生命和热血洒在了这片土地上。4月,正当上海人民欢庆胜利的时候,上大却招致了忽然掉转枪口的蒋介石的查封。被诬为"赤色大本营,是煽动工潮、破坏社会秩序的指挥机关"的上海大学随着统一战线的破裂而结束,但它却以彻底的反帝反封建的斗争精神,赢得了令四方有志青年闻风景从的"东方红色大学"的美誉。

  20世纪20年代的上大作为一所大学,它有着一般大学的共性;作为中国共产党和国民党合作的产物,它也有着独特的个性。上海大学存世于风云激荡的年代,却汇集了诸多社会先贤,他们筚路蓝缕,革故鼎新。伴随着国民革命的兴起和发展,许多民族的精英在此熔铸成长,上海大学可谓走在了时代的前列!

非基运动与民国上海大学师生群[①]

杨雄威

1922—1927年的非基运动是一场席卷全国的反对基督教的社会运动。建立不久的中国共产党在其中发挥了独特的作用,不仅促成运动在1924年8月的"复活",且使其在同年底发生从宣传到行动的重要转折,进而推动该项运动成为一项全国性的街头抗议运动。问题是,中共如何实现其在该运动中的组织和领导[②]?从民国时期上海大学(1922—1927)校史的角度看[③],1924年后非基运动中的活跃分子,相当一部分人具有上大师生和中共党团员的双重身份。那么,中共与上海大学在非基运动中

[①] 原载《安徽史学》2016年第3期。

[②] 原文注:过去学界的目光重点投放在中共对1922年非基运动的领导权上,大体有参与、推动和参与领导组织等三种说法(参见周东华《联共(布)档案所见中共与1922年"非基"运动关系辨析》,《宗教学研究》2009年第2期),但对其组织运作机制迄今仍无人探讨,更未能充分利用各地革命历史文件汇编等史料从中共党史的视野下去审视,导致学界对非基运动本身及其中政教关系的不少断语都有隔膜肤廓之感。反过来,非基运动作为中共最初重点推行的社会运动之一,反映了当时中共的存在及活动状况,不失为早期中共党史研究的一个重要切入点。

[③] 原文注:陈贻绎曾撰文论述北大知识分子与非基运动,注意到非基运动中几个重要人物均有北大身份,但并不关注这些人物之间的横向联系,也未涉及北京大学在其中可能扮演的交流平台角色(参见:Chen Yiyi, Peking University's role in China's Anti—Christian Movement in 1922-1927, *Social Sciences in China*, No.1, Feb, 2010)。非基运动是一场以知识分子为参与主体的社会运动,其中大量活动是以学校为平台,但这一现象本身并未得到学界足够重视,导致非基运动的横向联络机制无法得到更多揭示。同时,民国上海大学(1922—1927)为中国革命培养大批人才,对中国历史产生持续影响。对它的研究,很可能会推进学界对早期中共党史和国共关系史的认知,但迄今为止相关学术成果十分缺乏。

如何关联？本文即试图通过对非基运动中上大师生相关活动的考察，探讨中共早期的青年运动的某些组织特征。

一、非基运动中的上海大学师生群

1922年正式发端的非基运动，在最初的喧嚣过后，其组织一度"烟消云散"。但以1924年8月非基同盟的建立为标志，成功"复活"并走向高潮阶段。教内人士沈体兰在谈论其中机缘时指出："那时有一个被沪江大学斥退的学生，在一个私立学校中读书，聚集许多非基督教同志，组织非基督同盟。"教会史家王治心亦记述"曾在教会学校肄业"的李春蕃"偶与校中一职员冲突"并"因此辍学"，遂在《非基督教特刊》撰文攻击基督教。李春蕃解放后也提到"上大学生会要在1924年暑假办'夏令讲学会'，约我去讲《帝国主义》"，此时"恰巧沪江大学在暑假将我开除，我就搬到上海大学斜对面的一家油酒店的楼上住下"。他随后成为上大社会学系学生。曾先后在上海大学就读和任职的姚天羽则忆称："上大在1924年间，曾搞过非基督教运动，由李春蕃主持。"由此可知，沈体兰与王治心所述为一事，前者所说"私立学校"即为上海大学。

1924年8月2日，由100余位反教人士集会重建的"非基督教同盟"召开第一次委员会。5位委员分别是李春蕃、徐恒耀、高尔柏、张秋人和唐公宪。其中李春蕃、高尔柏和张秋人3人均为上海大学的学生或老师。上海《民国日报》在谈及非基同盟成立地点时，称"闻日前已借某大学开成立大会"。此大学应为上海大学。非基同盟正值高校"暑假期中"成立。由于学生大多已返乡，学生运动在假期很难展开，但7月中旬以来在上海大学举办的夏令讲学会为非基运动的成立提供了人员和组织的预备。讲学会期间召开"夏令讲学会社会问题研究会"成立大会，到会者"约百人"，5位执委分别是李春蕃、唐公宪、黄仁、刘一清、徐恒耀。其中有3人与非基同盟委员重叠。

非基同盟成立后，上大师生对非基运动的推进产生重大影响。从1924年的《非基督教同盟简章》中可知，这一同盟的工作重点为文字宣传和口头宣传。上大师生对此均有参与。曾任非基同盟宣传委员的高

尔柏提到"上海大学党支部"分派学生"到各个教堂,在做礼拜的时候散发反宗教的传单,并作演说"事。曾在上大就读的薛尚实也忆及在教堂门口的演讲和策反基督徒的具体策略。孔另境在1936年校友会刊物上很自豪地称呼上大为"社会的学校",非基运动中的街头演讲正是生动写照①。上大师生的文字宣传工作对非基运动产生的影响更大。恽代英和张秋人等编辑的共青团中央机关报《中国青年》上常见上大教师身影。上大学生则参与创办了多种非基运动杂志和小册子,其中尤以《非基督教特刊》最具影响力。

《非基督教特刊》是非基运动的第一份专刊。非基运动重要领导人张秋人曾经撰文,指出缺乏专门的出版物指导和联络此项运动。因此,非基督教同盟重建后,假《觉悟》出版发行《非基督教特刊》作为其机关刊物。特刊从1924年8月19日起共出版25期,先后发表反教文章上百篇。在其几十位作者中有相当一部分为上海大学师生。施存统在讲到《先驱》的停刊时,便指出供稿成大问题。这提示我们作者群对于一个刊物的重要性。从《非基督教特刊》作者身份来看,上大师生对非基运动有深刻的参与。

关于特刊的工作,李春蕃曾回忆道:"同文书院、南洋大学、上海大学等校都有人参加编辑工作,我是上大的代表参加和负责编辑。"由在特刊中的社评和"短兵"的署名可推测,李春蕃担任了主要的编辑工作。他"在教会学校鬼混过六年,且做过了三年基督徒",正是这种"亲历其境",让他对基督教及教会学校的弊端有深刻的体会。李春蕃为特刊奉献的文章数量在所有作者中首屈一指。后来李春蕃离沪,其宣传委员一职由上海大学社会学系学生李炳祥取代。后者在特刊先后发表了三篇文章。另一个弥补李春蕃缺位的是张秋人。他以秋莼为笔名,共在《非基督教特刊》发表一篇文章和四段按语。一些按语显示了他在非基运动中的领导地位。

---

① 原文注:叶文心注意到了上海大学"教室"与"街头"的二重性。同时也看到,"街头"即孔另境所说的"社会"的一面自30年代始便占据了历史记忆的主流([美]叶文心著、冯夏根等译《民国时期大学校园文化(1919—1937)》,中国人民大学出版社2012年版)。

除了上述三位编辑外,特刊的多位作者也具有上大教师或学生身份。实际上,在《非基督教特刊》数十位署名作者当中,能确认作者身份的不足40人。其中有案可稽的上海大学的师生共有19人,占到半数以上。他们分别是:邓中夏、恽代英、杨贤江、沈泽民、蒋光慈、董亦湘、张秋人、黄正厂、李未农、李春蕃、贺威圣、马汝良、许侠夫、李炳祥、张霁帆、刘一清、吴晓天、江仕祥和黄仁。这19人中又有多位作者不止一次向特刊供稿。因此不妨说,围绕着《非基督教特刊》形成了一个上大师生作者群。再进一步考察这份名单中的上大师生的政治身份,可知除李未农的政治身份无法确定外,其余均为中共党团员①。上大师生与中共党团员的双重身份之间具有惊人交集。

非基督教运动复活之初,同盟的影响是有限的,赞成者"原在少数",反对者"也是不多"。但随后获得了重大推进。其过程诚如某教内人士所叙述的,非基运动"至十三年八月死灰复燃,而有'非基督教运动'发现,现由上海而遍及各省,不但用文字宣传,刊行各种定期刊物,专对基督教肆行攻击,更进而组织团体,游行示威,欲借实力以制基督教之死命"。上大师生在文字宣传和团体组织两方面均发挥了重要作用,推动了非基运动向全国的发展。

在文字宣传方面,由上海大学师生群主导的《非基督教特刊》起到了张秋人所期望的指导和联络作用。李春蕃在1924年底回复读者来信时提到,特刊"除随《民国日报》附送外,我们只印六百份,除赠送及交换外,所余无几"。饶有趣味的是,特刊还"以单张寄送各教会学校及基督教设立的出版事业机关作为交换品"。1924年的上海《民国日报》具有全国性影响力。其主办的《觉悟》副刊号称民国时期四大副刊之一。上

---

① 原文注:特别需要考证的是黄仁的政治身份。上海大学学生黄仁之死曾掀起上大内部左右之争的一个高潮。针对有国民党员在《商报》上称黄仁之死系"共产党之名义,作共产党之工作,不应牵入本党范围",恽代英曾特别撰文强调黄仁国民党员身份(《为黄仁惨案之重要声明》,《民国日报》1924年10月18日)。但瞿秋白在给鲍罗廷信中称黄仁是"共青团员"(《瞿秋白文集》"政治理论编"第2卷,人民出版社1988年版,第675页)。1924年初上海地委兼区委与团上海地委联席会议记录也清楚地记载了当时尚在中华职业学校就读的黄仁为团员(中央档案馆、上海市档案馆编《上海革命历史文件汇集》乙种本第1册(上海区委会议记录),1986年版,第75页)。

海非基督教同盟"以《觉悟》为机关报,颇能引起中国各处人民的注意"。

特刊一个重要集中的宣传活动便是李春蕃所说圣诞节期间的"非基督教周"活动。特刊在12月3日发布消息说非基同盟委员会已决定召开"非基督教周"。一周后李春蕃即以编辑身份发表了名为"非基督教周"的社评,呼吁"各地的同志们"在圣诞节前后一周内从事大规模示威活动,开演讲会,印刷传单,散发小册子,吸引更多人加入反教同盟。

非基督教周活动发生不久,张秋人即"据各报所载"对其作了概括性描述:"广州,长沙,武汉,济南,九江,上海,苏州,徐州,杭州,绍兴,宁波……等地方,都有极大的群众运动,开会呀!演讲呀!出特刊呀!发传单呀!游街呀!……做得极为热闹。"在民国时期著名基督徒张亦镜看来,广州圣诞节期间的非基运动即是由李春蕃的"非基运动周"鼓动而来。他说"这特刊,大约已遍行于各省学界,即把这特刊作代电,通告全国的同志"。总之,1924年的非基督教周的活动,推动非基运动首次实现全国统一进行的街头抗议活动,标志着中国非基运动走向了一个新的阶段。邓中夏在1923年批评中国革命仅处于"我们青年只在文章上和电报上空嚷"的状态。此次全国性的街头抗议运动,不仅对非基运动而言是"空前的",对整个青年运动也是一次从理论走向实践的成功尝试。

在赴各地组织和领导非基运动方面,上大师生也有突出表现。如张秋人便到宁波、芜湖等地做过相关工作。尹宽1924年曾以团中央特派员身份在山东组织非基同盟,并出席山东非基同盟成立大会。1924年宁波非基督教同盟的筹划组织深受上大师生影响。其成立大会"由干翔青君主席,宣布开会宗旨,次由贺威圣君报告筹备经过情形",且有恽代英到会演讲。此三人皆来自上大。李春蕃1925年在家乡潮州养病期间,还不忘"与几位朋友筹备组织"非基运动团体。

同李春蕃一样,上大学生赴全国各地组织非基运动的一个重要特征,就是回原籍利用同乡关系开展活动。地方文献中记载了多个不同籍贯的上大学生回原籍发展"非基运动"的案例。一份中共上大特别支部的暑假工作报告提到学生暑假回家后的宣传工作问题时,分别要求学生做好农民运动、学生运动和文化运动。其中文化运动即特指非基运动。可知中共在有意识地动员上大学生回原籍参加非基运动。上大对中国革命的人才输出是全方位的。正如高尔柏所说"根据革命工作的需要,'上大'学生不断被派出去工作",大革命期间"工人运动、学生运动、商界工作或其他活动均有'上大'学生参加并在其中起积极作用"。

上大向全国输送革命人才的同时,也不断将各地进步青年吸引到校。其中非基运动便为其招揽了不少进步青年。如据团广州地委报告,广州"圣三一学潮"中的退学学生"有三数好分子,想我们介绍到上海大学读书"。上大附中更是吸收了不少被教会开除的学生。如王稼祥1925年因参与学校风潮被芜湖狮子山圣雅各中学开除,上大附中声明"下学期对于因此次风潮而退学之教会学校学生,若有相当证明,准予免考录取"。王稼祥得到消息后毅然赴学。他在就读期间致信好友称:"上大为革命之大本营,对于革命事业,颇为努力,余既入斯校,自当随诸先觉之后,而为革命奋斗也。"就非基运动案例而言,上海大学确如王稼祥所说,扮演了革命大本营的角色。

二、"青年导师"与非基运动

传统的研究通常会将上大师生群的非基运动单纯归功于中国共产党的组织与领导,但是这个师生群的教育身份亦不应被忽略。诚如时任总务长的邓中夏在上海大学的一次演讲中所称"政党自政党,学校是学校,不可并为一说"。学生来上海大学,初衷并非都是为了参加革命。即使有进步和革命倾向,也面临着国民党右派的竞争。1924年初,施存统在中共上海地委兼区委会议上提到"同志在上大的方针"时,提议"同志在此中应作有系统的活动"。中共将上大辟为革命平台,是其不断宣传动员和斗争的结果。这一政治活动毕竟发生在一所大学里,政治与教育身份的重叠决定了它独特的组织和运行机制。

参与过五四运动的王星拱曾回顾说,围绕北京大学校长蔡元培形成的一个"清明奋发的小圈子"成为五四运动的催产婆。上大教务长和《觉悟》负责人邵力子也曾扮演过类似的中心角色。曾在上大附中兼职任教的曹聚仁回忆,邵力子书房中一直挂着全国学联主席狄侃赠送的一条书有"青年导师"字样的横幅。它显示了邵力子在青年学生中的地位。不仅如此,邵力子有一个极有分量的朋友圈。在由邵力子而延展开来的"上海《民国日报》的一群朋友"当中,有相当一批人供职于上海大学。正如曹聚仁所说,"这些师友,后来成为国共二政治集团的核心人物"。但他自己却没有加入两个集团中的任何一个,以至后来自嘲"在火辣辣的圈子中,我只是一个革命的旁观者。正如鸵鸟一样,很快地把头伸到'整理国故'的沙漠中去"。像曹聚仁这样淡出的案例固然有之,但因朋友圈而投身革命的案例也不少见①。上海大学的高尔柏即是一例。他因在邵力子的《觉悟》和杨贤江的《学生杂志》写文章,"和杨贤江、邵力子逐渐往来"。邵力子对他说"你喜欢社会科学,可以去上海大学系统学点知识"。高尔柏"在他鼓动下"于1924年去上大读书。

从高尔柏的叙述亦可知,邵力子和杨贤江都是借助大学教师和报社主编两种身份同时积攒人脉和发挥影响。情况相类的还有施存统和恽代英,两人均在上大社会学系任教,前者主办《先驱》,自称"从约稿、写稿、编辑到校对、跑印刷厂,都是我一个人干",后者为早期《中国青年》的主要编辑者。上述这几人,都曾参与非基运动②。实际上,上海大学在非基运动中师生并肩作战是常态。如1925年11月在学生团体性质的上大非基同盟成立大会上,便有高语罕、恽代英、杨贤江、萧楚女等上大教师参加演讲。其中恽代英在非基运动中的领导作用尤为突出。下文即以其为例管窥革命导师们在中共早期社会运动尤其是非基运动中的作用。

恽代英在加入中共之前,便已憧憬"我理想相同的朋友,到柳林后,齐其步骤,成横队的开步走"。尤其在1920年的一系列文字中,表露出对组织团体的强烈渴望。他反思五四时,认为在民众运动中应当建立"真诚互相了解的团体"和"进取纯洁的小组织"。在给《少年中国》的文章

---

① 原文注:胡适检讨陈独秀北大出走事件时,惋惜地说"独秀在北大,颇受我与孟和(英美派)的影响,故不致十分左倾"(耿云志、宋广波编《胡适书信选》,外语教学与研究出版社2012年版,第251页),但在上海"碰到了一批搞政治的朋友"结果导致新文化运动的"中断"(陈金淦编《胡适研究资料》,北京十月文艺出版社1989年版,第268页)。

② 原文注:据邵力子回忆:"那时党组织给我的任务都做了,主要是反帝,反宗教。"(中共中央党校党史资料征集委员会编《共产主义小组》上册,中共党史资料出版社1987年版,第189页)。

中则号召"用爱力"创造"永远颠扑不破的团体","为创造少年中国结死党"。稍后在《互助》刊文再次宣称"我们要做一点事,不可不先结一个死党"。同年给《学灯》的一篇文章,甚至宣称"宁信真团体的联合,比革命更要紧"。

郭沫若盛赞"在大革命前后的青年学生们,凡是稍微有些进步思想的,不知道恽代英,没有受过他的影响的人,可以说没有"。恽代英从武昌、宣城、泸州等地教书起,便已重视教师身份对于青年的影响力。1921年他在一封书信中称:"学生对教师,爱便易信,信便易从。果然爱了信了,将见指挥如意。"恽代英对学生的爱的确开花结果。据钟心见忆称,"1923年元月,恽先生离开泸州后到了重庆,随他去的有李立之、张询卓、余泽鸿、穆世济、戴雪琴、贺寿、孙如先、秦云阶等"。其中余鸿泽、张霁帆等人后来追随他到上海大学。钟心见曾赞美"恽先生就是我们眼前的墨子"。与恽代英私交甚密的萧楚女也曾对人说过"代英就是现代的墨子"。恽代英不仅"摩顶放踵",身边也像墨子一样追随了一群"门徒"。

1923年,有"友人"邀请恽代英"到上海大学任总务长一席"。他对此甚是期待,在一封信中称:"据友人来函,上海大学任教多一时畏友,苟稍经营,可为一般改造同志驻足讲学储能之处,故颇重视之也。"上海大学学生阳翰笙将恽代英在上海一天的生活概括为"白天在上海大学教书,晚上编《中国青年》,同时还要具体指导上海及全国的青年运动"。阳翰笙还提到"他仍然保持着在泸州时的作风。有许多青年围绕着他,团结在他周围,和他一起学习和战斗"。这种"泸州时的作风"被恽代英带到了上海"狭小的亭子间",师生之间"促膝谈心","一批未走,又来一批"。恽代英"栈居上海日浅",在政学界上层人物中的资历与声望有限,但在进步青年当中收获了很大影响力,以至"恽代英一上课,各校的学生都去听"。阳翰笙认为当时上大"对青年影响最深的人,除了瞿秋白,就是恽代英"。

恽代英起初组织团体的思想,一定程度上是受基督教青年会的影响。他早年曾受邀参加青年会活动,自感"身心均受夏令会之益",但赴沪之后发表一系列文章公开反对基督教。各种证据表明,恽代英是非基运动的核心领导。中国青年社在李春蕃倡议"非基督教周"之前便

发社论鼓动圣诞节前后进行反基督教活动。社评中提到,中国青年社与非基同盟合编的《反对基督教运动》小册子中杨贤江的文章,经由恽代英"略加损益"。可见此时恽代英对这一活动计划的直接参与和指挥。1925年1月8日,恽代英与林育南、邓中夏、张秋人参加团中央会议,讨论三大准备工作,其中反基督教宣言便由他负责修改。同年夏,全国学联第七届代表大会出台的多个决议案,背后有恽代英的深刻影响。据阳翰笙回忆决议的"内容都是根据代英同志指示起草的,又经代英同志亲自修改,提交大会通过后,成为学生及青年运动的方针"。决议案中包括专门针对基督教的"反对基督教运动决议案"。

在上海大学非基运动及更广阔层面的青年运动中展现出来的师生关系,应作师与生的两面观。不仅教师有发动学生的明确意愿,学生也愿意接受革命熏陶。《中国青年》发刊词中指出:"中国的事,总是要做的。做事的方法,总是要学的。青年要学得做事,要用做事以学做事。"萧楚女亦强调只有"一边学习,一边做;一边做,一边学习",学习才"有用"。1923年转学而来的施蛰存在上大就读一个月后撰文指出:"现在中国的大学生,在研究学问之外,还有许多事要做。所以在旁的大学中的教授以为应当阻止学生、压迫学生的事,上海大学的教授却偏偏都很热心地帮助学生,指导学生。"施蛰存急于做事的心态与上大青年导师的热切期许一拍即合,于是便有"火辣辣的"师生群的形成。李春蕃曾提道:"在1924年夏天以前,我还没有加入共产党,但与几位共产党员有个人来往。当时张秋人、俞秀松有时到沪江大学来找我谈,常常来的是张秋人。"从张秋人一面可知其"活动能力",从李春蕃一面亦应见其"思想左倾"。阳翰笙在北京求学失败,有同学自上海来信说"要革命,你就到上海大学来"。来后听说恽代英也在此任教,"十分惊喜"。结果自然很快融入群中。志同道合者们靠"彼呼此应"来"壮壮胆气",不失为这个师生圈子的一个心理写照。

有学者注意到,政党对青年学生的争夺导致了近代中国学生运动从"从学生运动到运动学生"的转向。但从教育和伦理的角度看,师生关系在其中扮演的角色不容忽视。清末以来"天地君亲师"的传统伦理关系全线崩塌,传统师生关系也随着科举制和书院制的消亡而失去根基。30

年代清华学子季羡林在日记中大骂"混蛋教授""考他娘的什么东西"并非只是一时情绪,数日后他又因叶公超教授表现出对其文章的轻视态度而反过来觉得"叶某真太不通"。将上大师生之间的"革命情谊"放在这一语境中才能理解得更透彻。进而言之,清末以来波澜壮阔的学潮和学生运动恰恰是由校园内外的"导师"们背后促成。上海大学的案例看似特殊,但在学生"觉悟"的产生机制上又显示出明显的共性。

三、非基运动与中共早期青运

中共的组织和领导作用无疑是上大师生群现象背后更为常见的解释维度。非基运动中的上大师生群活动中的确随处可见中共的身影。其中的关键人物恽代英,自1923年递补施存统任社青团中央委员之后,一直担任学生与宣传等方面的工作,甚至一度兼任学生部和宣传部部长。这恰是施存统认为的"目下最重要的工作"。这一独特政治身份,无疑将恽代英与中共的组织活动关联起来。那么,从党团组织层面,中共对非基运动的领导是如何实现的? 在中共早期社会运动的大舞台上,非基运动扮演的又是一种怎样的角色?

非基运动及其组织非基同盟背后有社(共)青团深刻的参与。受1921年青年共产国际二大和1922年初远东革命青年一大的影响,社青团一大特别强调反对基督教青年会。1923年8月团二大决议中提倡"对于基督教之教会学校、青年会在中国学生间的亡国教育之势力,应特别注意攻击"。1924年非基同盟的成立也是青年团所催生。李春蕃在回顾《非基督教特刊》工作时,称非基同盟是"青年团开展反帝国主义的文化侵略运动"的产物,刊物是在"在青年团的领导下"办的。引导李春蕃来上大的张秋人,自1922年社青团一大时即任候补委员。至1925年共青团三届一中全会,特别设立非基督教部,张秋人担任该部主任及《非基督教特刊》编辑。在此前的1924年底,非基同盟宣传委员高尔柏因事离沪,由候补委员施存统递补。施存统曾是团中央总书记,可见非基同盟与共青团的亲密关系。

团粤区委1925年关于反基督教运动提案建议"有本团所在地方城

镇,应即成立反基督教大同盟,并设法联络各处乡村中的青年,使促成其同样之组织;然后联合起来,在上海成立总部。但指挥权应操于本团之手,以收指挥统一之效"。随后共青团三大的反基督教运动决议案称应"设法发展非基督教同盟于全国各地,认为必要时,可将此种组织联合起来,组织一统一机关,指挥这种工作"。后来共青团假借《中国青年》署名文章提出"整顿非基督教同盟的组织,改变以前散漫而无系统的缺点。在每个学校内都要成立'非基'同盟支部,隶属于各地方'非基'同盟的组织之下"。这一提议很快得到执行,1925年冬共青团上海地委的一份报告中即提道:"通告各有同学的学校组织非基同盟。本月间,计成立者有上大及附中、复旦中学、大夏数校。"但从各地革命历史文件看,非基同盟始终未建立起"统一机关"。它的组织模式是由团中央通过通告向各地团委发出指令,再由各地方团以"团外组织"的方式组建非基同盟,通过自己的团员占据关键位置来指导其行动。如在1924年底,团中央即向各地通告,要求在圣诞节期间发起反教运动①。其后各地纷纷筹划,并将活动结果上报。

这种模式的关键特征是,中共对非基同盟的领导不是直接和公开状态的②,非基同盟表面上仅是个与政党无涉的"合法"组织。1924年底团青州特支在报告中回应团中央54号通告,说"到基督诞日前几天,照通告的指示,以青州平民学会名义发宣言"。同时期团济南地委的报告则提到"12月25日基督诞日,应作一种群众的非基运动。当时传单,以非基

---

① 原文注:团粤区委1925年初向团三大提交的关于反基督教运动提案便提到"本团于去年'耶稣诞'日曾通告各地,一律举行'反基督教'运动,颇有成绩"(《广东革命历史文件汇集》(群团文件)1925年(一),第56页)。
② 原文注:实际上基督教方长时间内并不清楚中共背后的指导。张亦镜感觉广州的反教活动与非基督教特刊所提倡的非基督教周不同,因此怀疑广州的"运动是自动的,不是奉上海总部令行的,这须看他有无报告到总部,在非基督教特刊发表,才可以明白"(亦镜《如是我闻之"非基督教周"的反基督教运动》,《真光》1925年第1期);叶仁昌认为"民十三年以后的反教就是党务的一部分,为了全力突显党、造成党、宣传与整合党"(叶仁昌《五四以后的反对基督教运动——中国政教关系的解析》,台北久大文化股份有限公司1992年版,第143页)。但从各地革命历史文件所反映的中共非基运动策略看,政党不仅不是突显的,反倒是隐身的。中共早期的确需要一系列的社会运动来"造成"与"整合"乃至"突显"与"宣传"党,但实现路径要曲折得多。

同盟名义行之"。其后青州非基成员因暴露通讯地址而险些被缉拿,团济南地委总结教训说"告全国民众的传单不应与非基传单张贴一处,使外人认为非基同盟就是△△△"。南昌甚至出现"本地尚无非基督同盟组织,不过临时发散非基传单数次,名义则仍用非同盟"的现象。团广州地委的一份报告更是从组织和宣传两方面明确了非基运动的内外之别。如组织方面,"内部的"运行方式是由团地委指定五位同志任"非委",继而由"非委"指定另外三位同志参加,此三人都在团外组织革命青年联合会任"非委"。"对外的"运行方式则是,由团地委的五位"非委"指定出席该会的这三位同志在革命青年联合会提出"反基"议案。通过此曲折途径,团中央的反基督教意志在广州革命青年联合会得到执行。

1924年"非基督教周"的活动案例可以有助于理解这一组织模式的运行。1924年底李春蕃以非基同盟名义在《非基督教特刊》公开号召在12月22—27日发动"非基督教周"。但团广东区委的报告提到,"广东区自接中局通告,令于耶诞前后三天作热汛之反对基督教运动后,即于区委由宣(传)部提出计划预备进行"。可知中央局的通报是要求在圣诞节前后做三天运动,这正与中国青年社的口吻相一致。该社的社论明确将"全国一致的举行反对基督教运动的日子"定在12月24—26日。可有意思的是,同年团安源地委农工部的报告中所示的活动时间却与李春蕃的号召完全一致①。进而,1925年初共青团第三次全国代表大会通过《反基督教运动决议案》,"规定耶稣诞日(12月25日)前后一星期为反基督教周"。"非"与"反"的一字之差非随意为之,但时间上则与李春蕃的号召相统一了。这也提示着这一明一暗两个团体组织实际关系的复杂性。

既然非基运动是中共早期领导的一场重要运动,那么就应将其放置在中共青年运动尤其是学生运动的更广阔视野中加以审视。社(共)青团早期的活动,主要是围绕青年学生展开的,以致1923年中央执委会的一份通告批评它成为一个"学生团"。早期中共党员普遍认可学生的革命性,但在青年工人和青年学生运动的比重亦即青运的路径上发生分歧。1923

---

① 原文注:这一时间重叠应非偶然。诚如张亦镜所注意到的,李春蕃所划定的22—27日应是22—28日之误(亦镜《如是我闻之"非基督教周"的反基督教运动》,《真光》1925年第1期)。

年贺昌即批评一年来"所有的精力都消磨于学生运动里边"。陈为人甚至认为"近五年以来的青年运动"只是学生运动,其他运动"实未开始"。有人将此称为"病的现象"。邓中夏也致信青年团总书记施存统,主张"绝对注重青年工人运动,相对的注重青年学生运动"。

这种批评得到了少年共产国际的声援,认为青年团的工作基础"当自学生界中移向农工青年间"。但施存统不认为学生工作"已经很够了",他坚信青运的方针应该是"以向青年工人中发展为目的,向青年学生中活动为手段,而在最近的需要上,还须两者并重进行"。后来,中共领袖陈独秀在《中国青年》发刊号撰文,称青年学生"往往有超越阶级的理想,比任何阶级都易于倾向革命",在中国社会学生甚至是"社会改造的惟一动力"。在党内对学运问题出现明显分歧的情况下,陈独秀的发声对于学运的开展无疑具有正面影响。恽代英则用行动表明了他的态度。1924年8月贺昌领导的安源团地委给团中央的报告中提到"委员会前无学生部",在恽代英督促下"觉有组织学生部之必要,故决议遵照中央组织了"。1925年共青团三大肯定了学生运动的意义,承认"以前对于学生运动未能有充分的了解"。

中共对非基运动的重视即与之关联。1922年5月社青团一大,便主张与基督教青年会争夺青年,"使青年思想自由而趋于革命的路途"。次年张太雷的说法更为直截了当,认为"基督教的宣传在中国青年学生中是最危险的东西","只有把青年的一切旧思想和迷信打破了,才能把我们的主义灌注给他们,使他们到革命的旗子下来"。团一大关于政治宣传运动的决议案确定:"我们所发起或参加的群众运动,最初务宜多带普遍的性质,使运动的范围扩大,人数增加。"非基运动正符合这一原则。共产国际代表利金在社青团一大闭幕10天后给共产国际执委会远东部的报告即指出:"非基督教运动的基本因素是对外国人的民族抗议运动,这个因素把最大量的同情者,即政治上不成熟,但具有民族主义情绪的广大青年阶层,吸引到运动中来。"

这一策略在非基运动中见到实效。恽代英对1924年的回顾指出,"这一年中比较普遍的青年运动,第一是反对太戈尔运动,第二是反对基督教运动。"《非基督教特刊》社评提及1924年的非基督教周,称其为"国民运动中最可注意的事,亦是青年思想的一大转机"。阳翰笙在总结这一时期的学生运动时指出"这一年中我们青年的工作,很值得赞佩和获得几分成功的便是这非基督教运动"。

不过,1925年七八月间团中央69号通知要求各地方团汇报非基运动的成果,各地对发动群众的效果普遍不乐观。如团广州地委称同盟成员中"非同志居极少数"。1926年1月团济南地委关于非基督教大同盟运动的报告称"并没有得到真正的群众"。团湖北地委反思说"同学不知借活动机会扩大组织"。不仅非基同盟如此,1926年上海团地委总结青年团指导下的团体"几种共同的缺点,就是多未能群众化,完全是由我们同志一手包办,结果是包而不办"。此前团上海大学特支的检讨更加形象:"每一青年团体中多数我们同志,且以一人而入数团体,而兼数职务,团内团外惟是个开会忙,我们的主张,我们的运用开会提议、建议者也或有人,而实际去做能表现出来者少人;且跑来跑去,没有时间与非同志接近,倒使他们怀疑,开会时讨厌,此又为上大青年团体中过去不好之甚者也!"这种自我批评常见于各地团报告中,反过来恰说明中共强烈的"群众化"自觉。中共以善于发动群众而著称,但其组织动员能力是在不断学习中获得的。施存统在1923年检讨说"我们中国人组织团体的通病,就是开成立会是热闹非常,一散了会就都置诸脑后了"。他批评团一大规定的根本方针及主要任务"至今尚未实行一字"。非基运动能够开展起来,本身就是中共领导能力的一大进步。

值得注意的是非基同盟与各其他团体之间普遍存在的跨团体合作。如徐州青年互助社社员"多半是各校学生会办事人,或学生联合会的职员",徐州的"非基督教同盟即本社人发起成立的"。团湖北地委报告提到,"鄂反教大同盟及青联会均正式开了成立大会,各有二十余团体加入,情形极可乐观"。在领导非基运动期间,上海大学的社团活动也十分活跃。据上大学生领袖王一知的印象:"1923年这个学校在社会还没有多大的活动。这段时间,主要是党对学校进行革命教育的时间。到了1924年就开始行动起来了。1924年以后那就更活泼了。"恽代英在1924年撰文指导"怎样进行革命运动",称要为工农妇青"组织各种普泛的团体以联络他们的感情"。各种"团体"和前述"革命情谊"所联结的

师生关系,从两种不同路径建构了上海大学乃至整个中国革命的"火辣辣的圈子"。上海大学本为国共合作的成果,为两党造就大批革命人才,但"四一二"反革命政变后的查封,恰能说明它对于中国共产党的独特意义。

结　　语

20世纪20年代的非基运动是一场席卷全国的反对基督教的社会运动。当时的上海大学有一个数量可观的师生群体参与了这场运动。非基运动中的许多活跃分子具有上大师生和中共党员的双重身份。尤其是在非基运动中起重要宣传作用的《非基督教特刊》,其有案可查的作者群在上大师生和中共党团员的双重身份之间的交集大得惊人。可以说,非基运动是中共早期借助上大这一革命阵营成功领导的一场运动。它推动非基运动发展为一场全国性的运动,并从纸上的战争走向街头抗议。

非基运动的具体开展得益于上海大学这一平台,特别是恽代英等中共领导兼上大教师在这场运动中扮演的"青年导师"角色。围绕在他们周围的一大批进步青年学生,投入了各种社会运动甚而走上革命道路。将视野拓展到中共早期青年运动的广阔历史舞台,可知中共为传播革命起见,大力投入团外组织的活动。上海大学的个案集中显示由师生关系和社团组织两条路径共同形成的革命性、开放性的群体对非基运动乃至整个早期中共学生运动的影响。

博古与上海大学
——在上海大学校史展暨溯园落成仪式上的发言①

秦新华

1921年中国共产党成立后,面临的突出问题是传播马克思主义和急需加速培养党的优秀人才。中共总书记陈独秀曾与李大钊等人多次酝酿筹划,决定创办一所干部高等院校。

上海大学的前身是东南高等专科师范学校,校址设在闸北西宝兴路青云路一条叫青云里的里弄中,1922年改校名为上海大学。李大钊推荐邓中夏担任总务长,学校逐渐变成革命的摇篮。

上海大学是在中国共产党人主导下,由国共两党领导人共同主办的一所大学。一大批国共两党领袖、著名学者和社会精英曾在这所大学任职任教。曾在该校任教的有:蔡和森、张太雷、恽代英、沈雁冰、任弼时、萧楚女、田汉、郑振铎、俞平伯、朱光潜、朱自清、丰子恺、章太炎、胡适、郭沫若、吴玉章、叶圣陶等。

1923年期间,孙中山、李大钊、廖仲恺等都曾来校演讲。

1924年1月,国民党第一次代表大会制定了反帝、反封建的革命纲领,确立联俄、联共、扶助农工的三大政策,标志着在孙中山领导下的国民党与中国共产党实现了第一次国共合作。在本次大会的决议中写入了对上海大学办学经费的资助,此时,上海大学的学生很快从160人增加到400人。

上海大学培养了大量的国民革命者和共产党人,是中国共产党和中国共产主义青年团组织,是上海发动师生进行反帝、反军阀的国民革命运

---

① 原载《中华魂》2016年第12期。

动的重要活动中心,吸引了数千名追求社会进步的热血青年,我的父亲秦邦宪就是其中的一个。

秦邦宪,字则民,乳名长林,参加革命后取名博古。他1907年6月24日出生于一个书香世家,是北宋著名词人秦观的后人。秦邦宪家学渊博,对古文有一种特别的兴趣。从他懂事起,就常常爱翻阅家里堆放的旧书,后来他逐渐读起了《左传》《史记》等古典作品。这为他以后能够写得一手好文章打下了很好的国文基础。

1911年10月10日武昌起义,辛亥革命爆发,以孙中山为首的革命派为了振兴中华,推翻了腐朽的清王朝。1912年1月1日,孙中山先生宣布成立中华民国,结束了封建帝王专制制度,开启了近代中国历史进步的大门。毛泽东曾经说,孙中山先生之所以伟大,不但因为他领导了伟大的辛亥革命,而且因为他能够"适乎世界之潮流,合乎人群之需要",提出"联俄、联共、扶助农工"三大政策,把旧三民主义转变为新三民主义。

1915年秦邦宪考进了无锡第二高等小学(即今日的东林小学)。后来转入无锡省立第三师范附小(即今日的无锡师范附小)。

1921年,他考取了苏州省立第二工业专科学校(简称"二工")。9月秦邦宪离开了无锡,到苏州上学。在苏州"二工"四年学习期间,他开始迈上了革命道路启蒙阶段。

1921年以后的无锡和苏州如同上海一样,革命的气氛十分浓厚。《向导》《中国青年》《觉悟》《妇女评论》等进步报刊最受欢迎。秦邦宪进入"二工"后,如饥似渴地阅读这些进步报刊,一个崭新的世界呈现在他的眼前。

中国共产党的早期革命活动家恽代英、萧楚女曾来到江苏师范学堂进行讲演,秦邦宪是当时最热情的与会者,而且是逢讲必到,并且一丝不苟地记下笔记。他们热情洋溢的报告,在少年时代秦邦宪的心灵深处激荡,把自己的命运和中华民族劳苦大众的命运结合起来的革命火种开始萌发。

1923年上海大学的无锡学生安剑平、糜文浩发起组织上海大学孤星社(后改名为中国孤星社)。孤星社是青年学生自发组成的进步组织,安剑平担任社长,孤星社聘请上海大学校长于右任为名誉社长,邵力子、邓中夏、瞿秋白、叶楚伧①、何世桢②等为顾问。其宗旨为"研究学术,讨论问题,彻底了解人生,根本改造社会",提出要"救急地宣传三民主义,热情地走入民间,彻底地鼓吹世界革命,勇敢地身先向导"的口号,提倡"大侠魂"的精神。上海大学孤星社还创办出版《孤星》旬刊。

孙中山应旬刊主编安剑平的函请,亲自为《孤星》题写刊名,《孤星》从第5期起改换为孙中山题写的刊名。孙中山并致电安剑平,嘉许《孤星》"深切时弊",并勉励他们广为宣传"吾党之主张,而尽言论之职责"。孙中山能为上海大学一个学生创办的刊物题字和嘉勉,足见他对上大进步青年学生活动的关切和支持程度。

1924年6月,孙中山亲手创办的黄埔军校开学,他启用了上大师生担任要职。上大教员恽代英、萧楚女、安体诚③、高语罕④等先后到黄埔军校任政治教官;邓中夏、施存统等到黄埔军校作讲演;上海大学还输送了很多学生投考黄埔军校。"武有黄埔,文有上大",名不虚传,并逐渐成为世人的共认。

在苏联十月革命的影响下,上大孤星社称颂列宁是全人类的革命导师和救星,颂扬十月革命的道路,要求入社社员"化小我为大我,除有我为真我",并在无锡成立孤星社支部。

在"二工"上学期间,秦邦宪认识了安剑平等进步青年,不久他参加了中国孤星社。

1924年1月29日,由上海大学的无锡学生成立了锡社。锡社是一个革命知识分子的团体。秦邦宪加入了锡社,并被推选为苏州委员会(又称支部)负责人。

---

① 原文注:叶楚伧(1887—1946),著名的南社诗人,国民党官僚,政治活动家。
② 原文注:何世桢(1894—1927),毕业于东吴大学,后留学美国,获法学博士学位。回国后,任东吴大学法科教授,上海大学学长(教务长)。历任中国国民党第二届中央执行委员、上海公共租界临时法院院长等职。
③ 原文注:安体诚(1896—1927),中共早期的优秀党员、工人运动的领导者、杭州和陕西地区中共党组织的创建人、知名的教育家。1927年被蒋介石杀害。
④ 原文注:高语罕(1888—1948),早年赴日本留学,1907年毕业回国,到安庆从事秘密反清活动。1923年加入中国共产党。1929年被开除共产党党籍。后到北平北京大学任教。1948年因病逝世。

1925年3月12日，孙中山因患肝癌在北京与世长辞。孙中山的逝世引起全国人民的无限悲痛。全国上下都纷纷举行悼念孙中山先生的大会，无锡市的进步团体都在筹备举行追悼大会，秦邦宪和锡社成员是大会筹备工作的骨干力量。秦邦宪承担了筹备大会的联络接洽工作，并做得十分周密圆满。

4月5日，秦邦宪得知恽代英要来无锡参加孙中山追悼会后，立即亲自赶往车站迎接。秦邦宪紧紧地握住恽代英的手，两人一见如故。恽代英在会上回顾了孙中山先生的生平历史，号召大家为实现孙中山的遗嘱而继续战斗。这次悼念活动在秦邦宪思想上引起了重大反响。他想，必须要参加革命组织，就这样，他参加了中国国民党，开始踏上了直接投入改造社会现实的国民革命中。

1925年7月（暑假），中共党员侯绍裘①经组织同意，应聘从上海来苏州任私立乐益女中校务主任。8月，国民党江苏省党部成立，侯绍裘被选为省党部常委。从此，侯绍裘就秘密地以双重身份领导和发展苏州的革命活动。

1925年9月初，侯绍裘在乐益女中秘密主持建立了第一个中共苏州独立支部，直属上海区委领导，支部书记为叶天底。在此前后，学生中已有中共党团员。这时期的党团员，只有年龄上的区别：23岁以上为党员，23岁以下为团员。支部之内，既有党员也有团员，他们同样完成党布置的各种任务；同样上街游行示威，散发传单，发表演讲；同样遭到反动势力的逮捕、关押，甚至杀头。

五卅惨案前夕，秦邦宪由周学熙介绍加入了中国共产主义青年团"CY"。在苏州工专，他们成了亲密的战友。从此，秦邦宪就踏上了在无产阶级政党领导下，为劳苦大众翻身解放而奋斗的革命道路。

1925年5月15日，上海日本纱厂资本家镇压工人大罢工、打死工人顾正红。5月30日，英国殖民者逮捕声援工人的学生，枪杀无辜群众，造成了震惊中外的五卅惨案。这时的上海大学，已成为五卅运动的先锋队。

---

① 原文注：侯绍裘（1896—1927），著名共产党人，五卅爱国运动参与和领导者，积极参加五卅运动的发动组织工作，成为上海和江苏群众运动中有影响的领导人之一。

1925年5月31日年仅18岁正患着严重肺结核病的秦邦宪,义愤填膺地说:"国之将亡,焉顾我身,宁愿生为中华人,死为中华魂。"

6月1日,秦邦宪率先在"二工"举行全校学生声讨大会。会场上学生们情绪激愤,高呼"打倒帝国主义""废除不平等条约"等口号。秦邦宪以"二工"学生会会长的名义登台演说,他大声疾呼向帝国主义讨还血债。由于心情过于激动,体力不支,当场口吐鲜血。同日,他赶回无锡参加29个群众团体和单位的联席会议。会议决定成立"英日外国人惨杀同胞无锡后援会"。

会上,秦邦宪等人当场起草了一篇洒满泪滴的传单,上面写道:"有血气的同胞呀!为什么不奋臂而起?洒几滴血泪做后盾,奋斗!奋斗!……"

这份传单油印散发后,同时又在6月4日《锡报》和《新无锡》报上发表。

从此,"后援会"成了无锡反帝运动的总指挥机构,秦邦宪是其中主要负责人之一。他们做了大量宣传和组织工作,在无锡人民的斗争史上写下了光荣的一页。

紧张繁忙的斗争活动,使秦邦宪病情进一步加重,不得已回到无锡家中休养。9岁丧父的秦邦宪,从小和母亲就有很深厚的感情,看着家中日益衰老的母亲,东奔西走,以一妇人的智慧而调排筹划;想到年稚怯弱的弟弟,因为缺乏财力的缘故而去给资本家做奴隶;想到聪明勤学的妹妹,因为金钱不继行将失学,心中深感矛盾和不安。秦邦宪感激母亲为他所做的一切,为通情达理的母亲感到骄傲。

6月9日,无锡出刊了小报《血泪潮》,以孤星社的名义先后共出版了24期。《血泪潮》头版就印有"精忠报国,还我河山"八个大字,此时,秦邦宪已成为《血泪潮》的主要撰稿人。

秦邦宪用《病榻琐记》为题,连续在《血泪潮》小报上发表文章。"想着上海流血的惨事,帝国主义者的假面具一概打破了,轩辕黄帝以来的五千余年的国家,或将沦于真正殖民地的地位","意想及之,热血如沸,披衣起坐,欲拔剑起舞",描述了他忧国忧民的悲壮情怀。

五卅惨案后的半个月内,上海成了血腥的世界,帝国主义者为了镇压

中国人民的反抗,出动了海军陆战队、铁甲车队进行武装巡逻,万国商团使用了各种武器对中国人民进行了惨无人道的屠杀。

进步刊物《向导》及时将《中国共产党为反抗帝国主义野蛮残暴的大屠杀告全国民众书》公之于众,《向导》的揭露,给予秦邦宪更大的勇气,于是在6月14日的《病榻琐记(续)》中又继续写道:"惟一念及上海惨况,国之将亡,焉顾我身,宁愿生为中华人,死为中华魂,不愿报颜惜命于胡虏蹄下。"秦邦宪慷慨悲歌为国捐躯的爱国主义思想跃然于纸上。

为了挽救危亡的中华民族,秦邦宪对当时所投身的斗争充满信心和希望。他在6月16日的《病榻琐记》中写道:"这天,旭日临空,熏人欲昏,青草细柳,亦憔悴欲亡,而我们男女同学都能走几十里路不稍懈怠,民气的激昂,青年的热血,中国的复兴,其赖于是!"

病卧在床的秦邦宪想到,"只要我们朝野上下同心协力的向外一致抱着与国共存亡的决心,任凭你天也不怕,何恐区区一两个外国赤佬英日呢!只要我们自己努力,自己不懈,最后胜利可操左券。朋友们!记着吧!五耻未雪,吾民何日能忘,一息尚存,此志不容稍懈"。

在《血泪潮》上,他诠释了什么叫作主义:"主义是一种思想,一种信仰和一种力量。大凡人类对于一件事研究当中的道理,最先发生思想,思想贯通以后,便起了信仰,有了信仰,就生出力量。"

发表在《血泪潮》上多篇《病榻琐记》的杂文,反映了一个18岁的热血青年强烈的爱国主义思想,特别是在投入共产党领导、国共合作的火与血的革命斗争中,共产主义信念和为共产主义奋斗终身,已在他内心的深处开始生根萌发。

1925年8月,秦邦宪报考上海大学。1925年9月底,秦邦宪被正式录取为上海大学社会学系的学生。这是他革命生涯中又一个重要的里程碑。共产党早期的卓越领导人——蔡和森、瞿秋白、恽代英、李达,都亲自给他讲授马列主义理论课。

1925年10月,秦邦宪在上海大学加入了中国共产党。

1926年年初,由于党的工作需要,秦邦宪离开了上海大学,直接投身到了轰轰烈烈的革命斗争中,并有机会与中共江浙区委书记罗亦农接触,他从罗亦农身上学到不少的杰出共产党人的优秀思想品质和革命的斗争艺术。

1926年7月1日,国共合作的广东革命政府发表"北伐宣言",决定出师北伐,完成孙中山先生的夙愿。

北伐战争胜利进军的消息大大地鼓舞着上海工人阶级,中共中央派罗亦农、赵世炎先后到达上海,12月周恩来离广东秘密到上海。

在中国共产党的领导下,1926年10月、1927年2月和3月,上海工人阶级共举行了三次武装起义,第三次起义终于胜利,上海工人和人民群众用鲜血解放了中国的中心城市上海,在中国革命史上写下了光辉的一页。

秦邦宪在罗亦农领导下,参加了第一次上海工人起义的具体准备工作,在中国共产党高层核心直接领导的革命斗争中,经受了一次血与火的锻炼。

1926年10月,上海淞沪警察厅奉联军总司令部"对国民党上海特别市党部从严查究"的密令,搜查了上海国民党特别市党部,并将在那里工作的秦邦宪逮捕。秦邦宪在敌人面前始终保持了共产党员坚贞不屈的高尚品质。敌人因搜查不出任何证据,不得已在第二天将他释放。

当年10月,中共中央要选送一批共产党员去苏联莫斯科中山大学学习。秦邦宪立刻向党组织写了申请书。几天以后,秦邦宪接到通知,要他参加考试。考试是由上海区委书记罗亦农主持,试题是国共两党的关系和中国国民革命的出路。秦邦宪根据自己学习实践的体会,认真地作了回答。

不久,中央正式通知他,赴苏学习被批准了。几天后,秦邦宪接到了上船的通知,登上了一条苏联货轮,同行的男女同学有10人,都是他未来的同学和战友!秦邦宪默默地告别自己的祖国,踏上了新的革命征程。

1927年4月12日,蒋介石发动了"四一二"政变,大肆屠杀共产党人,国共合作完全破裂。国民党指责"上大是赤色大本营,是煽动工潮、破坏社会秩序的指挥机关",4月19日南京国民党中央发出通缉令,通缉共产党及跨党分子197人,在上大工作和学习过的恽代英、邓中夏、李硕勋、蔡和森、彭述之、侯绍裘、沈雁冰、瞿秋白、施存统、张太雷、林钧、何洛、

高尔柏、朱义权、刘荣简、杨贤江、杨之华、余泽鸿①、萧楚女、黄胤、王亚璋②、张秋人③、刘一清、龙大道④、高语罕等人,都在其中。

5月2日,上海军警闯入上海大学逮捕数名学生,5月3日指令淞沪国民党警备司令杨虎和陈群将上海大学查封。

存在了近5年时间的上海大学,是中国共产党成立以来,积极创办的第一所国共合作的大学。培养了数以千计(约两千多人)的国民革命者和中国共产党人。

上海大学是两党志士仁人真诚合作共同办学的典范!是中国共产党建立之初,就把继承辛亥革命作为中国共产党人的职责和历史使命,把自己作为辛亥革命忠实的继承者的真实写照。

上海大学是国共合作培养革命人才的摇篮、最高学府,一批共产党早期的卓越领导人,杰出的马克思主义理论家和宣传家或直接任职,或定期到校宣讲革命理论和思想,为中国马克思主义社会学步入大学讲坛,开辟了一片新天地。

教育成败,关键在教师,名师执教,名人辈出!上海大学的发展史证明了这一点。

"江山代有人才出,各领风骚数百年",在中国共产党领导下,在为实现民族独立、人民解放、国家富强、人民幸福的不懈奋斗历程中,上海大学师生前仆后继、英勇奋斗,为中国革命、为中国共产党的事业,做出了巨大贡献!这段历史,我们要永远铭记。这是中国共产党的一段历史,也是上海大学最值得骄傲的历史传统!我们来参加这次纪念座谈会,就是为了

---

① 原文注:余泽鸿(1903—1935),1924年考入上海大学社会系,次年加入中国共产党。历任中共上海区委学生运动委员会主任、中共中央秘书处秘书长、中央直属纵队干部团上干队政治科长等职,1935年因叛徒告密牺牲。

② 原文注:王亚璋(1902—1990),1924年入上海大学读书,次年加入中国共产党。1927年出席中共第五次全国代表大会,当选为候补中央委员。新中国成立后历任中共中央对外联络部研究员、机关学校校长等职。

③ 原文注:张秋人(1898—1928),1922年初,加入中国共产党。湖南省立第三师范(衡阳)英语教员,1927年任浙江省委书记,1928年英勇就义。

④ 原文注:龙大道(1901—1931),1922年考入上海大学,次年加入中国共产党。1928年5月任中共浙江省委常委、浙江省委代理书记。1931年在上海英勇就义。

铭记这段历史,继承发扬上海大学的优良传统。

1927年上海大学因为有深厚的革命传统,被国民党解散,上海大学从此中断了30年,1949年新中国成立后,经过多次合并恢复了上海大学。改革开放后,中国的教育事业和中国其他事业一样,获得巨大发展。国家和上海为恢复上海大学,做出了很大努力,投入了大量资金,建成了今天的上海大学。

在恢复初期的1983年,钱伟长教授受聘出任上海大学校长[①]。90年代初,国家教委为发展中国高等教育事业,同时积极支持上海大学申报"211"工程项目,要把上海大学建设成新型的高水平的现代化大学。

30年后的今天,我们来到上海大学,看到上海大学已成为新型的高水平的现代化一流大学,我们感到无比的欣慰和自豪。

我相信上海大学在以谙习先行者开创的路为基础,以继承弘扬上大革命传统为契机,上海大学一定能够成为世界一流大学!让我们共同为上海大学祈福!中国梦一定能够实现!

---

① 作者所记有误。钱伟长于1983年1月受聘出任上海工业大学校长。

政治社会化语境中的宣讲与运动
——以20世纪20年代的上海大学为中心①

丰 箫 丰 雪

20世纪20年代的中国,当各地军阀混战不断时,新文化运动如火如荼地进行着,孙中山和于右任等一些国民党人尝试探求教育救国的道路。国共两党接手东南高等专科师范学校,创办了后来与黄埔军校相提并论的上海大学。20世纪80年代以来,学术界对上海大学历史进行概括和梳理,叙述、分析与上海大学相关的人物。

叶文心教授指出,上海大学包括两个完全不同的部分:一是正规的学校体制;二是将街道与教室相链接的非正式空间。上海大学教授的演讲使得上海大学进一步成为社会和政治的关注中心。上海大学正是通过这种正规和非正规兼有的方式教育了上大的师生,影响了社会和政治,体现出强烈的"政治社会化"特点。"政治社会化"是当代政治学的一个重要理论,国内学界研究多集中于相关理论的述评,对于政治文化的传播维系作用,共产党的抗日民主根据地活动,以及新政时期政治社会的途径。20世纪20年代的上海大学的演讲和学生活动具有鲜明的特色,不但为政治人的推出和实现起到推动作用,而且也影响了社会历史的发展,本文即从政治社会化的视角以解析其政治社会化的方式和作用。

一、上海大学与政治社会化

1924年瞿秋白发表《现代中国所当有的"上海大学"》,指出:"切实

---

① 原载《中共创建史研究(第2辑)》,上海人民出版社2017年版。

社会科学的研究及形成新文艺的系统——这两件事便是当有的上海大学之职任,亦就是上海大学所以当有的理由。"他期望20年代的上海大学成为南方新文化运动中心,推动新文化运动在南方的发展。从新文化运动的主题来看,无论是前期两大主题之一的"民主"还是后期的"马克思主义"都属于政治的范畴,都是中国早期先进知识分子对于政治现代化的一种探索和宣传。传统中国的政治文化是中华民族在长期的传统社会中所形成的一套稳定的政治态度、政治信仰和政治情感体系。从某种意义上说,新文化运动是一种彻底区别于传统政治文化的新型政治文化的塑造过程。"政治社会化是政治文化形成、维系和改变的过程"。新文化运动正是这样一种政治社会化的过程。

政治社会化包含两方面的内容和含义:其一,强调政治生活领域的个人通过教育或者其他媒介获得一定的政治认知、政治情感和政治态度,从而渐渐成为一个政治人的运动过程;其二,政治系统"给每个人灌输政治系统流行的价值","通过教育社会成员遵循系统的规则,履行其应承担的角色"。政治社会化意味着自上而下地通过政治共同体对于自身政治合法性的论证和宣传;自下而上地通过剧烈变革社会从而实现政治文化的重塑。北洋政府并没有改变旧中国积弱积贫的局面,国家首脑和政府机关更换频繁,派系冲突不变,更多活动体现了前一层面的内容和含义。上海大学在中国共产党和国民党左派的领导下,通过以两党党员为主的教师和青年学生[①]的共同努力,自下而上地推动政治文化的"除旧布新",促进了近代中国的政治社会化。

上海大学内部包含各种政治社团和组织,如国民党的区分部,共产党和社会主义青年团的基层组织,少数国家主义派,以及专业的学术团体和各省籍的同乡会等。许多社团是围绕政治议题而存在的,是各种政治活

[①] 原文注:根据上海大学社会学系吴广(后改名吴君如)记叙,时上海大学共产党和国民党左派占绝对优势(吴君如《第一次国共合作期间共产党创立的革命学校—上海大学》,《广州文史资料》第27辑)。不得不提的是上海大学的社会学系,在当时没有一所大学的哪一个专业汇聚了那么多的马克思主义者,那么多的共产党理论家—瞿秋白、蔡和森、邓中夏、恽代英、萧楚女、任弼时、李汉俊等等(屈新儒《关西儒魂—于右任别传》,人民文学出版社2002年版,第173页)。

动的组织基础。上海大学的诸多教师是共产党和国民党的理论家,在报刊经常发表先进性的言论,有些甚至是报刊的编辑,比如曾任代校长的邵力子就是国民党中央机关报《民国日报》的主编,而瞿秋白主编共产党中央的理论刊物《新青年》和《前锋》。上海大学的一些课程明显具有政治特征。如安体诚讲授"科学社会主义十讲",李季讲授"通俗资本论""马克思传",萧朴生主讲"辩证唯物主义与历史唯物主义",等等。上海大学这种包容性保证了各种政治社会化途径的协调,使政治社会化得以高效进行。

在政治社会化内容上,上海大学内部存在着显著的冲突。社会学系更多的是共产党员和国民党左派,英国文学系较多的是国民党右派,而中文系则介于两者之间。黄仁被害事件发生后,社会学系与英文系的政治派别斗争日趋激化。社会学系学生反对英文系主任何世桢,英文系学生反对社会学系主任瞿秋白,结果何世桢和瞿秋白双双辞去系主任职务。师生不同派别的斗争也与校外斗争互相激化:"这是一个统一战线的组织形式,但内部思想斗争很激烈。"

学校、社团、传媒等都是政治社会化的重要途径,学校凭借对于政治文化塑造的正式性、系统性、有效性成为政治社会化的基本途径。阿尔蒙德和鲍威尔评价到,"在政治社会化中,学校系统显然是最系统化的强有力的影响因素之一"。20年代的上海大学作为近代中国历史背景下的一所特殊高等学校,在政治社会化过程中发挥了极强的作用。

二、上海大学的演讲与政治社会化

"政治社会化的内容与民族传统文化的亲和性程度越高,则政治社会化的功能发挥就越充分"。中国传统的政治文化与现代政治文化截然不同,一方面低度的亲和性阻碍了中国的政治社会化,使一般的政治社会化途径丧失功用,比如家庭、传统学校;另一方面两者激烈的冲突,激发了新文化运动中先进知识分子,尤其是马克思主义者,对先进的政治思想进行不遗余力地宣讲。两种政治文化激烈的冲突以及振聋发聩的宣讲引发人民尤其是青年对社会进行思考。

政治社会化语境中的宣讲与运动

1923年4月起,上海大学有计划地举办星期演讲会。共产主义者李大钊讲过"演化与进步"、"社会主义释疑"、"劳动问题的根源",著名国民党人杨杏佛讲过"从社会方面观察中国政治之前途",文学家郭沫若讲过"文化的社会之使命",新文化运动领袖胡适讲过"科学与人生观",等等。这些演讲虽然涉及各个学科,包含不同思想流派,但大多围绕政治议题,并偏重于马克思主义。1924年,上海大学以上海学生联合会的名义组织讲习会面向社会宣讲。开讲两星期后,报名前往听讲者络绎不绝,天气虽热,但"前往听讲者仍甚踊跃"。所讲题目具有极强的政治性和社会性,如第二周为邵力子讲中国宪法史,瞿秋白讲俄国的新经济政策,戴季陶讲三民主义,叶楚伧讲中国外交史,李春蕃讲帝国主义,刘一清讲五权宪法等。姜长林回忆,"参加这次讲学会后,思想境界提高了许多","我本人就是在这次夏令讲学会以后入党的"。在这些演讲中,进步、阶级、民主、国家等新式概念以通俗化的形式在学生和广大群众中传播开来,同时这些演讲凭借其直观性和互动性深刻地影响了受众的政治价值和政治立场。

李大钊在"演化与进步"的演讲中,称"演化是天然的公例",我们必须"立足在演化论和进步论上"。李大钊吸收了清末以来在中国广为传播的进化论思想,但并未由此获得资产阶级式的民主政治主张。而是在此基础上将其引向马克思主义的道路,"像马克斯创造一种经济的历史观","我们知道这种经济的历史观,系进步的历史观",并论证了其科学性。这种与当时民主思想有着千丝万缕联系,却又与其从根本上相异化的马克思主义理论在演讲中逐渐获得了知识分子的关注和认可。

上海大学校长于右任的一篇关于"帝国主义"演讲,集中体现了国民党左派及部分上海大学教师对于帝国主义的立场和认识。于右任指出:"帝国主义是资本主义发展到最高程度的一期,也是将要崩坏的一期,其这个时期内财政资本占重要势力,并且依靠侵略殖民地和半殖民地维持现状。"这一定义深深打下了十月革命以来苏俄对于马克思主义发展的烙印,反映了当时先进群体中对于苏俄政治模式的倾向。虽然演讲中存在对于"专利"在帝国主义发展中作用的过度推崇等不足,但其对于马克思主义理论的理解和运用却是炉火纯青。这种以深入浅出的语言宣传马

克思主义、抨击帝国主义的演讲在上海大学还有很多,是政治社会化中对于民族独立和自由最强有力的呐喊。

在"除旧布新"的这场政治社会化中,上海大学对传统政治文化和封建主义进行了猛烈的批判。一些关于女性解放的演讲是这种猛烈批判的典型代表。在中国几千年的封建社会下,封建纲常思想成为社会的行为准则。在这一套准则下,女性的身份极其卑微,成为男性的附庸。因此对于女性的解放的宣讲无疑是对传统政治文化的一记重拳。

上海大学的一些演讲积极宣传女性解放的思想。比如在1924年夏令讲学会中,教育学家陈望道曾发表"妇女问题"的演讲。上海大学的教师还到其他学校进行有关女性解放的演讲,在更广阔的范围内推动女性解放。1923年高冠吾参加南京花衣街群贤女学校的演讲会,"女性云者在今日尚可说,若在数十有年后则闻之者且将笑之矣",高冠吾敏锐地预见到女性解放是大势所趋。要实现这种解放,女性需要打破陈旧思想,"须知人之生于世也,决非仅为衣衣食食而已",要积极投身社会中,并且要自立自强,"凡力所能行之事,皆宜与男子并行,不可坚执旧说、自失人格"。

上海大学的女学生还积极投身到对于妇女解放的宣传中,积极到校外进行宣讲。上海大学女同学会甚至组织了演讲联系会,"为要练习口才,对外宣传的准备"。拥有先进知识和思想的女大学生有责任,"唤起一般未觉悟的女同胞"。这样,上海大学的女学生就由原先的女性群体政治社会化的对象成为这场这一群体政治社会化的主导者,她们深入到街头、工厂的演讲无疑是最为有效的直接的政治文化传播方式。在演讲中,上海大学的女生作为女性群体的一员,其新时代女性的风貌,本身就是对于传统妇女群体政治文化习惯的巨大冲击。她们通过演讲这一形式推动了广大女性群体的思想解放。

三、上海大学的学生运动与政治社会化

青年时期是人生观和价值观形成的关键时期。青年人拥有充沛的精力,勇于创新,敢于思考和行动。众多有志于救亡图存、追求真理的青年

来到了上海大学。他们来自全国各地,有的甚至是从侨居的菲律宾、新加坡、印度尼西亚、日本等地归来的。李锦荣回忆,"我们抱着热爱祖国、要求进步和追求真理的愿望回国读书,在敬仰上海大学高举革命旗帜的情况下进上海大学学习"。汇聚于上海大学的先进青年学生自然成为推动新型政治文化的主力。如果说上海大学的演讲提供了这种新型政治文化的启蒙以及学生运动的理论和思想基础,那么青年学生将其落实到实践中组织学生运动则是推动政治社会化的强有力杠杆。

上海大学这所学校作为政治社会化途径具有对其他途径的包容性,并形成一种机制:党派通过其党员(教师)向青年学生灌输先进政治文化,然后领导学生参与学生运动并使其与工人运动结合,这些运动还得到报刊的宣传和声援。"个体的社会交往是个体学习政治文化的根本条件"。青年学生凭借这一包容性的政治社会化机制,实现了有效、稳定、持续的与各革命先进阶层的社会交往。学生在政治运动中得到极大的锻炼和成长,同时扩大了运动的规模声势,其对于独立、自由、民主精神的追求自然取得了深远影响。

1924年11月,冯玉祥发动北京政变,后电邀孙中山北上共商国是。孙中山发表对时局的声明,主张废除不平等条约和召开国民会议。中国共产党中央发出通告,要求各级党组织推动各地人民团体组织国民会议促成会,并广泛宣传。1924年11月28日,上海大学代理校长邵力子召集教职员和学生全体会议讨论孙中山对于时局的主张,并一致赞成召集预备会议产生国民会议的建议。上海大学推动教育界投入国民会议中,成立了上海国民会议促成会。邵力子任主席,上海大学教师恽代英和上海大学学生林钧、刘一清、杨之华等人被选为委员和候补委员,上海大学师生构成上海国民会议促成会的领导骨干。由上海大学促成并领导的上海国民会议促成会,掀起了一场广泛的政治运动。"政治现代化最基本的方面就是要使全社会的社团得以参政"。虽然这场国民会议促成运动没有取得实在的政治成果,但是这样一种由中国共产党等各种政治力量努力推动的、各界广泛参与的政治运动,对于处在政治现代化进程中的国民而言,是一种比较正式的政治参与,是一种生动而深入的政治教育。

上海大学的女生冲破封建思想,追求自己的自由和解放,并投入到解

放更多女性的运动中。在1924年至1925年的国民会议运动中,在上海大学等13个团体倡导下,成立上海女界国民会议促成会,上海大学社会学系的学生张琴秋、钟复光等被选为委员。女界促进会,对于女性基本政治权利——选举权和被选举权——的争取,在中国是具有开创性的。政治社会化的一个重要方面是政治体系中各种政治角色的形成。女界促进会组织演讲队,到上海各处演讲,发动女性参加政治运动,产生了很大的影响。由上海大学的女生组成的女界促进会对于基本政治权利的诉求,反映了当时先进女性群体对于其公民角色的自觉和自信。

1925年5月15日,日本纱厂资本家枪杀共产党员顾正红,北洋政府却封锁消息。5月24日,在参加顾正红追悼会的途中,上海大学朱义权、江锦维等四位同学散发传单,宣讲顾正红烈士被杀真相,遭到巡捕的拘捕,成为顾正红惨案以来第一批被捕的学生。5月30日,上海大学的学生同其他学校的学生以及群众汇聚于关押学生的上海老闸捕房演讲示威。英国巡捕向人群开枪,造成十余人死亡,包括作为游行队伍联络员的上海大学学生何秉彝,另有重伤和轻伤数十人。之后上海学生联合会负责人上海大学学生刘一清率领学联向捕房交涉,并积极推动了上海总商会的罢市。"城市是国内反对派的中心;中产阶级是城市反对派的集中点;知识分子是中产阶级反对派内部最活跃的集团;而学生则是知识分子内最有内聚力也是最有战斗力的革命者。"在这场群众运动中,青年学生发挥了主导作用,上海大学的学生则是先锋队、领导骨干等多重角色的统一。此后,五卅运动演变为一场声势浩大、席卷全国的政治运动,并使得反帝反封建为题中之义的政治社会化剧烈蔓延,对于后期的国民革命运动等诸多历史事件产生了直接的影响。

作为国共第一次合作下由中国共产党实际控制下的红色高等学府,上海大学对于宣传马克思主义,推进中国反帝反封建乃至促进革命的政治社会化过程都起了巨大作用。上海大学师生演讲和学生运动,推动了崭新的政治文化在上海乃至全国的传播和影响。这些宣讲和运动体现了20世纪初无数先进中国人对于中国出路的探索性举措,这种探索并没有因为上海大学的关闭而停止。"历史是认真的,经过许多阶段才把陈旧的形态送进坟墓。"在国共双方合作的框架下,在此获得先进政治思想和街头运动历练的一批革命者投入到旷日持久的斗争中,完成一个政治人的转化过程,同时对于国共双方力量的成长和壮大起到非同一般的作用。在旧的政治文化和新型政治文化的交替中,上海大学的宣讲和运动对于人们的认知乃至思想和行为的改变起着重大作用,并进而影响或塑造了新的政治文化。

邵力子、于右任对上海大学"赤化"的辩白[1]

刘长林　刘　强

20世纪20年代，在当时多数中国人的观念里，"赤化就是过激，就是洪水猛兽"。1925年12月29日，鲁迅描述当时的状况说："现在的官僚和土绅士或洋绅士，只要不合自意的，便说是赤化，是共产。"研究表明，虽然中共在树立"赤化"的合理性方面做过努力，但这种状况在20年代始终占据主流[2]。从1924年12月上海公共租界工部局在上海大学搜得宣传共产主义的资料，到1925年的五卅运动及以后的很长时间内，上海大学一直深陷被指"赤化"的泥潭。五卅运动是体现中共政治动员能力的标志性事件，上海大学中共党团员师生及在其影响下参与活动的师生在运动中表现突出，使得学校成为工部局重点打击的对象。然而，在争夺舆论和法律支持的过程中，工部局力图证明上海大学"纯为过激主义"之大学，上海大学则极力澄清自身与中共的关系，强调学校的行动是爱国之行为，并无越轨之举。

---

[1] 原载《上海文化》2018年第4期。
[2] 原文注："赤化"一词是用以描述共产主义的活动和影响的，"赤化"即"共产主义化"，因此，作为一个描述性词汇，这个词语本身并无褒贬可言，它在中共内部始终是一个正常用语。换句话说，"赤化"的"不良内涵"与词语本身并无联系，而是源于人们对共产党和共产主义的不解甚至曲解，进而生出的担忧和恐惧心理。所以我们可以看到，中共在论证"赤化"合理性时，也是围绕苏联、共产党活动的合理性以及帝国主义和军阀活动的不合理性而展开的。理论层面的核心问题，则在于论证阶级革命的合理性，而论证阶级革命和民族解放的关系问题，又是当时及其后最常涉及的一个焦点。

一、上海大学为何成了工部局关注和打击的对象

　　上海大学不仅名义上不是中共主办的学校,而且即便1924年国民党已将其确定为自己的党办学校,上海大学也没有立即向社会公开这一信息。对上海大学整个学校的运转而言,中共的组织活动不仅不是其整体运转的一部分,而且基本上处在"暗处"。对于处于秘密状态的中共来说,"名义"的重要性也始终没有"实际"大,让党团员在非党组织中发挥尽可能大的影响,促使非党组织的实践符合中共革命的思想和主张,才是关键所在。但对工部局而言,他们倾向于认为上海大学不仅为中共的存在提供了空间,也可能完全被中共所掌握,为中共培养和发展党团员提供更多的便利,所以上海大学很快成为工部局关注和打击的对象。1924年12月2日,《警务处日报》载:"最近几个月来,中国布尔什维克之活动有显著之复活,颇堪注意。这些过激分子的总机关设在西摩路一三二号上海大学内,彼等在该处出版排外之报纸——《向导》,贮藏社会主义之书籍以供出售,如《中国青年》《前锋》。该大学之大部分教授均系公开的共产党人,彼等正逐渐引导学生走向该政治信仰。教授中计有:邵仲辉,又名邵力子,《民国日报》编辑,彼系共产党人已几年了;社会学系教授瞿秋白,瞿系中国布尔什维克领袖之密切友人;施存统,于1921年因共产党活动在日本被驱逐出境。其他地位较低之教授而为《向导》写稿的则有:蒋光赤、张太雷、刘含初。以上三人与施存统同住于慕尔鸣路(茂名北路)彬兴里二七号。本市代销《向导》周刊的除上海大学书店外,尚有河南路九十一号知识书店及民国路(人民路)之上海书店。此一由上海大学集团所主持刊物之内容,至目前为止,尚无足够可以进行法律控诉之煽动性文件,但最近一期之内容似有超过范围之处,现在翻译中。"

　　上海大学受监视,只是革命激进一派活动复起后颇受外界关注的表现之一。自国共合作后,随着时局的变化,中共的活动范围逐渐开阔,自然引起外界的注意。对此,《向导》刊载文章称:"近来在中国的帝国主义报纸,尽量地反对我们国内的急进分子,尽量地反对我们最好的友邦——苏维埃俄罗斯。这不甚奇怪么?可是没有什么奇怪。自英美帝国主义的

工具——直系,失败之后,一切民治的和革命的势力一时扩大起来,解放运动的潮流渐渐地满溢全国。帝国主义国家对于此种现象,当然抱无限的恐惧!"1924年12月19日,维经斯基在写给拉斯科尔尼科夫的信中写道:"中央的正式机关刊物《向导》周报从5月起增加印数50%,也就是说每周不是出版4 000份而是6 000份。刊物的声誉确实在提高,编辑部还处于地下,但最近刊物已公开发行。它利用一家报纸的地址,可以收到读者的来信,多半是激进知识分子的来信,根据这些信件,很容易判断这个刊物影响扩大的程度,这个刊物不仅反映工人的愿望,而且也反映国内一般革命分子的愿望。"

1924年12月,上海公共租界工部局在上海大学搜到他们认为的宣传共产主义的资料,因彼时于右任不在学校,邵力子为代理校长,所以工部局把邵力子告上了公共租界的法庭会审公廨。

所谓宣传共产主义的资料的贮藏和出售,与1924年4月上海大学书报流通处的设立直接相关。1924年4月16日,上海大学部分学生以"宣传文化"、便利本校学生购买书报的名义组建了"书报流通处""代售国内各著名书报"。根据青年团上海地委的报告:"第一支部(上海大学)——共有七十七人,内有七、八人已离申,共分十三小组。除受地委命令参与各种活动外,在校内实在很难活动,因为国民党的关系并歧视的缘故,时有暗潮。校内所设的平民学校及学生会都为我们所操纵。我们又发起社会问题研究会,但不甚活动。书报流通处为我们所把持,贩卖我们自己的出版物——《中国青年》《向导》《前锋》等——及新文化书籍。"可知书报流通处处于青年团的控制下。

青年团上海地委的报告也透露了另一个重要的信息,即当时中共在校内的活动能力并不是很强,且阻碍中共活动的因素主要来自校内的国民党组织。值得注意的是,平民学校、学生会、社会问题研究会、书报流通处等,都具有学生自治性质。于右任自接手上海大学以来,便试图将上海大学办成为国民党前途服务的教育机构。据何世桢回忆,国民党之所以将上海大学划归党办,是于右任在国民党"一大"期间亲自向孙中山提出的:"大会期间,于右任有一天对中山先生说,希望把上海大学改为党办的学校。孙先生答道:'可以,但要由党派人去办。'于听了很不高兴,认为中山先生不相信他。过了几天,大本营发出通知,委何世桢为上海大学学长(这是相当于教务长的职务名称,我当时原任上大英文系主任)。于看了大笑说:'原来是他,先生何不早说!'"尽管邓中夏、瞿秋白等中共人士在上海大学担负要职,但他们作为学校管理体系中的一分子,不能完全按照中共的意志行事。因此,偏向于或完全由学生自发组织和自我管理的组织,成了中共能够在上海大学发挥效力的、可以公开存在和活动的基本单位。总而言之,具备国民党员身份的中共党团员要受到国民党组织体系的制约,具备上海大学师生身份的中共党团员又要受到学校组织体系的制约——而以往研究者通常把注意力放在"利用"和"影响"方面。

上海大学的政党组织,国民党很早就是公开的,共产党则始终是非公开的。1925年时,"国民党已公开组织党部,由林钧、朱义权等主其事"。如报载:"本埠西摩路上大平民学校,近因加入国民党员人数众多,呈准执行部组织第四区第二十四分部。前晚(十八)开成立大会,到会党员二十余人,又新党员三十余人。区党部代表朱义权主席。"又如:"中国国民党第二次全国代表大会各省区代表公鉴:中央执行委员会屡电,决于十五年一月一日开第二次全国代表大会,各省区代表来沪者,望速领旅费赴粤开会。所有领旅费事请到闸北青云路上海大学恽代英同志处接洽。中国国民党江苏省党部。"中共重要成员恽代英公开表明自己的国民党员身份,并以此公开活动,这是反映当时上海大学如何对外表示学校政治色彩的典型案例。

在中共革命史叙事中,尽管国共合作是党内合作,但毕竟中共事实上维持着独立的组织运作,一般认为上海大学"实际上"是受中共领导的,即中共实际上主导了上海大学的教育教学和社会活动等,而于右任和国民党只不过是"挂名"而已。但其实围绕上海大学、国民党、中共,"名"与"实"总是分离不定的,国共党内合作方式下,兼具中共党团员身份的国民党党员名义上受国民党领导,但实际的革命活动仍主要受中共组织的支配;中共组织在上海大学是秘密活动的,而国民党则在1925年公开了其在上海大学的组织活动。在多重名实分离因素相互勾连的状况下,围绕是否"赤化"的问题,上海大学方面的言论耐人寻味,这是以往研究鲜有关注的。

二、邵力子对上海大学政治色彩的辩护

为了使用法律手段制裁上海大学，工部局对相关物证非常关注。由于书报流通处是公开组织，所以工部局轻易地从该处获得了其代售的各种刊物。可以看出工部局对上海大学的性质已有基本认定。据报载，了解到"《向导》周报在上海大学刊印发行"的信息后，工部局总巡捕房于同年12月8日，至上海大学"书报流通处（系学生组织以便同学购阅者）购得九十二期《向导》"。12月9日，总巡捕房"请廨发给搜查证"，到上海大学开展搜查行动，"共到中西包探七八人"。搜查人员"问印报机器，该校办事人答称本校并无机器，亦不印报，讲义系用誊写板油印。当至讲义处察视一过，取去讲义数纸，又至书报流通处，除文艺科学等书外，取去近时新出之杂志及有'社会'两字之书籍多种。又问出售《向导》情形，学生答以由广州丁卜书报社寄来，每期三十份"。警务处刑事处职员及静安寺捕房包探"在上海大学内一书店中搜出五种不同的排外性质书籍三百册"，"除此之外，尚在警务处所知之其他地点搜出社会主义性质之俄文书籍三百四十本"。虽然"在搜查中并未发现任何足以加深对该大学是《向导》编辑部所在地的怀疑迹象"，但是总巡捕房认为，他们的发现已经"明显地说明了"上海大学"约三百个学生的大部分是共产主义的信徒。他们所受的训练，无疑地是企图使他们成为有智力的共产主义宣传家的。在若干学生房间中的墙上挂有明信片大小的俄国布尔什维克领袖及孙中山肖像，另外从发现的书籍中可以看出，教授中有些人是熟谙俄国语言及文学的"。

随后总巡捕房向租界会审公廨提起诉讼，控诉上海大学代理校长"出售含有仇洋词句之《向导》报"。12月17日，邵子收到会审公廨的传票，传票所开案由"于12月8日出售《向导》报，内含仇洋词句，犯刑律第一百二十七条，又不将主笔姓名刊明报纸，违犯报律第八条"。这个消息传到上海大学，"到此时同学等始明白：前日之所以惹这样大的风波，受了这样大的侮辱，乃是因上海大学出售《向导》报的事"。可见，作为书报流通处受益者的上海大学学生，多数人并不了解书报流通处的背景，他们对总巡捕房的搜查行为有着自己的理解,即"以上大乃我学校重地,彼英人来时,既未先同办事人交涉妥协,即擅自钻房进屋,有如强盗,已大失礼;即上海虽属租界,我中国人仍应享有种种特权,有言语、出版、看书、思想之自由,为保护国家主权计,自不能再容其随便而去"。

1924年12月19日,会审公廨公开审理此案。次日,报纸详载审理过程:"昨晨由陆襄谳英领事会讯,上海大学学生多到堂旁听,克威律师代表邵君兼上海大学,由徐维绘君翻译。先起立抗议捕房所引用之刑律第一百二十七条,该条文为私与外国开战者处一等至三等有期徒刑,与本案情节全然不合。虽本条英文译本内(按英译本为Without Authority Hostile Againat Foreigners)之Hostile字样,亦可作仇视外人解。惟本廨为中国公堂,自应以中文为主,又引英国法律,说明此等情罪等于谋叛国家,于本案万不适用,请求将控案注销。英副领事略询捕房代表梅脱伦律师后,中西官即宣布所控第一节犯刑律第一百二十七条应即注销。克威律师又称《向导》刊印发行皆与敝当事人完全无涉,故违犯报律第八条,亦当然不成立。捕房律师声称捕房所控尚有违反报律第十条及藏有多数有害于中华民国之书报云云,克威律师以案情尚待详细研究,声(申)请展期,且时已近午,中西官判候展期三礼拜再讯(按:中华民国并无所谓报律,只有袁世凯时代公布之报纸条例,□该条例已于民国五年7月16日奉大总统令废止)。"

1925年1月9日,会审公廨开启第二次庭审。"捕房律师根据之报纸条例,查已于民国五年7月16日奉大总统令废止,所控当然不能成立","关谳员与英副领事核商后,即宣谕云,报纸条例已奉大总统令废止,本案应即注销"。虽然捕房律师梅脱兰声称,1919年5月间"有人犯同样之案,公堂将其惩办六个月,期满逐出租界,虽大总统命令已将该报纸条例取销,亦可根据民国未成立以前之条例办理",但关谳员与英副领事并不支持这一说法。

从两场庭审来看,邵力子案的结果已基本可见分晓。但邵力子考虑到"关于出售《向导》周报之事实的真相,当庭未及陈述,报载又甚简略,恐各界误会,不得不再说明梗概",于是1月11日在《民国日报》上登载声明:"鄙人从未发售《向导》周报,上海大学尤非《向导》发行机关。此

次捕房据人报告,饬探在校内书报流通处购得九十二期《向导》一份,遂据以控诉。惟书报流通处系学生自动的组织,借以便利同学间之购阅。凡近时出版之新文艺新思潮书报,大致略备,半向各大书店批购、半由各出版人托为寄售。《向导》亦系由广州寄来,每期三十份,托为代售而已。真相如此,鄙人实与《向导》周报完全无关,未敢掠美(某报谓鄙人相组织《向导》报,尤误),特此据实声明。"

邵力子将声明寄给了《申报》编辑部,"敬求大报假以篇幅""登入来函栏","俾得说明梗概",声明遂登载于同日的《申报》上。不过,在《申报》中登载的声明,"鄙人从未发售《向导》周报,上海大学尤非《向导》发行机关"一语,改写成了"鄙人并未发售《向导》周报,上海大学亦非《向导》发行机关"。两个字的差别,却是耐人寻味。

1925年2月7日,第三次庭审,捕房律师梅脱兰提出:"(一)请将在上海大学及在该校寄宿舍与在慕尔鸣路三百另七号教员寓所抄获之书籍充公销毁;(二)请将被告驱逐出租界。"在他看来,"报纸条例虽已废止,而出版法实仍有效。此项书籍实违反出版法,且与租界治安有关"。上海大学律师克威则辩护称,"出版法亦袁世凯所私定,以便其帝制自为者,未经国会通过,不能成为法律,民国法律全须由国会通过,实与英国相同"。然而梅脱兰将总巡捕房在上海大学搜查到的部分书籍展示出来,"或印有列宁等相片,或系列宁著作,或主张共产学说,或反对基督教皆指为过激党书籍"。捕房翻译顾来清也说在上海大学书报流通处以一元购得《向导》《前锋》及《共产党》《礼拜六》等。但是克威律师辩护称,"大学校学生有研究学术之自由,任何书籍皆得取为研究资料,此等书籍无非供研究之用。如因此获咎,则凡政治家或法律家之书室皆甚危险。且被告并非贩售此等书籍者,尤与彼无关"。

不难看出,双方针锋相对,庭辩难见分晓。但是,2月13日会审公廨宣判时,仍然强调"本公堂对于共产主义颇不赞成"。于是邵力子不得不应允,"交保担任上海大学以后不宣传是项书籍"。公廨遂宣判:"捕房请求将被告逐出租界,本公堂姑念被告居住租界二十余年,应免置议","抄获各书一并销毁,被告交一千元保,担任嗣后上海大学不得有共产计划及宣传共产学说"。

学校逢此遭遇,除后来邵力子就被控事件发表了一些言论外,上海大学校方没有"反帝"或抗议的回应。事情发生时,上海大学学生"虽向前阻拦,但以若稍过形色,彼等所豢养的走狗——巡捕,马上即会如风雨样的来临,捉人拿敌。在租界内同西人作战之罪名就会加起,几年的监牢就要入去坐,所以终归无益,只得眼巴巴地望见他自由自在的去",而后学生们"虽马上开全体大会,讨论对付办法数条,但以种种阻碍,均未得见诸实行"。相反,学校为配合会审公廨的判决,在校内贴出"邵力子之通告,禁止学生阅共产书籍"。1925年4月1日,工部局西探前往上海大学调查,"见贴有邵力子之通告,禁止学生阅共产书籍"。对此,何秉彝提供的解释为:"因为处在如狂似怒般底恶魔虎视之下的租界里的上海大学,要为维持学校的生命计,所以虽是受了他——帝国主义——之压迫凌辱,还是敢怒而不敢言:宣言不敢发,报纸不能登。"值得注意的是,何秉彝的文章发表时,距离事件发生已经两周有余了。而文章虽刊发出来,但《向导》正受工部局查禁。

然而即便如此,外界对上海大学和邵力子的看法仍难以改变。《时事新报》上便有消息显示,淞沪警察厅在探查到的有关上海地区共产党活动的情况报告中称:"西摩路上海大学校长邵力(字仲辉)总秘书为一组。"见此信息,邵子力即于3月24日致函淞沪警察厅厅长:"报纸所载时或未确,鄙人未敢确信贵厅果有此训令。惟既与鄙人有关,尤涉及上海大学,不得不据实声明,仰求察照。上海大学校长为于右任先生,鄙人仅于去年11月下旬受托代理,因于先生尚未回沪,迄今未能卸职,然在此代理期间,绝不知校内有所谓共产党之组织。2月初,奉公共会审公廨堂谕,禁止共产计划及宣传共产,即经录谕布告全校,迄今犹张贴壁间。至鄙人自身更敢誓言无担任共产党总秘书之事,窃思清季及洪宪时代,侦探每任意指人为革党乱党,其动机即非倾陷异己,亦系轻信传闻,而结果皆足以促进社会之不安。今世尊重自由,在君主立宪之英国,共产党亦能公开组织且为选举活动,凡人非触凶刑章,皆不至遽被捕禁。我国政体共和,约法尤规定人民有集会自由之权,鄙人果为共产党员,本亦不必讳言,惟实不愿受莫须有之诬指。伏冀厅长本尊重法治,扶植民权之精神,勿轻信侦探之报告,郑重处理,则感德者非独鄙人已也。谨此上陈,伏希公鉴。"

其实，当时邵力子不仅是中共党员（兼具国民党员身份），而且确实在上海大学中共组织的编制内（虽然有时因中共组织调整也不在）。邵力子代表他个人和上海大学校方，极力"澄清"与中共的关系，应当说既保护了上海大学，也保护了中共的党团员及其组织。

相对于上海大学的"沉默"与"冷静"，中央机关刊物在上海公开的发行通讯处被毁的中共，反应还是比较强烈的——虽然"这些镇压行动""不仅没有制止住对这个刊物（指《向导》——引者注）的传播"，反而刺激其发行。

邵力子被控后，12月17日，《向导》公开登载启事："本报是国内向来反对帝国主义之侵略与军阀之剥削的唯一言论机关。因此，本报就时遭帝国主义与军阀的压迫。本月九日，本报上海通讯处，又忽遭帝国主义巡捕的搜查了！他们搜查无结果，甚至将爱读本报诸君之书报，横加搜索。唉！他们自己不检点自己的野蛮行为，却要防人之口，读者诸君，你们看这种无理的行为，是何等的侮辱我们人民的自由呀！本报为保持目前的出版起见，暂将上海通讯处改在杭州，但我们相信这也不过是一时的苟安，将来难免不再发生危险，要想使本报避免这种危险使他继续不断在恶势力之下生存，只有本报同人努力的奋斗，而尤其是要爱读本报诸君一致的起来反对万恶的帝国主义与军阀，拥护全国的言论自由才行。祝诸君奋斗健康！"维经斯基12月19日给拉斯科尔尼科夫的信中也提及上海大学被搜查之事："上一周，当局开始对传播和阅读这个刊物的人进行镇压。对一些学生，主要是我们的同志，进行了搜查，目的是发现他们同刊物编辑部的联系。英国巡捕和中国警察袭击了上海大学，无论是新的还是图书馆过去保存的各期《向导》周报全被没收，而且校长、著名的国民党人，在混合法庭上被追究了传播这个刊物的责任。但是这些镇压行动，不仅没有制止住对这个刊物的传播，而且相反，我们在这一周出版了9 000份。我直接参加了编辑部工作，并为每期写稿。"

三、五卅运动期间于右任对上海大学政治色彩的辩护

五卅运动爆发后，工部局为了尽快以釜底抽薪的方式解决频发的政

治运动,对可疑机构进行暴力镇压,上海大学首当其冲。6月4日,工部局出动武装,强行搜查并占据了上海大学,致使"学生均分投戚友处借住"。事情发生之前,租界防卫军司令戈登曾写信给工部局警务处,表示:"今日上午需西摩路一三二号上海大学校舍安顿海军陆战队。要在上午十时前使全体学生离开,校舍要足以提供一百名水兵的住宿,请予安排。本月二日晚袭击万国商团团员涉及该校学生,故对他们要搜查武器。防卫军司令戈登上校。1925年6月4日。"搜查行动结束后,工部局在该信上批注道:"上述任务已于九点半按时执行。靠西摩路西边的大楼和住宿区已出清,已使学生离开并搬走他们的行李等物。大楼的两处现由美国水兵站岗。没有搜到武器,但抄到一批有关布尔什维克革命的宣传品。"

虽然面临形将解散的危险,但校方随即"暂借华界西门方浜桥勤业女子师范为临时办事处,并定于五号在办事处开教职员会,六点钟在小西门少年宣讲团(由五路电车尽头乘华商高昌庙小东门电车直达本处)开教职员学生全校大会讨论一切处理方法"。校学生会也"暂移至西门沪军营亚东医科大学广继办事",发布公告,"各团体如有重要文件,请径寄该处,诸同学未离沪者,请速至该处接洽一切,以利进行"。同日,瞿秋白主持创办了中共第一份日报《热血日报》,郑超麟、沈泽民、何味辛等参与编辑,张伯简负责发行。《热血日报》为上海大学提供了舆论支持。上海大学被封次日,该报即进行了报道。

6月9日,会审公廨开庭审讯五卅事件及其后被捕的上海大学学生。捕房律师梅兰称:"虽吾人闻此等暴动为排外,依表面上而言,此等暴动固属排外性质无疑,而日本纱厂事件实为此事之所借口。然余意尚不止此。余将证明学生——吾等称之为学生,然学童一字实较切当——鼓动此次引起扰乱之学生或学童皆来自过激主义之大学——即西摩路之上海大学。余将向法庭提出证据使法庭知此案表面上为排外与排日,而实际上则纯为过激主义。余于此点将向法庭完全证明。余将就吾人对此大学所知之历史向法庭提出。余将向法庭提出吾人前数日中,当上海大学在此扰乱期间被占领时在该大学所搜得之文件。文件之中法庭将见一寄自德国之信札,盖一完全过激主义之信札也。无知之学童如一旦任其放肆,利

用之为过激主义之工具,其为用之佳,固无出其右者。余想法庭对余此言必将同意,此等学生皆无知而自大。彼等自以为大人物,彼奸滑之过激派在此不幸之国家中激起扰乱所用之工具,诚无再较此为佳者。"

6月10日,续审。上海大学律师克威辩护称:"敝律师办理此案,于昨日午后甫受委托,致无机会详细研究。惟捕房律师尝见告此案有过激嫌疑,其实举动出于爱国,因受不平之待遇,致生感触。若竟认为排外,则属绝对错误。虽其中有一二函件述及共产名目,然系一种研究材料,实属无关大局,更无第三者糅杂于内。今晨堂上已经宣示,只审捕房控告案情,凡关于外交问题,概置不理。而敝律师对于本案之所欲讨论者,亦只法律与事实两种。因学生并无过激意味,故当捕房呈出该项函件时,曾为反对。"

将此说法与邵力子案的说法对比,可知其辩解思路十分类似。因捕房的确在上海大学校内搜查得到了共产党相关宣传与活动材料,所以律师也只能说这些材料是用于研究的。

被逮捕的学生梁郁华,其实已经从上海大学肄业一年了。他仍然在供词中坦陈了参与演讲示威的事实而否认过激:"礼拜六下午一点余钟,同学七名,四女三男合组一队,至大马路站在大东制帽公司门前,演讲数分钟后,巡捕房人来将我们捉去。所讲系唤醒同胞、抵御外侮等词,因日本纱厂将工人顾正红杀死,故劝告同胞团结一致,反对日本人。除反对日人外,并不反对其余外国人。是日演讲,并无军器藏于身畔,内只两人执旗,一书'学生演讲团',余一旗系标明第几队字样。我校出外演讲者有五六队,均系同学自动的出外演讲,并非受所谓俄国人过激派机关指使,且我更不知何为过激派,此举纯为爱国行动。演讲时,并未说'杀死外国人、推翻外国人'之语。我被捕之际,不但无抵抗,且称愿随往捕房,枪声我在捕房内听得。"又表示,在学校并未接触"过激书籍"。他认可美国领事的说法,"若邀请年高望重而经验较富者出而调停,其成效自较尔辈为优"。但也补充说,"我们演讲亦系帮助工人要求平等待遇"。

6月11日再次审讯时,已从上海大学英文系肄业两年的蔡鸿立也持类似说法:"卅号下午一句余钟,与同学男生十二名出外,至西藏路,正欲择地演讲日人惨杀华工顾正红事,被西捕头率两华捕来拘捕。我及另一同学遂与同去,并未抵抗,其余十人则随往。被捕时捕头询我等知否租界法律,答以不知。时我只执有学生演讲团小旗一面,此外无别种武器。本团及其余演讲团,是日皆无暴动之意。此举亦非受过激党指使或利用,更不知何为过激党。当时未说打杀外国人及推翻外国人之语,枪声我在捕房听得……我不知校内有共产书籍被捕房抄去之事,邵力子系代理校长,彼涉讼之事,我于报上阅悉。我系大学学生,无论任何书籍均可研究。"

上海大学社会学系肄业的瞿景白也说:"朋友中素无俄人,不知过激党之事。是日下午系放假,故我出外至先施公司门前,见有同学演讲,我未参加。因巡捕拘拿学生,旁人询问学生今日何事演讲,我答以不知,并随群众至捕房门前。见有巡捕列队立于捕房门口,群众并未冲进捕房。时有一穿便衣形似包探者,指令一巡捕将我拘去。人众并不因我被捕发生抵抗或拥上之事,而我亦并未抵抗。枪声我在捕房所闻。群众之往也,系欲明捕房将学生拘去之如何办法。"

上海大学中文科肄业的杨思盛表示:"是日我执小旗,预备演讲日人打死劳工之事。被捕时并未抵抗,并不知系违犯租界章程。"学生王宇春也称:"与同学出校,为良心自动","对于演讲,系我国民良心发现,不知违犯租界章程"。在上海大学肄业的学生黄儒京,"其预备演讲及被捕情形,与蔡鸿立之供词相仿(黄蔡系同一演讲团并同时被捕)"。

总而言之,上海大学学生的供词归结起来,略为:本人与过激党无关,不是受其指使;本人没有接触过也不知道什么是共产书籍;即便工部局所得共产书籍为实,本人是学生,什么都可以研究;本人演讲只为援助工人,一片爱国之心,并无煽动和暴动之意;本人对租界法律并不了解;但是在不了解租界法律的情况下,本人也没有抗拒捕房的逮捕行为。

如此一致的证词,审理人员也只能采纳。最后,会审公廨宣判:"兹本公堂讯得被告人等,大多数系属青年学子。因日人工厂内工人被杀,在租界内结队演讲、散发传单,本公堂认为无欲暴动之意,且其拘入捕房时间均在发生开枪事件以前。尚有少数被告,讯系马路驻看闲人。被

告等着一律具结开释,保洋发还。本埠发生此不幸重案,本公堂甚为惋惜。汝等青年学子具有爱国思想,宜为国珍重,力持镇静,听候解决,是所厚望。"

其实,在案件审理之前,上海大学方面就已发表了抵制"赤化"说的声明。6月5日,收到上海大学被封消息的于右任回到上海。6月6日下午2时,于右任"即召集上海大学教职员及全体学生,假西门少年宣讲团开紧急大会,讨论学校被封后及对此次惨案之方法",于右任说:"我(于氏自称)在河南闻上海发生惨杀学生工人之大事变,故星夜赶回,将努力参加此次反抗运动。不特救济本校学生,且将援助市民之斗争。上大此次首先被封,正因上大反抗强暴之外人统治最勇猛。同学中切不可因学校被封而趋消极,盖吾校学生实最早提出反对帝国主义及取消不平等条约之口号,遂受过激之诬。殊不知此乃国民党代表全国国民之正当要求,凡中国国民均当赞成,否则并中国人之资格,亦丧失矣。吾人当以此义广为宣传,使一般民众咸能努力参加运动,达到解放中国人之目的……"不难看出,于右任不仅以上海大学校长的身份亲自否认了上海大学受过激党指使,并强调上海大学师生的行动,乃是这所国民党党办大学对国民党主张的实践。

随后,于右任又为学校被解散一事致函交涉员,"请其严重交涉",信中这样写道:"顷据敝校行政委员会暨学生会代表面称,本月四日上午九时许,突来中西探捕及荷枪实弹之英兵一大队,约百余人,将敝校包围,强令员生等排列,高举两臂,不许稍动。有询来意,非持手枪迎面作欲击状,即被拳足交施,旋向各人身畔,逐一检查,至再至三。复侵入校内外男女生宿舍,破毁各人之箱笼,已乃勒令寄宿员生百余人,十分钟内,一律出校,违则枪毙。续又将职员韩阳初捕去,拘留三小时,始行释出。按该英兵等闯入搜查时,学生见其每检一物或一书,手辄战栗,未知何故,旋该英兵等遂将敝校全部占领。此当时敝校被侵害经过之实情也。因思敝校学生素守秩序,绝无轨外行动,讵可任意搜捕,不法占领?侵害人之身体住居自由,似此强暴,达于极点,公理、法律何存?试使相率效尤,尚复成何世界?查敝校缔造经营,所费不赀,今无故被英兵等恣意蹂躏,侵入驻扎,有形之损失固属不少,而优美之校誉,亦被破坏殆尽。试问该英兵等究奉何人命令,而发命令者究根据何项法律？如此蛮横,中外罕见。除损失确数,俟该英兵等退去,始可调查,再行续请要求赔偿损失应暂保留外,所有敝校横被该英兵等强占情形,理合先行迫切报告,请求执事速向该加害之当事严重交涉,立饬将该兵等撤退,赔偿敝校一切损失,并向敝校登报道歉,以申公理而维主权,是为至盼。"

但这样的说法工部局并未认可。早在于右任公开声明之前,《警务处日报》6月5日载:"上海大学的学联委员会目前已在沪杭铁路南站附近的沪军营亚东医科大学设立临时事务所。这些房屋是上海学生联合会的会所,看来该会是受上海大学师生们所控制的。目前他们正设法在西门方浜桥勤业女中里面为上海大学学生提供膳宿。今天下午,他们将在该女中开会,以便为将于6月6日下午在中华路少年宣讲团举行的另一次会议作好准备。"按前文已知,工部局相信整个事情与上海学联有莫大关系,而他们又认为上海学联的行动是布尔什维主义化的。

可是,上海大学方面的对外宣传口径始终与于右任的说法保持一致。6月15日,上海大学学生会创办了《上大五卅特刊》,共出8期。该刊物,"除由该会宣传股广为分发外,连日各省区学校及个人去函索购者异常众多"。上海大学学生会宣称其创办《上大五卅特刊》的重要目的之一,是"要以同学研究与活动之所为,说明五卅运动正确之意义,并纠正一部分国人之谬误观念"。其中针对"赤化"攻击的文章,一方面指出"赤化"是谣言,是帝国主义压迫中国人的借口,所以中国人不"赤化"(显然非本义)就只有"软化";另一方面则强调上海大学是为国家独立和民族复兴而奋斗,并非受到共产党的煽动;甚至说"原来共产党不知政治","共产党在中国本来是没有什么声色的;自经他们——帝国主义者一再竭力的宣传,把稍为有价值一点的事都归功于共产党,于是共产党倒真成了能引起民众同情的党了"。

五卅运动期间,上海大学学生会接到了金陵大学学生何宗侃寄的一封信,信中这样写道:"敝校学生吴子玮君于沪案发生之次日,由沪回宁,到处演说,谓此次风潮完全由贵校少数共产党学生勾结工人煽惑而起,并作种种袒护英捕房之语。按此次惨案发生以来,举国人士,愤慨异常:即各友邦亦不直英捕之行为。吴某假造事实,媚外辱国,不特其言论有损于

贵校名誉；抑亦为将来外交上之阻碍。敝校全体同学，屡开大会，四次议定惩吴办法。"信件所附吴子玮宣言中指称，"这次惨剧是少数共产党煽惑弄成的，西捕开枪，是防学生劫狱，是正当的防卫"，"红头令人散而不能，遂向空射击示威，两方愈演愈烈，遂演惨剧"，"管理权既在外人，中国人没有在租界任意扰乱治安之理，所以曲在中国"。

上海大学学生会即在《上大五卅特刊》发文反驳称，"吴某实属别有作用"，"退一步说，吴某纵没有通敌的罪，然造谣媚外国罪，还是无可逃的"，"吴某的谣言，显系从翻阅《大陆报》《字林西报》得来的。这种洋奴式的学生，本来是把西文出版物当作《圣经》看的，在他看起来，《圣经》上明明一条条地写着：南京路的惨剧，是某某几个学校里的少数共产党学生煽惑起来的；是暴徒击捕房才闹出来的；是巡捕不得已而开枪自卫的；是中国人捣乱了外人管理下的租界的秩序才开枪的……《圣经》上的话还会错吗？咳！洋奴式的中国学生！"文章并用反讽的口吻说道，吴子玮的言论并非"有损于我们学校的名誉。实则吴某把这次含有极重大意义的运动，归功于我们学校，不但是恭维太过，使我们惭愧异常，并且是违反历史发展的公律！像这样昏聩糊涂的人，那里配我们去理他？所以我们除对于何君等的盛意，表示什么感激外，不愿意对吴某更赘一词"。

上海大学校长与学生组织极力澄清自身与中共的关系，强调学校的行动是爱国之行为，并无越轨之举，是合法行为，一方面是为了保护学校和学生，更主要的是当时在反帝反封建问题上，他们与共产党人的理念是一致的。

马凌山烈士在沪史迹考[1]

陈小赤　邵　华

马凌山(1904—1931),陕西省合阳县人。他早年出身孤寒,幸得姑母悉心照料,并资助其学业费用。1920年,马凌山入合阳中学就读。1923年底,他考入上海大学社会学系,师从邓中夏、恽代英、瞿秋白等革命先烈。1926年,他正式加入中国共产党。1927年3月,马凌山被党组织派往兰州,担任中共兰州支部宣传委员。期间,他与王孝锡、胡廷珍等人组建兰州青年社,宣传马克思主义,积极发展党员。1927年5月,马凌山在兰州辕门广场组织青年学生和群众发起纪念五卅惨案二周年大会,并痛斥蒋介石发动"四一二"反革命事变的累累罪行。1927年6月,马凌山在西北军杨虎城部第九营做训政工作。不久,由于地下党员身份暴露,他遭到国民党反动派的通缉,遂转入地下斗争,后在河北唐县乡村师范学校任教。1931年,马凌山身染肺病,不幸逝世,享年27岁。

对于马凌山烈士的研究,学界目前尚未有专文论及于此。我们不揣浅陋,特就马凌山在沪就读期间的革命活动做一梳理,以求教于方家。

一、就读上海大学,接触进步思想

上海大学的前身是由安徽人王理堂于1922年初所创办的私立东南高等师范学校。由于王氏将学生膳费五千块贪污,导致教职工无法发出工资,学生伙食无法供应,学校爆发"倒王风潮"。"倒王风潮"中的部分

---

[1] 原载《西部学刊》2019年2月上半月刊(总第84期)。

学生与党组织取得联系,希望党组织接收该校,经过多方协调,1922年10月,由国共两党合作创办的上海大学成立,国民党元老于右任出任校长。于右任到任后积极整顿校务,"添办高级中学,并于原有师范部各科添设主任,增聘教员","又以原有校址隘陋,不敷应用",遂将校址从闸北迁至西摩路,租赁房屋,开展教学。于氏革新校务最引人注目的是延聘人才,"总务长为邓中夏,教务长为瞿秋白,社会学系主任为李汉俊,中国文学系主任为陈望道,俄国文学系为瞿秋白兼任,绘画系主任为洪禹仇,……其所聘新教员如程太炎、李大钊(以上为特别讲座)、俞平伯、田汉、沈仲九、施存统、刘宜之、朱自清等皆属海内知名之士"。

于右任执掌上海大学,促使诸多陕西学子纷纷慕名求学,从1922年到1927年之间,仅陕西籍在上海大学就读的学生就有50多人。1923年底,马凌山与同乡李子健一起考入上海大学社会学系就读。瞿秋白、施存统、彭述之等人先后担任过系主任,蔡和森、恽代英、邓中夏、萧楚女等革命先烈都曾在此授课。据杨之华事后回忆:

> 邓中夏同志是我们的总务长,他的头发很黑,眉毛浓而长,眉心很宽。当他抬起头来看人的时候,两眼闪闪有光。他精神机智果断,使学校的生活紧张而有秩序。他常常喜欢讲李卜克内西和卢森堡的故事给我们听。他是我们敬爱的一位有魄力、有毅力的革命者。
>
> 在教师中间,有轻松愉快的张太雷同志,他教我们政治课;有循规蹈矩的蔡和森同志,他讲私有财产和家族制度之起源。恽代英和萧楚女同志讲话富有煽动性,对问题的分析一针见血,并且善诙谐,常常引起学生们的哄堂大笑,新同学都爱听他的课。

在平时的教学过程中,邓中夏、瞿秋白经常向学生强调必须"把读书和社会生活打成一片",所学社会学知识应用到现实生活中去,应以改造社会为职志。据茅盾多年后回忆,"社会学系的学生经常由老师带领去参观工厂和农村,这也是上海别的大学所没有的"。薛尚实回忆说:"上大同学在入学前都是想学点革命知识和救国的道理而来,大多数人都有一定的政治觉悟。除了上课学习革命理论之外,都关心政治形势的发展,面对当时北伐军的进展，几乎每天都有谈论，读报纸、读《向导》、读《新青年》更是普遍现象。……高年级同学多数在校外担任工作，有的参加上海市学联、全国学联，有的参加济难会工作。至于到各工厂区去组织平民夜校、工人夜校进行革命宣传教育的人就更多了。"上海大学要求学生培养将读书与社会锤炼相结合的学风，促使马凌山一方面努力增长自己的课本知识，并钻研马列著作，提升自己的理论素养；一方面在实际行动中，参加各类社团，深入到群众中去。

邓中夏"鉴于中国现社会实有提倡平民教育之必要"，遂呼吁成立上海大学平民学校，组织社会学系学生充任教员，开设国文、识字、唱歌、算学、英文等课程。据老工友龚兆奎回忆，上海大学办的平民夜校，报名的有百来人，有小烟纸店的伙计、商贩、洗衣工、弄堂里的劳苦百姓，"上课总是在晚上，每周上三次，课本是油印的，边认字边讲道理，讲资产阶级、无产阶级，工人为什么受压迫受痛苦，帝国主义在租界上欺负人，讲过三民主义，也讲过共产主义，上课的先生都是社会学系的大学生"。马凌山加入上海大学组织创办的平民学校，与许多同学一起深入工人当中，专门为下层劳动者讲解革命道理，耐心细致地做思想工作。

上海大学对外学术交流活动频繁，经常举办讲演会、特别讲座，学术谈论氛围极为浓烈。学生自发成立上海暑期讲习会、上海夏令讲学会等学术组织，聘请吴稚晖、邵力子、茅盾、胡适之、马君武、李大钊、章太炎等社会知名人士来校演讲，内容涉及法律、社会学、诗歌小说、语言学、时事政治、哲学等各个方面，"凡有志研究者，不论性别、年龄均得与会听讲，小学教员特别优待，……听讲费每学程洋五角，缴洋八元者得自由听讲"。章太炎演讲"中国语音统系"题目，听众除本校学生外，校外人士约有一二百人之多，"章先生能以犀利之辞，深入浅出，故听众皆相悦以解，极其满意"。恽代英讲社会学及劳工问题，李大钊讲"史学概论"六次，皆得到学生积极的反响。上海大学校园内思想争鸣活跃，师生之间平等讨论问题，互相激发，使马凌山受益匪浅。在老师瞿秋白、恽代英等人的引导下，马凌山关注时局问题，积极在报章上发表自己的意见，并与高尔柏等人成立上海大学社会科学研究会。研究会每周开会一次，专就社会现象调查进行研讨，由委员会指定三人为社会科学研究会读书委员会

委员,管理本会会员读书报告事宜。至于读什么书,怎么读法,由读书委员协同指导员规定,执行委员会通过后施行。会员讲演期由各会员先将所拟讲之题目报告委员会,由委员会编定次序分组进行。1925年11月,上海大学张效翼等人发起成立中山主义研究会,先后有二百余人加入。高尔柏任该研究会主席,马凌山、崔小立、江士祥、吴稽天等人为执行委员。萧楚女在成立大会上发言,并对研究会章程、宗旨及目前的斗争形势做了感人肺腑的演讲。

二、参与创办《孤星》《新群》杂志

1924年1月,马凌山与安剑平、蒋抱一、张庆孚等人一起创办《孤星》杂志,发起成立孤星社。孤星社"系研究学术,改造社会之青年团体,公推吴稚晖、于右任为名誉社长",该社设总编辑兼总理一人,交际、文书、英文书记、广告、图书、会计、发行主任各一人,干事二人,法律顾问一人。社员有六十七人,马凌山任干事职务。就笔者目前所掌握的材料来看,《孤星》杂志除第九期存录外,有原件保存下来的有第十、第十一期。该刊物为十六开本,每期约有30余页,内容多为讨论时事、思想通讯等。

1925年1月,马凌山与陕西籍学生关中哲、何尚志等人创办《新群》杂志。《新群》以上海大学陕西同乡会的名义主办,该刊为三十二开本,每期18页。《新群》"旨在宣传和灌输马列主义,对当时政治形势发表一些评论,发行范围是在上海各校的陕西学生、群众团体、报社,在北京的陕西学生以及陕西的一些中等学校。它对陕西青年学生的进步,有一定的影响"。

综观《新群》半月刊的内容,文章多为陕西籍在沪的青年学生所撰,其中既见情系桑梓之作,但绝大多数文章是介绍新思想、新潮流,宣传革命思想,以期促进家乡人民的觉醒。如1925年4月20日,马凌山在《新群》杂志刊发《陕西的现状及其解决方略》一文,文章对军阀刘镇华压榨秦地百姓横征暴敛的行为提出抗议,并号召舆论团结起来,打倒军阀的残暴统治。1925年3月,孙中山先生病逝于北京。马凌山在《新群》第七期组织"纪念孙中山先生专号",发起悼念活动,号召陕西籍的旅沪青年学生踊跃投稿发言。关中哲、何尚志先后撰写《追悼孙中山先生》《中山先生之死》等文章，对孙中山先生的革命功绩和曲折的革命历程予以表彰，并希冀陕西青年们共同努力，继承先生未竟之业，为革命做出贡献。其中，马凌山撰写的《孙中山先生年谱》占据刊物大部分篇幅，他想把孙中山"毕生事业，提其梗概，列成年谱，以期国人的观感与努力"。在编纂年谱的基础上，马凌山辑录胡汉民、萧楚女、施存统等人发表的有关三民主义的演讲文章，在上海三民公司于1926年4月发行出版《中山主义讲演集》，意在使社会人士明白"孙先生虽然死了，但是孙先生的主义却没有死，这本小册子就是要把孙先生不死的主义，拿出来给大家认识的"。

三、参加五卅运动，发表论辩文章

1925年5月，帝国主义侵略者对支持日本纱厂工人斗争进行示威、宣传的上海学生和工人进行了血腥的屠杀，枪杀了工人领袖顾正红，并伤十多人，成为五卅运动爆发的导火线。为了反对帝国主义的侵略暴行，上海国民议会促成会、学生总会、工商学会等多个团体召开代表会议，并通电全国，向日本政府提出严正交涉和抗议。党中央于5月28日组织召开会议，决定5月30日在上海公共租界举行反对帝国主义的示威游行。5月30日，上海各校学生约2 000多人在公共租界举行游行，声援工人罢工。时任上海文治大学学生会主席的城固籍地下党员刘秉钧联络陕西旅沪同乡会的爱国青年马凌山、何挺颖、左明等人一起上街游行、散发传单。租界巡捕悍然殴打、拘押和逮捕示威游行的学生数百人，这引起了广大群众和学生的愤怒，他们一起围在巡捕房门口，要求释放学生。面对手无寸铁的游行学生和群众，英国捕头竟然下令开枪射杀，中国学生和无辜群众当场被打死13人、受伤10多人，震惊中外的五卅运动爆发。

面对五卅惨案的发生，中共中央在上海召开紧急会议，决定号召学生、工商人士、工人群体等各界各团体在上海举行罢工、罢课、罢市，并组织成立了进行此次斗争的行动委员会。在党的领导下，6月1日，上海总工会和上海学生联合会及上海商界宣布立即举行罢工、罢课、罢市。瞿秋白在《热血日报》发表战斗檄文《沪案重查与五卅屠杀结局》，对五卅运

动发生的现场情况做了翔实的报道,强烈指责帝国主义屠杀行径,号召大家"反抗运动之目标,绝不止于惩凶、赔偿、道歉等",更应"推翻帝国主义在中国的一切特权为其主要目的"。瞿秋白的文章在陕西旅沪同学会进步青年当中广为传播,影响甚大,在其革命斗争精神的感召下,马凌山、关中哲、何挺颖、左明等陕西籍学生先后从象牙塔走上街头,进行革命宣传活动。作为上海大学学生会临时委员会十四名委员之一,马凌山加入沪上学生团体组成的外交监督会,与同仁一起以上海大学学生名义致电广州,其函曰:

广州革命政府鉴:

噩耗传来,全埠震动,希速与帝国主义者作最后之抗争,慨自沪案发生,全国民众,敌忾同深,势不可侮,亟宜导其团结实力,作解除积年压迫之企图。我革命政府,素以打倒帝国主义为职志,义旗首举,行见举国民军,环起响应。即全世界被压迫之民族,亦乘机崛起,以为声援,吾中国垂毙之国命,其将从此昭苏乎?迫切陈词,敬希立断。

上海大学学生会叩　径

1925年6月15日,上海大学学生会在五卅运动爆发后不久创办《上大五卅特刊》。该刊创办宗旨有三:"(一)我们要以同学研究与活动之所为,说明五卅运动正确之意义,并纠正一部分国人之谬误观念;(二)我们要以五卅运动中同学之努力与贡献报告给社会;(三)我们要以同学此次参加五卅运动之史实为母校永久的纪念并以勉励将来"。刊物共出版8期,为8开小报,每期4个版面,内容多涉及论著评议、时事评论、校内演讲通告、杂感、文学创作等。

翻阅《上大五卅特刊》8期内容,马凌山以署名"凌山"共发表论辩文章10篇。其内容共有两方面值得注意:其一,介绍五卅惨案的发生过程、剖析其发生的原因、影响及其意义。如在《五卅惨史第三页》一文中,马凌山对惨案发生的整个史实过程做了翔实的阐述,在《五卅运动与废除一切不平等条约》一文中,马凌山对五卅运动的影响价值做了高度评价,他认为五卅运动不仅是为顾正红烈士的惨死讨个公道,更应上升到民族意识觉醒和解放的角度,认识到"五卅运动的精神,应该是废除一切不平等条约"。其二,批评胡适、丁文江等社会名流对五卅运动斗争策略的妥协政策和指手画脚,尤其痛斥买办阶层的软弱投诚和敌我不分。对于买办的危害和投降本质,马凌山批评他们"认不清自己的真正目的,遂至走入歧途",在中国与列强外交交涉的过程中,买办"凭空添了许多障碍,这是何等痛惜的事",认为他们怯懦而依附列强的心态,是最致命的缺陷。

四、结　　语

1925年1月,党组织在上海召开了第四次全国代表大会。党的"四大"后,建立了上海大学支部。到1926年3月,上海大学共有党员61人,高尔柏同志为支部书记,隶属中共上海区委领导。1926年,马凌山光荣加入中国共产党。据高尔柏回忆,上海大学党支部分属几个小组,小组划分大致根据党员所属学系而分,马凌山属社会学系。"党员的组织生活内容是丰富的,一般有:学习革命理论,学习国内外时事,学习党的政策,布置革命工作,讨论学校工作,讨论发展对象等,以及其他有关的事"。

1926年7月,国民革命军誓师北伐,节节胜利,革命形势迅猛发展。为了适应新形势,发展党组织在全国各地的力量,上海大学党支部根据上级指示,发动全体党员分赴各地展开革命工作。1927年3月,马凌山被地下党组织派往兰州,开启了另一段革命斗争历程。

上海大学的三副面孔
——后五四时期知识分子的办学分歧与代际更迭[①]

崔　璨

　　胡适在回顾中国现代思想史时,将1923年看作"个人主义"与"集团主义"的分界,以今天的后见之明来看,1923年似乎是个具有象征意味的年份。尽管真正的"转换"要在五卅和国民革命的爆发中到来,但1923年的确出现了若干时代"转换"的征兆,"科玄论战"显现出五四思想界的内部分歧,新的组织形式则因国民党的"容共联俄"准备而始现端倪。此时,作为学生运动的五四已经落幕,作为思想文化运动的五四也已开始落潮(尽管将在一个较为长期的阶段里完成),对五四的总结与回顾则开始在报上出现,五四遗产则在不同的阐释中被择取与接受,思想界的统一逐渐被歧异所替代。可以说,时间已进入了"后五四"时期,社会正在五四的遗产上裂变出新的萌芽,直至国民革命的爆发。

　　正是在1923年,新生的上海大学制定了章程与细则。这所学校在前一年的学潮中被国民党人接手,在国共两党知识分子的治理下,它呈现出格外激进的面貌。然而,在从五四到五卅乃至国民革命的时代转换中,以激进而著称的上海大学,其内部也有"分裂"的一面。"高级干部供应站"、"南方的新文化运动中心"和"东南的最高革命学府"都是身在其中的知识分子对它的称呼。这三种形象各有侧重,暗示着共识和歧见并存,折射出"后五四"时期复杂的历史图景。在学界对上海大学的考察中,上海大学与国共合作的关联、激进的校园文化、左翼人士与革命文学的倡导都是重点,但上大形象的分裂性与定位的复杂,并未得到学界的

[①] 原载《江淮论坛》2019年第3期。

充分关注。本文试图对上海大学形象的分裂性进行考察,同时探究在从五四到国民革命之间的思想裂变时期,一所大学怎样承载了激进知识分子的种种希望,而在对同一所大学的不同"想象"背后,知识群体又上演了怎样的思想冲突与代际更迭?

一、"社会科学热"与"高级干部供应站"

"高级干部供应站"的印象来自时在北大读书的共产党员王凡西,其实这也是一般中共党员对上海大学的认知。"高级"和"干部"的组合意味着进入上大求学的青年应当具备马克思主义基本理论知识,同时能够参与到实际工作中去。这一认知的背后,是国民革命急需青年人才的现状。从中共的角度来说,政党初创,党内急需理论人才,而"老大的"国民党也急需新鲜血液,在国共合作的立场上,吸收大量的知识青年是眼下进行国民革命动员的重要任务。何以招徕知识青年? 许多转学进入上海大学的青年都提到了社会科学对他们的吸引力,大同大学的学生何秉彝在家信中这样解释自己为何要转学:"要为20世纪的社会谋改造,便要为20世纪的人民谋幸福,即是要研究人类社会之生活的真理及其种种现象,以鉴定其可否。所以男决定从事社会学——非从事社会学不可!"学习既是为了改造社会,那么强调学问的"实用性"就变得理所当然。1924年上半年间,《中国青年》刊登了一系列介绍社会科学的文章,与此同时,著名刊物《学生杂志》的通讯栏里,编辑对社会科学的鼓吹也占据了很大篇幅。这些密集出现的文章传达了这样一种观点:青年想要改造中国,须具备相关的理论知识,而社会科学是其中最重要的。这些文章的作者往往同时在上海大学社会学系兼课,这显然不是一种巧合。对慕名进入上海大学的青年来说,这些作者的大学教授身份使他们所鼓吹的马克思主义社会学更加具有权威性,他们所在的上海大学也随之成为青年心目中的理想学校。

不过,鼓吹社会科学虽是国共两党动员青年学生的手段之一,它其实也是五四时"社会改造"思潮的延续,是"纸上的革新运动"转向实际操作的必然路径。上大社会学系的教授里,许多人本身即是被五四激起社

会科学研究兴趣的青年。总务长邓中夏的经历很有代表性。原本热爱古典文学的他，在五四以后改换了志向，将"达尔文生物学说、马克思主义经济学说"认定为"终身欲研究之学术"，"译著、新闻记者"视为"终身欲从事之事业"。而一两年之后，他已完全成为马克思主义的信徒，并投入了民众运动。五四以后的一两年间，与邓中夏有着类似思想转变的青年不在少数。他们先前因为新文化运动的冲击，兴趣点骤然由传统学问转向了外来新学，此时则由学术研究更进一步转向了社会革命。社会学系教授恽代英与邓中夏同为少年中国学会的会员，都经历过"工读互助"组织的失败，在少年中国学会是否要确立"共同主义"的问题上，他们都倾向于明确"主义"，以便更好地投入社会改造的具体实践。在关于实践的讨论中，邓中夏立志"要做有学问的实行家、能实行的学问家"，恽代英则高呼"要扶植群众、唤醒群众、指导群众"，"要为revolution的运动，不要为reform的运动"，这些理念都如实地反映在了上海大学的教学中。

邓中夏将上大宗旨确定为"养成建国人才，促进文化事业"。他认为上海大学的吸引力，在于"建国"的宗旨，这也是"上大的使命"。邓在《上海大学周刊》第一期即刊文批评所谓国立省立学校，只是"贩卖零零碎碎的科学知识，搬弄空空漠漠的哲学思想，而并没有指示学生一条应走的道路和一种应受的训练"。什么是学生"应走的道路"和"应受的训练"？从上海大学的教学规划和课程设置来看，这些具有暗示性的词汇，"道路"，以及"训练"和"建国"，都指向了与现实密切相关的社会科学。在上海大学的院系规划里，最初设立的仅有社会科学院和文学院。而在邓中夏为上海大学搭建的整体框架中，社会科学院的扩充是重中之重。从教学规划来看，社会学系没有开设当时国内流行的孔德派社会学，而是教授马克思主义社会学，足见《中国青年》与《学生杂志》上鼓吹社会科学尤其是唯物史观的文章并不仅仅是一种单纯的学术上的引导，它有着十分急迫的现实考量。

当邓中夏不留情面地批评国内大学只会贩卖知识、搬弄思想时，他那"要做有学问的实行家、能实行的学问家"的理想，已倾向于"实行"的一方。在这一点上，他的同事显然与他意见一致。在学生的印象中，这群共产党人的上课风格十分独特。张太雷讲课轻松愉快，蔡和森讲课深入浅出,恽代英和萧楚女讲课则富有煽动性。他们的共同点是并不照本宣科,而能根据学生的提问有针对性地解答,按照学生的水平和要求来讲授。这种互动教学,正体现了上海大学"养成建国人才"的宗旨——只有确保学生掌握所学知识,才能真正谈得上运用。学问"决不完全在书本上,也不在教授口中",只有让"学问"为"实践"服务,才能培养出革命所需要的"高级干部"。上大的学生在五卅中成为最活跃的学生群体和最主要的领导者之一,与深受上大教授们的熏陶不无关系。

二、"文化再生"理想与"南方的新文化运动中心"

与邓中夏几乎同时进入上海大学的瞿秋白,为上大制订了具体的课程规划。在他看来,上海大学的职任在于"切实社会科学的研究"和"形成新的文艺系统",上海大学的目标,则是成为"南方的新文化运动中心"。显然,与邓中夏的设想相比,这个目标的达成更加倚赖于学术的创造。

在《现代中国所当有的"上海大学"》中,瞿秋白以东西文明的撞击来解释引进系统的社会科学对于了解社会、实施改造的意义。在西方文明的入侵下,古老中国的社会状况急剧复杂化,使得思想界有求解释于社会现象之"原理"的必要。而文字作为一切科学的工具,也有着随社会现象变化而革新的需要。因此,西方理论(社会学、言语学)的作用,就在于协助中国社会及文化自我改造。这对于西方文化有选择性地容纳与吸收,并不是中国"国粹沦丧,文化坠绝"之表征,而是"中国文化命运之转机,中国新文化生活(复生)之端倪"。这个信念基于瞿秋白一直以来对于中国文化命运的思考。作为从新文化运动中成长起来的青年,又经历了对新生俄苏政权的近距离考察,瞿秋白自信他已找到让中国文化"再生"的方法。这便需要在五四的基础上再进一步,将未完成的革命继续并深入下去。在瞿秋白看来,文学与社会学都是解释社会现象的社会科学的一部分,是革命的必要手段。因此,"文化的再生"必须通过革命来实现,无产阶级文化的生成有赖于世界革命的爆发,革命离不开科学的方法与缜密的考察,故上海大学的意义也就在此——提供研究社会现象

的科学方法,形成新的文艺系统,这正是使中国文化"自旧文化进于新文化"的必要途径。

因此,瞿秋白对上海大学进行了详尽的学术规划。社会学系的学生需要学习"一切人类社会现象的公律"即西方社会学原理和社会学史,同时"整理中国史料",即用社会学的方法切入中国社会现象的考察。他设计的必修课程多达19门,偏重理论的同时囊括了实际应用,旨在培养学生掌握研究方法的同时具备关注社会现象、解决具体问题的能力。中国文学系的职任则在于语言文字的系统研究,因此瞿秋白设计的课程里延续了传统学问中对音韵、训诂、形体、句法等方面的强调,但同时引进了西方的"言语学"理论以对之进行现代化的整理。他希望通过改革语言文字,从学术上为培养新文学家,即为促进新文化发展而助力。瞿秋白对于社会学系和文学系的规划,可以看出他所想要发起的"南方的新文化运动",旨在创造出一种"科学"并且贴近大众的新型文化。

这种期待的背后,是瞿秋白对于五四遗产的扬弃。在他看来,文学革命是不彻底的,"四五年来的努力枉然抛弃",并没有产出大众化的文学作品,"文学的白话,白话的文学"都没有着落。他呼吁新文学能"从云端下落,脚踏实地",也希望新文学家能注意语言的大众化问题。30年代他所提倡的"文腔革命"、"文艺大众化"、"文字革命",在这篇文章中已现端倪。可以看出,瞿秋白的个人兴趣主要在文学方面,他对于五四的理解也多从这个角度进行。事实上,瞿秋白本就是在一个文学青年的基础上接受了马克思主义。他出访俄国的主要动机是研究文学与艺术,进而考察"文化救国"的路径。唯物论和阶级论之所以成为他解释文学的思想资源,主要在于这种理论工具使他看到了"未完成"的五四理想臻于完善的可能。

当瞿秋白在给胡适的信里提到想将上海大学办成"南方的新文化运动中心"时,他已在潜意识中将北大作为了参照系。瞿秋白的五四情结不可谓不深,他对于胡适自称浅学,希望能时时求教,也大概并不只是一句客气话。不过,这种学术上的期许,对于当时的上海大学来说,颇有些不现实。尽管瞿秋白强调社会科学的重要,在所有的院系中都设立了"现代政治"的选修课,以期培养学生的公民意识与实践能力,但这份课程规划总体上还是遵循了正规的学术培养机制。从根本上说，瞿秋白对于上海大学的课程规划体现了他思想中的矛盾之处：希望以社会科学的研究指导现实革命，也希望这种研究能同时实现中国的"文化再生"，这种学术研究与实际政治互为表里相互促进的企盼，颇显示出五四式的理想主义与上海大学的激进氛围不甚相容。尤其在五卅之后，上海大学受形势左右，课程内容常常发生变化，这些完备的课程计划设想在实际操作中很可能沦为一纸空文，这恐怕是当时雄心壮志的瞿秋白所没有意识到的。

三、涌入的知识青年与"东南最高革命学府"

瞿秋白"文化再造"理想在上海大学的不了了之，固然与其设想的自相矛盾有关，上大学生对于实际行动的热衷也是其难以实现的重要因素。在学生的回忆里，上海大学的学习生活是较为轻松的。时过境迁，留在他们记忆中的是街头的口号与游行，他们认为那是自己真正得到知识的课堂。上海大学能出那么多学运干部，是因为学生大都自由而积极地去做学运工作。不听课而拿文凭，这在其他学校都是不被允许的事，却是上海大学的常态。与北大"学术高地"的标榜不同，上海大学给外界的印象，主要在于激进的政治面貌而并不是"文化再生"的学术担当。

1926年4月，由南开转学去上大的青年焦有功在《京报副刊》撰文称赞上海大学革命气息浓厚，招来质疑或赞同的声音，竟形成了一场小小的讨论，而此时距离上海大学建校不过两年多光景，上海大学的影响力可见一斑。在此期间，上海大学的学生数稳步增长，随着附属机构的开办，平民夜校与英文补习学校的人数竟比校本部的学生还要多。本来，上海本地大学的生源主要来自以江浙为中心的东南沿海地区，且家庭出身多是商人与专业技术人员，这与学校自身影响力的区域性有关，也与上海这座城市的商业属性与消费水平相关。而上海大学的情况却相反，不仅有大量外省人，还多是底层青年。以未在教育部备案的私立大学身份而拥有如此强大的号召力，可以想见，一定是某种极为独特又极富价值的东西，将那些别有怀抱的青年召集到了一起。

正如邓中夏所表述的那样，上海大学是一个"穷而又穷"的学校，声

望地位在全国的学校中"微乎其微",既不像国立大学毕业后有好的文凭可拿,也不像教会大学可以谋一条出洋之路,"如果不是为了'建国'的目的,这些教员与学生是为了什么而来呢?"原本兴趣在古典文学研究的施蛰存表示:"大学生本不宜干涉政治",但在"这样糟、这样没廉耻的北京政府之下,在这样敢说不敢做的民气之中",上大学生有"竭力扫除一切,将我们现在应当皈依的真正的救中国的目标指示给国民"的责任。许多寻求救国之门的青年因此转学进了上大。不过,虽然投奔上大的都是些倾向于社会革命的青年,这其中的情形仍可能是复杂的。阳翰笙说上海大学里有很多四川学生,这是四川军阀的黑暗统治和上大同乡推荐的结果。但他同时也提到,上海大学"很容易进去,不考也可以","先问你的家庭出身、经历,干过什么,越是穷苦的越要收"。对于很多贫苦的底层知识青年来说,进上海大学也是为了"谋一个理想的职业",上海大学开设的商业性课程暗示了这一点。

但不论如何,能够进入上大的总是有政治觉悟的青年。这一群激进的学生在上海大学的形象构建中起到了极其重要的作用。随着时间的推移,外界对大海大学的印象越来越趋向于其爱"闹事"的一面。如果说建校之初学校的教学体系尚能正常运转,那么随着政治局势的紧张化,上大的学生能在多大程度上完成学业则成了未知数。许多学生都兼有党内职务,常常是应组织要求被随时抽调走。即便在学校上课,也要执教平民夜校、组织社团、办刊物,活动不断。后期的上海大学设施简陋,搬到石库门以后更是"晨听马桶音乐,午观苍蝇跳舞",这段艰苦的岁月和恶劣的环境却是回忆者为之激动的经历。促狭的环境仿佛成为一种隐喻:石库门里拥挤着的是学生运动的中坚分子,逼仄破旧的场所却正是革命的中心。这富有张力的场景,带着一种浪漫的革命情调,而校舍的变迁正像是上海大学反抗帝国主义斗争的缩影,迎合了知识青年的革命想象,鼓舞着他们为理想而献身。

四、知识群体的理念分歧与代际更迭

前述上海大学的三种形象,反映出上海大学内部的不同声音:尽管同为"五四青年",上大的建设者之间却呈现出办学理念的微妙分歧,而新的世代也怀抱新的憧憬蠢蠢欲动。对学校的不同想象折射出不同群体对时代的认知和对自我的定位。上海大学实是在五四遗产上进行新时代的试验,它充分体现了"后五四"时期的包容性与过渡性。

"高级干部供应站"和"南方的新文化运动中心"显示出同一个阵营里对五四的不同理解。虽然邓中夏、恽代英、施存统等人和瞿秋白同为倾向共产主义的五四知识分子,但前者所希望于上海大学的革命人才培养,显然与后者"文化再生"的愿望相抵牾。瞿、邓二人在办学方向上的不同倾向,令人想起李大钊与胡适的"问题与主义"之争,而他们的轨迹也确实显示出对"知"与"行"、"理论"与"实际"的不同偏爱。从思想理路来看,瞿秋白本身是在"文化救国"的目标下接受马克思主义的,社会科学研究终究是为"文化再生"而服务。而邓中夏对于文学的认知则是将其视为"改造社会"的手段,正如他对于上大宗旨的解释:文化事业应为建国而进行。手段与目标的不同,使两种理念难以同轨施行。这种分歧本质上源于对五四遗产的不同阐释。在"后五四"时代,这是一个普遍存在的现象。此间新知识分子内部的许多争执实质上都是五四时期"社会改造"方案之争的遗留。在急求"行动"的"后五四"时期,对五四遗产的不同理解和择取,使这种"因相近而区分"的理念共享不久就趋于实质性的分化。李大钊和邓中夏的声音要更引人注意一些,而瞿秋白也随着形势变化逐渐舍弃了对胡适的认同。这一切都表明,新的局面即将到来。

然而,新局面并不仅仅由五四新知识分子掌控,在五卅中大出风头的上海大学显示了事实的另一面:更新一代的知识青年正在登上舞台。阳翰笙、丁玲、施蛰存,这些30年代的文坛新星,此刻都因为"革命学府"的招牌而走进了上大。可以想见,在一个崭新的历史环境中,大学需要做出种种改变才能获取新的认同。而从五四到五卅,改变的不只是从北京到上海的空间位置,还有运动主体的属性与存在方式。这一批知识青年虽然也经过了五四的熏陶,但与他们履历优秀的年轻老师相比,他们的精英性更弱,更加具备"边缘人"的特征。如果说老师辈的邓中夏、瞿秋白是站在"五四运动"中心的策划者与肇始者,那么进入上海大学的知识青年们则是这场运动边缘的被启蒙者与追随者。离乡的孤独、经济的窘迫与

理想的高昂，造就了这群"高等游民"。他们是真正的"后五四"知识分子，也即瞿秋白所说的"薄海民"：与农村失去情感纽带的、漂浮在都市边缘的资产阶级小知识分子。虽然他们高喊着"走向工农"的口号，但其实并未脱去五四时期鲜明的个人主义色彩，而是成为混合了"颓废的、脆弱的、浪漫的，甚至狂妄的人物"。当五四的浪潮平息，他们必须为自己的安身立命寻找新的可能性。

对于这些没有文化资本、远离风暴中心的知识青年来说，上海大学给他们提供了实现梦想的可能。在这里，师生的聚合以一种各取所需的互动，使大学成为一个可供发声的平台，一个可以讨论问题的场域，一块可以实践幻想的试验田。更重要的是，上海大学的党派背景，为这群充满个人主义式幻想的边缘知识分子提供了新的"集体"和"组织"。这是与五四时期的大学及各种同人团体完全不同的形式。对纪律与目标的强调使这些被纳入"组织"的青年第一次接触到所谓"革命"，这种体验深深地影响了他们的人生选择。社会学系的阳翰笙入学后不久就在中共的安排下去了黄埔军校总政治部，真正投入了国民革命的前线；丁玲从上大离开以后去北京做了公寓里的"文学青年"，她所写的第一篇与革命有关的小说《韦护》就以上海大学的人事为中心，她与政治的纠葛也由此开启；心系学术的施蛰存在上大待了一年后转入大同大学，但仍通过上大的同学加入了共青团和国民党。"四一二"后，仓皇离校、匿居亲友家的他醒悟自己作为独生子，是"没有资本干革命的"，从此退出革命的实际工作。

对许多人来说，不管最后的选择如何，上海大学始终是一座桥梁——是把他们从"想象"拉到现实的第一步。在这里，真实世界仿佛第一次向青年打开大门，他们在这里获得必要的技能培训，为成为一个"革命者"做最后的演练。"黄仁"事件发生后，上大学生向全国通电，对政治语言与宣传方式的熟练应用已显示出其政治素养的不俗，而左派师生在校内的胜利，更暗示着这批学生将成为一支不可小觑的力量。这一切都为五卅与国民革命乃至于左翼文学的发生做了必要的准备与铺垫。而此时的上海大学则向知识分子展现了大学的多种可能，它以其所扮演的角色，在某种意义上接过了北大在五四时期的话语权。

余 论

　　从"南方的新文化运动中心"的设想到"东南最高革命学府"的美誉,学生对大学的要求逐渐由"学问"向"行动"倾斜,许许多多五四时期思想革命的呼吁者都走向了社会革命。学术与政治的无法兼顾越来越明显地成为一种事实,而"再造文化"的呼声将逐渐被"打倒帝国主义"的口号所淹没。

　　正如同北大的青年与他们的老师共同将五四"运动"起来,上海大学也出现了类似的场景。1925年5月30日,上大的师生站在群众的最前列,掀起了新的风暴。一个多月后,上大社会学系的新主任施存统在文章中写道:"我们学生究竟能不能革命呢?在民族革命中处在什么位置?能尽什么任务呢?"这正是后面几年中知识青年所将遭遇的困境之一。施认为,学生需要明白的是,他们的重要,"不在于他的本身,而在于与一般压迫民众——劳苦群众结合在一起",五卅就是证明。随着"走向民间"、"走向劳苦群众"的呼声越来越高,不同于五四学生"舍我其谁"的自负,对于新一代知识青年来说,身份与地位的困惑,"建国"理想与个人抱负的交织,"集体"与"个性"的冲撞,都为他们的未来埋下了新的伏笔。不过,眼下他们的革命"漂流"刚刚开始。个性解放、民族独立与阶级斗争纠缠在一起,鼓动着他们在五四落潮的语境中展开新的尝试。

《从上海大学(1922—1927)走出来的英雄烈士》自序[①]

胡申生

近些年,上海大学在致力于建设成为世界一流特色鲜明的综合性研究型大学的同时,一直没有忘记继承和发扬于20世纪20年代存世的上海大学(以下称"老上海大学")办学的光荣革命传统。2014年,在新上海大学成立20周年之际,为了更好地了解、宣传和继承老上海大学的历史、传统和精神,学校组织专家、教授在原来已有的资料和研究成果的基础上,更广泛、深入地搜集资料,编辑出版了总计180余万字的《20世纪20年代的上海大学》;同年,又建成"溯园"作为上海大学博物馆室外展示区,全面展示老上海大学的红色校史,并先后成为宝山区和上海市爱国主义教育基地。对这两项工程,我有幸忝列其中,做了一些基础性的文字工作。

对于老上海大学史料的搜集和关注,我其实从20世纪80年代就开始了。那时由于任教于学校社会学系,对老上海大学社会学系的办学活动不能不给予关注。1983年5月10日,国务院批准成立上海大学。当时奉复旦大学分校党委书记李庆云之命,我只身来到北京,通过上海历史研究所副所长、研究员汤志钧和中国人民大学教授冯其庸、北京师范大学教授顾明远等介绍,先后登门拜访了老上海大学的教师周建人、俞平伯,又通过中央戏剧学院办公室联系李伯钊、杨尚昆夫妇,邀请他们为新成立的上海大学题词,并圆满完成任务回到上海;由于又兼任《社会》杂志编辑,在1984年第3期上刊发过阳翰笙同志回忆老上海大学的文章;在分别担

[①]《从上海大学(1922—1927)走出来的英雄烈士》2020年5月由上海大学出版社出版。

《从上海大学(1922—1927)走出来的英雄烈士》自序

任《20世纪20年代的上海大学》和"溯园"两项工程的资料搜集、文字整理、解说文字的编撰时,对老上海大学的史料又比较全面地"过"了一遍,其中,从老上海大学走出来的共产党人、革命烈士的事迹不断地在感动着我,于是萌生了单独为这些烈士立传的念头。在持续搜集老上海大学史料的过程中,对于曾经在老上海大学任教和学习的烈士的资料,加大了关注和搜集的力度。

2018年4月6日,《人民日报》开设了"为了民族复兴·英雄烈士谱"专栏,围绕"不忘初心、牢记使命"的主题,连续刊登新华社记者采写的英雄烈士事迹,传承烈士的精神。在刊登的英雄烈士中,有一批人就有着在老上海大学任教和求学的经历。为传承和发扬英烈精神,永续老上海大学的红色基因和血脉,新上海大学宣传部决定在校报和"上大发布"微信公众号上联合开设"传承红色基因,永续红色血脉"专栏,约请我撰文介绍从老上海大学走出来的英雄烈士。从2018年10月9日《上海大学》校报第一篇介绍刘华烈士开始,我在校报和"上大发布"上已先后介绍了20多位从老上海大学走出来的英雄烈士。

关于从老上海大学走出来的英雄烈士,有一部分人已在其他出版物中作了介绍,这些介绍主要集中在他们的生平和革命事迹,关于他们在老上海大学任职和学习期间的情况则介绍得比较少一些。即使由周桂发主编的《上海高校英烈谱》,其中介绍的部分曾在老上海大学任教和学习的烈士,也以阐述他们的生平和事迹为主。在目前已出版的著作中,对从老上海大学走出来的英雄烈士在校内的教学情况和革命活动介绍用力最勤的,是张元隆教授所著《上海大学与现代名人(1922—1927)》一书。但由于篇幅和体例所限,这本著作对许多英雄烈士在上海大学的工作和学习活动情况,点到了,惜乎没有完全展开。另外,还有相当多的英雄烈士没有在报章上专门介绍过。这次,我在本书中,对英雄烈士的生平、事迹以"详上大,略其余"的原则,为65位英雄烈士立传,除了介绍他们的生平、事迹以外,将他们在老上海大学工作、学习、生活和从事革命活动的情况,尽量按照能够搜集到的史料详尽记述,这也是这本小册子不同于其他英雄烈士生平介绍读物的地方,可谓本书编著的一个特点。另外,为了检索方便,正文以英雄烈士姓氏拼音顺序编排。当然,从老上海大学走出来

的英雄烈士,不止本书所介绍的65位,有的还没有能完全掌握了解;有的则如何洛、姜余麟等烈士资料不全,只得暂付阙如,留待日后将资料搜集完整再加以补录。

《从上海大学(1922—1927)走出来的英雄烈士》和其他同类出版物相比,还具有如下一些特点:一是英雄烈士都为中国共产党早期党员,都在建党初期和大革命时期参加革命,加入共产党;二是有相当一部分英雄烈士是中国共产党早期领导人,是早期马克思列宁主义理论家、宣传家;三是当时正处于国共合作的大革命时期,许多英雄烈士根据中国共产党的决定,以个人身份加入国民党,有相当一部分人还成为国民党各级组织的负责人,为中国共产党的统一战线作出了贡献;四是有许多英雄烈士担任过党内军内的高级职务,与后来成为新中国党和国家领导人的毛泽东、周恩来、刘少奇、朱德、陈云、邓小平等都共过事,因而有些英雄烈士在牺牲以后曾在各方面受到这些领导人的关注和帮助;五是许多英雄烈士牺牲时年纪都很轻,本书记载的65位英雄烈士平均年龄只有31岁左右;六是老上海大学从成立到被国民党反动当局封闭,总共不到5年的时间,但却为中国革命输送和培养了大批优秀的共产党员和革命干部,其中有些人为新中国的建立流尽了他们身上的最后一滴热血,有的则亲眼看到了他们无限憧憬并为之奋斗的新中国的成立,并且有相当一部分人成为新中国党和国家的领导人、各级岗位上的负责同志,而本书所为之立传的英雄烈士,则限于在1949年新中国成立之前就辞世的同志。

2015年9月2日,习近平总书记在颁发"中国人民抗日战争胜利70周年"纪念章仪式上的讲话中指出:"一个有希望的民族不能没有英雄,一个有前途的国家不能没有先锋。包括抗战英雄在内的民族英雄,都是中华民族的脊梁,他们的事迹和精神都是激励我们前行的强大力量。"这番话,激励我们要永远崇尚英雄、宣传英雄、学习英雄。1922年10月诞生的上海大学,办学时间虽然只有5年不到的时间,却从中走出来一大批为党的事业献出宝贵生命的英雄烈士。他们中间,有的是我们党早期的领导人,有的是党的理论家、宣传家,有的是党的各级领导人。其中除了少数因病而倒在工作岗位上,绝大多数都慷慨就义于敌人的刑场上和牺牲在硝烟弥漫的战场上,他们为中国革命的胜利,写下了一曲又一曲不朽的颂歌。在搜集、整理和撰写他们的史料与事迹的过程中,我一次又一次地从中受到教育。现在,将从老上海大学走出来的65位英雄烈士的事迹结集出版,是希望能将自己从中受到的教育和感动传递扩大到更多的人身上,也更希望对年轻人在党史教育、红色基因教育、革命传统教育方面起到些微作用。

教育家于右任是真正的无产者[1]

邓伟志

老上大校长于右任1909年开始办报。报纸被官方一封再封后,他回乡办学。孙中山知道后,于1919年9月1日致信于右任,称"远道闻之,深慰新望",赞扬他从事新教育是"放眼远大",是"改造社会之筹策"。1922年于右任又创办了国共合作的上海大学,任校长。1924年出席国民党"一大"。后来当了34年的国民党监察院长。可是他一生中都是一名彻头彻尾、彻里彻外的无产者。

于右任大女儿于秀芝结婚,他没有送任何金银财宝,只送了一首长诗;他儿子于中令出国留学,是借钱出去的。晚年在台湾,他没钱装假牙,生病也没钱住医院。1961年是他发妻80大寿。他无力为在西安的发妻操办,心情沉重,是周恩来叫于右任在北京的女婿去祝寿,并把照片寄给他的。他在感慨之余写下了那首堪称触动炎黄子孙灵魂深处隐痛绝唱的《望大陆》[2]。

1964年于右任逝世,他的友人和儿子打开他的箱子,只见里面是他借钱的账单和他发妻寄给他的布鞋、布袜,没有别的。因此人们颂他是"右老遗产,仅有账单,清廉自苦,元老典范","三十功名袖两风,一箱珍藏纸几张"。

是于右任没有生财之道吗?不是。他是"书圣",他的草书挥洒自

---

[1] 原载《上海滩》2020年第7期。
[2] 原文注:《望大陆》全文是:葬我于高山之上兮,望我故乡;故乡不可见兮,永不能忘。葬我于高山之上兮,望我大陆;大陆不可见兮,只有痛哭。天苍苍,野茫茫,山之上,国有殇!

教育家于右任是真正的无产者

如,收放有度,笔酣墨饱,遒劲有力,价值连城。有次他见到监察院有人随地小便,写了"不可随处小便"六个字贴在墙上,两天后就被人揭走,卖钱。台湾"立法院"三个字是他写的。有次台湾动乱,有人乘机把于右任写的"立法院"牌子挟走了,一直下落不明,几十年后,有人在香港拍卖几十万美元。想想看,他如果卖字,还不是早就成亿万富翁了,可是他不卖。再早,他家乡人欠他家的债,有个账单,他看了以后,立即撕掉,说:"不要还了。"

1927年陕西大旱,出现了人吃人现象。有人掘了于右任伯母的墓卖钱。家乡人告诉他掘墓人的地址、名字,劝他告状。他知道后很难过,因为是伯母把他养大的。他也知道这场官司一定能打赢。但他了解灾情后,说:"饥民是万不得已,不要追究。"1943年,于右任的同乡好友,曾任于右任机要秘书,后任国民党中央秘书长,还曾协助于右任办上海大学的王陆一逝世,家人要为王陆一修墓地。于右任写好了墓志铭,面对陕西贫困的现实,又考虑再三,最后忍痛说了一句:"还是省几个钱,让百姓多喝几碗粥吧!"

"让百姓多喝几碗粥"是于右任成为无产者的根本原因。他20岁时写诗讥讽慈禧不顾百姓死活,遭到通缉。1948年,他给上千位求他墨宝的人写的都是同一句话:"为万世开太平。"他深刻理解贫富差距大,社会不会太平。他1909年在上海四马路办《民呼日报》;被封掉后,跑到法租界再办《民吁日报》;又遭抗议后,再换个地方办《民立日报》。

于右任曾写道:"诗吟天地广。"民呼、民吁、民立,"民"字在他的诗文中是大写的。个人家产在他的诗文中是小写的,微不足道。"兼济天下"之心使得他始终能够"独善其身"。

中国共产党初创时期的上海大学

黄　宏　方华玲

20世纪20年代初国共合作创办的上海大学,是中国共产党实际领导的一所新型革命学校,也是中国共产党诞生后最早创办的一所培养革命干部的大学。在1922—1927年短短的五年时间内,上海大学的进步师生为宣传马克思主义理论、为反帝反封建的民主革命作出了巨大的贡献。上海大学也因其先进的教育理念、良好的革命氛围以及开明的办学态度,为中共早期培养了一批优秀的革命与理论工作者,在中共党史和人民教育史上谱写了灿烂的篇章。

中国共产党最早创办的培养革命干部的高等学府

1922年10月22日、23日的《申报》和《民国日报》分别刊登了同样内容的一则启事。

上海大学启事

本校原名东南高等专科师范学校,因东南二字与国立东南大学相同,兹从改组会址议决,变更学制,定名上海大学。公举于右任先生为本大学校长。此布。

这则启事向社会宣布了原闸北青云路的上海私立东南高等专科师范

---

① 原载《百年潮》2020年第9期。

学校（简称东南高师），这个原先教学设备简陋、师资力量薄弱的"学店"，已经被改组为全新的上海大学（简称上大）。新成立的上海大学，是在五四运动倡导的民主科学精神的推动下，以全国各地学生为改革校务、撤换校长、争取民主而掀起的斗争浪潮为契机，由校内学生发动，"在国共统一战线旗帜下、以共产党人为骨干创立和发展起来的"革命大学。

国民党人于右任出任校长。1922年10月18日，学生们以学生自治会名义，宣布驱逐东南高师的旧校长，要迎接一个有革命声望的人进来，办一所革命的大学。最初学生们希望能"拟请陈独秀或于右任为校长"，经中共中央慎重研究，认为陈独秀的"政治色彩过于浓厚"，工作繁忙常常"行踪不定"，"还是请国民党出面办这学校于学校的发展有利，且筹款也方便些"。

于是，周学文等学生代表便拜托中共党员、《民国日报》主笔兼副刊《觉悟》主编邵力子，出面"力劝"国民革命的元老，曾亲手创办渭北中学、渭北师范、三原中学、民治中学等学校，且还是中国国民党中央委员的于右任担任新校长，并决定改名为上海大学。

10月23日上午，师生代表冒雨，雇了汽车前往于右任私邸"竭诚欢迎"新校长。于右任抵达学校后，面对"个个精神振奋"的学生，他在讲话中表示"愿为小学生以研究教育"，并"自当尽力之所能，辅助诸君，力谋学校发展"。

茅盾在《回忆上海大学》中写道："……上海大学是党办的第二个学校。原来有个私立东南高等师范学校，这个学校的校长想用办学的名义来发财，方法是登广告宣传他这个学校有哪些名人、学者（例如陈望道、邵力子、陈独秀）任教职，学费极高。学生都是慕名而来，思想比较进步的青年，来自全国各地。开学后上课，却不见名人，就质问校长，于是学生团结起来，赶走了校长，收回已交的学费。这时学生中有与党有联系的，就来找党，要党来接办这学校。但中央考虑，还是请国民党出面办这学校于学校的发展有利，且筹款也方便些，就告诉原东南高等师范闹风潮的学生，应由他们派代表请于右任出面担任校长，改校名为上海大学。于是于右任就当了上海大学的校长，但只是挂名，实际办事全靠共产党员。"共产党人主持了实际的校务工作。

共产党人主持实际校务工作。当时上海大学真正的灵魂人物,是邓中夏、瞿秋白等一批年轻的共产党人。1923年4月下旬,有着丰富开展工人运动经验的邓中夏,经李大钊推荐来"办上海大学",目的是把上海大学建设成为"党的干部学校"。在出任上海大学总务长后,他负责主持学校的行政工作。在上大工作的两年时间里,邓中夏制定了《上海大学章程》,鲜明地提出了"传播革命理论,培养建国人才,推动革命运动"的办学宗旨。

同年7月,中共又派来刚从苏联回国不久的瞿秋白出任上大教务长,同时兼任社会学系主任一职。作为中共早期著名的政治理论家、活动家,瞿秋白在与胡适的通信中表示"要用些精神,负些责任",希望"上大能成南方的新文化运动的中心"。瞿秋白以推进中国社会学发展和形成新文化为己任,参照苏俄教育的现实模板,根据中国教育发展的实际状况,撰写了《现代中国所当有的"上海大学"》,对上大的发展目标、院系设置、课程设置等都作了详细的规划与安排。1924年3月20日,毛泽东出席国民党上海执行部第四次执行委员会会议,并作记录,会议讨论在上海大学设立"现代政治班"等问题。

后来,随着国民革命运动的不断深入发展,上大师生中的左、右派之间的矛盾与斗争逐步发展和凸显出来。国民党右派陈德徵在1924年被学生们驱逐出校,紧接着其他右派教师也相继离校。"非马克思主义学生大都相率去校,国民党教员更无插足余地,因此该校获有清一色的'共产党大学'之称。"对此,日本报刊曾有评论:"一般人看不起中国上海大学,那是十分错误的。这所简陋的大学,将是东方共产主义的宣传所,共产党诞生的摇篮。在这所大学里,将会涌出洪水,跳出猛兽。"

上大党小组与党支部的建立。初建时的上大,没有巍峨的校舍,也没有完备的设施、充足的资金,甚至一度被称为"弄堂大学",但凭借着中国共产党人的不懈努力,上大最终成为能凝聚当时中国最先进的名师贤达、吸引百余位心有报国志的青年学子的"革命大学"。

1921年底,上海成立了中共上海地方委员会(简称上海地委)。1922年7月,上海地委改组为中共上海兼区执行委员会(简称上海地委兼区委),负责上海、江苏和浙江的党的工作。1923年7月9日,上海地委兼区委决定将居住相近的同志重新分组。全市党员被编为四个小组,上海大学为第一组,组员有瞿秋白、张太雷、邓中夏、施存统、王一知、许德良、林蒸等共计11人,以林蒸为组长。这也是上海大学最早的中共基层组织。

由于当时进出上海的党员非常多,流动性比较大,因此,这种党小组的人员构成并不稳定。从1923年8月到11月间,许德良、施存统、王一知、陈比难等先后担任过上海大学的党小组组长。据上海大学社会学系的丁郁回忆,她是在1925年初,由杨之华、张琴秋介绍加入中国共产党的,"上大的党组织是教师和学生编在一起的。我们党小组的组织是施存统",施是当时的系主任,"他常常同我们开小组会,领导我们学习"。

而上大的党员人数在真正意义上实现猛增,是以五卅运动为标志的。据刘锡吾回忆:"五卅以后,各地的党团员……都到上大来了。……八月开学时,恽代英报告说:'各地要来的人很多,各地都集中到这里怎么办?'"当时上大党团组织非常活跃,每周都要开一次小组会,讨论宣传教育工作。1926年入上大的杨尚昆也回忆称:"上海大学,党的组织生活很严格。每逢星期六都要开一次党小组会,由组长讲形势,每个党员都要汇报自己在这个星期读了什么书,有什么缺点,检查小资产阶级习气、是不是无产阶级化了、在斗争中是否勇敢等。那个时候倒是受了点训练,要保守秘密,要绝对服从党的组织。"

随着党员人数的不断增加,为了加强党的组织建设,加快党组织的发展进度,上大便在原先党小组的基础上建立了党支部。1926年3月,上大支部被改为直属中共上海区委领导的独立支部,这也是上海市学校系统唯一的党支部。至1926年底,中共上大支部已经从61人迅速增长至130人,成为全市党员最多的支部。

上大的基层党支部的创建与发展,不仅使马克思主义在中国的早期传播具备了一定的组织形态,更推进了马克思主义在校园内外的宣传与教育,对我党在上海教育文化系统开展工作有着非常重要的作用,为中国革命的不断发展奠定了良好的理论与社会基础。

中国共产党早期宣传马克思主义的前沿阵地

从1922年至1927年,上海大学虽然仅仅办了五年,但作为中共参与

领导的第一所培养革命干部的大学，上大曾聚集了一批我党思想宣传战线的中坚力量——社会学系主任瞿秋白、中国文学系主任陈望道、英国文学系主任何世桢等，他们为上海大学成为宣传马克思主义革命思想的前沿阵地打下了坚实的基础。

编印教材、授业传道。 于右任接任上大校长后，在聘请孙中山为名誉校董，汪精卫、张继、章太炎、马君武等为校董的同时，还拜托了与他私交甚好的李大钊介绍人才振兴上大。因此，邓中夏、瞿秋白、陈望道、蔡和森、恽代英、张太雷、萧楚女、沈雁冰（茅盾）等众多学识渊博的进步人士，能相继集合于上大。这群年轻的知识分子大都受到过良好的教育，一些同志还曾在俄、日、法等国留过学，他们眼界开阔，敢于批判，渴望自由，以实践上大校训"养成建国人才"为己任。

其间，尤以瞿秋白所领导的社会学系为典型。上大社会学系为学生们开设了瞿秋白的"社会学概论""马列主义哲学"，蔡和森的"社会进化史"，漆树芬的"帝国主义铁蹄下的中国"，董亦湘的"民族革命演讲大纲"，熊得山的"科学社会主义"，杨贤江的"青年问题"，张太雷对列宁《帝国主义论》的解读，李达的"新社会学"等众多课程。诸位老师的教学风格各有特色，给学生们留下了深刻的印象。在杨之华的记忆里，教政治课的张太雷"轻松愉快"，讲私有财产和家族制度之起源的蔡和森"循规蹈矩"，恽代英和萧楚女对问题分析一针见血、诙谐幽默。丁玲则说，她喜欢沈雁冰（茅盾）讲的《奥德赛》《伊利阿特》，喜欢"这些远古的、异族的极为离奇又极为美丽的故事"，对每次上课讲得"手舞足蹈，口沫四溅"的俞平伯，讲西洋诗、讲惠特曼、渥兹华斯的田汉都记忆深刻，但她心中"最好的教员"则是瞿秋白。

在完成授课的同时，上大的教员们还自编教材，组织青年学生系统地学习马克思主义的相关知识，而这也使得上大成为当时公认的宣传马克思主义思想的重要阵地。如瞿秋白、施存统、安体诚的《社会科学讲义》，蔡和森《社会进化论》，恽代英的《中国政治经济状况》，萧楚女的《中国农民问题》，邓中夏的《中国劳工问题》等。这些讲义文稿，没有仅吝于发给学校内的上大学生，而是由上海书店出版活页本，出售给全社会追求进步的青年们。对此，张士韵回忆说："上海大学的教授们将素日研究的成果,从历史上推演下来的结论,从实际社会现象与社会活动中抽出来的理论,编辑成书,印发全国……"施蛰存也曾追忆:"我早在报纸上和上海大学的教授的著作中,看出上海大学的精神,决不是和旁的大学一样",上大的教师,"是很热心地帮助学生,指导学生……为学生利益着想、帮助学生成才的教师",他们要培养的学生也是"具有家国情怀","致力于社会发展和国家建设的栋梁之才"。

走出校园、深入工农。当时的上海是中国产业工人最为集中的地方,为宣传革命真理、唤醒民众阶级觉悟,中国共产党领导下的上海大学十分注重对广大工农的启发与动员,派人组织兴办平民教育、工人夜校。

1924年春,上大西摩路的校园内就开办了平民学校,由上大师生担任教职员;11月,学员已经达到460余人。在当年年底平民夜校委员会的民主改选中,选出社会学系学生林钧任主任、王杰三任教务主任、李炳祥任总务主任、刘一清与朱义权任书记、杨之华与薛卓汉任庶务,中文系学生王秋心任会计。进步的上大学子们在这里教平民识字、算术,边讲课边宣传革命道理,教唱革命歌曲,启发着来自各行各业、拥有不同身份职业的学员们的阶级觉悟与革命热情。

如果说马克思主义来到中国时的最初受众是高级知识分子,那么,在向社会大众宣传、介绍马克思主义的过程中,广大具有共产主义倾向的年轻学生,则是发挥了巨大作用。而此时,上大青年学生在平民夜校的身份与工作,实际上正是起到了社会上层知识精英与普通民众之间桥梁"中介"的作用。他们所承担的对广大平民的革命思想启蒙和社会动员责任,与当时中共中央文件中所指示的精神——"学生在目前的政治运动中,是重要的推动力……学生运动的最重要的目的,是怎样使学生能与工人农民结合起来,使他们到工人农民群众中宣传和帮助他们组织"是相契合的。

当时的上海大学靠着与社会上很多报刊的良好关系,将教材讲义油印出来,面向社会出售。上海书店印行的《新青年》季刊、《前锋》月刊、《向导》周报等刊物,也在上大师生中广泛传阅。叶楚伧、邵力子,身兼上大教师、国民党机关报《民国日报》主编经理等多重身份。据统计,1923年5月至8月间,上大几乎连续地在《民国日报》头版做广告。中共中央机关刊物《向导》周报的通讯处,一个是北京大学,另一个就是上海大学,

如此,上大与北大之间也紧密联系起来,以至于当时流传有"南有上大,北有北大"的说法。

当然,即便再努力,在最初做工人阶级的思想动员工作时,也还是会不可避免地遇到困难。如当时刘华、杨之华等人给工农大众讲理论、讲马克思主义时,由于工农群众文化水平有限,大家都反映听不懂。经过思考与摸索,上大人改变了宣讲策略,改"从近处说""从实处说","从他们自身的情况谈起,讲切身利益"。讲东洋人怎样虐待工人,怎样打、怎样骂,日本人养的特务怎样监视、欺负、侮辱工人。进厂时,怕带传单要被搜身;出厂时,怕偷棉纱也要搜身。上大附中学生会副主席唐棣华回忆说:"我们到小沙渡一些女工多的工厂去宣传鼓动,每次总是等工人上工时混进工厂去,与女工一起做工,鼓动她们罢工、要求加薪、改善待遇,告诉她们贫穷的根本原因是她们受资本家剥削压迫的结果。……当时开展工人运动,是一件很不容易的事,除要防军阀、帝国主义巡捕外,要混进工厂去,一旦被工厂门警发觉,不仅挨骂,而且还要挨打。我们那时是中学生,年纪小,也不很懂革命道理,但有正义感,有股革命的热情,因之,跟随大学部的同学一起,积极参加革命活动。"

正是通过上大师生的不懈努力,上海的革命阶级队伍逐渐成长壮大起来了。当然,随着上大影响力的不断扩大,也引起了工部局警务处的密切关注,上大师生的活动便经常出现在其日常报告中。如1924年12月,上海公共租界工部局的《警务处日报》曾公开斥责上大的共产党员教授们"正逐渐引导学生走向"共产主义的"政治信仰"。

也正是在这样的革命信仰熏陶与引导下,1925年的二月罢工,更多上大师生选择了同情与支持。在沪西工友俱乐部举办的上海国民会议男女两界促成会,上海大学的施存统与王一知夫妇、刘一青,以及中共最早的女党员之一刘清扬等,都出席参加表达了支持。

举办讲演,积极动员。社会名流的讲演,促进了马克思主义革命思想在校内的广泛宣传。1923年4月起,上大有计划地举行星期演讲会,并且"为提高文化起见""学术为公"等因,演讲会也欢迎校外愿来者,"无须入场券,自由入座听讲"。其间,李大钊讲了《演化与进步》《社会主义释疑》《劳动问题的根源》,郭沫若讲了《文化的社会之使命》,胡适讲了《科学与人生观》，杨杏佛讲了《从社会方面观察中国政治之前途》。此外，张溥泉、李大钊、马君武、章太炎、戴季陶、吴稚晖、恽代英、沈泽民、刘仁静、胡汉民等众多社会名流都受邀来演讲。总的来说，这些演讲涉及诸多学科，包含不同思想流派，但大多围绕政治议题，且偏重马克思主义。

上大人不仅邀请社会名流进校园讲演，自己也实践着积极"走出去"的宣传思想路线。社会学系主任施存统，曾应邀前往黄埔军校作了《革命运动发生制原质》的讲演。教务长邓中夏，亦曾在黄埔军校作过《省港罢工之经过》的讲演。1924年夏，上大联合复旦、交大、东吴大学一起组织成立了上海夏令讲学会，进行了为期八周的讲学活动。其间，施存统讲社会问题之起源及研究方法，恽代英讲社会问题之重要及研究之态度，邵力子讲中国宪法史，叶楚伧讲中国外交史，李春蕃讲帝国主义，何世桢讲诉讼常识，吴稚晖讲注音字母，胡愈之讲世界语，刘一清讲五权宪法。为表支持，此次讲学会"会所及学员宿舍系假用上海大学"，花费亦"系由上大捐助"。

为中国共产党早期革命运动培养了一大批干部

伴随着西方外来思潮的传播，20世纪初的中国知识分子在学习西方的过程中，逐渐完成了向新型知识分子转变的历程，而上海大学的师生群体就是其中最为典型的一拨。在中国共产党的领导和管理下，上海大学招收了大批追求救国救民真理的进步青年，他们自觉承担了改造社会、改造国家的伟大使命。尤其在上大所建立的党小组中，因邓中夏、瞿秋白、张太雷、施存统等党团中央的领导人皆在其内，"这就使上大的党组织不同于一般的基层组织，党中央的方针和任务由他们直接带到上大小组贯彻执行"。可以说，上海大学为中国共产党早期革命运动培养了一大批干部，在中国革命道路探索方面作出了宝贵的努力。

先进的教育理念吸引了来自全国各地的进步青年。上海大学从创办伊始，就强调要读懂"两部书"：一部有字之书，一部无字之书。"有字之书"，指的是马克思主义；"无字之书"，指的是中国社会。在这样的教育理念指导下，上大吸引了来自全国各地的优秀进步青年，从而为中共党组织在挑选干部、考察干部、培养干部上，提供了充足的人力资源条件。

上海工人领袖刘华，早前从四川到上海后，在中华书局印刷厂当学徒，他喜欢读书看报，关心社会问题。"一年半以后，有人告诉他，说有个上海大学，是革命的学校，你最好能进去"，和别的大学不同，"听说那里有共产党"，于是刘华便写信给邵力子，邵将信转给邓中夏，邓遂找到刘华，免去了学费、膳费、书籍费等，刘华就这样进入了共产党办的上大附中，再从附中进入上大，不久就调到沪西工作去了。

1924年夏，何秉彝为了学习马列主义、参加革命斗争，不顾父母竭力反对，转考上海大学社会学系。他在6月28日的家信中，郑重地对父母说："男已决定住上海大学了！……上海大学在上海虽是私立，但男相信它是顶好的学校，信服它的社会科是十分完善，它的制度、它的组织和它的精神，皆是男所崇拜而尊仰的。"

施蛰存在进入上海大学前，有过在他校学习的经历，他曾说道："今年暑假之前，我也曾在一所大学里做过学生，但我总觉得丝毫没有得到一点大学生的学问，也没有干过一些大学生应有的活动。我所得到的，至多只能说住过好些时的高大洋房，多记得好几个英文名词罢了"。但上海大学却不同，上大的教授是有"真精神"的，"上海大学的学生，都是自觉的青年。……他们秉着刚毅不拔的勇气，从很远很远的地方赶到这上海大学来，不是来享福，不是来顶大学生招牌。他们是能忍苦求学，预备做建造新中国的工人的。"

1925年，当李伯钊从重庆赶到上海时，一下江轮就找到当时团中央负责接待全国各地来上海参加革命的关向应，要求送自己去上海大学读书。但当时上大已经满额，关向应耐心开导李伯钊，"到工人区去开办平民学校比进学校有意思"，"参加市级工作才是最好的学习，这件工作很有意义"。在廖苏华的安排下，李伯钊住进了上海大学，后经组织分配去浦东团地委工作任宣传委员，在平民夜校中从事工人运动。

良好的革命氛围培养了大批革命优秀人才。上海大学是培养革命人才的摇篮。秦邦宪（博古）、陈绍禹（王明）、王稼祥、杨之华、丁玲、阳翰笙等人，都成为中国共产党思想宣传战线上的著名人物。

五卅运动爆发前，上大在上海学生运动中已经占有重要地位。上大的学生李硕勋，是全国学联总会会长兼交际部主任，林钧"在全国学联负责上海商界工作,具体参加马路商业联合会工作"。高尔柏、梅殿龙、刘辟云、余泽鸿、韩光汉、余季女等都是上海学联的干部。他们积极组织演讲,援助工人罢工,在革命斗争中发挥了重要作用。以就读于沪西工人夜校的共产党员顾正红壮烈牺牲为导火索,五卅运动爆发。上大师生迅速发动了与周边院校联合的上街募捐活动,抚恤顾正红烈士家属,援助罢工工人。上大学生朱义权、韩步先、江锦维、赵振寰等人,不顾阻挠,率队执旗——"要日本人偿命""夺回工厂""奋斗到底"等,在前往顾正红追悼大会途中,被租界巡捕蛮横拘捕。

《上海大学与大陆大学的回忆》一文中这样记载道:"五卅惨案,表面上固是上海八十万劳苦同胞直接向帝国主义者进攻的一幕,实际上能站在最前线的工作同志,可敬可爱的上大学生,确有不可磨灭的助力。……他们亲见上海各帝国主义者的狰狞面目,正是书本理论与实际工作的实验机会。所以,首先为国捐躯死于南京路的何秉彝,是上大的学生。领导各队到租界上演讲的多数队长,是上大的学生。捕房拘押援助罢工的大部分人员,亦是上大的学生。五卅时代的上大,上大的影响五卅,中国虽大,实为有目共睹的事实。"

轰轰烈烈的五卅风暴中,上海大学众多优秀青年在革命实践中展现出了自己杰出的领导才能。瞿秋白、邓中夏、恽代英等党的早期领导人,于上海大学所开创的马克思主义宣传教育工作,在运动中得到检验与发展,培养了如刘华、杨之华、张琴秋等一批青年干部,刘华更是从一个普通大学生逐渐成长为被社会认可、民众肯定的上海工人的领袖、上海总工会代理委员长。

为了能在革命实践工作中发挥更大的作用,上海大学的学生还踊跃赴黄埔军校携笔从戎。上大的教员萧楚女、安体诚赴广州任黄埔军校政治教官,教员戴季陶任政治部主任。1924年2月起,上大还秘密代办黄埔军校招生,为黄埔军校输送了一批优质学生。尽管上大仅存在了短短五年,但正是中华民族觉醒开始和帝国主义者搏斗的期间,出入上大的学生先后不下两三千人,有一大半在历次的革命战斗中成仁。北伐战争中,成千成百的上大学子参与其中,承担了非军事工作,在随之而来的革命浪潮中发挥了巨大作用,从而也成就了"武黄埔、文上大"之赞誉。

开明的办学态度造就了独具特色的女性革命群体。早在私立东南高等专科师范学校——上海大学前身时期,该校便已适应时代的潮流,提出试验"男女同校"、提倡"新文化"。上海大学正式成立之后,其先进的办学理念吸引了一批追求进步的女性入校任教和学习。在上大师生创办的各类工农夜校中,也真诚地欢迎女性就读学习。为了最大程度地争取工人阶级对革命的支持与同情,中共发动上大进步女青年深入工厂内部,展开组织、宣传、动员工作。

以中共早期妇女运动的领导人向警予为典型,她在上海活动期间,经常到上大女生宿舍,找女生们讨论时事政治问题,引导进步女生到女工中开展工作,让马克思主义的理论学习与妇女运动结合起来。据当时在上大读书的张琴秋回忆,向警予带她去女工集中的小沙渡等地的工厂参加会议,把她介绍给工人代表,说"工人代表都是我们的朋友",鼓励张琴秋要"不断地与工人群众接近,与他们逐渐建立起深厚的感情","一个革命者,就要在群众中锻炼自己"。当顾正红牺牲时,她们还一起创作了短剧《顾正红之死》,并以上海各界妇女救国联合会的名义,在上海街头进行公演。上海大学社会学系的学生杨之华也在回忆中也肯定了向警予给她带来的巨大影响。她说:"警予同志不是上海大学的教师,也不是学生,她当时担任中央妇女部书记,但她经常到上海大学女生宿舍来同我们谈心,谈形势,谈学习,谈思想,谈工作。"杨之华被选中在课余协助向警予从事妇女革命运动,她与张琴秋、王一知等同学一起参与了上海妇委通电、宣言等文件的起草。

丁玲在上海大学受到了良好的文学熏陶,她听俞平伯讲宋词、田汉讲诗歌、陈望道讲修辞学、邵力子讲《易经》……上大的求学生活,为后来丁玲的革命文学创作奠定了坚实的基础。

据统计,中共早期历史上女性党员的人数非常少,1923年7月,上海51名党员中仅有2位女党员。但经过不断努力,至五卅运动后,女性党员的人数迅速增长起来,以上海地区为例,基本维持在1/5左右。

时至今日,当我们再回首,思考上海大学这个"弄堂大学"缘何能"培养出许多优秀的人才,在中国的革命中有过卓越的贡献"?也许正如茅盾在其回忆录中所提出的——在于上大有别于上海其他大学所没有的卖《新青年》《向导》《中国青年》和其他社会科学的书摊,有学生墙报,有活泼民主的校风……

毛泽东与20世纪20年代的上海大学[①]

胡申生

20世纪20年代的上海大学,是国共两党共同创建的一所大学,许多中国共产党的早期党员曾在上海大学任职任教。虽然,毛泽东没有在上海大学教过书,也没有来上海大学发表过演讲,但是,他在从事革命活动的过程中,还是和这所红色学府有着多方面的联系。

毛泽东和上海大学的联系,既有直接的,也有间接的,主要体现在以下几个方面:

一是分别在中国国民党和中国共产党的会议上,研究讨论有关上海大学的事项。

1924年2月25日,国民党上海执行部成立。3月20日,国民党上海执行部召开第四次执行委员会会议,毛泽东出席会议并作记录。这次会议的一个重要议题,就是讨论国民党在上海大学设立"现代政治班"问题[②]。这是我们今天能看到的毛泽东和上海大学之间关系的最早也是最直接的记载。

从1925年五卅惨案爆发、上海大学在西摩路(今陕西北路)的校舍被英国海军陆战队和租界当局强行封闭以后,上海大学就开始在江湾筹建新校舍,并且上书国民党中央执委会,请求得到国民党中央在经费上的资助。1925年9月3日,国民党中执委开会议决,补助上海大学新校舍建筑费2万元。但直到第二年的4月,这笔资助款还未拨下。于是上海

[①] 原载2020年9月30日《上海大学校报》。
[②] 中共中央文献研究室编:《毛泽东年谱》上卷,中央文献出版社2013年版,第122页。

大学于1926年4月10日,致函在国民党中央工作的林伯渠、毛泽东、恽代英三人,称:"敢请诸先生鼎力赞助,敦促执行委员会将此款克日汇来,以便开工,不胜感激之至。"① 查现存档案,上海大学为新校舍建筑补助款事致函国民党中央共有八次,其中有六次是直接致函国民党中央执委会,有两次是致函在中央工作的个人,其中一次是1926年6月26日,由上海大学校长于右任直接致函张静江,另一次就是由上海大学致函林伯渠、毛泽东、恽代英三人,而且在此函的信封上明确写"广州中央执行委员会交林伯渠先生收",这也说明上海大学和林伯渠、毛泽东、恽代英这三位著名的共产党人有着不寻常的关系和对他们的信任。从现存的档案看,虽没有见到林伯渠、毛泽东、恽代英三人对此函的回复,但4月12日,国民党中央执委会秘书处由杨匏安、林伯渠(两人皆为共产党员)出面致函上海大学校长于右任,称:"已令催财政部如前筹拨,即希查照,并转知等由。"② 1926年5月7日,国民党中央执委会常务委员会召开第26次会议,毛泽东出席会议。在会上,秘书处提出上海大学要求按照国民党一大提出的经常费按月支领案。结果会议决定:"命令财政部,关于上海大学补助费案,无论财政如何困难,务须依照第一次全国代表大会决议,每月津贴千元;在财政部未给领以前,暂由中央宣传费项下挪借"。③ 5月12日,国民党中央执委会常务委员会就由林祖涵(即林伯渠)、杨匏安出面致函上海大学告知这一结果。而当时担任国民党中央宣传部代部长的正是毛泽东。因此,我们可以断定,毛泽东无论在上海大学新校区建筑补助款还是在经常性补助款方面,都应该是起到一定推动作用的。

1924年3月11日晚上7时30分,中共上海兼区委召开国民党委员会会议,毛泽东、杨贤江、张秋人、罗章龙等出席,由杨贤江担任记录。在该次会议上,毛泽东作了关于国民党上海执行部工作的报告。会议经讨论,

---

① 本书编委会编:《20世纪20年代的上海大学》上卷,上海大学出版社2014年版,第350页。
② 本书编委会编:《20世纪20年代的上海大学》上卷,上海大学出版社2014年版,第350页。
③ 本书编委会编:《20世纪20年代的上海大学》上卷,上海大学出版社2014年版,第112页。

决定将上海大学、中华书局、同孚路瑞兴里、北火车站、邮局五区分部，归入第四区党部，并请求执行部改组区党部。这是毛泽东在中共党的会议上参加讨论关于上海大学的国民党党务工作安排。

二是在工作中，和在上海大学担任领导和教师的于右任、邓中夏、恽代英等保持工作上的往来和联系。平民教育，是当时国共两党共同进行的一项工作。1924年3月6日，国民党上海执行部第二次会议决定，组织平民教育委员会，大力开展平民教育。会上，毛泽东、邓中夏、恽代英、于右任、孙镜等九人被推举为平民教育委员会委员，毛泽东、邓中夏、孙镜三人还被推举为常务委员。4月1日，邓中夏在上海大学主持召开会议，决定开办上海大学平民学校，并于15日晚上7时，举行了开学典礼。16日，上海大学平民学校要举行教务会议，恰与上海平民教育委员会常务会议在时间上发生冲突，于是，邓中夏就写信给毛泽东、孙镜两位常委，称："弟因要参与上大平民学校教务会议，故不能到今日之常务会，特请刘伯伦兄为代表。"① 毛泽东作为平民教育委员会的委员、常委，理所当然地参与领导了上海大学平民学校工作。

三是在黄埔军校的招生和农民运动讲习所办学中，先后培养了一批从上海大学出来的学生。1924年3月13日，毛泽东出席国民党上海执行部第三次执行委员会会议，会议决定黄埔军校学生招生事项，由毛泽东负责黄埔军校在上海地区的考生复试工作。而黄埔军校的报名招生秘密地点之一，就是上海大学。在上海大学听课的曹渊、许继慎等一批黄埔军校第一期学生，就是由毛泽东负责招生、考试而抵达广州的。上海大学学生薛卓汉，于1925年9月根据党的指派，来到广州，参加由彭湃主办的第五期农民运动讲习所学习。毕业以后又奉命到武汉担任国民党安徽临时省党部执行委员兼农民部长。就在这一段时期，薛卓汉担任了毛泽东同志的秘书。薛卓汉牺牲以后，毛泽东曾两次对薛卓汉表示过关心。上海大学学生邓果白（就是现在上海大学终身教授邓伟志的父亲），1925年在上海大学加入中国共产党，于1926年根据党组织的安排，直接来到武昌，在毛泽东担任所长的武昌中央农民运动讲习所作为学员参加学习，聆听了

---

① 冯资荣、何培香：《邓中夏年谱》，中国文史出版社2014年版，第173页。

毛泽东关于中国革命、中国农民运动等理论和实践的教诲,从而走上一条职业革命家的道路。

毛泽东和上海大学的关系,除了以上三个方面以外,还有一些值得我们知道的。在上海大学的学生中,有不少是在毛泽东直接领导下参加武装革命斗争的。如曾领导井冈山黄洋界保卫战、任红四军第28团党代表兼团党委书记、最后牺牲在江西大庾的的何挺颖;在中央苏区先后担任过中华苏维埃共和国中央革命军事委员会总政治部代主任、中国工农红军总政治部副主任、代主任,红一方面军政治部主任,最后牺牲于江西会昌的贺昌;在红军长征中担任中央直属纵队干部团政治科长兼上级干部队政委,最后牺牲于四川江安碗厂坡的余泽鸿;在中央苏区,先后担任共青团中央苏区书记、中共中央委员、中央政治局委员、中国工农红军总政治部代理主任兼红军第一方面军野战政治部主任,最后病逝于长征途中的顾作霖,等等,这些从上海大学走出来的烈士,在读书期间虽然无缘见到毛泽东,但是在红军这所革命大学里,却直接受到毛泽东的教诲和领导,最后为革命献出了他们的青春和热血。

毛泽东一生写文稿无数,其中有一篇文章是和上海大学的一名教师有关。那是在1926年1月17日,上海大学教师、共产党员周水平因为领导家乡顾山的农民抗租斗争而惨遭军阀孙传芳密令杀害。11月25日,正在广州从事农民运动讲习所工作的毛泽东,以"润之"的笔名,在中国共产党的刊物《向导》周报第179期上,发表题为《江浙农民的痛苦及其反抗运动》一文。文章说周水平遇害后:"当周水平灵柩回到顾山安置在他家里时,农民们每日成群地到他灵前磕头。他们说:'周先生是为我们死的,我们要给他报仇!'"毛泽东通过农民的心声对周水平这位上海大学的教师、为农民的利益而献出生命的革命烈士作了高度的评价。

20世纪20年代的上海大学办学期间,毛泽东有较长一段时间正在上海从事革命工作。由于反动当局的几次迫害查封,又屡遭兵燹荼毒,加之年代的久远,上海大学的档案资料几乎丧失殆尽。我们相信,通过不断地努力爬梳发掘,毛泽东和上海大学有关的历史材料将会更多地展示在我们面前。

孙中山与20世纪20年代的上海大学

胡申生

20世纪20年代的上海大学,是在中国共产党和中国国民党酝酿合作的大背景成立的,经历了大革命的全过程。正因为如此,在回顾这所特殊高等学府办学历史的时候,不能不介绍国共合作的推动者孙中山先生在上海大学创建和办学过程中所具有的历史功绩,以及在上海大学师生中所享有的崇高威望和所产生的深刻影响。

一、孙中山与中国共产党人共同酝酿的国共合作催生了上海大学

上海大学是中国国民党与中国共产党共同创建和管理的一所大学,在20世纪20年代初期,无论是它的办学宗旨还是所具有的革命性,都是独树一帜,绝无仅有的。这是和当时中国政坛上国民党、共产党两大政党酝酿合作从而走上实际合作紧密相连的,可以说国共合作的酝酿过程直接催生了上海大学。在这一过程中,孙中山先生始终起着不可或缺的重要作用。

1922年8月,孙中山因陈炯明叛乱而由广州避走上海。23日,中国共产党领导人李大钊来到孙中山寓所拜会孙中山,和他商讨"振兴国民党以振兴中国"的问题。月底,中国共产党在杭州召开了"西湖会议"。西湖会议是中国共产党关于国共合作政策由党外合作到党内合作的转折

---

① 原载2020年10月15日《上海大学校报》。

点。西湖会议后,陈独秀、李大钊等在上海又分别拜会孙中山,向他说明中国共产党关于实行两党合作、建立革命统一战线的主张。正处在困境中的孙中山接受了中国共产党的建议。不久,陈独秀、李大钊、蔡和森、张太雷、张国焘等即以个人名义加入了国民党,并帮助孙中山筹备改组国民党,从而为建立第一次国共合作从组织上作了准备。10月23日,以国民党元老于右任为校长的上海大学成立。可以说,孙中山与中国共产党人共同酝酿的国共合作催生了上海大学。

二、上海大学成立后,孙中山在各方面对上海大学进行支持

上海大学成立之时,正是北京北洋政府执政时期。但是,上海大学从成立一开始就没有在北洋政府教育部备案。虽然,在整个办学过程中,中国共产党在其中起着主导的作用,但在当时国共合作的背景下,这所大学在行政隶属关系上,还是接受广州国民党中央领导。而国民党中央从一开始,也将上海大学看作是为国民党培养干部和人才的学校。因此,孙中山先生在各方面对上海大学进行了支持:

一是亲任上海大学董事和名誉校董。1923年8月12日,上海大学评议会召开会议,决定组成校董会。拟请定孙中山先生为名誉校董,蔡元培、汪精卫、李石曾、张继、马玉山、张静江、马君武等二十余人为校董,限9月1日以前与各校董接洽妥当,限9月20日以前成立校董会。虽然,从报章上并没有看到孙中山任上海大学董事和名誉校董的公开报道,但是从国民党留下的档案来看,有着"上大之创办既经请命于总理,总理且亲任该校之董事长,本党先进诸公多曾担任校董、讲授"这样的记载①。

二是在办学经费上予以支持。国民党在广州建立国民政府,本身在财政方面并不是很宽裕,但是为了办好上海大学,在1924年1月召开的国民党第一次代表大会,作出了一个决定,每月补贴上海大学洋一千元。这

---

① 1936年3月3日于右任关于《追认上海大学学生学籍与国立大学同等待遇案》,见台北中国国民党"中央委员会文化传播委员会党史馆"会议档案国民党中央执行委员会常务会议5.3.8.32。

对于国民党中央来说,并不是一个小数目。而这样的决定,显然是经过国民党中央常委会慎重讨论的,是得到国民党总理孙中山先生亲自审定和批准的。

三是对于学生社团予以支持。《孤星》旬刊是上海大学学生社团"中国孤星社"主办的一个进步刊物。上海大学学生、社团负责人、《孤星》旬刊主编安剑平,曾写信给孙中山先生,请求孙中山为《孤星》题写刊名。1924年3月3日,孙中山致电安剑平,称《孤星》刊物"深切时弊",勉励《孤星》应本此旨广为宣传,为"吾党之主张,而尽言论之职责。"并亲题"孤星"二字寄到安剑平处。孙中山先生的函电和亲笔题字,给了中国孤星社全体社员和上海大学师生以极大鼓舞。3月25日,《孤星》旬刊从第5期开始,刊头就改换孙中山先生的题字[①]。

四是支持反对军阀的进步学生进入上海大学读书。1923年10月,安徽学生王步文为了反对直系军阀曹锟贿选"总统",和省学联其他负责人一起,动员安庆各界举行声讨大会,会后并组织了游行示威,又痛打了吹捧曹锟的"议员"何雯、张伯衍。事后,即遭到当局通缉。在党组织的帮助下,王步文潜至上海。在这期间,他致函在广州的国民党中央,请求进入上海大学学习。不料此事竟惊动了孙中山先生,他就王步文要求进入上海大学学习之事作了批示。根据孙中山的批示,国民党中央执行委员会中青部部长邹鲁致函国民党上海执行部,称:"顷由总理交下安徽学生联合会代表王步文等函一件。该生等以反对国贼、惩戒议员致被当道驱逐,流离上海,不能回该省原校就学,又无力转学他校,请求转致上海大学,破格免费收录。为此请贵执行部调查实况,酌量办理。"[②]后来王步文如愿进了上海大学。在上海大学共产党组织的培养下,王步文后来成为中共安徽省委第一任书记。1931年4月6日,由于叛徒告密,在芜湖主持省委工作会议时不幸被捕而英勇就义。

五是支持学生的反帝爱国运动,反对国民党右派。1924年10月10日,在上海北河南路(今河南北路)的天后宫,举行纪念辛亥革命13周年

---

① 见《孙中山集外集》,上海人民出版社1990年版,第493—494页。
② 见台北中国国民党"中央委员会文化传播委员会党史馆"五部档案15896。

国民大会。当时,在国共合作的大好形势下,已经出现国民党右派破坏国共合作的暗流。这次大会,实际上被国民党右派分子喻育之、童理璋等把持着。上海大学学生黄仁、林钧、何秉彝、郭伯和、王秋心、王环心等前来参加会议。在会上,他们支持全国学生会总代表郭寿华的发言。不料喻育之、童理章等竟纠集流氓打手,制造事端,对黄仁等进行围攻殴打,并将黄仁推下7尺高台,致使黄仁不治身亡,酿成对国共合作产生消极影响的"黄仁事件"。13日,国民党上海第一区党部等致电孙中山,谴责国民党右派制造惨案。23日,孙中山将信发下,提出在国民党中常委第五十七次会议讨论此事。31日,国民党中央执行委员会廖仲恺、汪精卫致函上海执行部,传达孙中山指示,惩办"黄仁事件"祸首喻育之等,悼恤伤毙同志,并函吴稚晖、戴季陶查照办理,并将处理意见上报国民党中央①。

三、上海大学师生敬仰拥戴孙中山先生

上海大学广大师生对孙中山先生一直充满着敬仰和爱戴之情,学习和宣传孙中山的思想,坚决拥护孙中山提出的各项政策。

孙中山的《实业计划》亦名《国际共同发展实业计划》,是孙中山关于振兴中国实业实现国民经济近代化的专著,1919年用英文写成,由朱执信、廖仲恺等译成汉语。该书反映了孙中山关于中国国民经济近代化的宏伟理想和具体规划。虽然,《实业计划》为中国设计的那种经济建设的宏伟蓝图,在当时是没有实现的可能,但其中包含的有关中国经济发展战略的一系列思想,却是一份极为珍贵的经济思想遗产。上海大学英国文学系"散文"课程,将孙中山的《实业计划》英文原著作为教材,使学生在提高英文阅读水平的同时,学习了孙中山的经济发展战略思想。

"三民主义"是孙中山所倡导的民主革命纲领,是其民主思想的精髓和高度概括。孙中山设想通过三民主义的实施能够"人能尽其才,地能尽其利,物能尽其用,货能畅其流",进而实现国富民强、天下为公的大同社会。1923年11月,也就是上海大学成立一周年以后,上海大学学生成

---

① 见台北中国国民党"中央委员会文化传播委员会党史馆"汉口档案12205.2、16702。

立"三民主义研究会",会员达90余人。1925年3月12日,孙中山在北京病逝,4月24日,上海大学教师和学生恽代英、杨贤江、董亦湘、施存统、侯绍裘、张秋人、沈雁冰、沈泽民、沈观澜、何味辛、张琴秋、黄正厂、朱义权等20人,就发起成立"孙中山主义研究会",并于12月20日正式出版了《中山主义》周刊。周刊以"研究三民主义"、"发挥三民主义"、"实现三民主义"为宗旨,批判戴季陶主义和国家主义等反动学说。瞿秋白、恽代英、萧楚女、施存统、阳翰笙、马凌山上海大学师生都在刊物上发表了文章,这本刊物成为上海大学宣传孙中山革命的三民主义的一个重要阵地。

1924年11月,孙中山北上,并于10月发表《北上宣言》,重申反对帝国主义和军阀的主张,号召召开国民会议,以谋求中国的统一与建设。上海大学师生积极响应,上海大学学生会于15日参加全市60余团体的联合会议,被选为筹备欢迎孙中山抵沪的五团体之一。18日,上海大学教师何世桢、学生吴芬专程到孙中山寓所拜谒,受到孙中山的亲切接见。11月23日,曾受到孙中山关怀和鼓励的上海大学学生社团"中国孤星社",在《民国日报》发表《孤星社对时局之主张》,表示拥护孙中山提出的政策主张。12月3日,《民国日报》发表《上海大学主张国民会议宣言》。1925年2月6日,孙中山在北京病重住院,上海大学学生会致电正在孙中山病榻前的校长于右任,请他代达上海大学全体学生对孙中山的慰问。

以上这些,充分反映了上海大学师生对孙中山先生的拥戴和敬仰之情,也显示了孙中山先生和上海大学的密切关系。

四、孙中山逝世以后,上海大学通过一系列活动来追悼、纪念孙中山

1925年3月12日,孙中山先生在北京逝世,举国悲悼,上海大学也沉浸在悲痛之中。在为孙中山治丧期间,上海大学师生通过为孙中山先生守灵、吊唁、召开追悼会、发表演讲等种种形式来表示深切哀悼和纪念。4月24日,上海大学教师恽代英、杨贤江、董亦湘、施存统、侯绍裘、沈泽民、张秋人等人在《民国日报》副刊《觉悟》刊登题为《发起孙中山主义研究会征求同志》的启事,用对孙中山思想的研究这种方式来来纪念和宣传

这位革命先行者。1925年6月4日,上海大学陕西同学会主办的《新群》期刊出版"纪念孙中山先生专号"。在这期间,上海大学的教师、学生,还在报纸杂志上发表了大量的文章、诗歌,来表达对孙中山先生的怀念和敬意。

上海大学在追悼和纪念孙中山先生的过程中,还有一个引人瞩目的举措,就是提议将上海大学改名为中山大学。1924年4月2日,上海大学学生会致函国民党广州大本营代大元帅胡汉民,称为永远纪念孙中山先生,经请示在北京的于右任校长,拟请将上海大学改名为国立中山大学。经国民党中央执行委员会第七十五次会议,议决同意将上海大学改名为中山大学,并由廖仲恺代表国民党中央执行委员会致信上海大学学生会[①]。只是后来因为广东大学改为"中山大学",这一决议才没能得到实施。

---

① 见台北中国国民党"中央委员会文化传播委员会党史馆"汉口档案14970。

中国共产党早期发展与上海大学[①]

胡申生

1921年7月,中国共产党在上海宣告成立,这在中国,是一件开天辟地的大事。就在一年零三个月以后,即1922年10月23日,一所崭新的高等学府——上海大学成立。上海大学是在中国共产党与国民党酝酿合作的大背景下面世的,是中国国民党和中国共产党为"养成建国人才,促进文化事业"而共同举办的一所新型学校。但是,在五年不到的办学过程中,我们可以看到,上海大学实际上是中国共产党在早期发展时期建立并直接参与管理的一所为中国共产党培养干部和人才的新型学校。

一、中国共产党参与上海大学的筹建决策 并直接参加学校高层的管理实践

1. 党中央决定由国民党出面办上海大学

上海大学的成立得因于东南高等专科师范学校的学潮。这所学校因校政腐败而被改组定名为上海大学。关于学校的负责人,组织学潮的学生领袖们曾拟定从陈独秀、章太炎、于右任三人中选择一位。当时这三人都是在政界、学界深孚众望的名人。据茅盾(即沈雁冰,上海共产主义小组成员,中国共产党早期党员,上海大学成立后担任教授)回忆:"这时学生中有与党有联系的,就来找党,要党来接办这学校。但中央考虑,还是

[①] 原载2020年11月至12月《上海大学校报》(11月15日、11月30日、12月15日、12月30日四期连载)。

请国民党出面办这学校于学校的发展有利,且筹款也方便些,就告诉原东南高等师范闹风潮的学生,应由他们派代表请于右任出来担任校长。"① 后来学生也是通过中国共产党早期党员、在《民国日报》任职的邵力子,拜访了于右任。可见中国共产党从一开始就参与了上海大学的筹建。

2. 中国共产党早期主要领导人直接参与了上海大学的办学实践

在上海大学办学过程中,中国共产党的几位主要领导人陈独秀、李大钊、毛泽东等以不同方式直接参与了上海大学的办学实践。

陈望道是上海共产主义小组成员、中国共产党的早期党员,同时是很有名望的学者。上海大学成立以后,诚聘陈望道到上海大学任教,当陈望道正踌躇不决之时,接到陈独秀写给他的一张条子,署名"知名",上写:"上大请你组织,你要什么同志请开出来,请你负责。"②当时陈望道虽已与陈独秀意见不合并已要求脱离组织,但对于身为中国共产党中央执行委员会委员长陈独秀代表组织的委派,陈望道以严肃认真的态度接受了,来到上海大学任教,并成为在上海大学任职任教时间最长的一名教授。1924年10月10日,国民党右派在上海北河南路(今河南北路)天后宫制造了"黄仁事件",黄仁被国民党右派雇佣的流氓殴打致死。陈独秀即在《向导》第87期"国民党右派残杀黄仁案"专栏上,以笔名"独秀"发表题为《这是右派的行动吗,还是反革命?》的文章,为上海大学学生黄仁之死严厉谴责国民党右派破坏国共合作的倒行逆施的反革命行径。

1923年4月,李大钊来到上海,上海大学校长于右任与李大钊会晤之时,向李大钊求计如何办好上海大学。李大钊当即向于右任推荐了中国共产党人邓中夏、瞿秋白等到上海大学任职任教。不久,邓中夏、瞿秋白就根据党的安排,先后来到上海大学,除担任教授以外,还分别担任了总务长和教务长这两个重要的领导职务。瞿秋白还创办了后来成为上海大学宣传和传播马克思列宁主义最主要阵地的社会学系,并担任了系主任。

---

① 茅盾:《我走过的道路》,人民文学出版社1981年版。
② 陈望道:《关于上海大学》,1961年7月22日,转引自邓明以:《陈望道传》,复旦大学出版社2005年版,第100—101页。

李大钊还在领导中国共产党之余,先后四次来到上海大学发表演讲,题目分别是"演化与进步"、"社会主义释疑"、"史学概论"、"劳动问题概论",直接向上海大学师生宣传了马克思主义理论和历史唯物主义观点,给上海大学师生留下了深刻印象。

1924年1月,国民党召开一大,标志着国共合作的正式形成。随后,成立了国民党上海执行部。3月20日,国民党上海执行部召开第四次执行委员会会议,毛泽东出席会议并作记录。这次会议的一个重要议题,就是讨论国民党在上海大学设立"现代政治班"问题[①]。这是我们今天能看到的毛泽东和上海大学之间关系最早也是最直接的记载。从1925年五卅惨案爆发、上海大学在西摩路(今陕西北路)的校舍被英国海军陆战队和租界当局捣毁以后,上海大学就开始在江湾筹建新校舍,并且上书国民党中央执委会,请求得到国民党中央在经费上的资助。1925年9月3日,国民党中执委开会议决,补助上海大学新校舍建筑费两万元,但直到第二年的4月,这笔资助款还未拨下。于是上海大学于1926年4月10日,致函在国民党中央工作的林伯渠、毛泽东、恽代英三人,请他们出面敦促国民党中央执委会将资助款"克日汇来"。4月12日,国民党中央执委会秘书处由杨匏安、林伯渠(两人皆为共产党员)出面致函上海大学校长于右任,称:"已令催财政部如前筹拨。"[②]这也说明上海大学与林伯渠、毛泽东、恽代英这三位著名的共产党人有着不寻常的关系和对他们的信任。1926年5月7日,国民党中央执委会常务委员会召开第二十六次会议,毛泽东出席会议。在会上,秘书处提出上海大学要求按照国民党一大提出的经常费按月支领案。结果会议决定:"命令财政部,关于上海大学补助费案,无论财政如何困难,务须依照第一次全国代表大会决议,每月津贴千元;在财政部未给领以前,暂由中央宣传费项下挪借。"5月12日,国民党中央执委会常务委员会就由林祖涵(即林伯渠)、杨匏安出面致函上海大学告知这一结果[③]。而当时担任国民党中央宣传

---

① 见中共中央文献研究室编:《毛泽东年谱》上卷,中央文献出版社2013年版,第122页。
② 见台北中国国民党中央委员会文化传播委员会党史馆汉口档案7516.1、7514.4。
③ 见台北中国国民党中央委员会文化传播委员会党史馆汉口档案7519.2。

部代部长的正是毛泽东。因此,我们可以断定,毛泽东无论在上海大学新校区建筑补助款还是在经常性补助款方面,都应该是起到一定推动作用的。

3. 上海大学校部管理层主要由中国共产党人所掌握

上海大学的校部管理层,主要由校长、副校长、总务长、教务长组成。其中,除校长于右任以外,副校长、代理校长邵力子是上海共产主义小组成员,中国共产党早期党员(直到1926年代表国民党出任国民政府驻苏联代表才正式退出中国共产党),他于1925年离开上海大学到黄埔军校任职,在上海大学担任副校长、代理校长达两年半的时间;总务长(包括后来改名校务长、总务主任)邓中夏(1923年—1924年9月)、刘含初、韩觉民都是共产党员;教务长(包括后来改名学务长)一职,从上海大学成立到被封闭,除了国民党的叶楚伧和何世桢先后担任过九个月和十个月以外,先后由共产党人瞿秋白以及最早参加过上海共产主义小组、早期共产党员的陈望道担任,其中瞿秋白担任了六个月,陈望道则整整担任了两年之久。从1925年5月到1927年5月,陈望道担任代理校务主任,实际主持上海大学行政领导工作也同样有两年之久。虽然陈望道在上海大学工作期间,已在组织上脱离了中国共产党,但他内心深处并没有离开中国共产党。可见,上海大学行政领导大权主要掌握在共产党人之手。

4. 上海大学各系、科、部行政领导大多为共产党员

上海大学的中层,由社会学系、中国文学系、英国文学系、美术科和中学部组成。其中除英国文学系、美术科以外,社会学系的历届系主任瞿秋白、施存统、李季都是共产党员;中文系从1923年8月一直到1927年5月,系主任一直是陈望道。中学部主任除了陈德徵在1923年3月到1924年1月做过十个月以外,从1925年8月到1927年4月,中学部主任一直由共产党员侯绍裘担任。

上海大学学生刘锡吾回忆称:"上大的系主任都是由中央决定的,如瞿秋白走后,中央决定施存统去担任系主任,但学生反对,反映到陈独秀

那里。陈说:'这是中央决定的。'"①

5. 中国共产党早期党员为上海大学教师的中坚力量

在1923年4月之前,上海大学的教师来源主要是原东南高等专科师范学校的留用教师如美术科主任洪野和以张君谋、陈德徵、叶楚伧等为代表的"积学热心之士"。自1923年4月邓中夏、瞿秋白到上海大学任职任教以后,大批中国共产党早期党员根据党的安排,先后来到上海大学任教,成为社会学系、中文系以及中学部教师中的中坚力量,人员包括:邓中夏、瞿秋白、蔡和森、张太雷、恽代英、萧楚女、邵力子、陈望道、沈雁冰、沈泽民、李汉俊、施存统、蒋光慈、任弼时、刘含初、侯绍裘、李季、安体诚、董亦湘、萧朴生、杨贤江、张秋人、彭述之、郑超麟、周水平等。

特别要指出的是,中国第一个共产主义小组——上海共产主义小组,其成员陈独秀、李汉俊、邵力子、沈玄庐、陈望道、俞秀松、施存统、李达、杨明斋、袁振英、沈雁冰、林伯渠、李启汉、李中、沈泽民等15人中,有6人进入上海大学担任教授,所占比例为40%。

根据以上所述可以看出,上海大学虽然为国共两党合作所建,但中国共产党从上海大学一开始筹建就参与决策,并担负了主要的授课任务和实际的管理责任。

二、上海大学是中国共产党早期宣传和传播马克思列宁主义的重要阵地

上海大学是中国共产党早期宣传和传播马克思列宁主义的一个重要阵地,对中国共产党早期马克思列宁主义的学习和普及起到了重要作用。中国共产党早期党员、马克思列宁主义者在上海大学任教期间,充分利用课堂、党的刊物、讲习班和各种集会,通过讲课、编辑和发表文章、讲座、演讲等各种形式,结合中国革命实际,传播、普及马克思列宁主义。上海大

---

① 《有关上海大学的情况》,见张腾霄主编:《中国共产党干部教育研究资料丛书》第2辑,中国人民大学出版社1989年版;转引自《20世纪20年代的上海大学》下卷,上海大学出版社2014年版,第1025页。

学的教材在社会上也产生了重要影响。

1. 通过课堂、集会演讲、讲习班来宣传马克思列宁主义

上海大学是中国继沪江大学、厦门大学、燕京大学后较早设立社会学系的高校。现代社会学界公认社会学有两大源头：一为孔德为代表的西方实用主义社会学；另一个源头就是以马克思、恩格斯为代表的马克思主义的社会学。沪江大学等高校开设的社会学系服膺的是孔德系的社会学，而上海大学的社会学系则是以马克思主义为理论基础和理论指导，以马克思主义的科学理论来教育学生、武装学生，从而使社会学系成为中国共产党早期发展阶段一个宣传、学习、传播马克思列宁主义的重要阵地。

在上海大学办学期间，无论在校内校外，邓中夏、瞿秋白、蔡和森、恽代英、张太雷、萧楚女等共产党早期理论家，经常应邀在各种集会上发表演讲。这些演讲以马克思列宁主义为指导，在各个方面阐述了马克思列宁主义的基本思想和观点，对于普及马克思列宁主义的立场、观点和方法起到了重要作用。中国共产党的创始人李大钊先后在1923年4月15日、11月7日、11月之间四次到上海大学发表演讲。这些演讲深入浅出，理论联系实际，传播了马克思主义的唯物史观，提高了上海大学学生对马克思主义的基本原理和理论的认识。

2. 在党的刊物和《民国日报》副刊和自办刊物上宣传马克思列宁主义

《前锋》月刊是中国共产党的机关刊物，于1923年7月1日创刊，由已在上海大学任校务长和社会学系主任的瞿秋白担任主编。

《向导》周报是中国共产党创办的第一张公开发行的中央机关报。蔡和森是《向导》周报的首任主编，也是主要撰稿人之一。彭述之、瞿秋白、张太雷、郑超麟等上海大学教师也是《向导》周报的主要撰稿人。

《中国青年》周刊是中国社会主义青年团于1923年10月20日创刊的机关刊物，由已在上海大学任教的恽代英担任主编。1925年5月，萧楚女到上海大学任教后，协助恽代英编辑《中国青年》。《中国青年》是我国近代史和中国共产主义运动史上最具有战斗力和生命力的青年刊物，上海大学教师在刊物上发表了大量文章。

上海大学师生还在自办刊物《上海大学周刊》《上大附中》《上大五卅特刊》《上海大学三周年纪念特刊》以及《湘锋》《台州评论》《南语》等上发表了大量宣传马克思列宁主义,抨击帝国主义和反动军阀,批判国民党右派的文章。

3.出版讲义,在上海乃至全国产生重要影响

中国共产党早期党员在上海大学任教过程中,编写了大量讲义,其中很大一部分结合专业课宣传了马克思列宁主义。这些讲义都以不同的方式出版发行。如蔡和森的《社会进化史》,就以"上海大学丛书之一"出版;瞿秋白的《社会科学概论》于1924年由上海书店出版。1924年3月,上海书店陆续出版《社会科学讲义》1—4集,其中收有上海大学教授瞿秋白的《现代社会学》《社会哲学概论》、安体诚的《现代经济学》、施存统的《社会运动史》《社会思想史》《社会问题》、董亦湘的《唯物史观》《民族革命讲演大纲》等讲义。这些教材和讲义,既是学习社会学、社会哲学的教材,也是马克思主义理论的启蒙读物,在社会上产生了很大影响。在当时的报刊上,对这些著作、教材、讲义作过多次介绍,也多次印刷发行。远在山东青岛的邓恩铭(党的一大代表),专门写信给上海大学教务长邓中夏,请他把上海大学的讲义寄给他,以便他在山东进行学习传播。

三、上海大学党组织是中国共产党早期发展中活跃的基层组织,革命的坚强堡垒

上海大学集合了一批中国共产党的早期党员和党的领导人,同时又积极在优秀的学生中发展党员,因此,上海大学的党员人数一直在全市党员尤其在学生党员中占有较大比重。在上海地方党委的基层组织系统中,上海大学党组织以第一党小组、独立支部等形式接受领导,是中国共产党在上海最活跃的基层组织之一,是中国共产党早期革命的坚强堡垒。

1921年7月,中国共产党诞生以后,于1921年11月成立中共上海地方委员会,由陈望道担任第一任书记;1922年5月,将中共上海地方委员会

改组为中共上海地方兼区执行委员会,委员有徐梅坤、沈雁冰、俞秀松三人,徐梅坤任书记,沈雁冰负责宣传。1923年7月9日,中共上海地方兼区执行委员会举行第一次会议,讨论新选委员会的分工,决定已在上海大学担任总务长和教授的邓中夏为委员长;上海大学另一名教授沈雁冰(即茅盾)为国民运动委员。这次会议决定,按党员居住相近的原则将党员重新分组。全市党员53人,编为5个小组(实际编入小组的共44人,其余10人因离沪、被捕或居住地不明暂不编组),第一组为上海大学组,党员11人,组长为林蒸,组员有:严信民、许德良、瞿秋白、张春木(即张太雷)、黄让之、彭雪梅、施存统、王一知、贺昌、邓中夏。也就是说,上海大学党员小组人数要占全市在编党员人数四分之一。到了1923年11月22日,中共上海地方兼区执行委员会审查并通过了第一组提出的张景曾、龙康庄(即龙大道)、薛卓汉、王逸常、徐梦秋、许乃昌、刘剑华(即刘华)等7人为中央候补委员,并编入第一组,即上海大学组,有党员14人。到了1924年11月,共有党员109人,党的小组发展成为8个,第一小组上海大学小组有党员23人。到了1925年,上海大学党的组织由原来的党小组改建为党支部。1926年2、3月间,中共上海区委决定将原属闸北部委领导的上海大学支部划出成立独立支部,直属上海区委领导。当时,上海大学独立支部共有党员61人,到了当年12月11日,上海大学独立支部党员已发展到130人。上海大学学生高尔柏、康生先后担任过上海大学独立支部支部书记。

作为上海党组织所属基层党的组织,无论是上海大学党小组、党支部还是直属上海区委领导的独立支部,上海大学党组织在党的革命斗争和重大活动中,不断发展壮大。在上海大学担任教职的早期党员如邓中夏,差不多在担任上海大学总务长的同时,担任中共上海地方兼区执行委员会委员长,担负起领导整个上海党组织的重任;向警予、张特立(即张国焘)、林蒸、罗世文等虽然不是上海大学的教师和学生,但也是上海大学党组织的成员。

四、在中国共产党的领导下投身轰轰烈烈的革命斗争

上海大学在办学的同时,其党组织领导党员教师和学生以及追求进

步的教师、学生,几乎参加了中国共产党早期开展的所有革命工作和活动。其中主要的包括:

1. 播撒革命火种,帮助各地建立中国共产党的地方基层组织

上海大学教育教学的一个鲜明特色就是理论联系实际,在这一方面表现最为突出的是根据党组织要求学生利用寒暑假回到家乡或其他地方,进行革命宣传活动,启发家乡人民觉悟,播撒革命种子,帮助当地建立中国共产党的地方基层组织。在安徽、浙江、江西、湖南、海南岛、台湾都留下了上海大学学生党员革命足迹。对中国共产党早期地方党组织的建立和发展壮大作出了重要贡献。

中共安徽寿县小甸集特别支部,是安徽农村建立的第一个基层党组织,这个特支直接受党中央的领导,对安徽农民革命运动的发展,起到了重要的引领和推动作用。这个在安徽党史上有着重要地位的基层党组织,其创始人就是上海大学学生曹蕴真。

贺威圣是浙江最早为革命牺牲的共产党领导人。1924年寒假,根据党的指示,上海大学学生贺威圣来到家乡浙江象山,积极开展工作,发展了王家谟、杨永清等青年加入共产党。1925年1月23日,贺威圣又来到家乡,主持了象山县第一个中国共产党支部的成立大会,由他发展的党员杨永清担任支部书记。1926年6月,中共上海区委任命贺威圣担任中共杭州地委书记,他才正式告别了上海大学的学生生活。这一年的11月12日在敌人的刑场上英勇就义。

1923年考进上海大学的黄让之,是安徽皖东地区的第一位共产党员。1924年夏天,黄让之利用暑假回到家乡天长县,利用开设图书室宣传和传播马克思列宁主义,成立了"励志会"进步组织,在家乡点燃了最早的革命火种,为后来天长党组织的建立奠定了基础。

1924年2月进入上海大学的罗石冰是"龙华二十四烈士"之一,江西吉安人。1926年1月,为了适应大革命形势的不断发展,加强江西地区党的领导工作,罗石冰受中共中央指派到江西巡视工作。他在自己的家乡吉安发展党员,领导建立了吉安第一个党组织中共吉安小组。4月任中共江西地委书记兼宣传部主任,领导在江西各地建立党的组织,开展工农

运动。

1925年春考入上海大学的沙文求,于1926年初接受党组织指派,回到家乡浙江鄞县塘溪镇沙村开展革命活动,组织农会,创办夜校,发展了一批党员和一大批农会会员,成立了沙村第一个党支部,并担任支部书记。后参加广州起义。1928年8月,被敌人杀害于广州红花岗。

1923年进入上海大学学习的王绍虞,是中国共产党在安徽六安最早的基层组织的创建者。1925年冬天,受党组织派遣,王绍虞回到家乡六安,和其他从芜湖、杭州、上海等地回来的共产党员一起,创建了中共六安特别支部,并担任支部书记,直属党中央领导。1928年4月,被反动当局杀害于安庆小东门外。

1925年7月进入上海大学学习的俞昌准是安徽南陵人,1926年回到家乡开展党的工作。1928年1月领导成立南(陵)芜(湖)边区苏维埃政府,这是大革命失败后安徽诞生的第一个农民政权。11月,俞昌准英勇就义于安庆。

1924年秋进入上海大学的王文明是琼崖地区党组织的创建者。1925年受党组织派遣,赴广州担任"琼崖革命同志大同盟"领导工作。1926年6月,王文明在海口市主持召开中国共产党琼崖第一次代表大会,成立了中共琼崖地方委员会,王文明当选为书记。1927年党的"八七会议"以后,王文明领导打响了琼崖暴动的第一枪。1928年8月12日琼崖苏维埃政府宣告成立,王文明当选为苏维埃政府主席。王文明是海南岛地区党组织和革命根据地的创始人。

1928年4月,在上海创立了台湾省共产党组织,其创始人翁泽生、谢飞英(即谢雪红,台湾民主自治同盟的创建人之一,首任主席)、林木顺、蔡孝贤等都是上海大学学生。

2. 开展平民教育工作,深入到工人居住区开展工人运动

平民教育是中国共产党早期发展时期的一项重要工作。上海大学在办学过程中,很重视让学生在平民教育中得到锻炼,让他们深入到工人集中居住的区域,积极投身工人夜校,帮助工人和底层劳苦大众学习文化知识,使他们明白革命道理,提高阶级觉悟。并在这个基础上,建立工人俱

乐部，来维护工人的各项权益。

　　1924年4月1日，上海大学召开"平民教育大会"，邓中夏主持会议，并阐述了会议的宗旨和提倡平民教育的重要性。会议决定开办上海大学平民学校。4月15日晚，上海大学平民学校举行开学典礼，有280名工人学生参加，100多名来宾和家属也参加了会议。早在1921年初邓中夏就在长辛店创办过劳动补习学校，对工人进行启蒙教育。在上海大学担任总务长的同时，还担任着国民党上海执行部平民教育委员会委员，并和毛泽东、孙镜三人被推举为常委。邓中夏以总务长的身份出席了上海大学平民学校开学典礼，第二天又参加了平民学校的教务会议。邓中夏作为上海大学平民学校的领导不但亲力亲为，担负起上大平民学校的行政工作，还亲自动手为平民学校编写教材《劳动常识》，分期在《民国日报》副刊《平民周报》上连载。上海大学的教授卜世畸、学生刘华、张琴秋、杨之华、薛卓汉、程永言、王秋心、朱义权等都在平民学校任职任教。恽代英、侯绍裘、向警予、林钧等都到上海大学平民学校发表演讲。在册学生达350名之多。上海大学平民学校是中国共产党早期发展阶段对城市工人、贫民进行思想启蒙教育，提高他们阶级觉悟的一个重要阵地。

　　上海大学除了在校内举办平民学校外，还根据工人贫民集中居住的区域，致力于在沪西、沪东、浦东等地举办平民学校。上海大学学生、共产党员刘华、杨之华、张琴秋、欧阳继修（即阳翰笙）、顾作霖、何挺颖等怀着满腔热情投身到工人中去。据张琴秋回忆："1924年下半年，我去杨树浦平凉路、滔明路之间办了一所平民学校（也叫贫民夜校），……我们办这种学校的目的，是为了发展党团员，扩大我们的力量，进行革命宣传，扩大党的政治影响，同时也帮助工人群众提高文化。……上课主要是利用晚上的时间，白天我们就到工人家里谈谈，了解一些情况。当时我们确实在夜校学生中发展了党员，如朱阿毛、施小妹等。经常到校的学生有二三百人，其中党员就有三四十个，团员就更多了。"[①]据上海大学学生阳翰笙回忆："我们不但学理论，还参加工人运动的教育工作。邓中夏领导工人办

[①]《关于上海大学的回忆》，见张腾霄主编：《中国共产党干部教育研究资料丛书》第2辑，中国人民大学出版社1989年版；转引自《20世纪20年代的上海大学》下卷，上海大学出版社2014年版，第1024页。

起了补习学校,开始时工人补习学校有几种,1924年成立了工人俱乐部以后,大概有三种形式,一种叫工人补习班,主要是识字的,提高文化,因为有许多文盲;二是工人补习学校,参加的人有点小学文化了,主要是教他们一些问题,在这个基础上办起了沪西工人俱乐部,主要是邓中夏、刘华、李立三、杨之华在里面主持工作。'上大'的党团组织动员党团员参加这项工作,差不多党团员都去教书了,因此不止一个班。"①

3. "五卅运动的策源地"

在中国共产党的领导下,上海大学师生在深入工人集中居住区、办工人夜校和工友俱乐部的基础上,直接参与了领导工人罢工的斗争。1925年1月,党的第四次代表大会讨论并通过了关于职工运动的决议案,为了加强对工人运动的组织领导,决定成立中共中央职工委员会,由张国焘、李立三、刘少奇、项英、刘华等组成。而刘华当时并没有脱离他上海大学学生的身份。

1925年2月9日爆发的震惊中外的上海"二月罢工",是上海工人在中国共产党领导下第一次举起反帝国主义大旗而发动的工人运动,由李立三、邓中夏组成罢工委员会来统一领导。刘华则是这次罢工运动的前沿总指挥之一,他与工人奋斗在一起,担任谈判代表,与日本资本家进行针锋相对的斗争,最终赢得了斗争的胜利。

五卅运动是中国共产党领导中国人民反对帝国主义的革命运动。这一运动打击了帝国主义势力,大大提高了中国人民的觉悟,揭开了大革命高潮的序幕。在这次运动中,上海大学的师生在中国共产党的领导下,积极投身到这股滚滚洪流中,担当了运动的先锋和主力。上海大学社会学系学生、共产党员何秉彝就是在5月30日的示威游行活动中被英国巡捕开枪杀害的。5月30日当天晚上,中共中央召开紧急会议,陈独秀、蔡和森、李立三、恽代英、王一飞、罗亦农、张国焘等出席会议。会议作出决定,号召工人罢工、学生罢课、商人罢市,全市人民联合起来,掀起反帝爱国的

---

① 《回忆上海大学》,摘自《新文学史料》1984年第2期;转引自《20世纪20年代的上海大学》下卷,上海大学出版社2014年版,第1040页。

新浪潮。中央指定李立三、刘华等组成五卅运动罢工委员会来直接领导工人方面的斗争。5月31日晚上,在各工会联席会议上宣告成立上海总工会,由李立三担任委员长、刘华担任副委员长、刘少奇担任总务主任,来组织领导全市工人同盟大罢工,而刘华此时依然是上海大学一名在读的学生。

6月4日,中共中央为及时指导群众反帝运动,创办了中国共产党第一张日报《热血日报》,由瞿秋白任主编,上海大学两名教授、共产党员沈泽民、郑超麟参加了编辑工作,沈泽民还在这张存世仅二十几天的报纸上发表了十几篇文章。

1933年1月出版的《上海周报·教育史料》(第6期)刊登"章章"写的文章《上海两个著名的党化学校·上海大学与大陆大学之回忆》,讲到五卅运动,称:"五卅惨案,表面上固是上海八十万劳苦同胞直接向帝国主义者进攻的一幕,实际上能站在最前线的工作同志,可敬可爱的上大学生,确有不可磨灭的助力。上大是中国唯一接受党的熏陶的学校,绝非其他各大学们所可比拟的。他们亲见上海各帝国主义的狰狞面目,正是书本理论与实际工作的试验机会。所以首先为国捐躯死于南京路的何秉彝,是上大的学生。领导各队到租界上演讲的多数队长,是上大的学生。捕房拘押援助罢工的大部分人员,亦是上大的学生。五卅时代的上大,上大的影响五卅,中国虽大,实为有目共睹的事实。记者在本刊《上海学生运动小史》一文中,曾经说过'上大是爆发五卅的策动地',读者们看到此篇的叙述,当可证明是千真万确,绝不是有意为上大来捧场。"[①] 五卅运动时在上海大学担任教授的陈望道在他的回忆录中也称上海大学是"'五卅运动'的策源地"[②]。上海大学学生孔另境于1949年6月14日在《大公报》上发表文章题为《旧事新谈——怀念革命的摇篮上海大学》谈到五卅运动时称:"我们知道,领导这次伟大反帝民族斗争的是中国共产党,正确地勇敢地执行中共政策的是当时革命的上海大学学生。凡是参加过当日如火如荼的这一运动的人们,总不会忘记当时'上大'学生的

---

① 《20世纪20年代的上海大学》下卷,上海大学出版社2014年版,第1013—1014页。
② 邓明以:《陈望道传》,复旦大学出版社2005年版,第103页。

英勇姿态的,第一个牺牲在老闸捕房门口的是'上大'的学生何秉彝,后来发动上海各大学学生参加这运动的也是他们,到各工厂去组织群众的又是他们。当时领导上海工商学联合会,主持人民外交的也是'上大'学生。'上大'学生无疑是那次民族斗争中的先锋队。"①所以,当时将上海大学在五卅运动中的作用和北京大学在五四运动中的作用相提并论,称为"北有五四时期的北大,南有五卅时期的上大"②。

4. 坚持党的统一战线方针,搞好国共合作,旗帜鲜明地反对国民党右派

1923年6月,中国共产党第三次全国代表大会正式确定建立革命统一战线的方针。1924年1月,中国国民党第一次全国代表大会召开,重新解释了三民主义,并同意共产党员和青年团员以个人名义加入国民党,正式建立起以新三民主义为政治基础的革命统一战线。统一战线的建立,使中国共产党获得了领导革命、开展工作的有力武器。上海大学在中国共产党的领导下,成为落实和贯彻党的统一战线方针政策的一个重要阵地。

一是拥护孙中山,支持孙中山提出的召开国民会议,以谋求中国的统一和建设。1924年11月,孙中山北上,并于10日发表《北上宣言》,重申反对帝国主义和军阀的主张,号召召开国民会议。11月28日,上海大学代理校长邵力子召集教职员及全体学生会议,一致赞成由各团体预备会议产生国民会议的建议,推选邵力子、施存统、彭述之、张太雷、韩觉民、刘华等7人为代表,联络国内各大学,促成国民会议召开。12月21日,上海女界国民会议促成会成立,在向警予的领导下,上海大学的学生、共产党员杨之华、钟复光、张琴秋当选为委员。上海大学师生为召开国民会议,实现孙中山主张的和平统一事业而努力奔走呼号。

二是上海大学中的中共党员根据党的安排参加国民党上海执行部工作。1924年1月31日,中国国民党一届一中全会于广州召开,决议在上

---

① 《20世纪20年代的上海大学》下卷,上海大学出版社2014年版,第1015页。
② 周启如:《上海大学始末》,载《文史资料选辑》1981年第1辑,上海人民出版社1981年版,第127页。

海、北京、汉口、哈尔滨、四川等地设立中央执行委员会执行部。国民党上海执行部统辖江苏、浙江、安徽、江西、上海四省一市党务。中共党员、上海大学教授瞿秋白被会议委任驻上海执行部。2月25日，国民党上海执行部召开第一次执行会议，议决通过执行部秘书处及各部职员名单，在上海大学任教授的中共党员恽代英、施存统、沈泽民、邓中夏等也分别在执行部担任职务。上海大学也成立了国民党上海大学区分部。上海大学教师与学生中的中共党员参加了区分部的工作。

三是旗帜鲜明地反对国民党右派。在上海大学的教师和学生的国民党员中，既有像校长于右任、副校长邵力子（邵是跨党党员）这样的左派，支持国民党与共产党合作，也有像叶楚伧、何世桢等反对国共合作的右派。1924年10月10日在上海北河南路（今河南北路）天后宫爆发的"黄仁事件"，是上海国民党右派破坏国共合作，公然向共产党发难的一个标志性事件。事件导致上海大学学生黄仁被国民党右派指使的流氓殴打致死。事发第二天，即10月11日，上海大学学生会就致电国民党中央，向全国各阶层发出《上海大学学生横被帝国主义与军阀走狗摧残的通电》。13日，国民党上海执行部举行会议，讨论黄仁事件。会议主席、上海大学校长于右任报告了黄仁事件的经过。在会上，瞿秋白提出了两项提案，即国民党上海执行部应就流血事件发表宣言和国民党上海执行部关于黄仁事件宣言的方法案。国民党中央执行委员会也多次致函国民党上海执行部，要求将黄仁事件"查清见复"。

中国共产党领导人对黄仁事件迅速作出反应。陈独秀在《向导》周报上发表《这是右派的行动吗，还是反革命？》一文，尖锐地批判了国民党右派的倒行逆施是反革命的帝国主义及军阀的走狗。这是当时中国共产党的最高领导人对上海大学学生、共产党员黄仁为反对国民党右派斗争而牺牲所发出的正义之声。上海大学教授、中共党员邓中夏、瞿秋白、恽代英、施存统以及陈望道也以发表文章、演讲等方式来抨击国民党右派破坏国共合作的反革命罪行，悼念黄仁这位在国共合作时期为革命最早牺牲的上海大学学生。

1925年8月23日，国民党江苏省党部正式成立，上海大学中学部主任、共产党员侯绍裘根据中共党组织的安排，担任省党部常委，并由中共

上海区委任命为国民党江苏省党部中共党团书记。侯绍裘坚持党的统一战线方针政策,真诚地团结国民党左派,同以戴季陶为代表的国民党右派以及西山会议派等国民党新老右派作斗争。上海大学党组织和党员教授在党的统一战线方面作出的努力和贡献,在中共党史上都具有一定的地位。

5. "武有黄埔,文有上大"

"武有黄埔,文有上大"[①]是大革命时期乃至以后相当长的一个时期社会对上海大学的评价。事实上,黄埔军校和上海大学有着密切的联系,都是大革命时期国共两党培养人才的最重要的基地。

1924年3月13日,国民党上海执行部召开第三次执行委员会会议,毛泽东、瞿秋白、汪精卫、叶楚伧、胡汉民,茅祖权等出席。会议决定国民党上海执行部在上海负责招考黄埔军校学员。上海大学也成为黄埔军校的一个报名和招考点。当时在上海大学学习的曹渊、许继慎、曹蕴真、邱清泉、季步高、李逸明、周大根等都通过考试进入黄埔军校学习,他们中有的成为北伐名将,有的成为抗战名将,有的成为新中国开国将领,有的成为革命烈士。在上海大学担任教授的共产党员恽代英、萧楚女、张秋人、高语罕、安体诚根据党的安排,先后到黄埔军校任职;上海大学代理校长邵力子也到黄埔军校任政治部代理主任。张治中也是在上海大学学习期间被征召到黄埔军校任职。共产党员、上海大学学生阳翰笙于1926年任黄埔军校政治教官、政治部秘书。上海大学学生张开元在讲到上海大学"对革命之贡献"时说:"故时人对上大与黄埔曾有革命之左右手之称"[②]。

6. 参加和支持北伐战争

1926年7月9日,国民革命军在广州誓师北伐。北伐战争是在共产

---

① 孔另境:《旧事新谈——怀念革命的摇篮上海大学》,1949年6月14日上海《大公报》;杨尚昆:《从上海到莫斯科》,载《杨尚昆回忆录》,中央文献出版社2001年版。
② 张开元:《回忆上海大学》,政协淮阴市委员会文史资料委员会编:《别梦依稀——淮阴文史资料》第八辑,1989年10月出版;转引自《20世纪20年代的上海大学》下卷,上海大学出版社2014年版,第1033页。

党提出的反对帝国主义、反对军阀的口号下进行的,在北伐进军的过程中,共产党人在军队政治工作和发动工农群众方面作出了巨大贡献。上海大学的教师和学生在党组织的领导下,也积极投身到这场革命战争中去。

上海大学学生会多次发表通电,祝贺北伐军取得胜利。上海大学学生黄让之、程永言等直接参加了北伐军。1926年底,当北伐军临近上海时,共产党员、上海大学教授杨贤江带领学生代表、工人代表到杭州和白崇禧率领的北伐军联系关于北伐军进军上海的准备事宜。1927年3月22日到25日,上海大学教师陈望道、刘大白、冯三昧、钟伯庸连续4日先后率团携带蛋糕等礼物慰劳北伐军。在青云路广场召开的欢迎北伐军的会议上,陈望道、李春鏮还代表上海大学等师生致欢迎词。

7. 参加上海工人武装起义,参与建立上海特别市临时政府

从1926年10月到1927年3月,上海工人阶级为配合北伐战争,推翻北洋军阀统治,先后举行了三次武装起义。前两次武装起义都失败了,第三次武装起义获得成功,并随即成立了上海特别市临时政府。上海工人第三次武装起义的成功,是中国工人阶级第一次取得的用自己的力量在上海建立人民政权的伟大胜利,显示了中国工人阶级空前的战斗力和组织力,在中国工人武装斗争史上写下光辉的一页。上海大学的师生,在党组织的领导下,参加了这三次工人武装起义,参与建立上海特别市临时政府。

在上海大学的教师中,共产党员、中国马克思主义教育理论家杨贤江,参加了三次武装起义。在第三次武装起义中,杨贤江在中共中央特别军委书记周恩来的领导下,根据中共上海区委的指示,于1927年3月20日下午,来到上海大学向上海大学党团支部传达了上海区委的指示,严格挑选了40余名党团员与先进青年学生,组成了一支学生纠察队。3月21日下午,武装起义的战斗打响以后,共产党员、上海大学学生郭伯和率领闸北工人纠察队和上海大学学生纠察队,奋战在闸北北火车站、东方图书馆和天通庵车站这三处敌人防守最严密的咽喉要地,最终取得胜利。3月26日《民国日报》刊登题为《上大学生之革命运动》的报道,称:"本

埠上海大学学生,此次于闸北宝山路、虬江路及东横浜桥一带,与各工团合攻奉、鲁军,以及在五区收缴枪械及虬江路冲锋者,有龙树藩、郭伯和、张书德等10余人。"这从一个侧面记录了上海大学学生在第三次工人武装起义闸北战役中浴血战斗的真实场景。上海大学的学生张崇德、糜文浩等也参加了第三次工人武装起义。

1927年3月22日,在上海工人第三次武装起义成功以后,成立上海特别市临时市政府,由上海市民代表会议选出的19人任市政府委员,其中包括上海大学教师、共产党员侯绍裘和上海大学学生、共产党员林钧、何洛,林钧还兼任市政府秘书长。

8. 参加妇女解放运动和"非基督教运动"

上海大学的党组织在中共中央和中共上海地方党组织的领导下,几乎参加了所有革命运动和活动。其中除了上述的几点以外,还包括参加妇女解放运动与非基督教运动。

中国共产党成立以后,一贯重视妇女解放运动。无产阶级革命家、中国早期妇女运动领导人之一的向警予,曾任中共中央妇女部部长、中央妇女运动委员会书记、中央妇女工作委员会委员长。她虽然不是上海大学教师,但她的组织关系一度编在上海大学组,经常到上海大学参加会议。上海大学学生杨之华、钟复光、王一知、张琴秋等都直接在她的领导下从事妇女工作。她们也都成为当时妇女运动的骨干。新中国成立以后,杨之华、钟复光都成为妇女工作和妇女运动的领导人。

1924年8月19日,中国共产党在上海组织"非基督教同盟",发表同盟宣言,反对帝国主义文化侵略。《民国日报》刊登《非基督教特刊》,上海大学教授杨贤江、恽代英、张秋人等积极投身到非基督教的宣传工作中。1925年11月,上海大学成立非基督教同盟会,上海大学学生饶漱石主持了成立大会,并被选为执行委员。高语罕、恽代英、杨贤江、萧楚女等教授在会上发表演讲。学生李春蕃(即新中国外交家柯柏年)也参加了上海大学非基督教同盟会工作。上海大学附中也成立了非基督教同盟,并且于1925年12月25日"圣诞节"那一天,出版《圣诞节的敬礼》小册子,书中除了刊登《上大附中非基同盟宣言》以外,还刊登了宣传反对基督教的文章和言论,在非基督教运动起到了重要作用。

五、上海大学在中国共产党早期发展中的地位和作用

上海大学从1922年10月23日成立,到1927年5月被国民党当局封闭,经历了国共合作和大革命的全过程,在中国共产党早期发展史上有着特殊的地位,起到一定的作用。主要体现在下列几个方面:

一是上海大学实际上成了中国共产党早期发展阶段的一所干部学校。上海大学是中国国民党与中国共产党合作创办的一所高等学府。而且经费的来源除了学费、社会募捐以外,很重要的一方面来自国民党方面,这是毋庸置疑的事实。然而在办学具体的实践过程中,由于中国共产党人实际上掌握了学校办学的主要部门领导权,加之校长于右任、副校长邵力子对中国共产党人的包容和支持,上海大学在办学过程中越到后来越向有利于中国共产党方向倾斜。虽然国民党称"上海大学为本党育才之最高学府",但他们也不得不承认这样一所学校被"共党窃据"[1]。整个办学始末,上海大学为共产党方面培养的人才要比国民党方面多得多。

二是上海大学是中国共产党早期领导人和优秀党员的蓄水池和中转站。在中国共产党的早期发展史上,邓中夏、瞿秋白、蔡和森、张太雷、恽代英、任弼时、萧楚女等都是有着重要地位的领导人和理论家。他们根据党的安排,来到上海大学任职任教。但也都以上海大学为依托,从事着党的工作,在一段时期,上海大学成为中国共产党干部人才的蓄水池,党可以根据工作需要随时派进和调出。同时,上海大学还是党接受干部和输送干部的一个重要中转站。任弼时从苏联留学回来,就是先到上海大学任教和栖身,再走上新的工作岗位。邓中夏、瞿秋白、蔡和森、张太雷、恽代英、萧楚女等,则是在上海大学任职的岗位上,根据党的安排,接受新的工作使命。到苏联去留学的人员如蔡和森、杨尚昆、王稼祥、秦邦宪(即

---

[1]《追认上海大学学生学籍与国立大学同等待遇案》,见台北中国国民党中央委员会文化传播委员会党史馆会议档案:国民党中央执行委员会常务会议5.3.8.32。

博古)等都是由上海大学这一渠道派出。王稼祥出发前还专门接受过上海大学中学部主任、共产党员侯绍裘的谈话。

三是为宣传马克思列宁主义作出无可替代的贡献。上海大学宣传普及马克思列宁主义,有着本身的优势,她可以利用讲坛、讲义、演讲公开地、合法地、系统地宣传讲解马克思列宁主义,宣传历史唯物主义。也正是利用这样的优势,为中国革命培养了一大批马克思列宁主义者。这些在上海大学接受马克思列宁主义熏陶和系统学习的共产党员、革命者,又带着革命使命和任务,到全国各地继续宣传普及马克思列宁主义。说上海大学是中国共产党早期发展时期最重要的马克思列宁主义传播基地是并不过分的。

四是为中国共产党、中国革命汇集和培养了大批优秀人才。上海大学一方面通过教师队伍,汇集了当时社会上各方面有影响的人才来担任教师,其中包括大批中国共产党党员;另一方面,通过不同时段的教育培养,为革命培养了中国革命的杰出人才。其中有的在中国共产党早期发展过程中和在以后的革命斗争中献出了宝贵生命,其中现在可以统计入册的从上海大学走出来的英雄烈士就多达70多位,这在中国高等教育史上所有的大学中是绝无仅有的。还有一大批人才经过血与火的考验,走进新中国,成为党和国家、人民军队以及各个行业的领导人,为党和国家作出新的贡献。

上海大学从创立至今,已经整整98年了,然而随着岁月的流逝,却让我们上海大学的后来者,对上海大学在中国共产党早期发展中所具有的地位、产生的作用,以及对后来产生的影响,有了更深刻更清晰的认识,从而对"百年上大"精神的传承有了新的自觉和使命感。